1．日吉大社神宝図　上：大袖、下：裳

日吉大社の神の御料として調進されたものであるが、天皇の礼服とほぼ同じ文様である。中世の記録では、日吉大社の神宝として礼服は納められておらず、この図のような装束を納めたのは織田信長による焼き討ち後の近世初頭のことと考えられるため、江戸前期の様式を残している可能性が高い。

（嵯峨井建氏所蔵）

2．近世礼服着用図

『御即位式写真帖』（博文館　1914年）図版を着色したもの。東京国立博物館所蔵の類品を参照して着色した。輪無唐草文の綾の礼服である。この礼服が実際に使われた遺品だとすれば、寛永二十年（1643）のものの可能性が高い。近世にまとまって臣下礼服を調進したのは寛永二十年と享保二十年（1735）の二度だけである。『装束轡抄』によれば寛永二十年のものは轡唐草・輪無唐草・丁子唐草であったのに対し、享保二十年には唐鳥・鴛鴦・雲に孔雀・唐花などであったことから、これは寛永二十年の仕様にかなう。また、元の写真はひげをはやすが、近世公家は一般的にひげをそるしきたりだったので、これも削除した。（着色図制作：越智裕子）

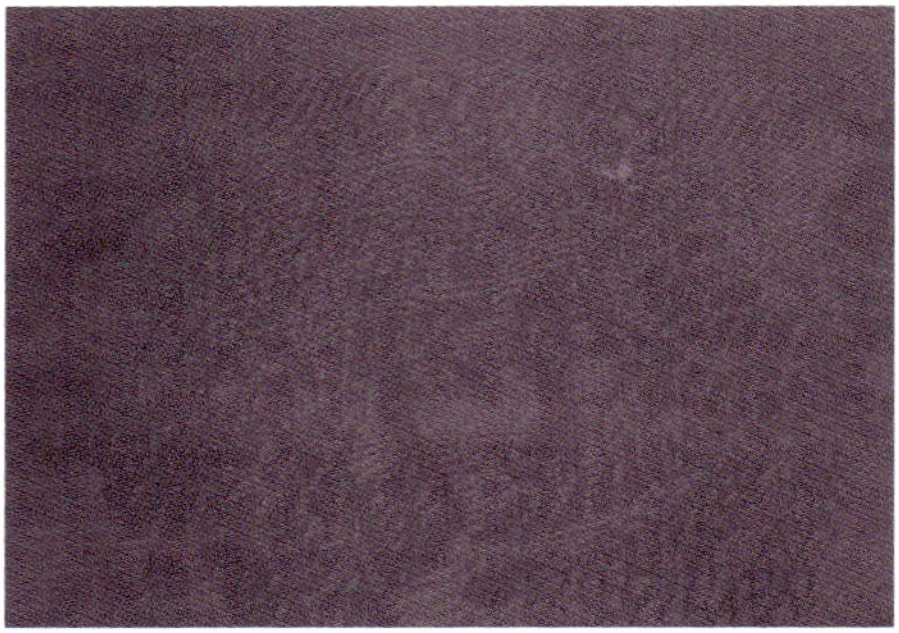

3．享保二十年新調内弁所用礼服裂

雲中に孔雀の丸文を散らした綾地綾である。
（大谷美智子氏所蔵）

4．孝明天皇礼服御襪見本裂

上端の石畳が冠のへりの文様で、下の窠（花）を含むものが襪の文様である。織屋が後世の受注の参考資料として残していたものとみられる。（著者：津田大輔所蔵）

礼《らい》服《ふく》

天皇即位儀礼や元旦の儀の花の装い

武田佐知子◆津田大輔

大阪大学出版会

目次

口絵

第一章　花から古代の礼服のはじまりをたどる……14
一　花をまとう　15
二　花の生命力　18
三　冠位十二階の色　21
四　冠にあしらわれる花　24
五　死者に捧げる花　34
六　対等な関係ではない花の贈答　37
七　集団のシンボルだった挿頭花　38

第二章　大化の改新から礼服成立までの衣と冠……42

一　天武朝の「此の冠」　42
「此の冠」とはなにか／「蟬」に似ているのはなにか
二　天武・持統朝の新たな改革　47

第三章　礼服とは何か……54
一　礼服の面影　54
二　礼服をまとう、朝賀と即位という儀式　56
礼服着装姿を見た人々の思い／朝賀の進行／即位礼／朝賀の断絶と即位礼の変化

第四章　礼服の成立と律令の規定……68
一　「衣服令」の定める服飾―唐との比較　68
「衣服令」とは／唐の服飾／日本の皇族と文官の礼服の構成／皇族と文官の礼服の着装方法
二　「養老令」にみられる礼服の制度の成立に関する二つの謎　94
礼服の成立にかかわる二つの謎／「養老令」における日本の朝服の規定／第一の謎―位階

により礼服のうわぎの色を変える理由／第二の謎――形状に関する疑問
三　女子礼服――スカートの謎などについて　110
スカートの色と着装方法／平安中期以後に大きく変化
四　武官の礼服について　124
養老の「衣服令」に記された武官の礼服／幻の武礼冠（皀羅冠）の姿を探る／平安時代以降の変化／武官礼服の性格――儀仗服として
五　六位以下の礼服　133
「衣服令」によれば存在しないはずの「礼服」／平安後期以降の六位の礼服と「大学寮礼服」

第五章　天皇の礼服

第五章　天皇の礼服……140
一　奈良時代の天皇礼服　140
天皇礼服（冕服）の発生と正倉院の遺品／男女の差がなかった冠／奈良時代の天皇の白い礼服
二　中国における冕服の歴史　148
周から秦まで／漢における復興／儒学の経典に登場する冕服と鄭玄の考証／三国時代から南北朝時代まで／隋から唐まで／儒学の発達と共に変容した冕服

三　嵯峨天皇の時代のさらなる冕服の改訂　163
弘仁十一年の詔／文様だけが唐に近づき色は異なっていた平安朝の冕服／奢侈禁制と唐風化の矛盾
四　礼服御覧によって残された、天皇礼服の詳細な記録　178
礼服御覧とは／平安・鎌倉時代の天皇礼服の構成および近世の遺品との比較／中世と近世とで大きく変化した冕冠の装飾／冕板上の日形が持つ意味／唐の冕服との違いとその理由／付言――十二章の釈義

第六章　皇后と皇太子の礼服……210

一　皇后の礼服　210
弘仁十一年の詔における皇后の服／中国の皇后の礼装の変遷／平安時代の皇后礼服／皇后の礼冠
二　皇太子の礼服――抹殺された皇太子と冕冠の制定　216
皇太子礼服の変化――黄丹の礼服から袞冕九章へ／皇太子が神事に礼服を用いる理由

第七章　臣下の礼服の変遷……223

一　平安初期における文官礼服の制度　223

礼服廃止の検討／礼冠の別式──儀式・延喜式・そして幻の延喜儀式

二　形骸化してゆく文官の礼服　230

お古を使いたがる人々／さまざまな色の礼服の登場

第八章　天皇礼服のたどった道──鎌倉時代から南北朝時代……240

一　天皇礼服受難の時代──鎌倉時代　240

天皇礼服の盗難とその時代背景──承久の乱／相次ぐ宮中盗難事件／借り出され破損した正倉院の冠／雨漏りで濡れた礼服と描かれた礼服絵図

二　天皇礼服の焼失と新調──南北朝時代　248

争乱により天皇礼服が焼失する／その後の天皇礼服の消息／装束の家、高倉家と山科家

第九章　臣下の礼服の調達──鎌倉から室町時代……253

一　調達法その一――自前で新調する　253
二　調達法その二――よそから借りる　260

第十章　礼服、そして朝廷の最大の試練――戦国時代……264
一　後柏原天皇の即位礼　264
時代背景――応仁の乱による朝廷の儀礼の崩壊／後柏原天皇の皇位継承時点の状況／費用の工面に苦労した即位／天皇家がレンタル品を用意する／次第に物品がそろう／準備に二十二年かかった即位が挙行される
二　後奈良天皇と正親町天皇の即位　280
後奈良天皇の即位／正親町天皇の即位

第十一章　近世初期における宮廷儀礼の復興……284
一　豊臣秀吉と徳川家康による即位礼の支援　284
後陽成天皇の即位と豊臣秀吉の援助／後水尾天皇の即位と家康の大盤振る舞い／女帝の即位と白い礼服／天皇礼服の焼失と現存するものの所用者について／冕冠の仕様はいつ変化

したのか
二　近世以降の臣下と女官の礼服のゆくえ　298
近世の臣下の礼服——貸与制度の確立／中世に断絶した女官と武官の礼服

第十二章　江戸時代中期以降の礼服……306
一　大嘗祭の復興と臣下の礼服の新調　306
古儀復興をめぐる霊元上皇と近衛基熙の対立／享保の新調／再興か失考か——復活した武礼冠／その後の臣下礼服
二　江戸時代中期以降の天皇礼服　319
礼服をめぐる一つの伝説／女帝後桜町天皇の礼服の仕様決定
三　礼服の終焉　330
明治の大改革の犠牲に／「伝統」の再評価、そして再構築される「伝統」

第十三章　日本史の中の礼服……335
一　本章執筆の意図について　335

二　古代日本の制度と政治の観点から　336
着用機会の問題／天皇礼服の唐風化と政治／六位以下の礼服と儀容の整備／日中の外交と礼服
三　近世文化の中の即位礼と礼服　347
庶民に見物される即位／娯楽の中の天皇制
四　礼服から考える天皇制の問題――女帝、そして天皇の宗教性について　352
女帝の礼服／有職故実の一部として――即位礼、そして礼服の存在意義

第十四章　白襟紋付――近・現代におけるドレスコードの変相………………359
一　宮中参内の服装　360
二　皇后の喪服と白襟紋付　379
三　ドレスより和装の女性であふれた鹿鳴館　388
四　婚礼衣装で上京した靖国の妻たち　396
五　いつから女性が黒紋付をまとうようになったのか　408
六　変わりゆく礼装のドレスコード　417

注　422
皇室系図　454
礼服一覧表　459
染織品組織図　460
日本古代の衣服制度に関する主な法規　463
中国史年表　464
あとがき　465
著者紹介　472

凡例

引用した資料（原文・書き下し・訳文）に分注がある場合、〈 〉に収めた。

引用した資料に脱字や虫損などがある場合は、■で表示した。

資料名に続く［ ］は、巻序や章などを示すものである。

第一章　花から古代の礼服のはじまりをたどる

四季それぞれに咲く美しい花、こんなにも花を愛でながら、日本人はお葬式や、病気のお見舞いなどを除けば、まだ花を贈り、贈られる風習にすっかり馴れたとはいえないのではないだろうか？　花は、記紀神話のころから髪を飾り、衣服を彩ってきた。そして衣服制の変遷のなかで冠を飾り、ひとびとのさまざまな祈念とともに身近に存在してきた。

愛する人から花を贈られることは、とっても素敵で飛び上がるほど嬉しいことだけれど、なんとなく気恥ずかしくもある。少なくとも私たちの世代はそうだ。若い恋人たちが、花を贈られているのを、横目で羨ましそうに見ながらも、自分たちの間では、ちょっと気障な感じがして、ひるんでしまうのではないだろうか？　なぜ花を贈るのは恥ずかしいのか？　はじめにその原因を、日本の歴史の深層のなかに探ってみようと思う。

一　花をまとう

四季に咲き乱れる花々の色には、人力にはとうてい及ばない美しさがある。現代の世の中を、けばけばしいまでの鮮やかな色彩で塗り込めている石油化学系染料がない時代には、人びとが美しく鮮やかな色を自らのものとするのは、至難のわざであった。

そうしたなかにあって、自然が生み出した、咲き誇る花の色の美しさは、人智のおよばぬ、まさに造化の妙であったろう。

人びとが美しい色彩の衣服をまとうのは、うつろいやすい、美しく咲いてはやがて枯れていってしまう花の彩りを、永遠にとどめ、身にまといたいと願ってのことではなかったろうか。

月草に　衣は摺らむ　朝露に　ぬれて後には　うつろひぬとも　『万葉集』巻七―一三五一

『古事記』のなかに、春山之霞壮夫《はるやまのかすみおとこ》が、どんな男のプロポーズも受け入れない女性をどちらが獲得できるかと、兄と賭けをする話がある。母は求愛に出かける彼のために、一夜のうちに藤の蔓《つる》を織って、衣褌（＝上着とズボン）と襪（＝靴下）を縫い、弓矢をつくってくれた。女性の家につくと、着ていた藤蔓の衣服にいっせいに花が咲いたという。

恋する女性のもとに赴いた春山之露壮夫の姿は、まるで菊人形か孔雀のようで、これが女でなく男のよそおいであったところは、古代の男女関係を考えるうえでも興味深い。『万葉集』には、藤の樹皮で織った藤衣が、塩を焼く海人の仕事着として詠われている例がある。

須磨の海女の　塩焼き衣《きぬ》の　藤衣《ふじごろも》　間遠にしあれば　いまだ着なれず　『万葉集』巻三―四一三

大君の　塩焼く海人の　藤衣　なれはすれども　いやめづらしも　『万葉集』巻十二―二九七一

藤蔓を織ってつくる藤織は、北海道と沖縄をのぞく全国各地の、寒くて日照時間が少なく、綿の栽培のできなかった山間部で、明治・大正期にいたってもなお織り続けられていたごく普通の織物であり、山着などの藤衣が仕立てられていたという。（井之本泰「丹後藤織り物語り（序）」（国立歴史民族博物館編『よそおいの民俗誌』慶友社、二〇〇〇年）

おそらく春山之露壮夫の藤衣も目の粗い、ゴワゴワした粗末な布であったろうが、そこに全面に花を咲かせてしまう想像力こそ、花をまとうことへの、古代以来の人びとの花へのあこがれを物語るものであろう。詠み人知らずだが、

穂にもいでぬ　山田を漏《も》ると　藤衣　稲葉の露に　濡れぬ日ぞなき　『古今和歌集』巻五―三〇七

という歌も、同集に見える。仮庵に泊まって田を守る、貧しい農夫の衣である。
藤衣は、喪服としても用いられた。
『古今和歌集』には壬生忠岑が、父の喪に服して、

藤衣　はつるる糸は　わび人の　涙の玉の　緒とぞなりける　『古今和歌集』巻一六―八四一

と詠んでいる。

十二世紀に西行法師は、『山家集』で父母を相次いで亡くした右大将徳大寺公能に対して、高野山から、

重ね着る　藤の衣を　たよりにて　心の色を　そめよとぞ思ふ　『山家集』巻中　雑　七八五

との哀悼の歌を送り、

藤衣　かさぬる色は　ふかけれど　あさき心の　しまぬはかなさ　『山家集』巻中　雑　七八六

という返歌を公能から受け取っている。

『増鏡』上には、「藤衣」と題した章があるが、この章名は承久の乱の後、土佐へ配流されていた土御門上皇の死に際して捧げられた、

うしと見し　ありしわかれは　藤衣　やがて着るべき　門出なりけり

という、歌人として有名だった藤原家隆の娘、土御門院小宰相《つちみかどいんのこさいしょう》の歌に由来する。彼女は上皇の死に対する哀しみが人よりひときわ深く、服を黒く染めて、喪に服し、哀悼の意を表したという。

ただしこれらはいずれも藤蔓を織ったもので、しかも『増鏡』の例では黒く染めたと想定され、藤蔓で織った衣に、藤の花がいっせいに開花したという派手やかな衣をまとった春山之霞壮夫の例とは、もとより隔たりがある。

二　花の生命力

花を見て日本人は、その鮮やかな彩りに、生命のみなぎりを感じた。ならばそのエネルギーを、自らのものにしたいと思うのは当然のなりゆきである。花の美しさと、春いっせいに若葉萌《も》えいづるその生命力に感応して、その美しさとともにそのエネルギーを身につけたいと思う。

命の　全《また》けむ人は　たたみこも　平群《へぐり》の山の　熊樫《くまがし》が葉を　髻華《うず》に挿《さ》せ　その子　『古事記』歌謡

雪の島　巌《いわ》に植ゑたる　石竹花《なでしこ》は　千世に咲かぬか　君が挿頭《かざし》に　『万葉集』巻一九―四二三二

髻華とは、頭に挿す草木や花の飾りである。挿頭《かざし》、挿頭花ともいう。簪《かんざし》の起源であるともいわれる。また蘰《かづら》といって、蔓草を頭に巻き、そこに玉などをつけて、冠のようにすることもあった。植物を頭につけ、その生命力に感応して人の命が長く続くよう祈念したのである。だから髻華や蘰はまず、活きた植物でなければならなかった。

天平勝宝二年（七五一）正月二日於国庁給饗諸郡司等宴歌一首
あしひきの　山の木末《こぬれ》の　ほよ取りて　かざし（＝挿頭）つらくは　千年寿《ちとせほ》くとぞ
安之比奇能　夜麻能許奴札能　保与等（理）天　可射之都良久波　知等世保久等曽
『万葉集』巻一八―四一三六

二月一九日於左大臣橘家宴見攀折柳條歌一首
青柳の　上枝《ほつえ》攀《よ》ぢ取り　かづらくは　君が宿にし　千年寿《ほ》くとぞ
青柳乃　保都枝与治等理　可豆良久波　君之屋戸尓之　千年保久等曽

『万葉集』巻一九－四二八九

あしひきの　山下ひかげ　かづらける　上にやさらに　梅をしのはむ

右一首少納言大伴宿祢家持

足日木乃　夜麻之多日影　可豆良家流　宇倍尓也左良尓　梅乎之〈努〉波牟

『万葉集』巻一九－四二七八

『万葉集』巻八には、桜の花を女性が「挿頭」に、男性が「蘰」にするとした歌が見える。

娘子らが　挿頭のために　風流士《みやびお》の　蘰のためと　敷きませる

国のはたてに　咲きにける　桜の花の　にほひはもあなに

嬬嬬等之　頭挿乃多米尓　遊士之　蘰之多米等　敷座流

国乃波多弖尓　開尓鶏類　櫻花能　丹穂日波母安奈〈尓〉

『万葉集』巻八－一四二九

だが、もとより性別によって「挿頭」、「蘰」が使い分けられたということではなさそうで、『万葉集』巻一六には、桜児という女性を桜の花に喩えて、男性が「挿頭」にしようとしたのに散ってしまったと、その死を嘆く歌がみられる。

春さらば　かざしにせむと　我が思ひし　桜の花は　散りにけるかも
春去者　挿頭尓将為跡　我念之　桜花者　散去流香聞
『万葉集』巻一六―三七八六

こうした花の髪飾りは、後に冠の制度が導入されたため、かたちを変えて引き継がれていった。「冠位十二階」は聖徳太子が定めたという、中国や朝鮮の制にならって七世紀の初頭につくられた、個々の官人の身分を表す、被《かぶ》りものの制度である。

三　冠位十二階の色

冠位十二階について、社会人教育に携わっているかたや、中学生用参考書をつくっている会社の人から、たてつづけに同じ質問を受けることがあった。

「冠位十二階」は、大徳・小徳・大仁・小仁・大札・小札・大信・小信・大義・小義・大智・小智の十二種の冠を指し、各冠の十二通りの色でその序列を表現したとされる。つまり、徳には紫を、仁・礼・信・義・智には、それぞれ青・赤・黄・白・黒の各色を配し、大・小の冠位は各色を濃淡に分けることによって分別し、十二色を十二の冠位にあてて、相互の等差を視覚的に表現したものと説明されているのである。ところで、このように六色に濃淡をつけることで十二の冠の序列を表現したとすれば、白の濃淡ははたしてどのように表現されたのか、というのが質問の内容であった。

このように中学校の社会科などで教えられ、十二色を記憶している読者も多いことと思う。

ところで、このような通説的理解の出発点となったのは、『日本書紀』推古十一年十二月条以下の記述である。

十二月戊辰《ぼしん》朔壬申《じんしん》、始めて冠位のことを行ふ。大徳・小徳・大仁・小仁・大礼・小礼・大信・小信・大義・小義・大智・小智、あわせて十二階、ならびに当色の絁《あしぎぬ》を以てこれを縫ふ。頂《いただき》は撮《と》り総《す》べて嚢《ふくろ》のごとくにして、縁《もとほり》を着く。唯だ元日には髻花《うず》を着く。〈髻華《うず》、此をば于孺《うず》といふ〉

始行冠位。大徳・小徳・大仁・小仁・大礼・小礼・大信・小信・大義・小義・大智・小智、并十二階。並以当色絁縫之。頂撮総如嚢、而着縁焉。唯元日著髻花。〈髻花、此云于孺《うず》〉。

とあって、当色の絁（無地の絹）で頭頂部をまるく、袋状の帽子に縁をつけて縫うことのみが明言してあるだけで、具体的な色の序列については言及していない。「当色」とは、冠位に連動する特定の色を指すきわめて厳密な用語である。衣服令の場合では「位色」ともいい、徳・仁・礼・信・義・智の冠というと、位階相当の色は、当時、五行思想によりあらかじめ配当されていたため、言及する必要がなかった。

「徳」については冠位に連動して色を指示していた事実が背景にあった。五常の徳目である仁・

礼・信・義・智については、『漢書』「天文志」には、それぞれ青・赤・黄・白・黒を配当する考え方が述べられており、「徳」には五常の徳目を統べる意があることから、陰陽を合わせるとの意味づけのもとに、漢代以降帝王の色として尊ばれるようになった「紫」が配当されたものと考えられている。

つまり、『日本書紀』の記述からは「冠位十二階」を六つに区分した、六通りの冠位の色が推定しうるだけで、「徳」と「仁」以下の五常の徳目の各色を濃淡で分けたという考え方は、『日本書紀』の記述からは生まれようがないものである。

筆者は、「冠に縁をつけた」と説明があることから類推して、帽子の色と縁の色との、十二通りの組み合わせで、冠位を識別する仕組みになっていたと考えている。そして、元日など大きな儀式の日には、そこに髻花《うず》を飾った。

では、濃淡による十二色の通説の原因はどこにあるのだろうか。おそらく、冠位の大・小を濃淡で分かつという説を最初に提出したのは谷川士清《たにがわことすが》（一七〇九〜一七七六）であろう。彼の著『日本書紀通証』は、「徳」に紫をあて、「仁・礼・信・義・智は、是れ青・赤・黄・白・黒、大小は深浅を以てこれを分かつ」と述べている。ここには深浅を大小で区分することの根拠については言及されていないが、おそらくのちの律令の「衣服令」の規定を敷衍《ふえん》したものと思われる。なぜなら、「衣服令」は、紫・緋《あけ》・緑・縹《はなだ》の四色に、それぞれ深浅の区別を設けることによって、親王一品《いっぽん》以下、諸臣初位までの位階を類別しているが、このように位階の色が深浅に区分されるのは、持統天皇四年（六九〇）四月の制度とこれをふまえた大宝の「衣服令」をはじまりとするからである。大宝令と冠位十二階との間には、ほぼ百年の開きがあり、令制をそのまま推古朝の制度に結びつけてよいというものではない。

このように、冠位十二階の色の通説は、谷川士清の説にひかれて色の体系を考えているのであって、成立の根拠がないとしなければならないのであり、冠の形態にいたっては、いまだ不明な点が多い。冠位十二階は『日本書紀』のほか、聖徳太子についての古い資料である『上宮聖徳法王帝説』や、中国の『隋書』『翰苑《かんえん》』にも記載があるが、やはり色については記していない。

四　冠にあしらわれる花

推古十六年（六〇八）、唐使裴世清《はいせいせい》が日本にやって来た際には、列席した皇子、諸王、諸臣等の髻花は、すべて金でつくられており、衣服も、「錦紫繍織及五色綾羅」という、最高の技術を結集して制作された布で製せられた豪華なものであった。〈注1〉それは唐国の使者に対して、我が国の体面を、威信をかけて誇示するためであった。

さらに推古一九年（六一一）菟田野《うたの》の薬猟《くすりがり》の際には、大徳・小徳の位の者たちだけが金の髻花を、以下のものは、豹や鳥の尾を用いた髻花をつけたという。

薬猟於菟田野。取鶏鳴時、集于藤原池上。以会明乃往之。粟田細目臣為前部領。額田部比羅夫連為後部領。是日、諸臣服色、皆随冠色。各着髻華。則大徳小徳並用金。大仁小仁用豹尾。大礼以下用鳥尾。

『日本書紀』［推古天皇十九年夏五月五日条］

ここで豹尾や鳥尾で製した髻花とあるのは、花をかたどったものとは考えにくく、中国や朝鮮半島の服飾の制度で、冠に豹尾や鳥尾を挿したものとの関連が想定されるが、それでも「髻華」と呼んだのは、頭部に飾るものは花を第一義とするという古代の考え方が、反映したものであろう。

花を冠に飾ることは、後の冠の制度でも引き継がれていく。『日本書紀』の孝徳天皇紀に、

大化三年是歳《このとし》、七色一十三階之冠を制す。一に曰く、織冠。大小二階有り。織《おりもの》（文様を織った絹地）を以て之《これ》を為《つく》り、繍を以て冠の縁《もとおり》を裁つ。服の色は並びに深紫を用ゐる。二に曰く繍冠。大小二階有り。繍を以て之を為る。其の冠の縁・服色、並びに織冠に同じ。三に曰く紫冠。大小二階有り。紫を以て之を為り、織を以て冠の縁《もとおり》を裁つ。服色は浅紫を用ゐる。四に曰く錦冠。大小二階有り。其の大錦冠は大伯仙錦を以て之を為り、織を以て冠の縁を裁つ。（略）五に曰く青冠。（略）六に曰く黒冠。（略）七に曰く建武。黒絹（無地の黒い絹）を以て之を為り、紺を以て冠の縁を裁つ。別に鐙冠有り。黒い絹を以て之を為る。其の冠の背には漆

羅を張る。縁と鈿とを以て、其の高下を異にす。形は蟬に似たり。小錦冠以上の鈿は、金銀を雑《まじ》へ之を為る。大小青冠の鈿は、銀を以て之を為る。大小黒冠の鈿は、銅を以て之を為る。建武之冠は、鈿無し。此の冠は、大会・饗客・四月七月の斎時（仏事）に、着す所なり。

とあって、大化三年（六四七）の冠位制においては、「大会」とよばれる大規模な儀式、外国使節の接待などのときには、金銀を交えてつくられた「鈿」をつけるとあるが、鎌倉末期の卜部兼方《うらべのかねかた》は、『釈日本紀』において、

孝徳天皇紀に曰く、「是の歳、七色十三階之冠を制す」と云々。其の冠の背に、漆羅を張り、縁と鈿とを以て其の高下を異にす。形、蟬に似たり。或る説に、字須は珠なり。玉冠か。兼方之を案ずるに、髻花は鈿也。今世に挿頭花は此を象《かたど》るか。

『釈日本紀』［巻十四述義一〇　推古］

として、冠位十二階の髻花《うず》を、兼方の時代におこなわれていた挿頭花《かざし》に比定し、さらに鈿との同一性を指摘している。つまりいずれも金銀、そして銅でかたどった花が、冠にあしらわれていたものと考えられるのだ。

このあと、天武朝の改革を経て、大宝令の礼服の冠へとうつり変わるが、この間の詳細は第二章

を参照してほしい。

花から礼服のはじまりをたどれば、その後、八世紀のはじめに、遣唐使として中国へ渡った粟田《あわたの》真人《まひと》が、唐の則天武后の朝廷に招かれたときに被っていた冠の記述が、中国側の史料に残されている。

『旧唐書』東夷伝倭国条によれば、

長安三年、其の大臣朝臣真人、来りて方物を貢ず。朝臣真人は猶《な》ほ中国の戸部尚書のごとし。進徳冠をかぶる。其の頂に花をつくりて、分かちて四散す。身に紫袍を服す。帛をもって腰帯となす。真人は経史を読むを好み、文を属《つづ》るを解す。容止温雅、則天は麟徳殿において、宴をたまひ、司膳卿を授け、本国に放還す。

とあって、粟田真人は中国において、立ち居振る舞いが優雅で、インテリジェンスも高いと則天皇帝に気に入られ、特別に朝廷に迎えられて麟徳殿で宴を賜り、司膳卿に任じられている。このときに粟田真人が着用していた服装は中国の戸部尚書のようであり、紫の袍を着用していた。腰に巻いていた帛《はく》の帯とは、絹の帯と考えられる。このとき制定されていた「大宝令」の「衣服令」によれば、親王・諸王・五位以上の諸臣礼服は、「絛帯」とある。「絛帯」は、おそらくは組紐の帯のようなものと想像され、色についての言及はないが、絹を意味する「帛」の字義に矛盾しない。

さらに粟田真人は、頂上から花が四方に垂れている、その形状は中国でいえば「進徳冠」（皇太子以下五品以上の略礼装用の冠）〈注2〉に似た冠を被っていたと記述している。これは明らかに朝服の際に被る「黒羅頭巾」ではない。律令では「五位以上。毎位及階。各有別制。諸臣准此」と、別制で細則を規定したため、その細部は明らかではないが、「礼服冠」に相当するものであろう。

このように考えてくると、粟田真人が身にまとっていた服飾品や冠は、いずれも元日や即位礼、大きな祭祀のときに着用される「礼服」の系統を引くものと考えられるが、これはもとをたどれば、「冠位十二階」にいきつくことになる。なぜなら「冠位十二階」の制度において、元日などの儀式の際には、色で差等を表現した被り物の上に、金銀でつくった花などを飾る定めであったが、それはその後の冠の制度に引き継がれ、また粟田真人の被った冠が、頂上から花が四方に垂れていたという事実と、通底する部分があるからだ。

中国側の史料、『隋書』「倭国伝」には、「冠位十二階」の服飾の制度の、より具体的なあらましを知れる記述がある。おそらく斐世清以下の、倭に派遣された隋からの使者が、直接見聞した事実に基づいていよう。

其の服飾、男子は裙襦《くんじゅ》を衣《き》る。其の袖は微小、履《くつ》は屨形の如く、其の上に漆をかけ、之《これ》を脚《あし》に繋ぐ。人庶は多く跣足《はだし》にして、金銀を用いて飾と為《な》すを得ず。故時は、横幅に衣る。結束して相い連ねて縫ふこと無し。頭には亦《ま》た冠無し。但し垂髪を両耳上にす。隋に至りて、其の王、始めて冠を制す。錦綵を以て之を為《つく》り、金銀鏤花を以て飾と為す。婦人は後に束髪し、亦た裙襦を衣る。裳には皆な襈襵あり。

倭国には古い時代には、頭に冠をいただく風習はなかったが、隋代になって、初めて倭王によって制定された冠の制度は、彩色された錦の布でつくった冠に、金銀で彫りつくった花を飾りにしたものであったとある。この際、漆を塗った履をはいたが、庶人は裸足で、金銀を飾りにすることはできなかったと、倭国では服飾に階層差があったことを特記している。またこの時代の衣服は、男性も女性も「裙」、すなわち裳＝スカートと、「襦」、つまり肌着のような袖の小さい上衣の組み合わせを着ており、女性のスカートには縦縞があったという。高松塚古墳の壁画に見える女性像の服装にも通じるものがある（図1・1）。

図1・1　高松塚古墳壁画　西壁女性群像

女性のはく裙（裳）に縦縞が見られる。国（文部科学省）所管

男女が共に「裙」を穿くのは、律令「衣服

令」の、「礼服」における衣服の規定と酷似しているが、『隋書』に記録された倭国の冠は、新たに定められた「冠位十二階」の冠の制度にのっとったものと想定される。隋からの使者が倭国で眼にしたのは、国威を誇示するために最高の盛装で居並んだ豪・貴族層たちであったろう。それは平日の服装でなく、儀式の際などに着用する正装であったにちがいない。冠位、およびそれと同時に着用される衣服をも含めた衣冠制を整えることは、国際関係上の行礼において重要であり、冠位十二階は、なによりも隋との国交開始という、国際関係上の要請に基づいて編み出されたものであった。

後に述べるように筆者は、「冠位十二階」の服飾の制度は、大嘗祭や元日などの大きな儀式や祭祀の際の衣服である「礼服」の規定に近似していると考えている。礼服着用の時に被る「礼服冠」

図1・2　現存最古の礼冠

桃山時代の後陽成天皇の即位に使用されたもの。上は正面。下は左側面。(京都国立博物館蔵)

は、「玉冠」とも称されており、玉で飾った冠であったと想定される。平安時代前期に編纂された、朝廷でとり行われる恒例・臨時の主要な儀式の手順を網羅した『儀式』という書の礼服の規定などに見える親王や高官の礼服冠は、さまざまな彩りの玉を金装の冠の「押鬘《おしかずら》」に立てて飾った様子が見て取れる。この記載を京都国立博物館所蔵の、五条為良が天正一四年（一五八六）十一月二五日の後陽成天皇の即位式に使用したものという、現存最古の礼冠（図１・２）と照合すると、黒漆塗り・紗貼りの冠の周囲に、花をかたどった金銅透彫りの「押鬘」を巡らし、その周囲に花形の薄板を貫いた茎をぐるりと配し、頂上の貴石から、さらに小さい貴石を配した歩揺を垂下させている。また後方の「櫛形《くしがた》」にも、中心に貴石を配した花形を多数あしらった礼服冠は、古来から我が国の冠が、花を飾ることを第一義としていたことを物語っていよう。これは冷泉家に伝世するもの（図１・３）でも同様で、黒い三山冠（図４・26参照）の周囲に金色の花をかたどった「押鬘」を配し、後方に櫛形を立てて全体を花座に乗せた玉で飾っている。

　こうした形式は明らかに「朝服」の際に被る黒一色の繊維で製した「皀頭巾《くりのときん》」（図１・４）とは異なるものでもあり、このような冠の制度は、「冠位十二階」以来の系譜を引くものということができるのだ。

　以上見てきたように、金銀の造花を飾る冠が制度化されるのは、冠位十二階に始まることと考えられるが、これに先行するものとして、「記紀」の安康天皇のくだりに見える「押木玉鬘《おしきのたまかずら》」の存在をあげておかねばなるまい。

「押木玉鬘＝蘰」とは、『日本書紀』では「立鬘《たちかずら》」とも、「磐木鬘《いわきかずら》」とも称されることから、立ち木をかたどった鬘と推定され、また『儀式』に見える「押鬘《おしかずら》」の語が、「前後押鬘の上に、緑玉二十顆を以て立てる」とあることから、「押鬘」の上に花をかたどった玉をちりばめたものと想像

図1・3　江戸時代の礼冠

（公益財団法人　冷泉家時雨亭文庫蔵）

図1・4　朝服の際にかぶる黒一色の繊維で作られた「皀頭巾」。「漆紗冠」ともいう。

（「伝聖徳太子像」部分　宮内庁蔵）

されよう。

さらに伝世している礼服冠における「押鬘」の名称に該当するとおぼしき部位は、花と蔓草をかたどった金銅の透かし彫りが、前頭部と後頭部、前後から頭の周囲を囲んでいる事実から類推して、頭部を廻る草花をかたどった立飾を意味すると見てよいのではないだろうか。つまり玉縵とは、そこに宝石を飾って、蔓草《つる》の類をかたどって輪にした髪飾りであり、転じて冠のことを指すとされる。実際に新羅の都慶州の、金冠塚や瑞鳳塚・天馬塚などから玉で飾った金製・金銅製の冠が出土しているが（図1・5）、押木玉鬘とは、我が国にもたらされたこうした冠のことを意味していると考えられている（日本思想大系『古事記』補注下巻―八二）。

冠位の制度はしだいに変化して、金銀銅の造花を加えた冠は廃止され、朝服着用時には、官人は一律に黒い冠を被るようになった。八世紀前半のことである。

しかし天平一九年（七四七）には、五月の節《せち》（宴会）に菖蒲の縵をつけてこない者は、

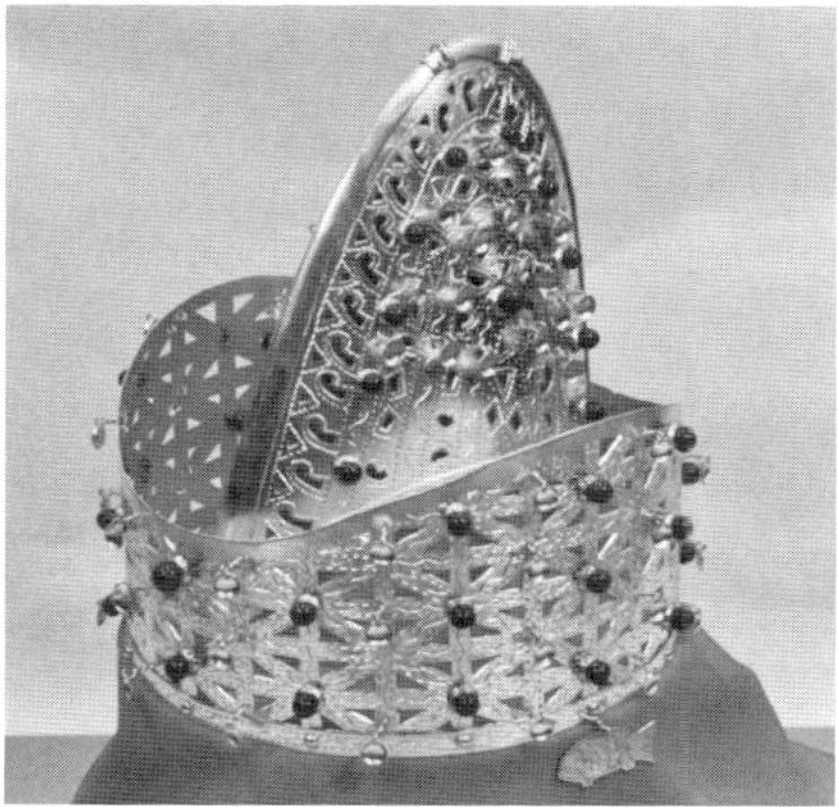

図1・5　金銅冠・6世紀

豪族が用いた冠。冠とふちの二つの部分から成る。（十善の森古墳金銅製冠帽復元品・福井県若狭町教育委員会提供）

宮中に入ることを禁じる命令が出されている。

天平一九年五月庚辰　是《こ》の日、太上天皇詔して曰く、昔は五月の節には常に菖蒲を用ゐて縵と為す。比来《このごろ》已《すで》に此《この》事を停《とど》む。今より後、菖蒲の縵にあらざる者は宮中に入るなかれ。

ここでは、元正太上天皇の詔として、「五月の節句には、いつも菖蒲を縵にするのが常であったが、近頃この風習が見られない。しかし、これからは菖蒲を縵にしていない者は、宮中に入ること自体を禁じる」として、この慣行の復活をめざしたのである。冠に生花をつけるということが、古い習慣として位置づけられると共に、生花を頭に飾るかつての慣行が根強かったことを意味していよう。

のちに改めて問題にしたいが、こうした冠は、天皇から諸臣に賜与されるきまりで、逆はありえなかった。

五　死者に捧げる花

先に見たように日本では、頭の花飾りが、記紀神話のころからの、きわめて古い慣習として長くおこなわれていたらしい。しかし不思議なことに、五～六世紀にかけて大量に制作された人物埴輪像のなかには、頭に花を飾る人物の例を見出すことができない。それはなぜだろうか。

　イザナミは火神を出産したとき、生まれ出ようとする子にその身を焼かれて死んだ。『日本書紀』の一説には、

　一書に曰く、伊弉冉尊、火神を生みませる時、灼《や》かれて神退去《かみさ》りましき。故に紀伊国熊野之有馬村に葬りき。土俗、此神之魂を祭るには、花の時は亦《ま》た花を以て祭る。又鼓吹幡旗を用ゐ、歌ひ舞ひて祭る。

とあって、そのときイザナミの遺体は紀伊の国の有馬村に葬られたとある。土地の人は、花の季節には花をもって歌い舞い、この神の魂を祭るのだという。この伝承について和歌森太郎氏は、死霊を弔うのに花をもって祭るとすれば、

図1・6　花の窟神社（三重県熊野市）例大祭

（高見守氏提供）

花はすべて霊前に集中させるべきであり、参会の人びとの身にこれをつけることは、避けられなければならなかったであろうとの、興味深い指摘をしている（和歌森太郎『花と日本人』草月出版、一九七五年）。葬送の場においては、花が霊前に集う生者たちの装身の具としてではなく、死者に捧げられるものとして位置づけられていることを物語っていよう（図1・6）。

埴輪は葬送儀礼を表現したものだともいわれている。だから埴輪像自身が花をまとうことがないのだと考えられないだろうか。つまり葬送の場では、花は生者のものではなく、生者から死者に捧げられるものとしてあったので、そこに集う生者たちの身を飾ることはなかったのだと考えられる。

つまり、その場を支配する論理に応じて、花の位置づけは異なっていたのだ。生者の論理のなかでは、花は永遠の命を願う装身の具であり、死者の論理の支配する場では、花は霊を祭る具として死者の側に捧げられたのではなかったか。

このように、花が古くから死者に捧げられる存在であったことが、仏教における仏前への供花と結びついていったと考えられる。花が死者や仏への捧げものであったとが、生きている者同士が親愛の情の表現として花を贈り合う風習を、日本では最近まで根づきにくくさせた要因ではないだろうか。

六　対等な関係ではない花の贈答

餞別《せんべつ》を意味する「はなむけ」という言葉は、「馬の鼻向け」の鼻の意で、旅立つ人の馬を、行くべき方向へ向けて見送った習慣によるともいわれるが、和歌森太郎氏によれば、もともと送る側が、花を飾り立てて別れの宴を催すことからきたという。このように見てくると、花を贈る側と花を受ける側の間には、常に一線が引かれているという気がする。贈る側、贈られる側が、生と死、衆生と仏、残る者と旅立つ者など、立場、次元を異にする間で贈答が行われるのであり、少なくとも同じ次元、空間に立つ者同士でのやりとりはないのではないか。

花の贈答が一般化していないとはいいながら、例外は病気の人に花を贈る風習ではないだろうか。これは花の生命力を病人に類感させようという呪術的意味合いから解説されているが、これとて病人と健常者という落差の間でおこなわれる贈答である。

さらに考察を進めてみよう。つきつめていくと日本での花のやりとりは、こうした落差のある人びとの間でのみおこなわれたのではないだろうか。

芸人、ひいき力士への心づけを「花」というのは、まず見物のときに造花を贈って、翌日お金を届けるならわしからきたものだという（伊勢貞丈『貞丈雑記』）。歌舞伎の「花道」も、ここを渡って客が役者に花を贈ったことから、この名がついたともされる。「花形役者」は、花を贈られるほどの才能の持ち主というのが本来の意味である。

また、芸者や遊女の料金を「花代」というのは、花に代わるものとしての金銭という意味である。このようにどの言葉も、遊芸者と客の間の花のやりとりに起源のあることが確認できよう。花は、客やパトロンが褒美として渡す金品の代名詞だったのである。これら遊芸者と客人の間にも、当然ながら落差がある。してみると花は、対等な人間の間で贈答されるものではなかったということが、ますます明白である。

七　集団のシンボルだった挿頭花

では頭に飾った花はどうだろうか。先にも述べたように「冠位十二階」の冠の制度では、元日などの儀式のときに、皇子・諸王・諸臣は、冠に造花である髻華を挿したが、ここではその基台である冠は、そもそも授与主体が天皇であり、天皇から与えられるものであったから、髻華も、天皇と官人という身分の格差の間で、上から下へ向かって与えられる存在だったということができよう。

やがて花をかたどった飾りをつけた冠は廃止されるが、頭に挿す花が天皇から与えられるものという位置づけは、長く残ったようである。

平安時代の宮中儀礼を伝える『西宮記』には、大嘗祭をはじめとする各種の祭礼や、列見《れけん》、定考《こうじょう》など、官吏の任命や昇進に関する行事のとき、儀式を司る上卿以下が天皇から藤花や桜、菊などの花を下賜されることになっていたと見える。これを挿頭花《かざし》といった（図1・7）。

儀礼の参列者が一律に天皇から冠に挿す花をもらうことで天皇と花を与えられた参列者との身分関係が確認されたのであろう。ここで与えられた花は、親王・大臣は藤、納言は桜、参議は黄花＝山吹と、種類に違いはあるが、生花の姿をかたどっており、髻華が、冠位十二階以来、金銀銅や豹尾・鳥尾などの素材によって身分を区別しようとしたのとは、大いに意味が異なっていよう。

いずれも天皇から受けた花を頭に挿すことによって、公卿のメンバーシップを、天皇に対しても集団相互に対しても一律に示す効果をもったのではなかっただろうか。

島山に　照れる橘　髻華に挿し　仕えまつるは
卿大夫《まえつきみ》たち
『万葉集』巻十九－四二七六

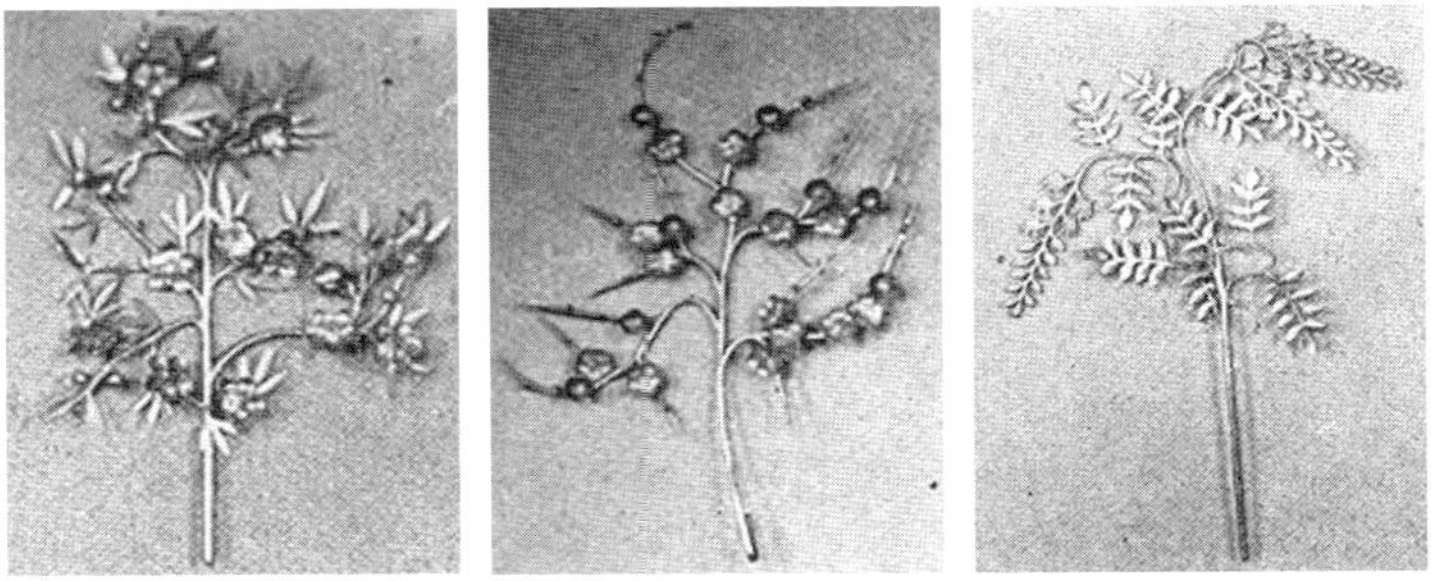

図1・7　臣下の挿頭花（江戸時代）

大嘗祭後の節会（宴会）で下賜されたもの。真鍮製鍍金。右から、藤は大臣用、梅は大納言・中納言用、山吹は参議用である。（出展・『御即位式写真帖』1914年　帝国軍人教育会　博文館）

この歌は、天平勝宝四（七五二）年新嘗祭《にいなめさい》のときに、藤原房前の第三子で、当時右大弁であった藤原八束が詠ったものである。八世紀においても、儀礼のとき花を頭に挿すことが、天皇に仕える公卿のメンバーシップの視覚的表示になっていたことの証左でもある。

梅の花　今盛りなり　思ふどち　挿頭にしてな　今盛りなり

『万葉集』巻五―八二〇

「いまが盛りの梅の花を心の合うもの同士、挿頭にしよう」とこの歌に詠われているように、人びとが同じように草花を髪に挿すことは、儀式や宴会に集う人びと、あるいは貴族たちなど、様々な集団の結合意識のシンボルになった。それは挿頭花が、天皇から一律に賜るもので対天皇という関係において、公卿の集団意識のシンボルであったことに淵源しよう。

挿頭花との関連で興味深いのは、遊芸者や力士への心づけの花を、纏頭花《てんとうか》とか纏頭、纏頭物などということである。衣服などの下されものを、頭におしいただき、頭にかずき巻いて退出するから、と語源が説明されているが、和歌森太郎氏は、より古くには花を挿頭として受ける習慣があって、これが中世に衣服となり、近世には金品になったと推定している（前掲三六頁『花と日本人』）。つまり、これも花を上位身分者から頭に挿してもらう慣習に由来しているといえよう。

要するに日本では、花を贈られ、それを一様に頭に飾る側には集団の意識が芽生えても、花を贈る側と贈られる側の間には、そこに落差・格差が認められる以上、仲間意識、親愛の情は芽生えようがなかったのではないだろうか。

日本において花のやりとりが、同等の者同士、とくに恋人たちの間で行われることが長らく根づかなかったのは、あるいはこんなところに原因があったのかもしれない。

※本章は『人はなぜ花を愛でるのか』日高敏隆、白幡洋三郎（編）八坂書房（二〇〇七年）の、第6章「花をまとい、花を贈るということ」に加筆・修正したものである。

第二章　大化の改新から礼服成立までの衣と冠

一　天武朝の「此の冠」

第一章で登場した十二階の制度は、六〇四年に定められ、元来冠の色だけで位階を区別したものと考えられるが、六一九年の『日本書紀』の菟田野の薬猟の記述には、「冠の色に随ふ（冠と同色の）」服を着ていると記されていた。冠に服の色も組み合わせていたことは、十二階の制度を抜本的に改正した大化三年（六四七）の「七色十三階（七色一十三階之冠）」の制度の祖形になったであろうことも、うかがい知ることができる。

大化三年の制度は、大化五年と天智天皇三年（六六四）に小改訂されるが、〈注3〉その後、天智天皇（中大兄皇子）の皇子である大友皇子との武力対立（壬申の乱）によって、権力を掌握した天武天皇（天智の弟）は、積極的に日本の服装を改めていった。

大化元年（六四五）の「大化の改新」の内実については諸説があるものの、この年に起きた政変の後、服飾制度についても大きな改革が実行されたのは事実であろう。この時の制度を『日本書紀』は「七色一十三階之冠」とよぶ。七色とは、位の上から並べると、織冠・繡冠・紫冠・錦冠・青冠・黒冠・建武の七つのことであるが、「建武」以外は大小があるので、合計十三階となり、「大織冠」が十三階の最高位である。〈注4〉

『日本書紀』の「孝徳天皇紀」では、十三階の冠位が、冠の素材、縁どりの素材、またその冠と一緒に着用する衣服の色、さらに冠の背に漆を塗った羅〈注5〉を張ること、それぞれに鈿すなわち髻花をつけて、髻花と縁の素材の組み合わせで、冠位の高下を表示すること、位をあらわす冠とは別に「鐙冠」が存在したことなどが、非常に詳しく記載されていた。（第一章四節参照）

それにもかかわらず、この冠の位置づけについては、従来からさまざまに解釈されている。古代服飾制度における論点は多岐にわたるが、二つの点で、この記載の解釈がひと通りではないことを説明しよう。

「此の冠」とはなにか

一つ目は、「此の冠は大会・饗客・四月七月斎の時」に着装するとある「此の冠」が、位冠を示すという解釈と、鐙冠を示すという解釈に分かれることである。

前者は、「別に鐙冠《つぼこうぶり》有り。黒い絹を以て為《つく》る」を挿入句と見て、「其の冠の背には漆羅を張る」以下の説明を位冠の説明とみなす。後者は「別に鐙冠有り」以下の説明をすべて鐙冠の説明とする。

鐙冠とは、位冠の最下級の建武と同じく黒絹でつくられ、冠位の高下を超えて着装された、位冠とは別系統の冠であったとみられる。『日本書紀』の写本の中には「ツボ」という読みを注記したものがあり、「鐙冠」の名の由来は、形状が古代の馬具の「壺鐙《つぼあぶみ》」に似ているからであろう。新井白石は、鐙冠は「つぼあぶみ」に似た冠であり、後世の烏帽子はこれから生まれたのであろうと推測している（『経邦典例』）。

「此の冠」が鐙冠であったとする解釈として代表的なものに、増田美子氏の説がある（『古代服飾の研究』一九九五年・源流社）。増田氏は、鐙冠を「大会・饗客・四月七月斎時」に用いる儀礼用の冠と解している。「鈿や縁で身分を示す」という説明も鐙冠についてのものだとし、これより前に記された十三種の位冠を日常にかぶる冠であるとしている。

しかし、大化三年の位階の名称は、「織冠」以下「黒冠」に至るまですべて位冠の生地の特徴をあらわしたものである。つまり位冠は位階を表示する手段であるというに留まらず、位階そのものが相当する位冠を着用する資格と同義なのである。

そして、位階の表示は群臣たちが居並ぶ場である大きな儀式においてこそ、大きな効果を発揮したものと思われるが、黒一色の鐙冠はこうした位階表示に適していない。もしも増田氏が言うように、鐙冠では位階を縁と鈿で示したとすれば、鈿の区別が金・銀・銅の三種類しかないというのでは、十三の位階の区別は主に黒い冠につけられた縁の細い生地でおこなわれたということになるし、少なくともこうした鐙冠は「織冠」以下の位階の名称に見合ったものではありえない。このように考えると、おのずから儀礼で用いられる「此の冠」が位冠であることは明らかであろう。

なお、菅原正子氏は、「此の冠」を鐙冠とし、鈿と縁で身分表示をおこなうのも鐙冠であるとして、増田氏の解釈を肯定しながらも、着用機会については、「大会・饗客・四月七月斎」を比較的な小規模な儀式と解して、より重要な儀礼の冠が位冠であったという見解を示している（「書評『古代日本の衣服と交通―装う王権つなぐ道―』」「ジェンダー史学」十一号　二〇一五年〈注6〉）。しかし、『日本書紀』の当該箇所には「大会・饗客・四月七月斎」以外の着用機会について何らふれてはいない。これらよりも重要な着用機会があるとするならば、明示してしかるべきであろう。「大会」は元日や毎月朔日をはじめとする群臣が「大いに会集する」儀礼、「饗客」は海外使節を迎える儀礼と考えられる。『令集解』の「宮衛令」には「元日・（毎月の）朔日、若《も》しくは聚集有らば、及び蕃客宴会・辞見には、皆儀仗を立てよ」と規定されていた。元日とは朝賀をさす。また「養老令」の「儀制令」の規定によれば、毎月の一日には「朝会」があって「文武官初位以上」すなわち位を持つ官人はすべて朝廷に参上することになっていた。大会と蕃客すなわち海外使節に対する饗宴は、共に重要な儀礼とされていたのである。

「蟬」に似ているのはなにか

二つ目の解釈が分かれる点は、「形は蟬に似たり」というのが、冠全体をいうのか、鈿などの装飾を指すのかである。

　ここに突然蟬が登場する理由は、中国の冠の制度の影響と考えられる。〈注7〉中国では古くから冠の装飾として蟬の形をつけることがおこなわれてきた。なぜ蟬が選ばれたのかというと、蟬には「文・清・廉・倹・信」の五徳があると信じられていたためである。晋の詩人陸雲の『寒蟬賦』によれば、「頭上に緌（冠の紐）があるのは『文』で、露のみを飲むのは『清』で、穀物を食わないのは『廉』で、巣を持たないのは『倹』で、定まった季節にあらわれるのは『信』である」という。蟬の成虫の、餌らしい餌を食べず、短い命をまっとうする様子を、清廉にして信義を守る姿になぞらえたものであろう。

『新唐書』「車服志」によると、同時代の中国、すなわち唐の皇帝が着装する「通天冠」、親王が着装する「遠遊冠」、諸臣が着装する「進賢冠」など、礼装用の冠に蟬の形の装飾があったという。しかもこうしたことは唐にはじまったことではなく、それ以前の伝統を継承するものであった。したがって、冠と蟬との関連性は「冠の形が全体として蟬に似ている」ということではなく、あくまで蟬をかたどった飾りをつけることであろう。そして、中国の思想上の冠における蟬の意義を意識することなしに、『日本書紀』の編者が冠の説明において蟬に言及するのはあまりに唐突なのである。

　つまりこれは『日本書紀』編者による表現であり、必ずしも実際の姿を伝えたものではないと思われ、冠全体が蟬に似ていたとは考えられない。

二　天武・持統朝の新たな改革

天武天皇十一年三月には、これまでの服飾制度に重大な改訂が施された。「位冠及び襌《まえも》・褶《ひらおび》・脛裳《はばきも》」の着用が禁止されたのである。

身分表示の中核を担っていた位冠が廃止されたことで、十二階以来の制度は大きく変わった。先に引いた推古一九（六一一）年の菟田野《うだの》の薬猟《くすりがり》の例にみるように、十二階の時代においても服色を冠に合わせた例があり、七色十三階では服色規定も加わっていたのであるから、身分表示は服だけでもできるとはいえ、冠による表示ほどには細分ができなくなる。

また「襌」については、前裳（エプロン）説や上半身に着る簡易な服という説があるが、いずれにせよ古くからの伝統の服である。「脛裳」の形状も諸説があるが、下半身につけるものである。褶は下半身にまとう裳（巻スカート）で（図4・16）、推古十三年（六〇五）閏七月に聖徳太子が「諸王・諸臣」に使用させたのがはじまりである。なぜこれを取り入れたかといえば、それが中国の儒教的な伝統の服飾である「衣裳」の制にかなう衣服形態であったこと、および我が国固有の衣服の習俗が、男女ともスカートをまとう形式のものであったことに起因すると考えられる。しかし、当時の唐において「衣裳」の制によるのは「冕服」や「朝服」といった礼装のみであった。つまり、この「位冠及び襌・褶・脛裳」はすべて、当時の朝廷が摂取しようとしていた、唐の官僚の勤務服である常服（第四章一節参照）には存在しないという理由で廃止されたとみられる。

つづいて十一年六月には、『日本書紀』に

「男夫始（初）めて結髪す。仍《よ》りて漆紗冠を着す」

とあり、唐風の結髪と「漆紗冠」の導入が図られた。紗は羅に似た透き通った生地である〈注8〉。漆紗冠は、この紗という薄絹を漆で固めた黒一色のかぶりものである。この漆紗冠が高松塚古墳壁画の男子の姿にみられるようなものであったとすれば、唐において常服に使われた「幞頭《ぼくとう》」を模したもので、唐風の髻《もとどり》（髷《まげ》）に結わえて固定したと考えるべきものである（図1・4）。先の位冠・襷・褶・脛裳の廃止が、唐の常服の影響によることはますます明らかであろう。

注目されるのは、位冠が廃止されてから漆紗冠が導入されるまでに三か月もの空白期間があるということである。その間、鐙冠のような略儀の冠が用いられた可能性もあるが、そもそも唐風の漆紗冠と結髪が導入される以前は、埴輪に見られるようなミズラを結った髪に冠位十二階や七色十三階、そして二十六階の制の冠をかぶっていたと考えられる。そしてこの髪型であれば、冠の着用自体が必須ではない〈注9〉。

十三年閏四月には、

男女の衣服について「有襴・無襴」と「結紐・長紐」いずれの着用も任意であるが、「会集」

の日は有襴衣に長紐を用いよ。また男子は、圭冠《はしはこうぶり》と括緒褌《くくりおのはかま》（裾を紐で縛る袴）があれば
これも用いよ。三十歳以上女の結髪と馬の乗りかたの縦横は任意とする。

という詔が出た。

会集の日とは、「元日及び聚集、并びに蕃客宴会等」の大きな儀式を意味する（『令義解』［衣服令・武官朝服条］）。「襴」とは衣の裾に横倒しにした生地をついだものである。唐では官僚の常服のうわぎに有襴と欠胯の二種があるが、この有襴袍を模したのであろう。長紐は襟を結ぶ紐であると考えられるが、こちらは唐の常服にはない。天武朝の一連の改革は唐風を取り入れながらも、まだ完全にこれに準拠するに至らない過渡的な様相を示している。

圭冠と括緒褌の規定は、会集の日の規定とも、それとは別の規定とも解しうる。括緒褌は、古墳時代の埴輪においては、身分のある男子の装いにもみることができる。（図2・1）これは、中国で儀仗の武官や行幸に供奉する官人が用いた「袴褶」（第四章一節参照）を着用して大口袴の裾を縛った姿に似ており、その影響が想定できる（図4・1）。古墳時代の括緒褌は大陸風の晴れがましい装いであったであろうが、ここでは圭冠とともに用いられている点に着目すべきである。

圭冠は、古訓を「はしはかうぶり」といい、これはふちのところをしばって着装したとする説があるが、そうだとすれば髻に結わえつけて固定する必要もなく、ミズラにもかぶることができる。『日本書紀』の大化三年の記事に登場した鐙冠は、その箇所に登場するだけで、廃止のことも、存

続のことも、史料上は知ることができない。しかし、唐風の結髪を導入する以前の様式を継承する圭冠が、鐙冠の系統を引くものである可能性は高いのである。鎌倉時代後期の『釈日本紀』をはじめ、圭冠は後世の烏帽子と同系統のものと解釈する説が有力である。「圭」とは、中国で儀式の時に持つ玉石製の笏のような板をいう。圭冠はその形状に似たもので、先が三角に尖り、下が四角いものという説が有力である。つまり「圭」のように上方が尖り、下が四角い、野球のホームベースに似た形状が想定できるが、その特徴は烏帽子にも通じることだからである。さらにいえば、鐙冠の名称のもとになったと考えられる壺鐙も、烏帽子に似た形状を持つ。また、平安時代には、裾に紐を通して括る袴を「指《さし》貫《ぬき》」と称したが、指貫と烏帽子は直衣や狩衣などの略装に用いられた。唐の影響が強まり、新しい形式の袴が導入されることによって、それまでの正装の括緒褌は、裾を括るという活動性のゆえに略装として残されたのであろう。したがって圭冠と括緒褌の規定は、会集の日の規定とは別である

図2・1　ミズラを結って冠をつけ、括緒褌をはいた姿の埴輪

（埼玉県熊谷市出土　東京国立博物館蔵
Image：TNM Image Archives）

と考えたい。

天武天皇十四年（六八五）正月には、『日本書紀』に「更に爵位の号を改む。仍りて階級を増加す」とあるように、名称・実態ともに冠位の大幅な改正がなされた。このとき皇族と臣下の位階は別とされ、皇族は「明位・浄位」とし、明位は壱・貳の二階、浄位は壱《いち》・貳《に》・参《さん》・肆《し》の四階があった。臣下は「正位・直位・勤位・務位・追位・進位」の六つとし、そのすべての位に壱・貳・参・肆の四階を設けた。さらにすべての階は大と広の二つに分けられ、「直広参」「務大弐」というように呼んだので、皇族は十二階、臣下は四十八階となる。

天武十年以来の改革の目的は、日本色の強い装いの排除と、唐風の導入にあったとみられる。十四年正月の官位制度改革に続く七月には、「朝服」（朝廷の服）の制度が改訂された。皇族は明・浄位十二階すべて朱花《はねず》（薄い赤色）とし、臣下は正位深紫、直位浅紫、勤位深緑、務位浅緑、追位深蒲萄《えび》、進位浅蒲萄とした。葡萄色は、「衣服令」（第四章一節参照）の奈良時代から平安初期の諸注においてすでに薄紫説と青色（今でいう黄緑）説とがあり、定説を見ない。先に位冠が廃され、漆紗冠が用いられていたから、身分はもっぱらうわぎの色で示された。これは唐の常服の身分表示法に習うものなのだが、推古朝の十二階が、儒教の徳目による名称を持つのに対し、明・浄からはじまる天武朝の冠位名が、いわば日本的な徳目によっているのは興味深い。

次に、天武天皇の皇后であった持統天皇四年（六九〇）四月にも服飾制度の改訂があった。官位制度そのものの改訂はなく、朝服の色のみの改正である。皇族の明位は朱花のままであったが、浄大壱以下浄広弐までを黒紫とし、それ以下の皇族を赤紫とした。臣下は、正位は赤紫、直位は緋《あけ》、勤位は深緑《こきみどり》、務位は浅緑《うすきみどり》、追位は深縹《こきはなだ》、進位は浅縹《うすきはなだ》とした。十三階の服色の序列は「深紫・浅紫・緋・紺・緑」であり、天武十四年の制度では「朱花・深紫・浅紫・深緑・浅緑・深葡萄・浅葡萄」であった。以上と異なり、この制度の「紫・緋・緑・縹」の序列は、明らかに唐の制度を模している。また、官位の上下にかかわらず、官人は綺帯《かんはたのおび》を締め、白い袴をはいた。白い袴は、唐の常服の制に習うものだが、唐の常服は腰帯《ようたい》という革のベルトを締める。綺は、漢の辞書の『釈名』によると絹織物の一種であるが、時代による字義の変遷を考慮するとどのようなものか断定しがたい。しかし、絹製なのは確かで、唐の腰帯とは別物である。

持統天皇八年（六九四）には藤原京に遷都した。中国の影響を受けた、日本初の計画都市である。女帝は、夫の天武天皇の大陸文化摂取の方針を引き継ぎ、発展させていった。二人の間に生まれた草壁皇子は早生したが、草壁の子の軽皇子（文武天皇）は祖母の譲位により六九七年に即位する。

持統天皇は、新たな服飾制度と都城建設という、いわば衣装と舞台とを用意し、この装いを新たにした舞台で国を動かす法令である「律令」の制定は、孫の功績に帰するよう配慮したのではないだろうか。大宝元年（七〇一）に「大宝律令」が完成し、これを見届けるように翌年持統上皇は死去した。

その後の平安時代初期に書かれた『続日本紀』の大宝元年三月二十一日条に、その「新令」に基づく服飾制度が記されている。

親王四品已上と、諸王諸臣一位の者は皆黒紫、諸王二位以下諸臣三位以上の者は皆赤紫、直冠上の四階は深緋、下の四階は浅緋、勤冠四階は深緑、務冠四階は浅緑、追冠四階は深縹、進冠四階は浅縹たり。皆漆冠・綺帯・白襪・黒革舃なり。其袴は、直冠以上は皆白縛口袴、勤冠以上は、白脛裳なり。

「大宝令」では礼服と朝服が定められていたが、この記事に見えるものは朝服と考えられる。うわぎの色は持統天皇四年に準じており、冠や帯も以前のものを踏襲している。

第三章　礼服とは何か

一　礼服の面影

「礼服《らいふく》」とは、有名な「大宝律令」および、これを改定した「養老律令」の「衣服令」において、皇太子以下五位以上の貴族の正装と規定された、わが国で最も格式の高い服である（図3・1）。また少なくとも奈良時代中期には、天皇も礼服を使用するようになった。「衣服令」によると、元日に行われた「朝賀《ちょうが》」の他、「大祀《たいし》」「大嘗《だいじょう》」という特別な祭祀に用いられるものであり、奈良時代末期に即位儀礼が整備されると、これにも用いられた。すなわち国家的に最も重要な儀礼にのみ使用された装束である。奈良時代の歴史を記した『続日本紀』には、基本的に恒例行事について詳しく記さないという編集方針があり、また臨時の儀礼である皇位継承儀礼についても、そこで発せられた詔などについては記すものの、儀礼の詳細までは記されていない。また少なくとも平安初期以降は青摺《あおずり》の衣（白い生地に山藍《やまあい》という草の汁で文様をあらわした、古代からの伝統を引き継ぐ服。

小忌衣《おみごろも》ともいう）が神事服として定着していたから、祭祀における礼服の使用は文献上確認できない。また平安中期には朝賀も衰退し、小朝拝という略儀になったため、その後礼服はもっぱら即位儀礼のみで使用する服となっていった（図３・２）。

礼服が廃止されたのは明治天皇の即位に際してである。つまり、千二百年近い時間、常に存在し、日本最高の正装として君臨してきた。

にもかかわらず、多くの日本人にその存在すら知られていないのは、奇妙なことである。礼服は

図3・1　江戸時代の遺品を学術用に着装したもの

（出典・『日本歴史図録』1928年）

時代を超えて朝廷と共にあった。この日本人の意識から排除された正装を過去にたどると、朝廷が日本の中に刻んできた歴史の一端に触れることができるのである。

二　礼服をまとう、朝賀と即位という儀式

礼服着装姿を見た人々の思い

礼服は、平安時代前期にはまず第一に元日朝賀の儀に用いられる装束とされており、朝賀に準じて挙行された天皇の即位のときにも使用された。『続日本紀』によると、奈良時代の天皇が譲位するときには大極殿において宣命《せんみょう》（和文の詔勅。漢字に万葉仮名で送り仮名を施したもの）が群臣の前で読まれたが、奈良時代の末期、桓武天皇は位を譲られ

図3・2　大嘗祭に向かう天皇と群臣

天皇は白一色の御祭服を着る。群臣は白地に青摺で文様をあらわし、右肩に赤紐を下げた小忌衣を着る。（出典・『御即位大嘗祭絵巻』1915年刊　個人蔵）

てから日を改めて、大極殿《だいごくでん》において官人たちの拝礼を受けた。この儀礼が定着して「即位」と呼ばれるようになったのである。〈注10〉そして平安時代中期に朝賀が中絶すると、もっぱら即位のための装束とされて幕末にまで及んだ。その着用姿を、平安時代後期の記述から偲んでみよう。

玉の冠し、あるは、錦の裲襠《うちかけ》、近衛司《こんえづかさ》などよろひとかやいふもの着たりしこそ、見もならはず、もろこしのかたかきたる障子の、昼《ひ》の御座《おまし》に立ちたる、見る心地よと、あはれに。

『讃岐典侍日記《さぬきのすけにっき》』嘉承二年（一一〇七）十二月一日　鳥羽天皇即位

後朱雀院御即位の日、大二条殿、内弁にて、如法《にょほう》に練らしめ給《たま》ひけり。玉冠・玉佩《ぎょっぱい》の火打の様なる物どもの、ちちりうりうと鳴るほどに練らしめ給ひけるを、宇治殿、大極殿の辰巳の角《すみ》の壇上に御覧じて、「あれはこま人に見せばや」と仰せられけり。よくおはしましけるにこそとおぼゆるなり。

『富家語《ふけご》』保元三年（一一五八）条

讃岐典侍によると、天皇即位の日の人々の礼服は、「もろこし（唐土）」を描いた襖絵《ふすまえ》のようであったという。『富家語《ふけご》』は関白藤原忠実の談話録である。「練らしめ給ひけり」の「練る」とは大きな儀式に際して威儀を正して複雑なステップを踏みゆっくり歩む作法である。後朱雀天皇の即位の日、内弁《ないべん》（儀式監督の大臣）を務めた天皇の叔父の藤原教通は、礼服姿で練り進んだ。礼服の時に限り腰から下げた玉佩がさやかな音を立て、その様子はまことに見事だった。忠実が生まれるよりも前の話で、誰かからの受け売りには違いないが、「チチリュウリュウ」という単純でない擬音語が、語り手のその場面への思い入れを鮮やかに伝える。教通の兄の頼通は「あれはこま人に見せばや（高麗人《こまうど》（朝鮮・渤海の人）に見せたいものだ）」とつぶやいたという。礼服を着た教通の振る舞いは、国の誉れだということなのだ。

朝賀の進行

ここで平安前期の儀礼書『儀式』（八七五年頃成立）に基づいて、朝賀の様子を解説しよう。

①朝賀の設営

舞台は平安京大内裏の中枢たる朝堂院。正殿である大極殿には天皇の玉座である高御座《たかみくら》が置かれ、その前には、白砂まばゆい庭が広がり、儀仗用の装飾品が立てられていた。『和漢朗詠集』に、朝賀の儀を詠んだ「玉扆《ぎょくい》日臨んで文鳳見ゆ　紅旗風巻いて画龍揚る」という漢詩がある。高御座に飾られた鳳凰が日光を反射し、色鮮やかな旗に描かれた龍が風に舞う様子が目に浮かぶ。

しかし、現代ではその荘厳な儀式の姿を想像するのは難しい。平安神宮（京都市左京区）は大極殿を三分の二の大きさに復元したものであるが、前庭に多数並んでいた朝堂は一対しか建てられていないことからわかるように、前庭の奥行は三分の二どころでなく大いに省略されているからである。

大極殿の南に広がる前庭の、殿に近い部分は一段高くなっていて「龍尾壇《りゅうびだん》」というが、その龍尾壇の南端の際近くに横一列（東西）に儀仗用の装飾品を立てる。中央に銅烏幢《どううとう》（幢は棒の先端に装飾品をつけたもの）、その西に日像幢・朱雀旗・青龍旗、東に月像幢、白虎旗、玄武旗（朱雀・青龍・白虎・玄武を四神という）を立てるのである。なおこれは、現在の即位礼において南北方向で東西二列に幡（のぼり）を建てるのとは異なる。大極殿の階段のすぐ下には近衛の中将以下の武官が座る。すこし離れたところには「萬歳」という文字を描いたのぼりである万歳幡が立ち、そのそばには近衛武官の代理である大将代等が「華楼陣」と称して儀仗の役割を果たしていた。龍尾壇の下には兵衛府、南門前には衛門府の陣が並んでいる。武官の立つ所には、棒の先に房のついた纛《とう》などののぼりや桙が立てられていた。また儀式の進行の合図をする鉦《しょう》と鼓《こ》が所定の位置に配されていた。さらに庭上には儀仗用の柄の長いうちわや武具、如意《こよい》（中国式の孫の手）などの「威儀物」を持つ大舎人という無位の下級官人たちがずらりと並ぶ。いうまでもなく、武官や威儀物を持つ者などは庭の東西に左右対称に並んでいる。ここですべてを書きつくすことはしないが、儀式書にはその他詳細な記事がある（図3・3）。

殿上には高御座が設けられている。北と東西の三方に階段のついた、欄《らん》（柵）のある四角い漆塗りの壇をたて、その中央に一段高くなった八角形の区画を設けて玉座とする。なお近代は高御座の中に椅子を設けるが、かつては茵《しとね》（座布団）にじかに座っていた。八角の区画には柱があり、その上には優雅なカーブを描く八角形の屋根がある。屋根の頂上には大きな金色の鳳凰が置かれ、八

図3・3　大極殿における朝賀の図（平安前期の様子を後世に想像したもの）

右上に大極殿があり、中央に見える欄（柵）が竜尾壇である。壇のきわに銅烏幢・日像幢・月像幢・四神旗が並び、その左の広大な庭に群臣が居並ぶ。下図で全体像が確認できる。（上：京都御所蔵「御三間襖絵」（宮内庁京都事務所提供）、下：帝国軍人教育会『御即位式写真帖』博文館　1914年）

隅にも金色の鳳凰が立てられる。屋根の縁《ふち》には光がさす様子をかたどった棒（順光《じゅんこう》）を放射線状に取り付けた鏡をはじめ、さまざまな装飾が取り付けられた。そして柱の間には紫綾のとばりがめぐらされ、儀式が開始されるまでは、中をうかがい見ることができなかったのである。

殿内の高御座の前の左右にはそれぞれ、この日だけ天皇の近くに侍する擬侍従《ぎじじゅう》二人と少納言一人、計六人が立つ。また儀式に奉仕する女官たちも着座して開始を待っていた。擬侍従には親王（天皇の子や兄弟）が奉仕するのが本来とされたので、後世には左右の擬侍従の筆頭二名を「親王代《みこだい》」と呼ぶようになった。龍尾壇の下（南側）の広い庭上には官人たちが位階にしたがって居並び、皇太子や儀式進行係である典儀は龍尾壇上の所定の位置につく。天皇は壇の北階より昇って高御座内に、皇后は高御座の斜め後ろに設けられた御座に着き、儀式の開始を待つ。

次に儀式の進行を、以下の②から⑥に分けて、順を追ってみてゆこう。

②朝賀開始

朝賀開始の鉦が鳴ると、執翳女孺《はとりのにょじゅ》という下級女官が翳《さしば》という柄の長いうちわをもって高御座の前に立つ。左右各九人が持つ十八枚の翳は、高御座中央の天皇の姿を隠している。次に褰帳《けんちょう》二名がそれぞれ高御座東西の階段をのぼり、糸と針で正面の帳《とばり》をあげる。褰帳は元来内親王の役であった。つまり天皇は皇族たちをすぐそばにしたがえ、壇上に君臨するのである。執翳女孺が翳を下に向けると、ここではじめて天皇の姿があらわれる。実際には明るい庭上から天皇の姿はほとんど見えないであろうが、天皇の側からは庭上に居並ぶ官人の姿が見えたはずで、ここで君臣は同じ空間に会することになるのである。龍尾壇上には大きな香炉が備え付けられている。女孺が翳を下ろすと次に、主殿寮と図書寮の官人が進み出て香をたく（図3・4）。

③皇太子が賀詞を奏上する

次に皇太子が庭の龍尾壇上の所定の位置から中央階段を使って大極殿に昇り、高御座の壇下に跪《ひざまず》いて天皇に賀詞を述べて元の位置に帰る。次に天皇が擬侍従の一人の名を呼ぶと、まず皇太子

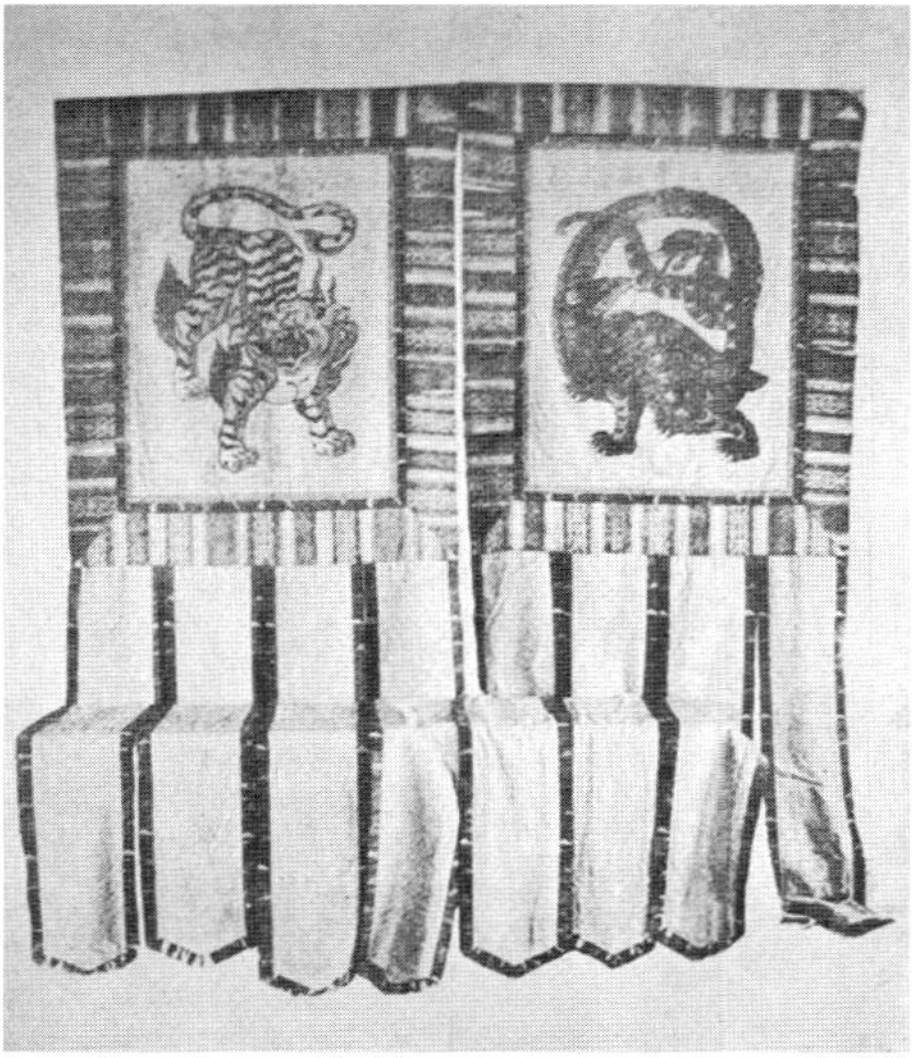

図3・4　江戸時代の即位に使用された四神旗（上）と香合（下）

（出典・帝国軍人教育会『御即位式写真帖』博文館 1914年）

の跪いた位置に跪き天皇の賀詞（詔詞）を承る。次に東階より降りて、皇太子に向かい詔詞を宣すると、皇太子は拝礼する。

④奏賀と奏瑞

擬侍従が殿上の元の位置に帰ると、次に龍尾壇下の庭に参列の官人の中であらかじめ定められた「奏賀者」「奏瑞者」が共に龍尾壇に昇り、まずは奏賀者が、年頭あたり、官人として一同天皇に奉仕する決意を新たにする内容の賀詞を奏上し、続いて奏瑞者が天皇の善政のしるしである祥瑞《しょうずい》（めでたい超常現象）を奏上する。奏賀・奏瑞を終えた二人はこの後龍尾壇を降りる。

⑤参列者に向けて宣命（詔）が読まれ、参列者が天皇を拝礼する

奏賀者は龍尾壇下にある宣命（和文の詔勅。今でいう「お言葉」）を読むための所定の位置につき、奏瑞者がはじめの位置に帰るのを待って宣命を奏読すると、典儀の指示にしたがって皇太子から参列の官人に至るまで天皇を拝礼し、武官が旗を振って萬歳を唱える。終わると奏瑞者も元の列に戻る。

⑥儀式終了

擬侍従がふたたび御前に跪いて儀式終了を告げると、執翳《はとり》が再び天皇を隠し、褰帳が帳をおろす。なお、『続日本紀』文武天皇五年（七〇一）元日条に「天皇大極殿に御し朝を受く。其の儀正門に烏形幢、左に日像・青龍・朱雀幡、右に月像・玄武・白虎幡を樹《た》つ。蕃夷《ばんい》（異国）の使者左右に陳列（並ぶ）す。文物の儀是《ここ》に備《そな》はる」とあるように、朝賀は「大宝令」制定と共に儀容を一新した。外国使節の参列を想定した、国際色の豊かな儀礼であった。ただし、天皇への拝礼では、日本的な拍手《はくしゅ》（柏手《かしわで》）が行われていたが、延暦十八年（七九九）の朝賀の時は渤海使が参列したので唐風の再拝（二度の拝礼）に換えた。その後、弘仁十二年（八二一）に成立した公的な儀式書の『内裏式』では再拝と記すから、八〇〇年以降に改訂したのであろう。

即位礼

即位礼も朝賀に準じておこなわれたが、代初めということで皇太子は存在せず、また奏賀・奏瑞もないため、③と④の内容はない。宣命の奉読者は庭上に参列する官人から事前に選ばれて宣命《せんみょう》大夫《だいぶ》、もしくは宣命使《せんみょうし》と称された。彼に奏賀の役目はないので、参列していた所から直接龍尾壇下の所定の位置につき、宣命を奉読するのである。即位の宣命は、新年祝賀の内容である朝賀のそれより長い。内容は平安前期以降固定化しており、「自分は大津宮において世を統治した（天智）天皇の定めた法にしたがい、薄徳の身ながら『天日継高御座《あめひつぎたかみくら》のわざ（天皇のつとめ）』を継承することになったので、皆の忠実な補佐を得て善政をおこないたい」というもので、桓武天皇以来ほぼ同内容である。これに対し参列の官人たちが典儀の指揮にしたがって天皇に拝礼し、武官が旗を振って萬歳を唱えるのは朝賀と同じである。次にこの日臨時に昇叙した者に位記《いき》（辞令書）が渡され（例年は正月七日の白馬節会で位記を渡すので朝賀にはない）、再び典儀の指揮で官人全員が拝礼をする。この後、擬侍従が御前に跪いて儀式終了を告げるのも朝賀と変わらない。

朝賀の断絶と即位礼の変化

例年の朝賀は、九世紀半ばなると、天候その他の理由で中止が相次ぎ、やがて理由も不明確なまま挙行されないのが通例となっていった。一条天皇の正暦四年（九九三）には、ほぼ半世紀ぶりに挙行されたが、その後はまったく断絶した。また、朝賀に代わるものとして、平安時代、九世紀になって小朝拝《こちょうはい》がはじまった。天皇が住む清涼殿の前庭というかなり狭小な場所でおこなわれるもので、儀式次第は拝礼のみの簡素なものであり、なおかつ参列者は公卿（三位以上の位階を持つ者及び四位参議以上の高官）と、天皇側近の重職である蔵人など少人数のみとなる。

平安中期以降、即位の時の庭上参列の官人はわずかに公卿六人だけとなる。これを外弁《げべん》と呼び、通常大納言・中納言・参議から二名ずつ選ばれた。礼服を着るのは、儀式監督の大臣である内弁と、上記の外弁、擬侍従、少納言、典儀《てんぎ》（儀式進行の掛け声を発する者）および五位以上の武官、そして後述する一部の下級官人だけとなる（第四章五節）。肝心の参列者があまりに少ないのは奇妙な話であるが、宮中で正月などにおこなわれる節会《せちえ》（公式の宴会）でも参列者は指名された公卿だけになるから、この時代の儀式の一般的傾向といえよう。それでも平安末期の高倉天皇の時までは、支障がない限り大極殿で即位がおこなわれたが、大極殿は安元三年（一一七七）の焼失後再建されず、鎌倉時代から室町時代前期までは太政官庁《だじょうかんちょう》で挙行するのを例とし、さらに応仁の乱後は紫宸殿の前庭で挙行するのを例とした（図3・5）。また、鎌倉時代後期より天皇が高御座につくときに印を結んで真言を唱える「即位灌頂」が慣例化した。起源は平安後期の後三条天皇とされるが定かでない。即位の儀式に仏教的な意義が加わったといえるが、礼服とは直接の関連がないため、本章では扱わず、第十三章で触れることとする。

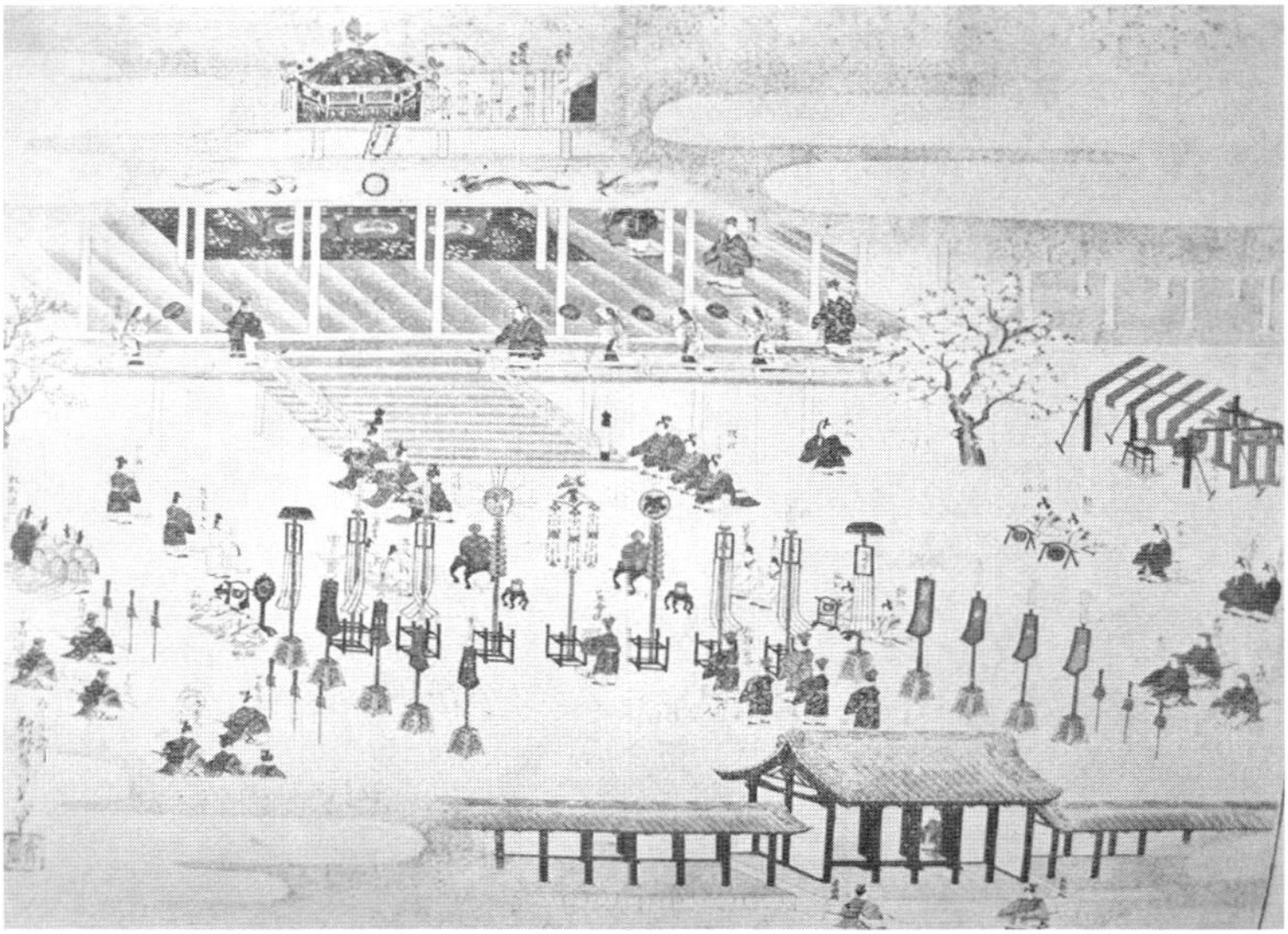

図3・5　江戸時代末期の紫宸殿での即位図

殿上中央に高御座をたてる。階下には近衛の中将・少将が掛甲をつけて並ぶ。庭上には横一列に銅烏幢・日像幢・月像幢・四神旗が並び、その左右縦方向に武官の陣を示す鉾が立つ。そのコの字形の中に礼服を着た外弁が立つ。（出典・帝国軍人教育会『御即位式写真帖』博文館　1914年）

第四章　礼服の成立と律令の規定

一　「衣服令」の定める服飾——唐との比較

「衣服令」とは

律令とは、中国で生まれた法体系である。律《りつ》（刑法）と令《りょう》（諸規則）の総称であり、唐の時代には、この下に格《きゃく》（追加法令）や式《しき》（施行細則）が加わって運営されていた。日本の律令は、唐の律令の条文の影響を受けつつ、日本に適合しない部分については付加や削除をおこなって作られた。古くは天武天皇の命により「浄御原令《きよみはら》」が作られたとされるが現存しない。内容的に完備した初の律令として知られる「大宝律令」も現存せず、今見ることができるのは「養老令」（七二〇年頃）だけである。しかも、オリジナルの形ではなく、平安初期の天長十年（八三三）に公的な注釈を付した『令義解《りょうのぎげ》』および、『令義解』を含む複数の注釈を集成した九世紀後半の『令集解《りょうのしゅうげ》』という形で伝存している。また、『令集解』に引用される『古記』は天平宝字元年（七五七）の「養老令」

発効以前の奈良時代中期の注釈書であり、「大宝令」の条文をうかがい知る事ができる貴重な資料である。なお、本書に登場する衣服に関する法令は、巻末に一覧を掲げたので、随時参照してほしい。

奈良時代の服飾は、「養老令」の中の一篇である「衣服令《えぶくりょう》」で定められていた。これによると、日本の服飾制度は男子（親王・諸王・諸臣・無位）と女子（内親王・女王・内命婦・宮人）と武官の三つに分けられ、それぞれ礼服・朝服・制服の別があった。礼服は親王以下五位以上が「大祀・大嘗・元日」に着る礼装であり、朝服は親王以下位を持つ者全員が「朝庭公事《くじ》」に使用したもの（六位以下は元日などにも朝服を使用）、制服は位のない下級役人の服で、必要により役人でない「庶人」が着ることもできた。「大祀・大嘗」の定義は奈良時代以来問題になっており、「公事」の範囲も正確にはわからないが、ともかくも大きな儀式に使う礼服と、通常正装の朝服という二種類になっていた。

第一章で説明されているように、律令制定以前は重い儀式とその他の機会での服飾の差異は制度化されていなかったが、頭装を変えていた。十二階においては、位冠に髻花を付加することがあり、大化三年の制度では位冠と鐙冠の別があった。位冠が廃され、漆紗冠に代えた天武朝の四十八階においても漆紗冠と圭冠の二種類があった。古く田安宗武（徳川吉宗の子。一七一五〜一七七一年）が、『服飾管見』［巻一・礼服始《いやよそひのはじめ》］で十二階における髻華を以て「朝服礼服のわかれし始め」だと指摘したように、儀礼用の冠の系譜が礼冠につながったのであろう。それを「礼服」「朝服」として衣服や装身具に至るまでのトータルコーディネートの形で二種類としたのは新制度といえるだろう。しかし、それでもなお唐の制度と比べれば、きわめてシンプルな制度だったのである。唐では、たとえば男性官僚一人が着用する服だけでも多数があった。

唐の服飾

日本の「衣服令」の制度は唐の影響を大きく受けている。ゆえに唐の制度との共通点が多いのだが、相違点も多い。日本の制度を理解するためには比較が欠かせない。そのためにまず唐の男性官人の服飾について説明しよう。唐の「衣服令」は現存しないが、玄宗皇帝が編集させた『大唐六典』［尚書礼部］などによると大体次の①〜⑦のようになる。なお、日本では親王の位階は「品」、諸王（親王以外の皇族）と諸臣（皇族でない者）の位階は「位」と称したが、唐では官人の位階は「品」である。

①冕服及び爵弁

冠の上に板状の装飾を乗せ、前後に玉を連ねた紐（旒《りゅう》）を下げた冠を冕冠《べんかん》といい、これをかぶる時は青衣と纁裳《くんしょう》（薄赤の巻スカート）を着け、革帯（ベルト）と大帯（絹の帯）を締め、劒や珮（腰飾り）・綬（長大な組紐）などの装身具を腰につけ、赤い舃《くつ》をはく。以下に挙げるように旒の本数と衣・裳に付された文様の種類数（章）で等級をあらわす（図4・1）。

一品の袞冕《こんべん》—九旒九章
二品の鷩冕《へつ》—八旒七章
三品の毳冕《ぜい》—七旒五章
四品の絺冕《ち》—六旒三章
五品の玄冕—五旒無章※
※（『大唐開元礼』によれば一章）

六～九品は爵弁といって旒のない板の載った冠に青衣と纁裳を着る。革帯・大帯はあるが劒・珮・綬はない。これらは助祭（朝廷の祭祀への奉仕）や婚礼に使用する。また私家の祭祀では等級を下げ、三品以上は玄冕・四品と五品は爵弁・六品以下は進賢冠の朝服とする。

②朝服

装飾のある冠に、絳紗単衣《こうしゃたんい》（薄赤色の薄絹の衣）と白裙（巻きスカート）をつ

図4・1　冕服姿の帝王にしたがう朝服姿の群臣

翳《さしば》（うちわ）を持つ者二名は袴褶を着て裲襠をつけた「平巾幘之服」。唐代の敦煌壁画の模写。（出典・沈従文『中国古代服飾研究』商務印書館香港分館 1981年）

け、革帯・仮帯を締め、曲領方心という襟飾りをつけて双珮《そうはい》（二つの腰飾り）・双綬などの装身具をつける（図4・2）。

六品以下は劔・双珮・双綬がない。陪祭（朝廷の祭祀への参列）・朝会（元日などの大きな儀礼）・その他の「大事」に使用。

③公服

朝服に似るが装身具等が少し略式となる。皇太子への謁見などに使用。

④弁服

弁という冠に、朱衣と素裳（白い巻きスカート）をつけ、革帯を締め、鞶嚢（小さな袋）と小綬と隻珮《せきはい》（一つの腰飾り）を腰におびる。弁は位により装飾（琪《き》）の数が異なる。六

図4・2　章懐太子墓壁画　客使図

章懐太子墓壁画（中国陝西省）に描かれた朝服姿の唐の官人（中書省の通事舎人）に導かれる外国使節。通事舎人の冠は武弁で、武官のほか中書省や門下省などの官人も用いた。短い巻きスカートをつけているのは朝鮮半島の使節と考えられている。708年頃の絵。（『唐墓壁画集錦』（1989）群馬県立歴史博物館編より転載）

品以下は琪及び鞶囊《はんのう》・隻珮がない。通常の「公事」に使用。

⑤平巾幘之服《へいきんさくのふく》

装飾のある冠に、褶《しゅう》という衣と大口袴をつけ、起梁帯を締め、烏革鞾という黒いブーツをはく。大きな儀式の儀仗に奉仕の時は裲襠《りょうとう》という袖なしの簡易な鎧《よろい》を上に着る。武官と衛官が通常の公事に使用。

⑥袴褶之服《こしゅうのふく》（袴褶）

装飾のある冠に、褶という衣と大口袴をつける（図4・3）。褶の色は元来緋色であったが、七〇六年以降常服同様位階で色を分けた。十月から二月までの朔望《さくぼう》朝会《ちょうかい》（毎月一日と十五日に官人が集まって皇帝に拝謁する儀式）に着る。

⑦常服《じょうふく》

黒い幞頭《ぼくとう》というかぶりものをかぶり、位により色の異なるうわぎを着る。冬のうわぎは「袍《ほう》」といい、夏のものは「衫《さん》」という。う

図4・3　袴褶を着た官人と、有襴常服の従者

「李寿（630死去）墓壁画（中国陝西省）」（『唐墓壁画集錦』（1989）群馬県立歴史博物館編より転載）

わぎには脇を裾まで縫って、襴という生地を裾に足した有襴《ゆうらん》と、襴がなく脇を股のあたりからスリットにした欠胯《けっこ》とがある。腰には宝玉や金属製の飾りのついた革帯を締める。親王と三品以上の高官などは紫服に玉飾の帯、四・五品は朱服に金飾の帯、六・七品は緑服に銀飾の帯、八・九品は青服に鍮石《ちゅうせき》飾の帯、流外（官位の無い下級官人）と庶民は黄服に銅鉄飾の帯であった。

①の冕服は、後述するように、はるか古代の周の時代の正装の系統を引くもので、朝廷祭祀と私家の婚礼や祭祀に使用し、唐の玄宗が編纂させた儀式書『大唐開元礼』によると元服にも使用した。独特の形式の冠と、袖口が大きく広がった「大袖《だいしゅう》」の上衣と「裳《しょう》」と呼ばれるスカートからなる。冕服の衣は多くの時代では天を象徴する玄（青黒）、裳は地を象徴する纁《くん》（薄い赤）である。腰に玉石のビーズや板を連ねて作った佩玉など、古い伝統を持つ装身具をつける。

②から④までは赤い上衣と白い巻きスカートからなる服を身につける。冠は官職などにより異なるものを使う。装身具の一部は冕服と共通する。

⑤と⑥は、元来「従戎《じゅうじゅう》」に着る軍服であったが、行幸への随行などに用いられるようになって文武官の服になったという。本来は簡便な形式であったと思われるが、唐の時代には袖が広く丈の短い上衣と、白いゆったりした袴からなる服で、巻きスカートがなかった。なお武官等は、袴褶の時に袴を脛で縛ることがあるが、日本の古墳時代の身分の高い男子をかたどった埴輪に似た着装をみることができる（図2・1）。①から④の漢民族の礼装と、⑦の常服の中間的な性質を持つ。

⑦は唐の時代に最も盛んに使用された服装である。上衣は丈が長く、丸い襟と筒状の狭い袖がある。騎馬民族の胡服の影響を受けたもので、下半身には袴をはく。武徳四年（六二一）に上衣の位階による色分けがはじまった。またかぶりものは装飾のある冠ではなく、黒い絹製の幞頭《ぼくとう》という頭巾であり、①の冕服から⑥の褶までは垂領《すいりょう》（着物のようなV字にあわさる襟）であったから、⑦は他の服とは特に異質な存在といえる。

これらを養老の衣服令の制度にあてはめると、日本の礼服は唐の朝服・公服・弁服等の構成にやや近く、日本の朝服は唐の常服の構成にほぼ同じである。

日本の皇族と文官の礼服の構成

次に日本の礼服の構成を詳しくみていく。礼服は奈良時代以降後世まであまり大きな変化がなかったと考えられるので、冠以外の礼服の形状等については、ここでまとめて説明する。礼服の着装法についても、平安時代中期以降比較的数多くの資料があるが、着装のおおむねの順序や方法は江戸時代に至るまでよく踏襲されている。また衣裳や装身具の形状については文献だけではわからないが、『御即位装束絵様』（宮内庁書陵部蔵）は、前半に庭上の装飾品や殿内の高御座等の図を、後半に文官の礼服図を描いたものである。この図は近年の研究では、保元三年（一一五八）の二条天皇即位時の図という説（山本崇「平安時代の即位儀とその儀仗」「立命館文学」［六二四］二〇一二年）と永治元年（一一四一）の近衛天皇即位時の図という説（石田実洋「所謂『文安御即位調度図』の祖本をめぐって」「書陵部紀要」［六四］二〇一二年）が出ているが、後柏原天皇即位に関する文書の写しを収めた『御即位第一』（国立歴史民俗博物館蔵）には『永治図』という名で引用されており、後者が正しいであろう。これによって礼服のおよその形状についても江戸時代の形式が少なくとも十二世紀にまでは遡ることがわかる。

図4・4 江戸時代の文官礼服図
内弁の図とあるが、内弁であれば帯剣は誤り。（出典・『礼服着用図』故実叢書）

『養老令』の「衣服令」の記載順に礼服の構成を記すと、

①礼服冠 ②衣 ③牙笏 ④白袴 ⑤條帯 ⑥紗褶 ⑦錦襪《しとうず》 ⑧烏皮舄《くりかわのくつ》 ⑨綬《じゅ》 ⑩玉珮《ぎょっぱい》

から成るものである（図4・4）。①〜⑦の詳細を以下に示す。

①礼服冠

「衣服令」には「礼服冠」とあるが、後世はもっぱら「礼冠」とよばれた。また、「衣服令」には「別式有り」とのみ記され、詳細な仕様の記事はない。なぜ「衣服令」に記載がないのかは不明ながら、『続日本紀』によれば大宝二年（七〇二）にはすでに大納言以上の礼服着用の記録がある以上、規定自体はいち早く成立していたはずである。しかし、この「養老令」の「別式」は現存せず、礼服冠の詳細な規定は、平安時代前期の『儀式』や『延喜式』によってはじめて知ることができる（第七章一節参照）。

「衣服令」の礼服冠がすでに、平安前期の規定や『御即位装束絵様』に描かれた平安末期の図（図4・5）に近いものであったとすれば、それは第一章で武田佐知子氏が述べたように、頭に花を飾るという日本の伝統を継承するものであったであろう。『旧唐書』「日本伝」によると中国の進徳冠（略礼装用の冠の一つ）に花形の飾りを加えたようなものであったらしく、礼服冠の全体的な形は、唐の朝服などに使われた冠（図4・1）の影響によるものと見るべきであろう。礼服冠は唐風の冠の形状に、「花を装う」日本の伝統の精神を盛り込んだものであろうと考えられる。

②衣

皇太子は黄丹《おうに》（オレンジ色）、親王四品以上は深紫、

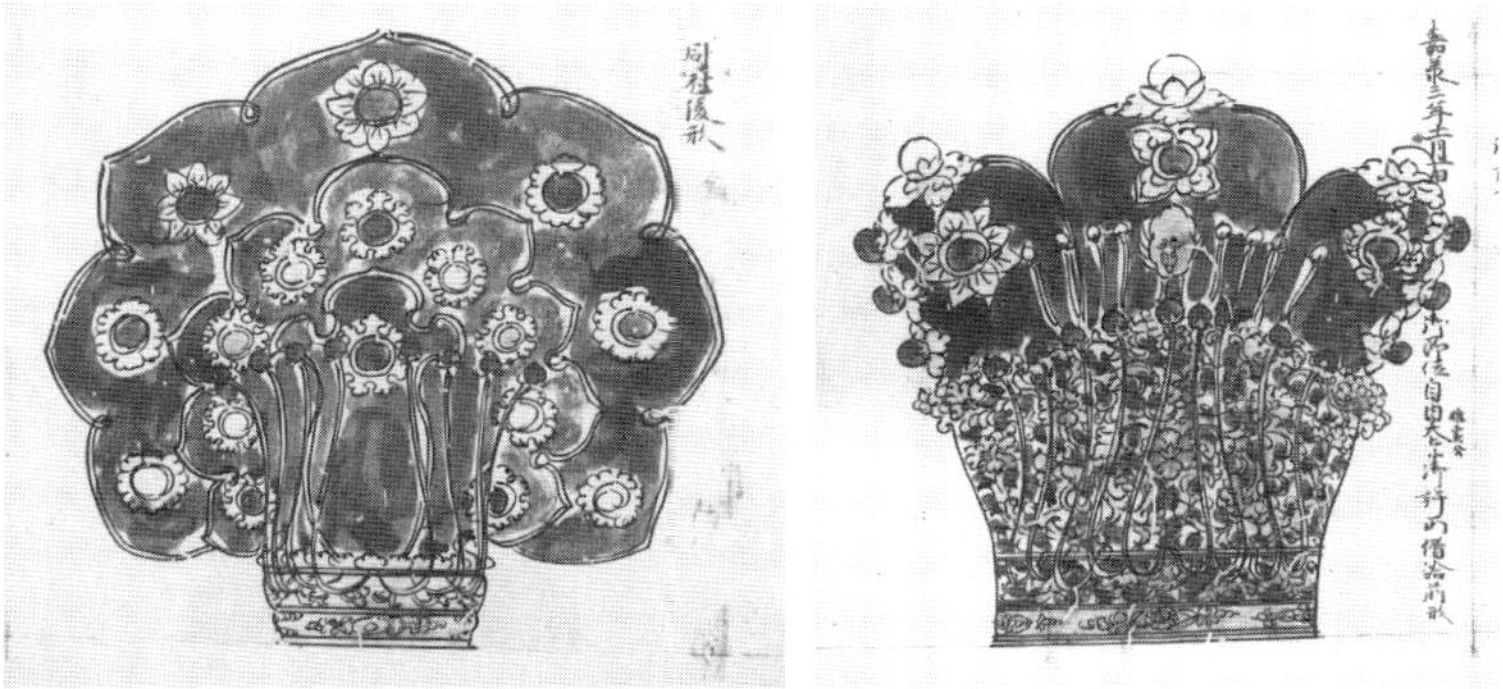

図4・5　1107年の鳥羽天皇即位に使用された礼冠の図

櫛形を除いた内部（右）及び背面（左）の図。（出典・『御即位装束図』宮内庁書陵部蔵）（『御即位装束絵様』の室町時代写本）

諸王は一位が深紫で二位から五位が浅紫、諸臣は一位が深紫、二位・三位が浅紫、四位が深緋、五位が浅緋である。ちなみに朝服の衣色も同じであり、また礼服の規定のない六位以下の朝服の衣は、六位が深緑、七位が浅緑、八位が深縹《はなだ》、初位《そい》が浅縹とされている。縹は後漢末の劉熙の著になる辞書の『釈名』に薄い青のことだとあるが、ここでは唐の八・九品の官人の衣色の「青」と同義である。〈注11〉

紫以下の色の序列は唐の制度に近い。唐の常服に位階に依る色分けが導入された武徳四年（六二一）および、改正された貞観四年（六三〇）の制度には各色を濃淡でわけていないが、上元元年（六七四）の制では四品の深緋、五品の浅緋以下九品の浅青までを濃淡でわけている。〈注12〉日本の制度はこれを取り入れたものであろう。黄丹は唐の制度にはない。唐の皇太子の常服は紫であったから（『旧唐書』［輿服志］）、天武一四年に皇族のうわぎの色とされた朱花《はねず》を継承するものとみられる。日本の独自性が認められる部分である。なお、黄丹を朝日の色とする説が流布しているが、天皇の黄櫨染衣を太陽の色と記す鎌倉時代後期の『続深窓秘抄』にも言及はなく、推論にすぎない。

奈良時代の礼服の衣の形状については確証がないが、平安中期以降の文献では大袖《おおそで》・小袖《こそで》と呼ばれる。一番上に着る大袖の襟は垂領《すいりょう》といって今の着物のようにV字型にあわせるものである。袖は大袖といって袖付けが狭く、袖口に向かって広がる形式で、衣の名称の起源にもなっている。（図4・6、7）腋は縫われ、裾には襴《らん》といって反物を横倒しにしたものを足しており、襴の腋《わき》にあたる箇所には襞を入れる（『薩戒記』永享元年（一四二九）十二月二十一日条）。なお、天皇の大袖も

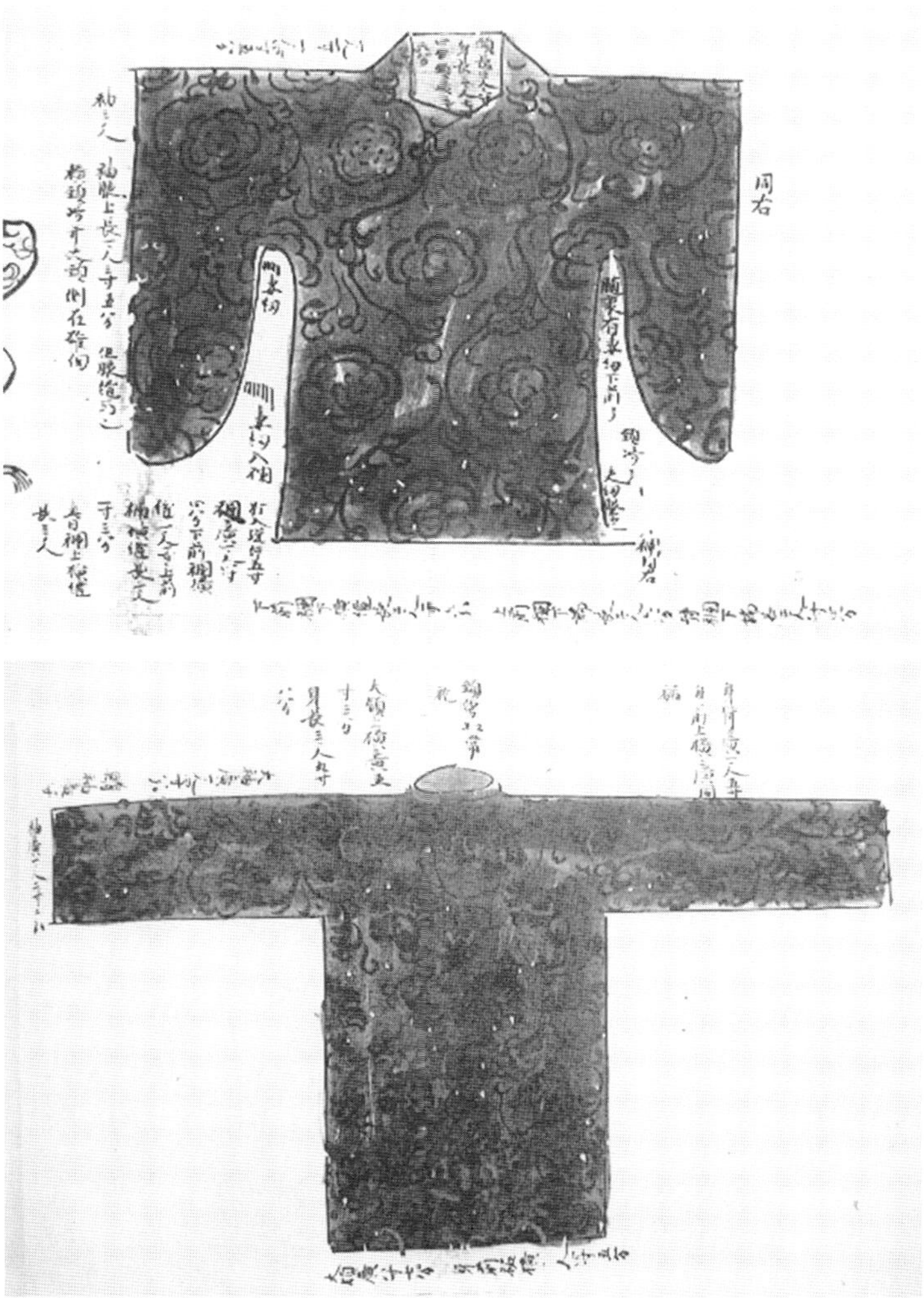

図4・6　平安後期の大袖の図（上）と小袖の図（下）

（出典・『御即位装束図』宮内庁書陵部蔵）

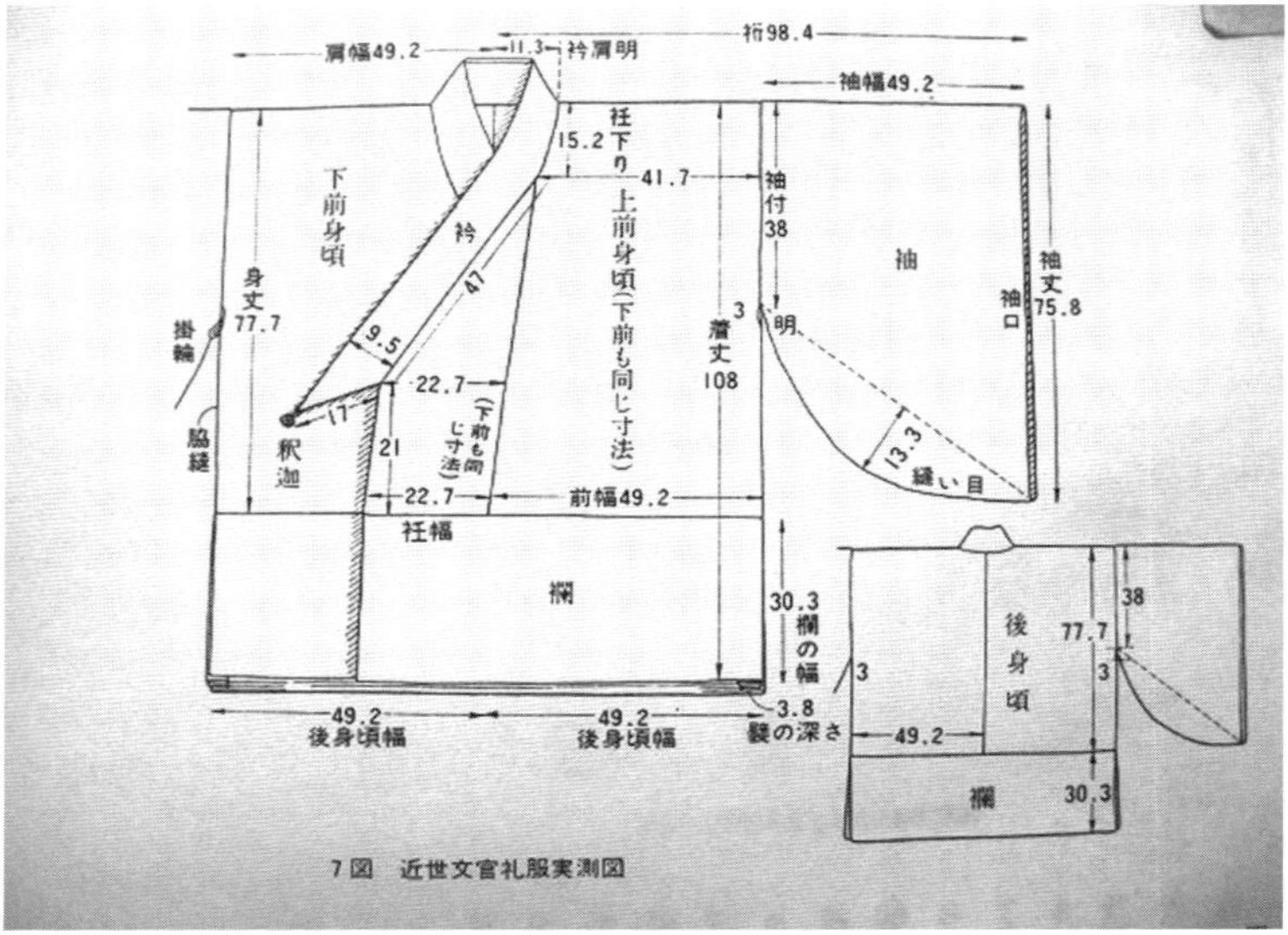

図4・7　江戸時代の大袖実測図

（出典・堀越すみ『日本衣服裁縫史』（1974）雄山閣刊行）

腋は縫われるが襴はない。その下に着る小袖は盤領《ばんりょう》（丸い襟）に筒袖で、朝服のうわぎに似た形状である。古くは「襖子《おうし》」とよばれた下着であったと思われる。平安時代後期以降、位色にあわない衣がしばしば用いられたが、これについては後で述べる（第七章）。

③牙笏《げのしゃく》

五位以上の笏は、朝服の時も含め「牙」製とされた。六位以下が朝服に用いるものは木笏であった。象牙製であるのが本来であろうが、正倉院には他の動物の骨を使ったものもある。なお、奈良時代のものは真っ直ぐな形状であるが、後世になると礼服には湾曲したものが用いられた。これは宋代以降の中国の笏の影響である。〈注13〉また、象牙は本来湾曲しており、まっすぐした笏をとると多くの無駄な部材ができてしまうので、希少な素材を有効に用いるという事情もあろう。『資季卿記』仁治三年（一二四二）三月十八日条には「有反」と記され、「反」は「そり」と訓じることができるので、鎌倉時代前期には湾曲した牙笏が存在したとみられる（図4・8）。

なお束帯（朝服が変化したもの（図4・13））の笏は、平安時代中期以降はほとんどが木笏となっており、湾曲もしていない。象牙は高価な素材であるから、鎌倉時代以後は礼服にも黄楊《つげ》など目の詰まった木が代用品として用いられることが増えたが、近世の遺品では、素材が牙か代用材かを問わず礼服には湾曲したものが用いられた。

④白袴

袴にはことさら白という文字が明記されている。『唐六典』［三・金部郎中員外郎］の「時服」支給規定でも「春・秋給袍一・絹汗衫一・頭巾一・白練袴一・絹褌一・鞾一量並氈」とあるように、唐でも公的な規定における常服一

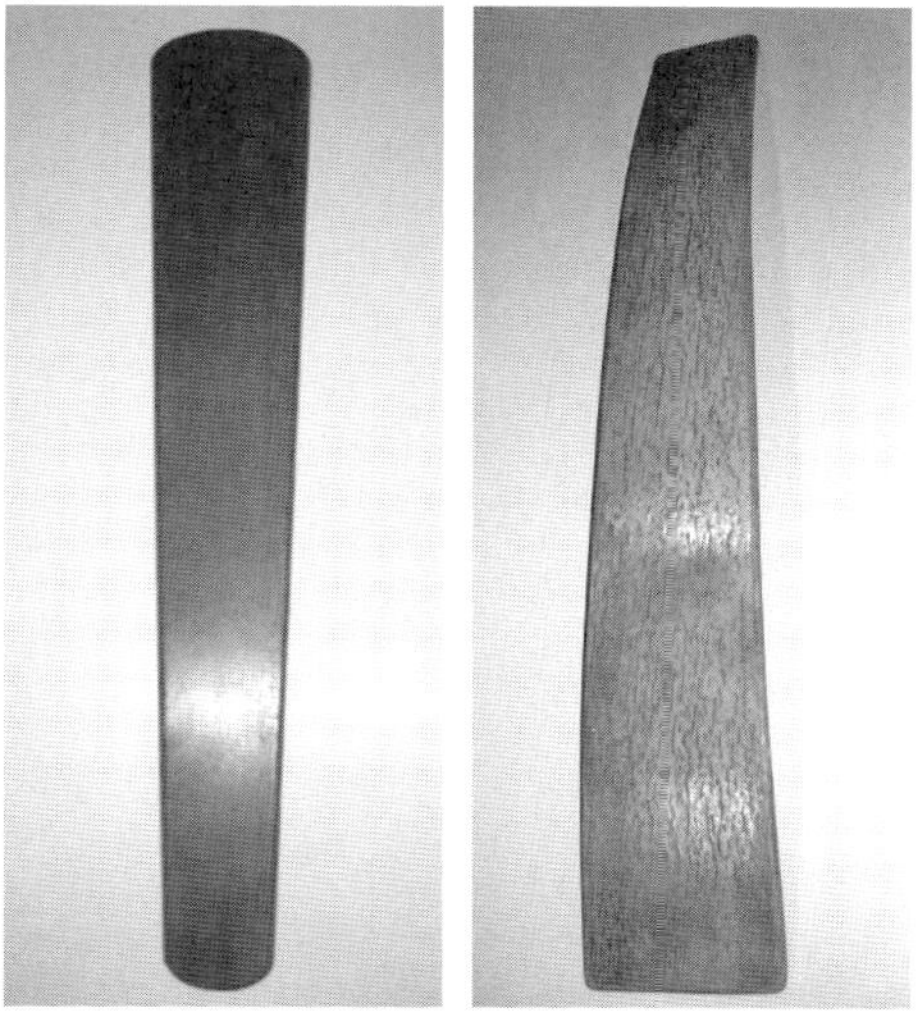

図4・8　礼服の牙笏（右）と通常の木笏（左）

牙笏（右）は反りが分かるようすこし斜めから撮影した。（個人蔵）

セットの記述の中で袴だけに「白」と色名が明記されている例がある。また、白楽天の詩「元九、以緑絲白軽褣寄。製成衣服、以詩報知」には、「袴花秋雲の薄きよりも白く、衫色春草の濃きよりも青し」という緑のうわぎと白い袴を対比する表現があるなど、唐の男子の袴が白であるというのは、かなり強固な規範であったらしい。日本でも『日本書紀』持統天皇四年（六九〇）四月条に、位階により使用できる「綾《りょう》・羅」（ともに文様を織り出した生地）の文様の大小を規定するとともに「上下綺帯・白袴を通用す」と記して、位階に関係なく袴は白を用いたことがわかる。「衣服令」の規定はこうした事情を踏まえるのである。この白袴は朝服と共通のようで、平安中期以降の記録でも束帯で使うのと同じ表袴《うえのはかま》が使用された。

⑤條帯《じょうたい》

『令集義』に引く諸注が「辮絲《くみいと》」あるいは「編絲《あみいと》」と記すように、組紐の帯である。皇太子の帯だけは「白帯」とあって材質を記さない。これが組紐でない白帯であることを意味するのか、白糸だけで組んだという意味なのかは不明である。『令集解』に引く『令釈』によると、「或は云ふ、條帯色を限らず」とあるように、臣下の物に色の決まりはなかったようだ。『古記』によると「大宝令」では、礼服には「條帯」を、朝服には「綺帯」を用いる規定であった。

⑥紗褶

◆唐と日本の「褶」は同名異物

褶という字は、前漢に周以前の礼法書を集成した経書『礼記《らいき》』「玉藻《ぎょくそう》」に「禪為絅、帛為褶」すなわち「襌《ひとえ》に仕立てた衣服を絅といい、綿を入れないのを褶という」とあるように、古代には中綿を入れない袷《あわせ》の仕立てのことを言ったが、字義は時代と共に変化する。先に記したように、唐においては大袖・垂領の身丈の短いうわぎで、巻スカートをともなわず、袴の上に着したものである。ところが『令義解』に引く『古記』によると、「褶は婦人の裳に似たるを謂《い》ふなり。褶の訓は枚帯《ひらおび》なり」というように巻スカートのことで、同名異物ということになる。

その理由について考えてみる。『令義解』に「褶と謂ふは、袴上に加ふる所以《ゆえん》なり。故に俗に袴褶と云《い》ふなり」とあるように、「褶」の字義は上に重ねるものの意味である。『令集解』が引用する『令釈』には、「釈名、袴褶者、褶覆上之言（袴褶は、褶は上に覆ふの言《いい》なり）」と記し、さらに「案ずるに袴の上に加ふる所以《ゆえん》なり」と解説する。つまり袴の上に重ねるものという辞書の文字面の説明により、「ひらおび」（ひらみともいう）という日本語に褶という漢字があてはめられたということになる。なまずを意味する「鮎」の字が日本では別の魚である「あゆ」の意味になるのと似た現象である。〈注14〉

ただし時代がやや下るが、『中華古今注』という事物の起源を書いた十世紀の書物の「袴」の項に「蓋《けだ》し（多分）古《いにしえ》の裳なり。周武王は布を以って之《これ》を為《つく》り、名づけて褶と曰《い》ふ」と記され、類似した説が同じく十世紀の『続事始』（『説郛』所引）にも記される。このように中国にも褶＝裳という説はあったから、何らかの経緯でそうした一説が日本に取り入れられた可能性もある。

◆日本における「褶」の変遷

日本における褶は、推古十三年（六〇五）閏七月一日に「皇太子、諸王諸臣に命じて褶を着せしむ」とあるのが文献上の初出で、前年正月に始まった冠位十二階に関連して制定されたようである。唐の懿徳《いとく》太子墓の壁画（七〇八年頃）に、唐の官人が外国の使節を導く図があるが、その中の鳥の羽をつけた冠をかぶる人物が、袴の上に短い巻きスカートらしきものをつけている。これを朝鮮半島からの使節とする説もあり、大陸風を意図して日本は朝鮮より摂取した可能性がある。しかし、天武十一年（六八二）三月二十八日の詔において「親王以下、百寮の諸人、今より已後《いご》、位冠及び褌《まえも》・褶《ひらおび》・脛裳《はばきも》を着るなかれ。また膳夫《かしわで》・采女《うねめ》等の手繦《たすき》・肩巾《ひれ》、並びに服《き》るなかれ」とあり、皇族や官人の使用が禁ぜられた。六月には日本独自の髪型を中国風の髻に改め、それにふさわしい冠に改めさせているので、褌・褶・脛裳も唐の常服の制度と異なるゆえに廃されたとみるのが自然であろう。褌については諸説がある。脛裳はこの後『続日本紀』慶雲三年（七〇六）十二月九日条に「勅有り、天下に令して脛裳を脱し、一に白袴を着せしむ」とあり、官人以外の使用も禁ぜられた。形状については諸説があるが、白袴で代替可能なものであったことがわかる。

この褶が「大宝令」では礼服に限り復活した。「衣服令」によると褶は〈注8〉紗で作られ、皇太子は紫であり、親王と王は深緑、諸臣は深縹《はなだ》（濃い青）とされた。うわぎにおいては紫・深緑・深縹はそれぞれ三位以上・六位・八位の位色であり、その序列に対応するかもしれない。

褶は平安時代になると「裳」とも呼ばれるようになる（図4・9）。

中世には文様を織り出した文紗が多く用いられた。永仁六年（一二九八）十月の後伏見天皇即位において親王代の正親町三条実躬は縹色の水文様の顕文紗の裾に魚を描いたものを用い、貞和五年（一三四九）十二月の崇光天皇即位において外弁の中院通冬は瑠璃色の桐竹文様の紗に黄色の鳳凰を刺繍した華麗なものを使用した。江戸時代のものには縹（ブルー）の無文の縠織《こめおり》（紗の一種。現在の三級・四級の神職の夏袍に使う生地）に、魚の模様を描いた紙を貼ったものがある。反物を二段についだもので、上段には襞が少なく、下段には深いひだが多数入れられている。上部には白絹の腰紐がとりつけられる。

⑦錦襪《にしきのしとうず》

錦のくつしたである。錦とは多色の絹糸で文様を織り出した高級な織物である（巻末「染織品組織図」参照）。錦製のくつしたは西域からの出土例のほか、正倉院の遺品もある。中世の記録では白地・赤地・紫地・黄地などが見られ、色や文様に決まりはなかった。

⑧烏皮舃《うひせき》

烏のように黒い皮のくつ（漢字の「靴」「履」「沓」などはそれぞれ特定の種類のくつをさすのでひらがな表記する）である。朝服のくつが「烏皮履《うひり》」とあるのとは形式が異なると思われる。

舃《せきのくつ》とは儒教の経典である『周礼』「屨《く》人」の鄭玄（第五章二節参照）の注に「着服には各屨《くつ》有るなり（服の種類ごとにそれぞれ履も変わる）。複下は舃と曰ひ、禅下は屨と曰ふ」とあるように、履（はきもの）の中でも底が二重になったものを言うとある。しかし鄭玄がこの説明に続く文で記

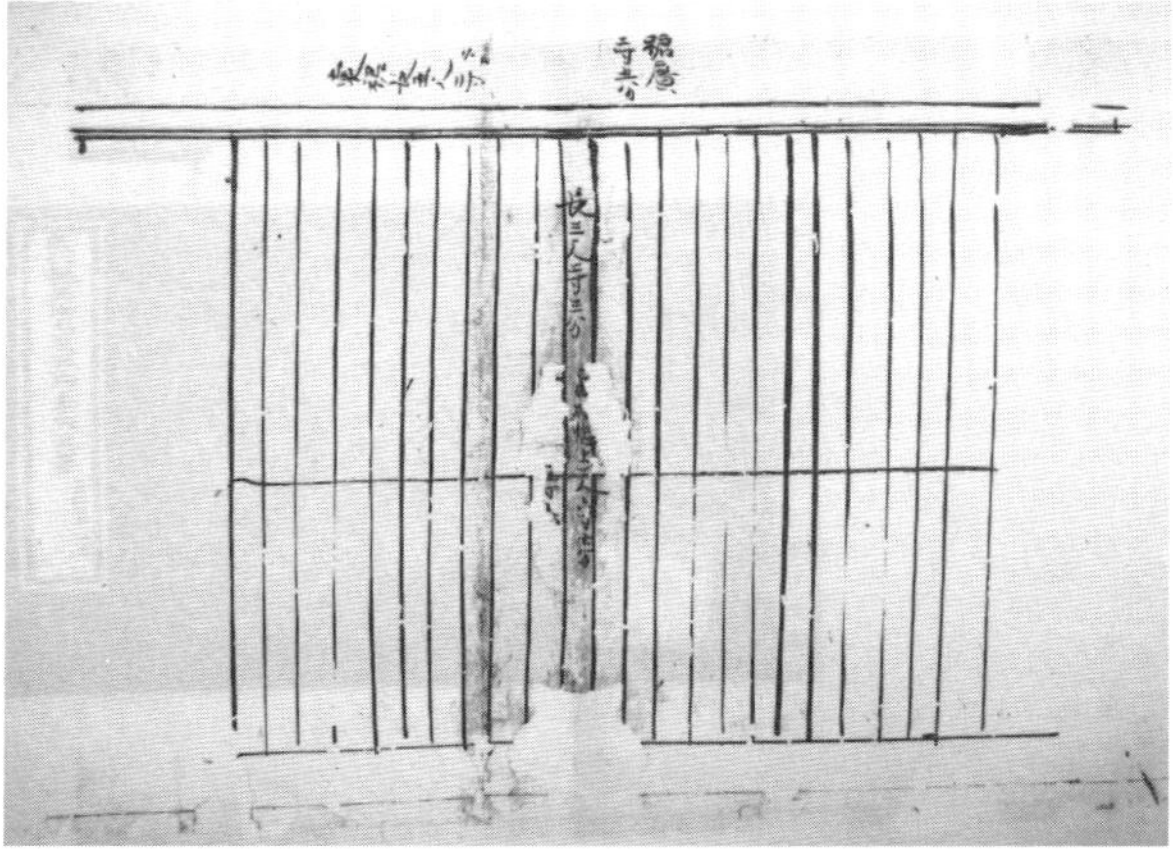

図4・9 平安後期の礼服の裳の図

（出典・『御即位装束図』宮内庁書陵部蔵）

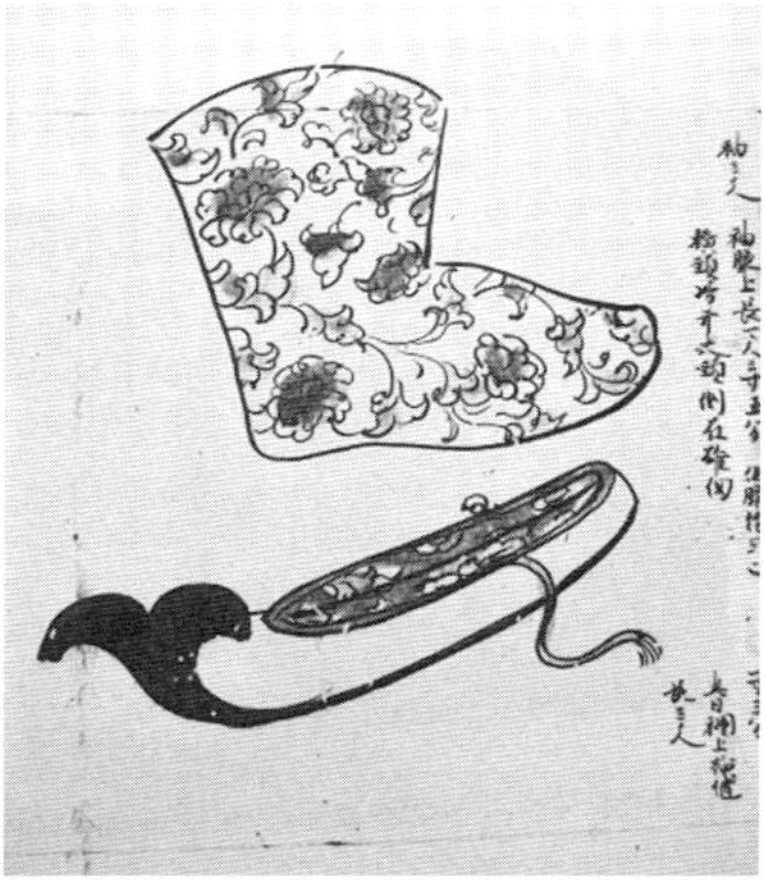

図4・10 平安後期の錦襪（上）と舄（下）の図

（出典・『御即位装束図』宮内庁書陵部蔵）

すように、古くから呼称の区別はあいまい化していた。古代の日本での解釈は、『令義解』に「舃は高鼻履」とあるように、くつの鼻すなわち爪先の側が高くなったものである。中国の絵画によくみられる、つま先の側に装飾的な出っ張りのあるくつのことである。『古記』に「僧等の堂履の高鼻に似る」とあるように、奈良時代には僧侶の儀服のくつの形としてなじみのあるものであった（図4・10）。

仁治三年（一二四二）三月の後嵯峨天皇即位に奉仕した四条隆親は彩色のあるものを、花山院定雅は金蒔絵のものを用いたというように、中世にはさまざまな装飾を施した。

⑨綬

◆中国の綬

「綬」も唐と日本とでは実態が異なるので、まず中国のものから説明する。『礼記』［玉藻］によると、佩玉と共に記され、身分により色を異にしたとされる。その後の経緯については、崔圭順氏（『中国歴代帝王冕服研究』東華大学・二〇〇七年）が歴史的に順を追って検討を加えている。これによると、元来（秦による統一より前）綬は璲《すい》を提げる紐であった。璲は「瑞玉」の意で、玉製の装身具をいう。

また漢代には印を腰からつなぐ紐として宮廷服で重視された。印は小さいので、綬をつけてその存在を誇示し、身分を表示したものであろう。前漢の規定についての詳しい資料は現存しないが、『後漢書』によると後漢の皇帝は黄と赤を中心に四色の糸で組んだものを用い、以下色と首数により地位をあらわした。首とは『後漢書』に「単紡」を合わせたものを一系、四系を一扶、五扶を一首、五首を一文とするとあるように材料の組糸の本数の単位である。これによると綬はすべて一尺六寸（三七センチ）幅で、長さは天子の二丈九尺九寸以下身分により一丈五尺まで差がつけられている。〈注15〉長大で幅広の綬は、編み物のマフラーのような形状で、漢代の絵画には、綬らしき物を幾重にも畳んだ状態で腰につける様が見られる。

南朝の梁（五〇二～五五七年）の制度では、冕服着用に際して皇帝以下が大綬を用いた。陳（五五七～五八九）においては皇太子の綬は朱で三百二十頭・諸王の綬は纁（薄赤）で百六十頭・大司馬や大将軍は紫で八十頭というように、位階により色と形状を異にした。綬の末端の組み余りは房にされたであろうから、おそらく「頭」はこの房の数であり、使用する糸の本数を反映するのだろう（糸を数本ずつ組んで房にしたのではないか）。北朝でも北斉の河清年間（五六二～五六五）に制定された制度では、皇帝は黄と赤を中心として縹・緑・紺を加えた五色の、長さ二丈九尺広さ一尺二寸で五百頭の綬と、同色の長さ三尺二寸で二百五十頭の小綬を用い、皇太子は朱を中心に四色の糸で組んだ長さ二丈一尺広さ九寸で三百二十頭の綬と同色の百六十頭の小綬を用い、以下身分により色や長さや広さ、頭数を異にした。

隋（五八一～六一七）もまた大小の綬を用いた。文帝の時代の制度では、皇帝は玄（青黒）色の地に黄赤白縹緑を加えた六色の組紐の「玄組雙大綬」と、同じ色の小雙綬を使用したが、大綬は長さは二丈四尺、五百頭、幅一尺で、小綬は長さ二尺六寸で二百五十頭であった。綬はいつのころからか印を佩《お》びる用途を失ったらしく、隋代には玉製の「環」(中の空いた円盤状の飾り)をつけるようになって明代に至った。

唐の初期の制度も小綬が二尺一寸である以外は隋に同じであり、冕服に綬を使用したが、この長大なものをどのように着装したものかは明らかでない。ところが、明およびその制度を継承した朝鮮で用いられたものは数十センチの縦長の長方形のもので、別に腰に結わえ付ける紐を伴う。幅の広さは継承したものの、形式化が著しい。こうした形の「後綬」は北宋の『三礼図』や明の『三才図会』などにも描かれる。また祖形をなすものは南朝の俑にもみられ、唐の章懐太子墓の「客使図」に描かれた官人の朝服姿にも描かれている(図4・2)。朝服の背面に垂れている綬は幅が広く、先端は房になっていて平たい組紐のように見えるが、腰に結ばれた部分は幅の狭い別の生地の帯のようで、後世のものに似ている。この「後綬」形式のものと、文献上の大綬との関係性については、資料を博捜した崔氏も明らかにできていない。つまり唐の大綬・小綬の形状や着装については謎が多いのであるが、唐の冕服には革帯と大帯(表が白で裏が朱色の絹帯)、朝服には革帯と仮帯(絹帯)が用いられており、形状の問題はさておき綬は帯の用途を目的とするものではなかったのである。

◆日本の綬

日本の綬は、ものをつなぐ用途のない帯であり、中国のように幅広いものでもなかった。『令集解』に引く『古記』に「絛帯、綬の一種を謂《い》ひ、別无《な》きなり」とあるように、絛帯と同様のものであった。また『令集解』に引く『令釈』では一説として「綬は白帯なり。白色を以て之《これ》を為《つく》るのみ」

と記す。この説明では、絛帯とは別に同じようなものを白糸で作って綬と呼んだとも、白い絛帯を綬というとも解釈できる。一方、『令義解』に「綬は紱綬《ふつじゅ》を謂ふ」とあり、『儀式』「礼服制」に「綬・玉佩を佩ぶ」とあるように、綬が帯ではなく腰飾りであることは日本でも理解されてはいたが、実際に中国の様式を知ったうえで「衣服令」に規定したかどうかは疑わしい。

平安中期以降は、礼服の帯を綬と呼び、絛帯と同一視された。これは腰に巻いて前でもろかぎ（蝶結び）にし、輪になっていない垂れ二本を重ねて結び目を隠すように整えた。また、綬と同じ材質の「短綬」というものが添えられ、二つ折りにして左腋あたりで綬に引っ掛けた。綬は元来は組みひもで、鎌倉時代成立と思われる『浅浮抄』によると、平緒《ひらお》（太刀を佩びるための平紐）より七八分くらい広く作るので四寸七・八分になるといい、仁寿（八五一～八五四年）頃の遺品は「菱三重」を組紐であらわしたもので、変色しているが外の菱は紫、中は薄萠黄で、縹らしき色も混ぜられていたという。また、天皇の綬は、鎌倉時代末期に至るまで白一色の組紐であった。しかし鎌倉時代の記録では、臣下のものの多くは唐綾という文様を織り出した生地を畳み、絵を施して房をつけて組紐の帯に見せかけたものであるという。色については、貞和五年（一三四九）の崇光天皇即位の時に内弁の洞院公賢が「香（黄土色）地紫文」を用いたとあるほか、管見に入らず、絵柄についての記録もない。ちなみに近世に官庫に所蔵された、臣下への貸与品は、白い無地の絹の帯に花菱の模様を描く。絵といっても絵画的表現ではなく、連続した地模様である。

⑩玉珮《ぎょっぱい》

玉製の佩（腰から下げる装身具）である。中国の古い文献では、腰から下げる（佩《お》びる）玉飾りという意味で「佩玉」と記すことも多い。『礼記』［玉藻］に

昔、君子は必ず身に玉を佩《お》びた。（略）歩いてゆくときは佩玉《はいぎょく》の音を聞き、常に落ちついて平和な気分でいるから、不正邪念が生じることがない。

とある。さらに玉が動作に応じて音を立てるから、その音によって動作の緩急を計り、程よく振舞うことができると記す。また同書に、

天子は白玉を佩び、綬は玄（青黒）色の組紐である。諸侯は山玄の玉で、綬は朱の組紐である。大夫は水蒼の玉で、綬は緇（黒）である。世子（王や諸侯の跡継ぎ）は瑜玉で、緒は複数の色の混じった組紐で、士は美しい石を佩び、その綬は赤に黄の混じる組紐である。孔子は象牙の環の周囲五寸のものを佩び、綬は色の混じった組紐で作られていた。

とあるように、元来綬と佩玉の材質で身分を表示したという。

［玉藻］によると「佩玉」には「衝牙《しょうが》」という部品があった。中央にあって前後にぶつかること

で音を出したという。日本の玉佩の材質については、古い時代のことはよくわからないが、中世にはガラスのビーズを通した糸で金属の板をつないだものであった。『実隆公記』永正三（一五〇六）年七月二日条にはその部品を「白玉大小五十二〈白小玉廿二〉・青小玉五百・大玉七十二・金物白大四・凌十・金露三」と記す。露とは紐の先につける飾り金具のことである。

また玉佩は、中世には特別な祈願などのため伊勢神宮に臨時に勅使が派遣される際に奉納された品にもふくまれた。建保三年（一二一五）の『伊勢公卿勅使神宝絵図』（竜門文庫蔵）に絵図がある（図4・11）。なお、この玉佩は礼服と共にではなく、内宮は束帯と共に、外宮は装束を伴わず奉納された（『山槐記』永暦二年（一一六一）四月二日条）。女神である伊勢神宮になぜ男性用の束帯を納めるのかという問題も絡み、その意義の分析は難しい。このことは他の神社にも影響を与えたらしく、熊野速玉大社には、室町初期の遺品がある。

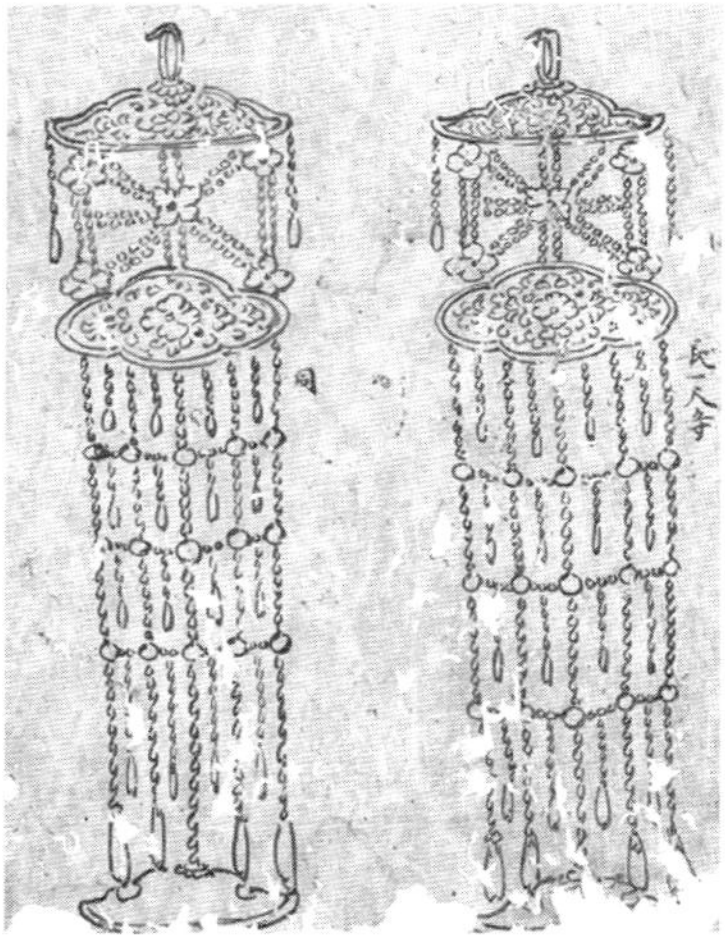

図4・11 『伊勢公卿勅使神宝絵図』（1215年）に描かれた玉佩

伊勢神宮に臨時に勅使を遣わす際に奉納したもの。（公益財団法人阪本龍門文庫蔵）

日本のものの形状は中国と同じだが、出土品や遺品によると中国のものは全体を同じ材質の玉で作る例が多い（現存する李氏朝鮮の遺品も同じ）。玉同士がぶつかって発する音を重んずるという［玉藻］の記事からすれば、このほうが本義にかなうであろう。〈注16〉

日本では三位以上の礼服に用いる規定であったが、平安中期には四位でも参議という重職にある者は用いるといった異説が生じ、四位の着用が増えた。

皇族と文官の礼服の着装方法

この①から⑩で構成される礼服の着装方法については、平安中期以降数多くの記録があるが、大同小異であるからおおよそのことを述べる。

まず柔らかい烏帽子をかぶり、大口《おおぐち》・表袴《うえのはかま》という二枚の袴を着る。表袴の下には単《ひとえ》や袙《あこめ》などの下着を適宜重ねる。ここまでは束帯と同じである。ただし上に着る小袖は袖丈が狭いので、必要に応じて単《ひとえ》や袙《あこめ》の袖を外すこともおこなわれた。次に裳を腰に巻いて、袴が三寸くらい見えるくらいの高さにする。次に裳の上に小袖を着て、見えないように隠し帯を結んで裳が三〜四寸ほど見えるよう引き上げる。その上に大袖を着る。隠し帯や糸で縫いつける等の処置をして小袖の裾を三寸ほど見えるよう引き上げる。なお、この袴・裳・小袖の裾の見える丈の差には、諸説があった。

次に綬を上から結び、綬に玉佩と短綬をつける。玉佩は右脇に結びつけ、短綬は二つ折りにして左腋に掛けた。この後烏帽子の上から礼冠をかぶるが、重いためか移動の車中では脱いで、儀場についてからかぶることもあった。室町前期頃までは、かぶりものを着けず髻を見せるのを非礼としたから、下の烏帽子は必須であった。天皇の礼服の着装もこれに似るが、烏帽子を冠に代えることと玉佩が左右一対になっていることが異なる。また、礼服用の反りのある笏の上下・表裏の判断については、江戸中期の紀宗恒の著の『礼服着用故実抄』に、「人々の所存一同ならず」とあるように、近世には定説がなかった。また、殿上に立つ擬侍従は官職や位階にかかわらず帯剣し、庭上の内弁や外弁は帯剣しないことが十世紀の『西宮記』にみえ、後世まで踏襲された。なお束帯着装時は、武官および勅許を受けた限られた文官が帯剣するのが通常の決まりである。

二　「養老令」にみられる礼服の制度の成立に関する二つの謎

礼服の成立にかかわる二つの謎

前項で「養老令」の「衣服令」と後世の資料を元に、臣下の男性の礼服について説明した。多くの服飾史の概説書では、こうした資料によって律令に定められた礼服の制度の説明をすませているのだが、礼服を主題にする本書においては、もう少し考察を深める必要があると思う。「養老令」の礼服の制度に関しては、大きな謎が二つある。

一つめは唐の制度との相違、特に衣の色に関する謎である。日本の礼服は唐の朝服や弁服との共通点が多いが、唐の朝服と弁服は共に位階により色を変える制度ではなかった。唐の影響を受けながら、なぜこのような違いが生まれたのであろうか。

二つめは「大宝令」における礼服の実態に関する謎である。「養老令」およびその規定を継承する後世の礼服の制度をもって「大宝令」の礼服を理解することは果たして正しいのであろうか。大宝および養老の「衣服令」は、服の形状についての説明をおこなっていない。平安時代以降の資料にみられる形状が、果たして「大宝令」にさかのぼるのかどうかについても再考する余地はある。

「養老令」における日本の朝服の規定

この二つの謎について考えるためには、「衣服令」で礼服と共に規定されている朝服についての理解を深めておく必要がある。そこでまず、日本の朝服の制度を簡略に述べる。名は朝服であるが、唐の朝服とは別物で、唐の常服に相当する〈注17〉。

頭には黒い「頭巾《ときん》」〈注5〉をかぶる。五位以上は高級な羅を使い、六位以下は無地の絹であった。

図4・12　聖徳太子二王子像

この絵が描かれた奈良時代の服装で表されている。「養老令」の朝服姿が偲ばれる。（宮内庁蔵）

『続日本紀』大宝元年（七〇一）五月条によると「漆冠」ともいった。袍（うわぎ）の色は既述した（図4・12）。

平城京二条大路側溝跡から見つかった、奈良時代中期の木簡に描かれた落書きによると、頭巾は唐の常服の「幞頭」と同じ物で、袍の形状も唐の常服同様である。うわぎの形状は、丸い襟に裄《ゆき》の長い筒袖をつけた身丈の長いものである。朝服の帯は「腰帯」という。革のベルトで、五位以上は「金銀（金もしくは銀という意味らしい）」、六位以下は銅に黒漆を塗った「烏油《くろぬり》」の飾りがつく。その下には礼服と同じ白い袴を用い、くつは烏皮履という黒い革履をはく。褶はない。腰帯は正倉院に遺品があるが、これまた唐の常服に用いられたものに同じ形状である。つまり、日本の朝服は唐の常服とほぼ同じ形状である。また、無位の官人および庶民が朝廷に奉仕する際の「制服」も朝服と同じ形式で、うわぎの色が黄色い。ただし、以上は奈良時代に改訂された「養老令」の規定であり、「大宝令」とは異なる。

この朝服は、奈良時代後期から平安中期にかけて次第に袍の袖や身丈が広くなり、これにあわせて下着の丈も長くなった。特に平安中期以後は下着である「下襲《したがさね》」の後身だけを長く仕立ててひきずるようになる。また同じく平安中期以降朝服を「束帯」という雅名で呼ぶことが一般化した（図4・13、14）。「束帯」と言う語は『論語』の「束帯して朝に立つ」という文を出典とし、朝廷出仕の服をさす語として、平安朝の貴族に愛読された白楽天の『白氏文集《はくしもんじゅう》』にも用例があり、その影響を受けた菅原道真の『菅家文草《かんけぶんそう》』にも見られる。

図4・13　束帯着装姿（昭和大礼時の高官の姿）

腰の中央から垂れるのは平緒《ひらお》という太刀を佩びるための帯である。
（出典・『御大礼記念写真帖』共済生命保険株式会社　1929年）

図4・14　束帯着装姿

昭和初期に研究資料として撮影されたもの。下襲《したがさね》（下着）の裾を長く引く。腰には石帯（革帯）が見える。（個人蔵写真）

第一の謎——位階により礼服のうわぎの色を変える理由

日本と唐の位色の違い

日本の礼服を唐の朝服や弁服（第四章一節参照）と比較すれば、どのようなことが言えるであろうか。まず、衣の色であるが、唐の朝服および、これを少し略した公服は絳紗単衣と素裳、弁服は朱衣と白裙の組合せである。絳と朱については、中国古代の経書（儒教の経典）『儀礼《ぎらい》』に付された後漢の鄭玄の注によると、絳《あか》色は濃淡により名称を異にし、一度染料につけたものを纁《くん》、四度つけたものを朱というとある。いずれにせよ同じような赤い上着である。日本の礼服や朝服の位階による色分けが唐の制度によっているのは明らかだが、唐でのそれが日常の勤務に使う常服のみに対する規定であるのに対し、日本では正装である礼服にまで適用されている。

中国における色による身分表示の事例

中国では、古く周代には祭祀などに使う冕服において服の文様や冠の旒（垂れ飾り）で地位を示した。また漢代には、地位により綬の色を異にし、晋代には幘《さく》（かぶりもの）の色で貴賤をわけるなど、身分表示の伝統は古いが、位階を示すのにうわぎの色をわけることは、あまり古いことではないらしい。

北魏の太和十年（四八六）に「五等公服」が定められたのがその起源の可能性が高い。南宋末期（十三世紀）の類書（百科事典）である『玉海』［八二］の「唐章服」の項に五等公服の記事を載せる。章服とは唐の常服のことであるから（『唐会要』輿服上）、宋代にはこれを常服の位色の起源とみなす説があったとわかる。武田佐知子氏も数少ない資料からその画期性を論証している（『古代国家の形成と衣服制』吉川弘文館・一九八四年・第一編第四章）。しかし詳しい記録もなく、先例として後世にどのように影響を与えたかは不明である。

隋の大業六年（六一〇）には行幸にしたがう者の「戎衣（軍服。転じて軽装）」について、今までは「五色」が用いられていたのを改め、今後は五品以上が紫袍、六品已上が緋もしくは緑を兼用し、胥吏《しょり》（下級役人）は青、庶人は白、屠商は皂、士卒は黄を用いることとした。

そして唐の武徳四年（六二一）の勅で、常服のうわぎは三品以上が紫、四品・五品が緋、六品・七品が緑、八品・九品が青とされた。また、袴褶の褶（うわぎ）については元来緋が幅広く用いられたが、神龍二年（七〇六）には六品以下が緋褶を用いることが禁止され、『通典』に収められた『開元礼纂類』の注記に引く「衣服令」によると常服と同じ色となっている。

以上の経緯から、中国ではこうした色分けは後発的であり、冕服や朝服のような伝統的な礼装に適用されるべき性格のものではなかったことがわかる。

朝鮮半島における色による身分表示と日本への影響

一方、朝鮮半島では『隋書』に百済では帯の色と冠による地位の区別があったと記すなど、位階による服飾制度があったらしい。また、一二世紀に成立した『三国史記』によると、新羅では法興王の時代（五一四〜五四〇年）から官位による衣服の色分けがあったとされる。これは記載された内容に時代的な矛盾があることなどから、その信憑性を疑う説もある（木村誠「六世紀新羅における骨品制の成立」「歴史学研究」［四二八］一九七六年。なお武田幸男「新羅官位制の成立」『朝鮮歴史論集』［上］一九七九年のように、信憑性を認める説も存在する）。ただし『日本書紀』の欽明天皇五年（五四四）の百済聖明王の国書に、日本から派遣された将軍佐魯麻都《さろまつ》が「新羅の奈麻礼《なまれ》（官職名）の冠」をつけていることを訴えている記事があり、古くから新羅に少なくとも冠による身分表示があったことがわかる。なお、『三国史記』によれば冠の区別も法興王が定めたものだが、衣色の区別とは別の基準があったという。この『日本書紀』の記事から、朝鮮半島の制度が日本にも知られていたこともわかり、冠位十二階以後の「位冠」は朝鮮の制度をヒントにした可能性が強い。冠位十二階の制定も常服に位階による色分けを導入した唐の武徳四年（六二一）に先立っている。

　また、この十二階の色分けは、本来冠に使う絁《あしぎぬ》（無地の絹）の色であったのだが、推古天皇十九年（六一一）の五月五日の薬狩に参加した人々が、冠と同じ色の服を着たとあるように、服色にも援用されうる規定であった。『大宝令』以降、色の序列は唐の制度にしたがったものの、朝鮮の影響を受け、中国以上に古くから位階による色分けの伝統を持つ日本は、伝統を踏まえて正装である礼服までを色分けの対象にしたのであろう。

第二の謎――形状に関する疑問

粟田真人――大宝三年の遣唐使の装いは礼服か

　次に、後世にみられる礼服の形状が「大宝令」にさかのぼるのかどうかについても考えたい。『新唐書』[倭国伝]には、長安三年(七〇三)に入朝した遣唐使の粟田真人について詳しく記す。この年は日本の大宝三年にあたっている。出発は前年の大宝二年であるが、この年の元日には「大納言以上(親王・大臣・大納言)が「始めて」礼服を着て朝賀に参列しているから、まさに礼服の制度開始と時を同じくしているといえる。

この時の彼の衣服については、詳しくは前に引用した文を参照していただきたいが(第一章四節参照)、古く新井白石の『経邦典例』に礼服であると指摘されている。増田氏は、この花形を飾った冠を礼冠と推測するが、うわぎについては「中国人が袍と認めることのできる形」であったと記す(前掲四四頁『古代服飾の研究』)。暗にうわぎが大袖ではなかったことを指摘しているようである。

しかし、「袍」の字は『礼記』[玉藻](第五章二節参照)に「纊(新しい真綿)を入れた服を繭といい、縕(古い真綿)を入れたのを袍という」と記すように古くからある。時代的に見てこの袍が唐の常服の袍と同じ形状とは考えがたい。また唐の玄宗が編纂させた『大唐開元礼』[三二]には、皇帝の準正装である通天冠の着用時に「絳紗袍」を用いたと記すが、これは大袖の衣である。つまり字だけで形状を特定することはできない。とはいえ、唐代の文献では常服の冬のうわぎを「袍」、夏のうわぎを「衫」と記すことが多いのは事実であるから、大袖ではなくて、唐の常服のような筒袖であった可能性はある。また、帯については唐では冕服以下、朝服・公服・弁服等には革帯があり、常服も同様であった。ただし冕服には革帯とともに大帯、朝服には仮帯という絹製の帯も伴う。

したがって「帛帯」とわざわざ記すのは、革帯を用いないことが目を引いたからであろう。『令集解』に引く『古記』によると、「大宝令」では礼服は絛帯（組紐の帯）、朝服は綺帯を用いる。帛は絹を意味するから、このいずれかを唐人は「帛帯」と表現したのである。残念なのは褶や佩玉の有無を記さないことで、それゆえ真人の服装が礼服であったのか、礼冠と朝服の組み合わせであったのかは断定できない。

「大宝令」の時代の朝服

「大宝令」制定当時の朝服は、先に紹介した「養老令」の規定とは相違があった。真人の衣装について考証するためには、この点をまず押さえておく必要がある。しかも礼服と違い、使用機会が多かった朝服は、仕様改訂の経緯を知るための資料にも恵まれている。朝服の変遷を把握することが、礼服の様式の変遷を推測するための材料になると思う。

『続日本紀』の大宝元年（七〇一）三月条には、新しい律令による服が記されるが、親王四品以上と諸王・諸臣の一位は黒紫、諸王・諸臣の二位・三位は赤紫、直冠上四階は深緋、下四階は浅緋、勤冠四階は深緑、務冠四階は浅緑、追冠四階は深縹、進冠四階は浅縹のうわぎをつけ、かぶりものはすべて「漆冠」で、綺帯と白襪と黒革舃を使ったという。『令集解』が引く『古記』より「大宝令」の礼服に褶があったのは確実だから、『続日本紀』が記すのは朝服の規定だとわかる。これは持統天皇四年（六九〇）に改訂された制度にきわめて近く、「大宝令」の朝服の規定が既存の制度を継承していたことを示す。また、色の決まりは大体「養老令」に同じだが、帯が異なる。「大宝令」

が失われた今、この『続日本紀』の記事は貴重である。

朝服の仕様改訂——襟と帯の変更

「大宝令」の制定後も朝服の改訂は続いた。『続日本紀』養老三年（七一九）二月三日条に、「初めて天下百姓をして、右襟たらしむ」とある。それまでは左前の襟合わせであったのを、中国式に改めたのだ。同書にこの年一月、昨年一一月に帰国した遣唐使が、「唐国授くる所の朝服」を着て参内したとある。我が国の朝服は唐の常服にあたる。ゆえに唐の常服を忠実に模倣することが可能になったゆえの改正であろう。

また帯については、先に記したように「大宝令」制定時には綺帯であった。綺とは一般的に綾に類する簡易な紋織物をいう。敦煌出土の文書と実際の遺品の対比からもそれは確かであるし、平安中期の辞書の『倭名類聚抄』には「錦に似て薄き者」とある。しかし、『延喜式』［縫殿寮］には「新羅組」「絞組」「大丸組」という三種類の組紐に続いて記載されており、「長さ五丈、広さ三分」と記す。これを細幅の紋織物と解することもできるが、紋織物とは同名異物の「綺」と呼ばれる紐があった可能性もある。このように綺帯の実態は不明であるが、絹製であることは間違いない。

「養老令」に見える唐風の腰帯（革のベルト）が摂取された時期について、正史の『続日本紀』には記載がないが、平安中期の儀式書『西宮記』の、大永鈔本と呼ばれる室町時代の写本の［臨時四］の注記に、「和銅四年（七一一）皮帯始めて用ゐる」とある。この注記は大永鈔本のもとになった古い写本にもあった可能性が高い。また、『続日本紀』和銅五年五月に「六位已下白銅及び銀を以て革帯を餝《かざ》ることを禁ず」とあることから、信憑性のある記事とみられる。すなわち「養老令」には、五位以上が金銀の飾りをつけ、六位以下は烏油（銅に黒漆塗り）の飾りをつけると記しており、白銅（銀色の金属）や銀製の飾りを六位以下がつけることを禁止するのは、腰帯が導入されたばかりで、まだその制度が定着していなかったことを思わせるのである。また笏も「養老令」には規定があるが、『古記』には記事がなかったらしい。

図4・15　高松塚古墳壁画男子像（模写）

頭にかぶる漆紗冠は唐の常服の幞頭というかぶりものに近い。しかし上着の襟が左衽であり、帯も絹製である。「大宝令」制定時の朝服はこのような姿であろう。（出典・『高松塚古墳壁画館解説』1980年　公益財団法人　古都飛鳥保存財団）

ここからうかがわれるのは、『大宝令』制定当時の朝服は、『養老令』にある唐の常服と同じ形態のものではなく、高松塚古墳壁画にみられるような姿であったということである。高松塚古墳壁画の男子像は、唐の常服に用いられた幞頭というかぶりものをつけ、色とりどりの筒袖のうわぎを着て、白い袴をはく。その風俗は一見すると唐風に見えるが、よくみるとうわぎは左衽《さじん》といって、今の着物とは逆の左前の襟あわせになっている。また、襟の形は唐の常服のような盤領（丸襟）でなく、V字形に重なる垂領で、腰を革帯でなく絹の帯を締めたものである（図4・15）。

左衽は騎馬民族によくみられる風俗で、五世紀頃の高句麗の壁画にも見られ、日本でも古墳時代の埴輪や「天寿国繡帳曼荼羅」（中宮寺蔵）には左衽の服の人物があらわされている。一方、漢民族は右衽であり、左衽を異民族の習慣として卑しんだ。高松塚古墳の壁画は「大宝令」制定にやや先立つ可能性もあるが、ほぼ同時代のものである。天武朝の漆紗冠は唐の常服の幞頭の模倣であり、その制度を導入する意図は認められるが、「大宝令」制定時には未だ不完全であった。ゆえにその後も、追加法令をもって唐の常服の完全な摸倣が図られたのである。〈注18〉

◆「大宝令」の礼服の様式についての仮説

これに対し、「大宝令」制定当初の礼服の姿を想定するのは難しいが、注意すべきは、天武十一年（六八二）三月の詔で廃されたはずの褶が礼服では使用されていることである（第二章二節参照）。廃止前の褶の使用状況は『天寿国繡帳曼荼羅』に見られる。筒袖左衽のうわぎと、白い袴の間から覗く短いひだ入りのスカートで、中国の「裳」を短くしたような形状である。さらに、おなじ形式のうわぎと袴を用いながら、褶のない着装も見られ、略しても影響の少ない、正装であることを示す装飾的なものであったらしい（図4・16）。中国の文献では普通、「衣」「裳」の語で正装の上半身と下半身の衣をあらわすのに対し、「養老令」の「衣服令」では衣・袴よりあとに褶を記すのも、これが衣の構成上必須の下半身の衣というより付加的な装身具とみなされたからだと思われる。しかし、その復活は礼服の正装性の表示に留まらないであろう。綬と玉佩が伴うということは、日本の礼服が唐の朝服の制度を参照していることを示す。『令集解』に引用する「古記」には、玉佩に対する注記が存在するから、これは「大宝令」以来であったとわかる。唐の常服に裳がないことから、一旦これに習って褶を廃止したものの、常服よりも格の高い唐の朝服の形式を日本の礼服に摂取するにあたり、それに使われる裳に似たかつての「褶」を復活させたのであろう。

また、十二階および大化の制度では、髻花や鈿とよばれる飾りが礼装用の位冠に用いられており、「花の装い」の伝統を見ることができる。これに対し、礼装の位冠の代わりに導入された漆紗冠は唐の常服に用いる幞頭の模倣であったから、この伝統は一旦中断されていたのである。それでも圭

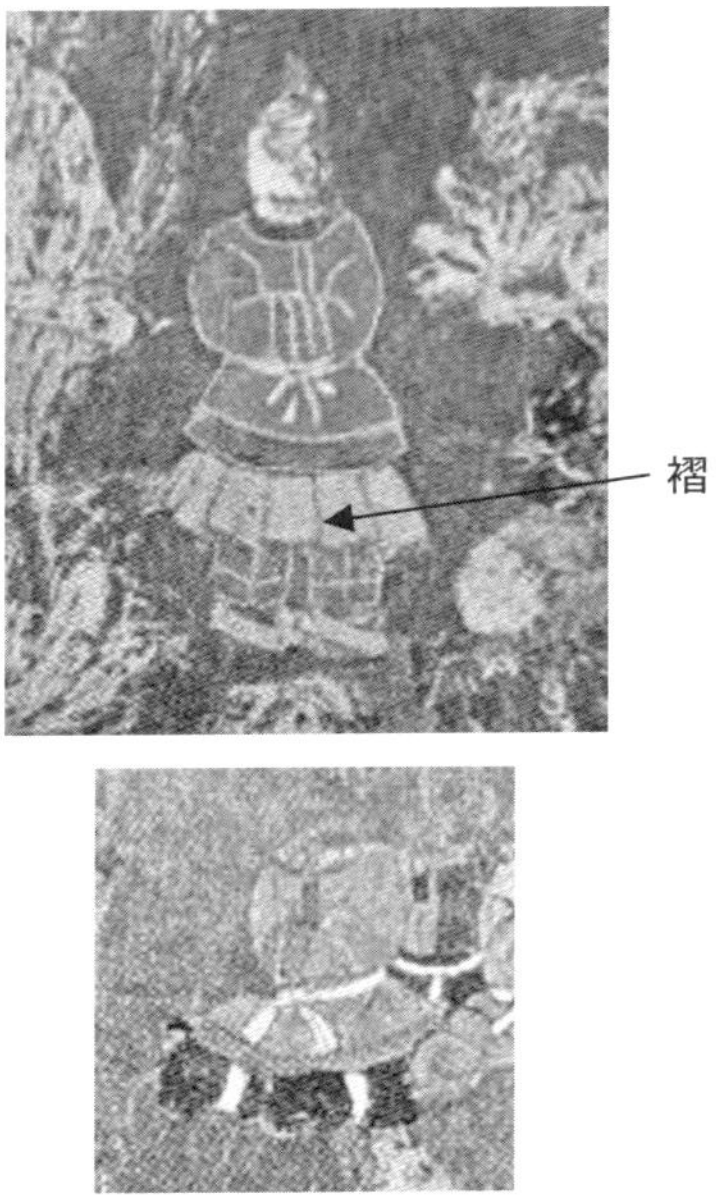

図4・16　天寿国繍帳

褶をつけた男子像（上）と褶をつけない男子像（下）聖徳太子の死後まもなく作られたとされるもの。服装は高松塚古墳壁画より古い風俗とみてよい。上着の襟や衽や裾にふちどるのは、北周の品色衣を思わせる。同じ形式の服で、褶をつける場合とつけない場合があったことがわかる。（出典・『世界美術図譜　日本編　第６集』東京堂書店　1944年　中宮寺蔵）

冠が用いられたため、二種類の頭装を用いるという制度はなおも継続した。大宝令においては、漆紗冠が通常の朝服の冠となったため、礼服の冠には再び「花の装い」の伝統が盛り込まれることになった。常服よりも装飾的な礼装の制度を参照するにあたり、装飾の可変性を活かして日本の古い服飾が部分的に復活したのであろう。

ところで、唐で普通に使われた常服のうわぎと帯の導入が大宝令制定より遅れたのであるから、それよりも希少な礼装である、唐の朝服を模した礼服のうわぎの導入も同様であった可能性がある。つまり、大宝令制定の段階では、朝服にも礼服にも、筒袖・左衽・垂領の高松塚古墳壁画に見るようなうわぎが用いられたのではないだろうか〈注19〉。

つまり朝服の頭巾を礼冠に変え、褶や綬・玉佩などの装身具を加えたのが礼服だという仮説である。特別な礼装の時のみ頭飾具を変えるというあり方は、十二階や大化三年（六四七）の服制でも見られた。礼服はこうした既存の正装のあり方を継承していたのだろう。

実は「養老令」の衣服令には、礼服のうわぎも朝服のそれも共に「衣」と記し、朝服条に「衣色礼服に同じ」とある以外、両者の関係性にはふれない。『令集解』の諸説も、両者が同じものか異なるものかについては特に論じていない。これは、元来両者が同じもので、その後の改革で礼服と朝服のうわぎが分化したからだと思われる。後述するが、女子の朝服は「宝髻及び褶・舄を去る。以外は並びに礼服に同じ」とあるように、礼服の一部を略したもので、うわぎ等は共通していた。また、武官の礼服のうわぎは礼服・朝服ともに「位襖」と記される。『令集解』では両者が同一か

図4・17 袈裟付木蘭染羅衣

後世の大袖と似た形式の衣である。（出典・『正倉院展図録』奈良国立博物館 1991年 正倉院蔵）

否かに触れていないが、こちらは平安時代以降の資料によれば同一の「欠腋袍」とよばれる上衣である。このように礼服と朝服の上衣の形式が異なるのは自明のことではないのである。これらの事実から、礼服の形式整備も朝服同様に、『大宝令』成立後に継続し、平安時代中期以降の資料に見られるような大袖・小袖の形式が完成したのは、奈良時代になってからだと考えたい。「養老令」制定時点に礼服と朝服の衣が分化していたかどうかまでは不明で、分化していたが「大宝令」の表記を踏襲した可能性もあれば、その後の制度改正により分化した可能性もある。

なお、正倉院には、大袖の形式を持つうわぎが一点現存する。正倉院の装束類は、写経生の使用したものや、舞楽装束類などが多く、官人たちが通常使用したものと形式が異なるものも少なくないと考えられる。この大袖は現在「袈裟付木蘭染羅衣」と呼ばれ、薄い赤色に染められた羅で作られている（図4・17）。変わっているのは左肩に小さな四角の共裂の生地が縫い付けられていることである。「東大宮」の墨書があること、高級な羅の生地で作られているということもあり、これを皇太子の礼服とする説もある一方、法衣の一種とみる否定説もある。（吉村怜「鑑真和上像の着衣・唐式偏衫について」『仏教芸術』〔三二〕二〇一二年）また、伎楽装束説もある（伊藤赳『日本風俗史大成　風俗資料上』昭和四年）。このように用途については諸説があるが、奈良時代中期に後世の礼服の大袖と同じ形式の服が存在したことを実証する。

このように奈良時代の礼服は、玉佩などの存在から見て、唐の朝服あるいは弁服を参照して形式を整備する意図があったことは確かであるが、礼服の形式の完成は、「大宝令」成立より後に持ち越した可能性が高い。既存の服飾制度に手を加えながら唐の様式に近づけるという方策である。にもかかわらずうわぎを位階相当で色分けすることなど、日本独自の特徴も残した。革帯を使用しないこと、綬と絛帯の混同が見られることなどは、意図的に独自の制度を形成したと見るべきなのか、唐の制度の摂取が不十分に終ったためなのかという疑問も残るが、結果的に礼服は、唐の礼装である朝服や弁服とはかなり異なるものとなった。現に機能している制度を否定せずに、中国の制度を摂取する。日本の律令制は随分難しいことを目指しつつ、礼服の形式はおのずと収まりどころを見出したのであろう。

三　女子礼服――スカートの謎などについて

スカートの色と着装方法

「養老令」の「衣服令」では、皇太子・親王・諸王・諸臣の礼服とは別に、内親王（天皇の娘と姉妹）・女王（内親王以外の女子皇族）・命婦（五位以上の女子）の礼服と、武官礼服の項目が立てられている。高松塚古墳壁画（図1・1）により、「大宝令」時代の女性風俗の大体が想定されるが、『続日本紀』養老三年（七一九）十二月五日条に「始めて制して婦女衣服の様を定む」とあって、この時に新しい制度が作られたことがわかる。これは「養老令」成立時期とほぼ重なるが、同令はまだ発効していないため、単独の法令として出されたものである。その規定は不明だが「養老令」にみられる制度を先行して実施したものであろう。

女子の礼服は、頭を「宝髻《ほうけい》」とし、衣・紕帯・褶・裙《くん》・錦襪・舃を身につけた。以下の①～⑥にそれぞれを解説するが、錦襪は男性の礼服の解説を参照してほしい。ちなみに女子の朝服は、「宝髻及び褶・舃を去る。以外は並びに礼服に同じ」とあるように、「養老令」においても礼服を簡素化したものであり、男子の礼服と朝服ほどの差がなかった。男子同様六位以下には礼服がなく、朝服だけである。

①宝髻

「金玉《きんぎょく》」すなわち金と宝玉で作られた髪飾りをつける。『令集解』の『古記』によると、「大宝令」では「刺櫛」が規定されていた。「さしぐし」という髪飾りは平安時代の文献によく見られる。「養老令」の礼服の髪飾りについては、材質以外は不明である。

②衣

男子の礼服の「衣」同様当初から大袖であったかどうかはわからないが、平安時代中期以降の資料では大袖と確認できる。位により色を異にするのは男子と同じである。

③紕帯

「そえおび」と訓じる。『令集解』の『令釈』に引く『礼記』鄭玄注には「紕は縁辺なり」とあり、同書に引く中国古代の辞書『爾雅《じが》』には「紕は飾りなり」とあって、縁取りなどの装飾を意味したようであるが、「衣服令」では内親王及び女王と臣下の三位以上はすべて「蘇芳・深紫」、女王と臣下の四位は「浅紫・深緑」、五位は「浅紫・浅緑」と二色で記されている。メインの色の生地にもう一つの色の生地を縫い合わせて装飾したもののようである。ちなみに六位から八位の臣下の女子の朝服には「緑縹纈紕裙」を用いるが、これは緑と縹の生地を縫いあわせて作ったスカートとされる。おそらく細く裁った色違いの生地を横にならべて継いだもので、正倉院にはそうした仕立ての赤と紫の裙がある。初唐の絵画資料によく見られる縦じまの裙はこの仕立てであろう。

④紗褶

男子の礼服で述べたように、日本では唐での字義とは異なり、巻スカートのことである。内親王と女王は「浅緑」、臣下は「浅縹」の紗である。皇族は緑、臣下は縹という区分は男子と同じで、ただ男子がそれぞれ「深緑」「深縹」であるのと濃淡を異にするだけである。

⑤裙

男子の礼服には見られないものである。「裙」の字も巻スカートを意味するが、中国の古代の経書に「裳」が頻出するのに対し、この字が使われるようになったのはやや遅れて漢の時代あたりからのようである。

「衣服令」によると、内親王及び女王と臣下の一位が「蘇方（蘇芳ともいう。赤色）・深浅紫・緑纈裙」、二位以下五位以上の女性が「蘇方・浅紫・深浅緑纈裙」という。纈は染め模様のことで、「纐纈《こうけち》（絞り染め）」「夾纈《きょうけち》（板締め）」「蝋纈《ろうけち》（溶かした蝋で防染して模様を出す）」などがある。

この裙の実態は、『令集解』が引用する奈良・平安初期の古注釈以来、諸説紛々である。問題点は、蘇芳や紫や緑がどのように配されていたか、褶と裙のいずれを上に着るかの二つである。

前者の問題について古注釈は諸説を挙げている。まず、公的な解釈を示す『令義解』は、六位以下の朝服の「緑縹纈紕裙」と対比して「此の条紕字无《な》し。即ち知る、五色の綵を交じへ以て纈文となすなり」とする。つまり複数の色の絹を継ぎ合わせたのではなく、一つの生地のなかに五色を配した染物だというのである。一方、『令集解』が引く諸説を見ると、『令釈』は四色の生地を継いだものとし、『穴記』は一つの生地を五色に染めたものとしており、二つの解釈がある。「紕」の字の有無をめぐっても、『令釈』は単に略していると考えたようで、六位以下が「紕裙」であるから五位以上も同様だという論を展開する。一方『穴記』は、この字がないのは五位以上の裙が「紕裙」ではないからとする。同じ論拠で逆の結論が出ているのである。その他の古注もこの問題を扱うが、難題であったことがわかる。『令義解』が一つの生地を五色に染め分けたとする説をとる以上、『令義解』成立時ではそれが「正しい」のであろうが、「養老令」成立時点の意図にかなっていたかどうかは別問題である。

唐代の絵画資料によると唐の前期には縦縞の裙が多く描かれるが、盛唐の頃にはあまり見られなくなる。唐代の女性は、椅子に座るだけでなく敷物に座り込むことも多かった。そうすると、幅の狭い裙では前が開いて下に着た袴が見えてしまうおそれがあるので、横に生地を継いで幅を広くするという工夫は自然なことなのである。これを逆手にとり、ことさら細く裁った生地を数多く縫い合わせたのが縦じまの裙である。斜めに裁って幅の広いほうを裾にもってきてつなげれば、腰を狭く裾を広くすることもできる。高松塚古墳壁画の女性の一部にも見られ（図1・1）、日本にもいち早く取り入れられていた。「大宝令」や「養老令」成立時点では、紫や蘇芳や緑地に絞り染や蝋纈で白く文様を染め抜いた生地を継ぎあわせた華やかな裙がふさわしいように思える。古代服飾史の権威である関根真隆氏や増田美子氏もこの『令釈』の説をとる。しかし、時代がたつとこうしたおしゃれは流行らなくなったのであろう。盛唐以後は縦縞に代わり、織や染めによると見られる大振りの連続文様の裙が多くなってくる。『令義解』の説はこうしたタイプの裙を念頭に置くらしい。

後述のように平安初期の宮廷は唐代の流行に取り残される傾向が出てくるのだが、未だ唐の流行に敏感であった奈良時代中期に、同時代の盛唐の流行を取り入れたことが考えられる。なお、一つの生地を五色に染め分けるのに適しているのは夾纈《きょうけち》である。正倉院御物には夾纈の生地があるが、花の丸紋や花鳥など、錦を思わせる複雑な文様を多色で染め出した見事なものである。五色に染め分けた夾纈の存在は、『類聚国史』［一六五］天長三年（八二六）七月十六日の記事に、「慶雲（めでたいしるしの雲）西方に見ゆ。其状《そのさま》五色相雑《あいまじ》り夾纈絹の如し」とあることからも明らかである。これが『令義解』の成立にごく近い時期であることも注目してよい。この問題については、条文自体を温存しつつ、時代の流行にあうように解釈を改めたものと考えたい。

次に褶と裙との上下であるが、褶を裙の上に着るという説（『令集解』の『穴記』）と、まず褶を着てその上から裙を着、褶は裾のみを見せるという説（『令集解』の『跡記』と『古記』）とがある。ちなみに『令義解』はこの問題にふれていない。関根真隆氏は、「明らかでなく」としながらも、『延喜式』（九〇五年編纂開始、九二七年成立）［神祇二］に「褶一条〈裳の上に加ふる者なり〉」とあるのを指摘する（『奈良朝服飾の研究』吉川弘文館・一九七四）。しかしこの神事装束が礼服でないのは明らかで、安易な援用はできない。一方増田美子氏は「正倉院の『礼服礼冠目録断簡』（第五章一節参照）に、太上天皇（聖武）の礼服に「褶一腰〈羅襴〉」、皇太后（光明）の礼服に「絜綿褶

一腰〈羅欄〉」とあるのを引いて、

光明皇太后着用の大仏開眼会の時の装束の褶は綿入れで、襴の部分が羅で作られたものであった。これは褶が下裳であって、綿入れの部分は裙の下に隠れ、羅の襴の部分が、装飾的に裙の裾からのぞくという形式のものであることを窺わせてくれる。以上のことより、女性の褶は、男性のものと形態は似通ったものであるが、丈が長く、その着用様式は異なったものであった可能性が大きい。（前掲四四頁『古代服飾の研究』）

と論じる。この資料に「一腰」とあることから、褶が下半身を覆うものであったとわかり、また男女ともに羅の襴（裾に足す別裂）があったことがわかるが、この記事では男女共に襴があったと記していても、その形状の差や寸法の差には触れておらず、着用様式が異なるとする増田氏の論の根拠にはならない。男性の褶は上半身に着る大袖によって上部を隠されたと考え、見えるのは羅製の襴の部分だけだと判断し、女性の褶の上部も裙に隠されていたと類推するのであろう。しかし、『礼服礼冠目録断簡』の皇太后礼服にはそもそも裙の記載がなく、綿入れの部分を裙で隠して襴だけを見せたとする解釈自体が推測にすぎない。

また、奈良時代の『西大寺資材流記帳』（『寧楽遺文』所収のテキストは当該箇所に脱文があるため、『索引対照古代資財帳集成』すずさわ書店　によった）の伎楽装束の呉女の記事に、裳について「腰別裁交《たちまぜ》紫黄、便着浅緑下裳」とあるが、この「裁交」とは、先に述べた紕裙のことと見られる。華やかな紫と黄の縦縞の裳の下に、緑の単色の裳を重ねたのである。たしかにこれを「衣服令」の纐裙と単色の褶の関係にあてはめる考えも成り立つが、「下裳」と褶が同物異名という証拠とまではいえない。さらに増田氏は「『古記』の成立した頃は礼服を実際に着用していた」として今知られる最古の「令」の注である『古記』の優位性を強調するが、中世においても褰帳《けんちょう》・劒璽内侍《けんじのないし》・御前命婦《ごぜんのみょうぶ》・威儀命婦《いぎのみょうぶ》らが女子礼服を用いていた以上、それ以前の『穴記』の成立時点でも同様に女子礼服は着用されていたはずである。

『土右記』（長元九年（一〇三六）七月四日条（第五章四節参照））の女帝礼服の記事によれば、やはり褶は裙の上につけたのではないかと思う。男子の礼服では、平安前期以降大袖の下に小袖、その下に裳を着けるが、『土右記』「女帝御装束」の「大袖・小袖・裙等皆白綾。（中略）小袖の下に白羅を縫ひ付く。男の裳の如き者なり」とある記事を参照すると、この小袖の裾につけられた白羅が褶の代用を果しているようである。すなわち、小袖に褶を継いで着用の便宜を図ったものと考えられる。「男の裳の如し」とあるから丈の短いもので、その下から大きく裙を覗かせたと見られる。「男の裳」といえば、「天寿国繍帳曼荼羅」に長い裳の上に短い裳のようなものを重ねた女性の姿がみられるが、この短い裳のようなものが男子の褶に似ていることも参照となる（図4・18）。なお、平安時代に女帝はいないので、この女帝の礼服は奈良時代のものである。また、同じ記事の「皇后礼服」は青色の大袖・小袖・裙に纐纈の裙がそえられていた。この内青色の大袖・裙には雉の絵が描かれており、唐の褘衣《きい》を模したものであったと見てよい。そうすると雉の絵を描いた青色の裙の方が上に用いられたことは確かなので、纐纈の裙がこれらと一セットだったとすれば、下に用いられたと考えざるを得ない。華やかな纐纈の裙を下に重ねることも不自然ではないのである。また、後述するように『西宮記』によると平安中期の女子礼服には緑色の褶しかなかったのも、裙より褶が重視されたからだと思われる。

それでも、私には両説の一方が正しいと断定することはできない。『令集解』に引用される奈良時代から平安前期の古注でも説がわかれることを、決定すること自体無理があるだろう。また、古注の条文解釈と実際の着装法は分けて考えてよいと思われる。たとえば『令義解』には、養老六年(七二二)に廃された朝服に携帯する袋についての条文にも詳しい注が付されている。現実の条文解釈として不要な記事であるにもかかわらずである。

⑥舃

内親王及び女王と臣下の三位以上が緑舃、四位五位が烏(黒)舃である。

図4・18　天寿国繍帳

上着の裾から褶とおぼしい襞入りの短いものを見せ、その下に長い裳を重ねている。(出典・『世界美術図譜　日本編　第6集』東京堂　1944年　中宮寺蔵)

平安中期以後に大きく変化

平安中期は、唐風の装束が和様の装束へと大変身を遂げた時代である。男子の礼服があまり形式を変えなかったのに対し、女子礼服は大きく変化した。平安時代中期の『西宮記』［臨時四］によれば、四位は「深緋（緋は茜染《あかねぞめ》）長袂《ちょうべい》礼服、緑下濃褶《すそごのひらみ》及び垂緒」で、「五位浅緋、青褶」であった。垂緒には「位に随ひ色々有り」と注記されており、四位五位で色違いだったようである。おそらくこれが紕帯に当たるのだろう。また「徽有り」と記す。これは男子の礼冠につけられたのと同様、身分をあらわす動物形の髪飾りである。

次に平安後期から鎌倉時代の女子礼服を、主に永仁六年（一二九八）の後伏見天皇即位時の調進目録である『永仁御即位用途記』をもとにして説明する。この時代に礼服を着用するのは、高御座の帳を上げる褰帳《けんちょう》二名と、三種の神器の内の剣と勾玉を持つ剣璽内侍《けんじのないし》二名と、天皇が会場にむかう際にお供する供奉する威儀命婦《いぎのみょうぶ》四名と、天皇に先回りして、会場に入る御前命婦《ごぜんのみょうぶ》四名である（女官の序列は典侍《てんじ》・内侍・命婦の順）。褰帳は元来内親王（天皇の娘や姉妹）が務めたが、後には天皇との血縁の離れた女王（内親王でない女子皇族）も務めるようになった。ところが、平安後期以降、皇位継承の可能性のない皇子が出家する慣例が生じたこともあって女子皇族が不足したので、やがて花山天皇の子孫の白川家の女子が「女王」として左の褰帳を務め、右を高級女官である典侍が務めるようになった。〈注20〉

まず髪には位験《いげん》・平釵子《さいし》二枚・上櫛《うわぐし》と下櫛《したぐし》各三枚をつける。位験は身分を表すもので、徽ともいう。褰帳のそれは釵子の上に玉を銜《くわ》えた金鳳をのせたものである。釵子は金属製の二股の簪のことで、その先に金色の鳳凰をのせたのである。原文では「含玉一顆」とあるが、口先に玉を直接つけたのか、瓔珞《ようらく》（針金の輪とビーズで鎖のような飾りにしたもの）につけて下げたのかはわからない。その大きさは高さ一寸、長さ二寸とある。鳳凰が翼を広げた形なのであろう。問題は金属板を切り抜いた二次元で表現したものか、立体的なものであったかということである。二次元のものは正倉院には銅板の鳳凰形があるほか、唐の出土品にも例がある。立体的なものならば近世の男子礼冠の徽や浄瑠璃寺の吉祥天像の冠の鳳凰（鎌倉時代。ただし装身具は後世に補充した部材が混在）のように木製に金箔を貼ったものか、春日若宮古神宝類（国宝・十二世紀）の装飾品の鶴のような金属製のメッキかであるが、当時の技術ではいずれも可能である。内侍と命婦の徽は雲に乗った麒麟形で、頸には四個の玉を飾るという。

つまり褰帳の徽は女王・典侍ともに皇族（女王）用、内侍・命婦は臣下用のものを用いたのである。平釵子はU字形の装飾のない二俣《ふたまたかんざし》簪と思われる。上櫛と下櫛の差は不明だが、計六枚が髪にさされたのである。U字形の簪や小さな刺櫛は唐の出土品が数多く知られる。また唐の後期の「宮楽図」（台北故宮博物院）や敦煌の唐代後半の壁画には小さな櫛や簪を数多く挿した姿があるので、盛唐以後の風俗の影響のなごりであろう。

大袖《おおそで》は、後朱雀天皇の長元九年（一〇三六）の即位時には四位五位で色の差があり（『範国記《のりくにき》』六月二十三日条）、『永仁御即位用途記』では褰帳と内侍が濃蘇芳《こき》（濃い赤色）、威儀命婦は表が濃蘇芳で裏が薄蘇芳、御前命婦は表裏ともに薄蘇芳の綾とある。文様は、褰帳は丸文綾で、内侍は小文綾、命婦は遠文綾であった。丸文はおそらく大振りの丸い文様であり、遠目に引き立つものであったのだろう。小文綾は細かな文様、遠文綾はまばらな文様で、地位がさがるほど見た目が地味になる。色は茜《あかね》染と色調の似た蘇芳で代用したのであろう。形状については『山槐記』（治承四年（一一八〇）四月二十二日条）の安徳天皇即位の記事に、「女の礼服は唐衣《からぎぬ》のようなものだ。ただし袖が広く、男の礼服のように腋を縫っている」とある。下に十二単の袿《うちき》を着ているのであるから、それ以上に大きな袖になったのだろう。十一世紀前半の『北山抄』によると、袖口は「広さ三尺五寸」とあるから一メートルを超えている。当時の女性の身長から考えると床をするような感じである。

裳《も》はすべて青鈍《あおにび》色で、褰帳は雲立涌《くもたちわき》文（図4・19）の綾、内侍と命婦は「上絹」である。単に「絹」といえば文様のない平絹をさす。平絹としては上等なものが使われたということである。青鈍は心《しん》喪《そう》服（正式な服喪以外に着る慎みの服）に多用されるおとなしい色であるのは明らかだが、色調には諸説がある。青色とは緑系統であり、鈍色とはグレーであることから、緑がかったグレーとも考

図4・19　雲立涌文

中世の図をもとに江戸後期に作図されたもの。（個人蔵）

えられるが、平安時代においては水色と解釈すべきである。平安中期の『侍中群要』［五］によると、青鈍を別名「天色《そら》」と称すとあること、『中右記』康和四年（一一〇二）正月二十五日条に源俊明が「青鈍奴袴《ぬばかま》」を着たとあるのに対し『為房卿記』ではこれを「浅黄指貫《あさぎさしぬき》（指貫＝奴袴は男性貴族の普段着）」と記されており、浅黄は薄い藍色をさすことがその証拠である。ただしその後、鎌倉時代に成立したとみられる『装束式目抄』では「青鈍」と「浅黄」の指貫が区別されており、時代による変遷もあったと考えられる。なお、『西宮記』では四位は「緑下濃《すそご》」、五位は「青褶」と記すが、『範国記』ではすでに四位五位ともに「青鈍」とある。

舃《せきのくつ》は布（麻布など）で形を作り、表面に花の蔓をあしらった「小葵《こあおい》」という連続文（図4・20）の紫綾を貼り、銀箔で菱形の模様をあらわす。これは褰帳以下すべて同じものであった。熊野速玉大社に神に捧げられた「御挿鞋《そうかい》」が伝来する。皮革で芯を作り、錦で包んだくつであるが、作りはこれに似たものであろう。

領巾代《ひれだい》は紫と蘇芳（赤色）の遠文綾を「帳紐」のように継いだものである。帳とは几帳《きちょう》のことで、これには二色の細い紐を左右同じ巾につぎあわせたものを飾るので、同様にしたものとわかる。つまり

図4・20　小葵文

室町前期の遺品を模した近代のはぎれ。（個人蔵）

「衣服令」でいう紕帯にあたる。『永仁御即位用途記』は褰帳以下すべてこの配色である。一方、十一世紀の『北山抄』には「領巾《ひれ》無し。其の裙帯、紫緑半ば合せて帳紐のごとし」とある。紫と蘇芳なら女王の、紫と緑なら臣下のものとなり、平安中期にはまだ区別があったのだろうが、後に混同したのである。

着装は、通常の十二単の上に赤い大袖や礼服用の青鈍裳を着用した。『山槐記』治承四年四月二十二日条によると、十二単の唐衣の上に大袖を着用した。「近代」の着装法が不明なためそうしたとあるように、これについては異説もあったらしく、『竹向きが記』元弘二年（一三三二）三月二二日条によれば、元の唐衣と裳を脱いで大袖と礼服用の裳を着たとある。下に数多く重ねる袿《うちぎ》のボリュームが大きいためか、同書によると大袖の腋の縫目を綻《ほころ》ばせ、大袖の上から裳の腰紐で強く結んだという。

なお、礼服が中国風の衣装であったというイメージから、領巾《ひれ》（羽衣のような絹）や袖の無い上着を着たのではないかと思う方もあろうが、実はこれらがないのが礼服の特色であった。

『西宮記』〔臨時四〕よると、礼服以外の礼装として、

① 摺長袂《すりちょうべい》に蘇芳目染《めぞめ》裳。斎王《さいおう》（伊勢神宮や賀茂社に奉仕する未婚の皇女）のお供をする乳母代や女蔵人及び五節舞（十一月の新嘗祭後の宴会の女舞）に舞姫などが着る。

② 摺唐衣に纐纈裳。例年の節会（公式な宴会）で女官が着る。

③　青色長袂に下濃裳。内宴《ないえん》（春に行われる漢詩の宴）の女官及び、五節舞姫が天皇の御前で予行演習をする時に着る。

などが記される（津田大輔「『西宮記』女装束条について」「古代文化研究」［一七］二〇〇九年）。摺長袂《すりちょうべい》・摺唐衣の「摺」とは、木版などによるプリントのことで、簡素な技法であったが伝統的に晴れの儀式の装いとされてきたものである。青色は後述する「麹塵《きくじん》」のことで（第七章二項）、黄緑をさす。目染は絞り染めであり、纐纈と性格が近い。下濃は末濃ともいい、上部が白く裾の方が濃く染まることである。こうしたものは他の色の装束より重い扱いを受けていた。

そして①から③はいずれも領巾が伴う。長袂は礼服と同じ袖の形だが、同色の袷襠《こうとう》（袖なしの上着）を伴うのが普通である〈注21〉。しかし、『北山抄』に「女礼服。裲《りょう》襠無し」と記すように礼服にはこれがなかった。また『永仁御即位用途記』によると摺唐衣と纐纈裳を着る女蔵人・執翳女孺には紫地に刺繍した「裙帯《くたい》・比礼」が添えられており、礼服の「比礼代（紕帯）」とは区別されている。これらがない理由は二つ考えられる。一つは唐の皇后の正装の褘衣《きい》や、臣下の正装の翟衣《てきい》にも無かったのを忠実に学んだという考え、もう一つは、袷襠や領巾が高松塚古墳壁画に見られないことからわかるように、「大宝令」制定時になかったために、そうした古い時代の形式が踏襲されたという考えである。

四　武官の礼服について

養老の「衣服令」に記された武官の礼服

「衣服令」には武官の礼服も規定されている。すなわち親王や五位以上が礼服を着る時に、儀仗兵を率て警固にあたる高級武官の着用する装束である。その構成は、

皀《くり》（皀＝黒）羅冠・皀緌《おいかけ》・牙笏・位襖《いおう》・加繍裲襠《りょうとう》（兵衛督は雲錦裲襠）・金銀装腰帯・金銀装横刀《たち》・白袴・烏皮靴（兵衛督は赤皮靴）・錦行縢《むかばき》

であった。そして武官の朝服の構成は

皀羅頭巾《ときん》・位襖・金銀装腰帯・金銀装横刀・白襪・烏皮履

である。冠が頭巾になり、靴が履になること、緌や裲襠が略されるという違いがある。なお宮廷の警固をつかさどる衛門府《えもんふ》・衛士府《えじふ》・兵衛府《ひょうえふ》の次官のうち、衛門佐《えもんのすけ》・衛士佐《えじのすけ》は五位であるのに、兵衛《ひょうえ》佐《のすけ》だけは六位とされていたため、その儀服については「衣服令」に、礼服ではないがこれに準じた服を制定している（のちに令外官の近衛府《こんえふ》が加わり、その他複雑な統廃合を経て、平安前期以降

は左右の近衛府・衛門府・兵衛府を六衛府と称した)。また、武官の礼服は位階でなく官職ごとに規定されている。官職と官位は原則的には対応しているが、時には上下することがある。文官であれば自身の位階が優先するので、それとは異なる論理が認められる(武田佐知子「儀礼と衣服」『日本の古代』[七・まつりごとの展開]中央公論社・一九八六年)。これは、武官が儀式に際して、参列者として位階の序列にしたがって庭上に並ぶ文官と異なり、儀仗兵として官職で決められた定位置につくからであろう。

形状を文官礼服と比較すると、冠は「皀羅冠《くりらのこうぶり》」といって文官の礼服冠とは区別され、巻スカートにあたる「褶」がなく、衣が「位襖」と記される。この「位襖」は武官朝服にも使用されるもので、武官の場合は礼服と朝服の基本構成が同じである。丸い襟の筒袖のうわぎで、文官用と異なり腋《わき》が股のあたりから開いている。

通常の朝服との差異をしめす装飾として、位襖の上には「裲襠」という袖のないうわぎを用いる。『令義解』によると「裲襠」とは「両當」の意味で、胸と背の両方に当てることによる名称という。これは錦や、刺繍のある生地で作られた華麗なものである。唐においては、宮中などでの軽装備の武装として、袴褶の上に、胴の前後をおおう二枚の金属板を整形したものを皮ひもでつないだ裲襠(図4・1参照)が使用されたが、これは簡易な鎧であった。日本では武官の礼服のほか、平安朝以後は舞楽装束に多用されたが(図4・21)、いずれも柔らかい絹製で、本来の甲冑の意味は失われている。なお「衣服令」において武官の式服として記載があるものの、正倉院に現存する舞楽装束中にはみられず、奈良時代中期にはまだ舞楽装束としてはあまり用いられなかったらしい。その代わりに、正倉院には舞楽で使用された半臂が現存する。正倉院に半臂は袖の無い下着で、通常は上着の下に着るが、正倉院には華麗な半臂もあり、これらは表衣として用いられた可能性が高い。

さて、一見すると唐風にみえるこうした絹製の裲襠が唐で多用された様子はなく、日本において唐風の儀仗を演出するアイテムとして考案された可能性もある。唐の「郊廟」の祭祀で演奏された「武舞」の装束は「武弁、平巾幘《へいきんさく》・金支・緋絲布大袖・裲襠、甲金飾・白練𧞬襠《かいとう》・錦騰蛇起梁帯豹文・大口布袴・烏布鞾《くつ》」（『通典』［巻一四四］）とあるが、これは本物の武官装束との共通性が高く（第四章一節に紹介した「⑤平巾幘之服」に当たる）、この時の裲襠は甲冑であるとみられる。ただし「𧞬襠」のほうは唐では女性のうわぎの呼称でもあり、絹製であろうから、あるいはこちらが日本の裲襠のヒントになった可能性もあろう。〈注21〉

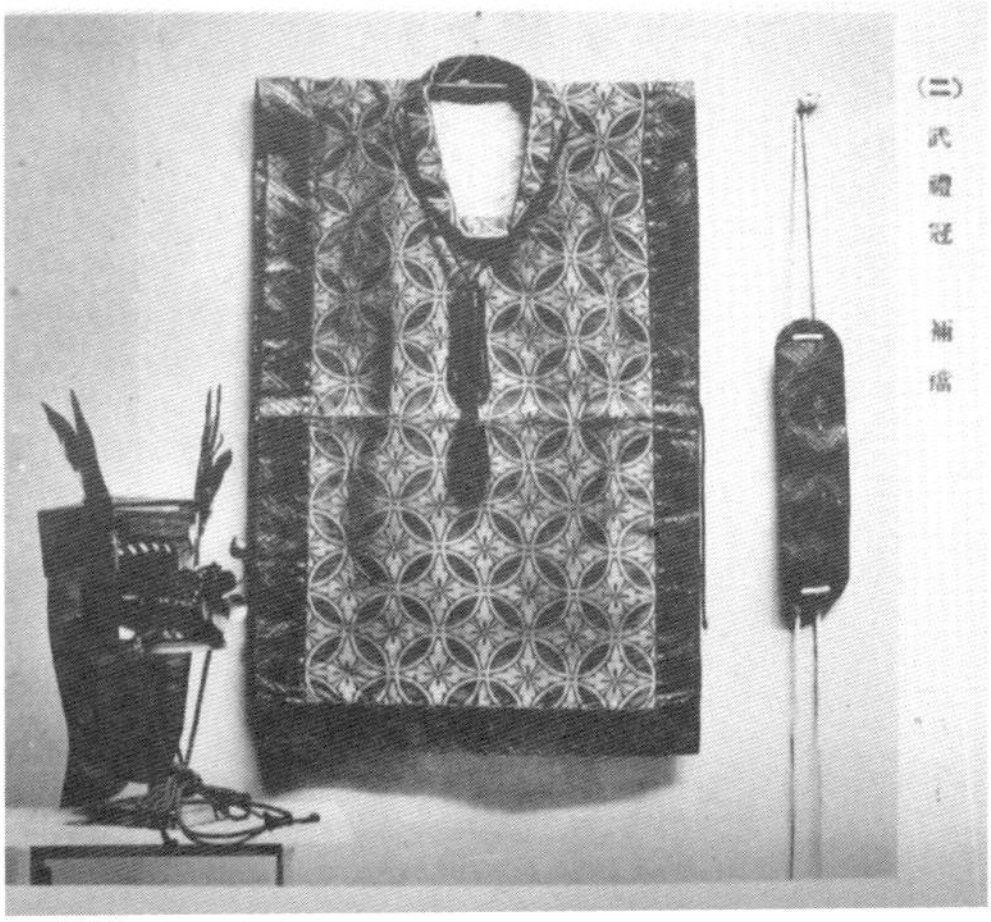

図4・21　江戸時代の即位に使用された裲襠（中央）と武礼冠（左）

享保二十年の桜町天皇の即位に際し復興されたもの。（出典・『日本歴史図録』 1918年）

幻の武礼冠（皂羅冠）の姿を探る

ともあれ、裲襠については、平安時代以降舞楽装束として用いられたので大体の形式があきらかであるが、問題は皂羅冠である。『延喜式』では「武礼冠」と記載され、以後の文献資料はほとんどがこの名称で記す。名称により黒い羅で作られたことは想像できるが、形状も身分による規定も皆目わからない。『令集解』に引く『跡記』〈注5〉では「文官の礼冠とも武官の朝服の頭巾とも別である」と説くが、その実態をうかがわせる記事はみられない。また、『御即位装束絵様』にも武礼冠の図はみられない。『後鳥羽院御即位記』（一一八四年）によると、『江記』に詳しい記事があったというが、現存する大江匡房の『後三条院御即位記』のなかに該当する記事はない。あるいは匡房が記した他の天皇の現存しない即位記にあったのだろう。

現存するなかでもっとも詳しい資料は『平実親卿記』（『歴代残闕日記』所収本は誤りが多いため内閣文庫蔵の写本による）保安四年（一一二三）二月十九日条である。これには「額は『例冠』より高く、後ろに『巾子形』が有る。前後に『末額』が有る」と記され、「金銅彫物。老懸《おいかけ》を掛けない。烏帽子の上に着ける」と注記がある。「例（の）冠」とは束帯などに使う黒い冠のことであろう。額とは頭上の前の方をさし、これが例の冠よりやや高く盛り上がった形状であったこと、頭上の後部にまげを納める巾子があったことがわかる。後ろに下がる纓はないが、全体の形は束帯の冠に似ている。また「末額《まっこう》」は「抹額」が正式な名称で、唐においては武官の幞頭（常服のかぶりもの）を安定させる鉢巻のようなものであった。おそらく後の注記の「金銅彫物」がこれに対応するはずで、冠のへりに金銅製の透かし彫りの装飾があったのだろう。法隆寺の聖霊院に祭られる国宝聖徳太子像（一一二一年）の冠を思わせる形状である。

しかし不思議なことに「衣服令」に記された「緌《おいかけ》」の記載が見られない。緌は字義上は冠を固定する顎紐であるが、日本では武官が冠の左右につける馬などの毛で作った半月形の装飾をいう（図4・22）。これと同形のものは中国絵画には見られない。

また日本の絵画資料では、ごく小さく描かれた例として延久元年（一〇六九）の「聖徳太子絵伝」があり、詳細のわかる図としては、寛治年間（一〇八七〜一〇九四）の絵を永仁三年（一二九五）に模写した薬師寺境内の休岡八幡宮板絵神像をあげることができるが、共に十一世紀後半を遡らず、奈良時代の緌の実態は不明である。そもそもなぜ武官がこうした機能性に乏しい装飾品をつけるのかも不明であるが、鎌倉時代以前は冠や烏帽子に掛緒（紐）がなく、緌についた紐を冠の上からかけて顎で縛るのは（半月形の本体は不要だが紐の存在ゆえに）冠の固

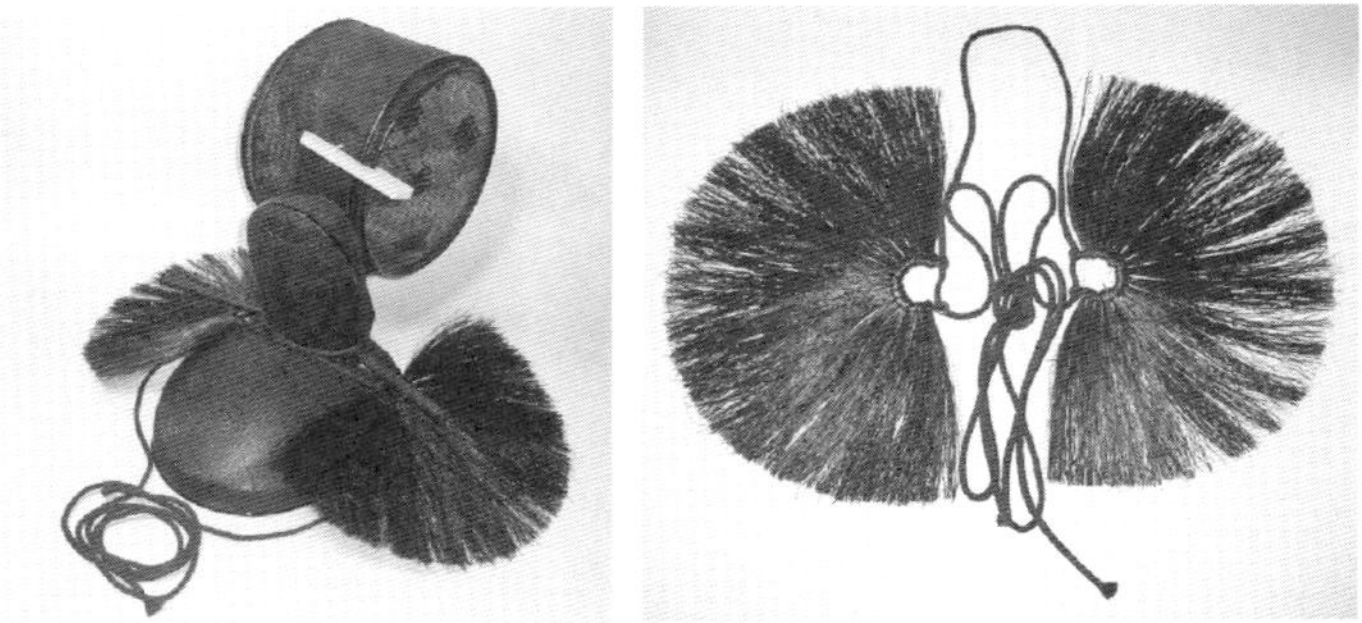

図4・22　江戸時代の緌（右）と着装状態（左）。（個人蔵）

定のために無意味とはいえない。しかし『延喜式』には武礼冠に緌が付属したという記事がなく、十世紀の武礼冠にはすでに付属しなかったのであろう。

平安時代以降の変化

位襖は平安時代中期になると通常「欠腋袍《けってき》」とよばれるようになる。そして武官の束帯では平安中期に下襲《したがさね》の丈が長くなるにつれ、欠腋袍の後ろ丈も長く仕立てられるようになるが、中世にいたっても礼服用のものは丈が短く、纔着《さいじゃく》といって地面すれすれくらいであった。

なお、即位に参列する左右の近衛《こんえ》・衛門《えもん》・兵衛《ひょうえ》の六衛府の上級武官の内、近衛府は代理であった。これは平安前期の『儀式』からすでに「権任《ごんにん》（仮の任命）」と記されていた。しかも『儀式』によると彼らはいずれも五位以上の武礼冠を用い、大将代は三位以上（本物の大将の位階）の紫袍、中将代は四位の深緋袍、少将代は五位の浅緋袍を着るものとされていたにもかかわらず、実際は、大将代はおおむね四位が、中将代は近衛将監《しょうげん》（六位相当）が、少将代は近衛将曹（七位相当）が務めた。つまり本人の位階でなく官職（さらにいえば、ここでは儀式での仮の役目）を優先する、儀仗兵としての武官の装束の特徴が極端にあらわれているのである。また『儀式』によると、「衣服令」では礼服を着ることができないとされていた兵衛佐《ひょうえのすけ》を含め、衛門・兵衛府の督《かみ》（長官）と佐《すけ》（次官）はすべて武礼冠をつけている。これらは礼服の着用者を制限した弘仁十四年（八二三）の制度の対象になっておらず、また平安中期以後四位以上の袍が黒になっても、大将代などの袍色は変わらず紫だったので、室町中期まで『儀式』記載の制度がよく踏襲されたといえる。

朝賀において、近衛の陣に立つ代理と、衛門・兵衛府の上級武官が武官の礼服であるのに対し、位階上、礼服を着るべき本物の四位五位の近衛中少将は欠腋の束帯に挂甲《けいこう》をつける。欠腋袍を纔着《さいじゃく》とし、挂甲を着るのに邪魔な石帯を略し、また半臂を略すので、単に通常の束帯に甲を加えただけのものとはいえないが、武礼冠を使用しないことからみて、明らかに礼服でなく束帯の一種である。彼らは儀礼的な近衛陣ではなく、天皇の親衛隊として大極殿の南階段下の左右に立つ（図4・23）。

図4・23　紫宸殿階下の中将・少将

「次将代（中将代・少将代）」という表題は誤りで、本物の近衛中将・少将である。彼らは礼服でなく、束帯に掛甲をつける。（出典・『礼服着用図』故実叢書　個人蔵）

元来挂甲は実用的な意味を持つ武具であったらしい。陽成天皇は、八八四年に不適切な行動（側近を殺害したという説がある）のため、母方のおじにあたる藤原基経により退位させられた。基経は外戚権を手放す代わりに高齢の皇族をたて、実権を手中に保持しつづけた。光孝天皇である。この時新帝がいる東宮の御所にはいち早く四百領の挂甲が運び込まれ、さらに近衛府の武官に着装させた（『日本三代実録』）。これは皇位継承時の厳戒のためのものであったと思われる。しかし、挂甲も儀仗具として形骸化し、平安中期の『権記』には「冑形」とあるように形だけのものになった。これは即位の際だけではない。平安前期には五月の五日前後に天皇が武徳殿において武官の射的や競馬などを見る「五月節」があったが（平安中期に廃絶した）、ここで用いられる甲（よろい）も実用品ではなかった。儀式の場での武具と、武士などが用いるそれとの分化が進行したのであろう。十一世紀末の『江家次第』によれば、即位で使う掛甲について「多くは絹を以て甲形に裁つ。墨を以て之を画《えが》く。膠漆《こうしつ》を塗り風流を甲になす。或は金銀珠玉を以て甲を作る」と記すように、絹で作り墨で鎧の小札《こざね》を描いた手抜きなものが多かったが、中には接着剤の膠や漆などを使って装飾（金箔や彩色であろう）を施したものや、金銀や宝玉を縫いつけた豪華な物も存在した。平安末期の『助無智秘抄』によると、「よろひといふは、舞の裲襠《うちかけ》のやうにしたり。古くは絹などにてかたのごとくしけり。近代うるはしく（きちんと）かねを板にまぜて、めでたく糸にて縅《おど》したり」とあるように、むしろ平安末期になると手の込んだもののほうが主流になったらしい。金属の小札《こざね》を糸で綴じたものである。

武官礼服の性格——儀仗服として

『儀式』によると、武官のほか、中務省の高級官僚も武官の礼服を使用する規定になっている。ちなみに『儀式』では天皇・皇太子・皇后・親王以下の男子、内親王以下の女子の礼服の規定を一括して記す「礼服制」の項目に武官の服の規定がなく、代わりに「朝賀」の記事の中に下級官人の服とともに詳述されている。これを見ると、その詳述された記事のなかに「武官の礼服の冠」を意味する「武礼冠」の表記があるので、礼服であることを否定しているのではないが、「五位以上の礼服の一種」としてよりも、「大儀」における儀仗服という位置付けが前面に出ていることを感じさせる。前述したように、文官の礼服を着る人々が参列者であるのに対し、武官たちは天皇の儀仗兵だからである。

「衣服令」の規定では、武官の礼服と朝服という区分で武官の装束を説明をしているのに対し、『延喜式』では大儀・中儀・小儀という三つの儀式のランクで項目をたて、それぞれの項目で上級から下級までの武官の装束を説明している。ちなみにこの大儀は『延喜式』に「元日・即位及蕃国使表」とあり、朝賀・即位および外国使節の国書奉呈をさす。このうち、朝賀と即位では天皇や皇族や文官も礼服を着るが、弘仁十一年（八二〇）の詔で蕃国使引見時に天皇は黄櫨染の朝服（束帯）を着ると定められており、皇族や文官も礼服を着なかったであろう。ここでは、武官礼服は大儀における上級武官の服であり、外国使節の国書奉呈にも着用されたと解される。六位以下の武官装束は朝服しかないはずであるが、実際には儀礼の大中小で複雑な使い分けがあった。

五　六位以下の礼服

「衣服令」によれば存在しないはずの「礼服」

「衣服令」では五位以上にしか礼服がないとされている。ところが、平安前期以降、六位以下が着る「礼服」が文献に登場する。すなわち儀式進行係の典儀にしたがう賛者《さんじゃ》と、庭上で香をたくのを司る主殿・図書寮官人の服である。賛者は典儀の声を大声で復唱し、まわりに伝える者である。弘仁十二年（八二一）成立の『内裏式』の朝賀の記事には早くも、

主殿《とのも》・図書《ずしょ》両寮、各礼服を服《き》て、爐《ろ》の東西に列《なら》ぶ。

とある。九〇五年に編纂が開始された『延喜式』〔主殿寮〕によると、「史生《ししょう》左右各二人」とあるように、彼らは寮の下級官人で、もちろん五位以上ではない。同書によると

其の礼服は、冠、袷《あわせ》袍〈表緋裏白〉、袷衣〈表緋裏白〉を下に襲ね、白袴、帯、鼻切履《はなきれくつ》。

とあるが、褶の存在は記されない。これに似た服が『延喜式』〔兵庫寮〕にある。こちらは礼服とは呼称されないが、

大儀に鉦鼓《しょうこ》を撃《う》つ人、平巾冠〈漆羅開頂〉・緋大袖袍・緑襖子《おうし》・帛博帯・大口帛袷《はくのあわせ》袴《はかま》・白布襪《ぬのしとうず》・烏舄《うせき》を着す。

と記されており、朝賀もしくは即位に進行の合図の楽器を鳴らす者が着た服である。この服は唐の『通典』〔開元礼纂類・序例下〕に

平巾幘《へいきんさく》・簪導《しんどう》・冠支、紫褶〈令に云《い》はく、五品以上緋褶・七品以上緑褶・九品以上碧褶〉、並びに白大口袴、起梁帯《きりょうたい》〈三品以上玉梁宝鈿・五品以上金梁宝鈿・六品以上金飾隠起〉、烏皮靴。

とある袴褶（図4・24）の規定と無関係ではない。唐の制度と異なり、かぶりものの付属品の簪導や冠支がなく、帯とくつが異なるのだが、かぶりものの「平巾」という名と、白い大口の袴に影響が認められる。下級官人の礼服は、朝賀を唐風に整備する過程で、平安前期までに袴褶の様式を部分的に取り入れたのだろう。そして帛帯や舄は礼服に共通しており、唐制を摸倣するだけでなく、五位以上の礼服との整合性にも配慮したと思われる。

この下級官人の衣服を「礼服」と称することは、「衣服令」と矛盾するが、これは大袖とV型の襟を持つ上着に対する呼称だろう。貞観十五年（八七三）の『広隆寺資材帳』の伎楽装束の中に、「礼服捌《はち》領〈表緋・裏帛〉」がある。鼓打《つづみうち》が着たもので、下に「白合袴」をはくが褶は無いなど、

先の「鉦鼓を撃つ人」の装束に似る。平安前期には五位以上の服でなくとも、大袖を「礼服」と呼んだのだ。

平安後期以降の六位の礼服と「大学寮礼服」

このように、『内裏式』に記される主殿寮・図書寮の礼服は、元来唐の袴褶を取り入れたものであったが、中世の記録では少し異なっている。『二条院御即位記』保元三年（一一五八）十二月二十日条によると、主殿寮と図書寮の允《じょう》と属《さかん》が奉仕したが、「礼冠・緋袍」であった。これに対し、この筆者の清原頼業は、

失誤なり。青色衿《えり》白礼服を着るべきか。今日大学寮学生礼服を借用せるなり。

と記す。また『六条院御即位記』永万元年（一一六五）七月二十七日条には

図4・24　章懐太子墓壁画　客使図（708年頃）
袴褶姿の文官（右から三人）が外国使節を誘導する。唐の袴褶姿が偲ばれる。（『唐墓壁画集錦』（1989）群馬県立歴史博物館編より転載）

図書少允三善章定《ずしょのしょうじょうみよし》・藤定遠、属藤井末時・同為貞。主殿少允伴守方《とも》・源長国、属伴守元・伴貞方、各白礼服を着す。

とある。

このほか、典儀にしたがう賛者も礼服を着た。『二条院御即位記』によると、賛者二人は「青衿白礼服・礼冠」で、大学寮よりの借用である。『六条院御即位記』によると、賛者二人は大学属高階国威と造酒令史《みきのさかん》藤井末弘の二人で、大学寮から借用した「赤礼服」を着た。また、『安徳天皇御即位記』治承四年（一一八〇）四月二十二日条によると賛者の礼服は「三山冠《さんざんかん》・緋袍・黒裳」とある。

かいつまんで説明すると、主殿寮・図書寮は白い礼服が多く、（図4・25）賛者は赤い礼服が多いが、混用も見られること、これらはいずれも大学寮からの借用の例であったことがわかる。また、記事の詳細な『安徳天皇御即位記』により、礼冠は装飾のない三山冠だったこと（図4・26）、裳も伴なったことがうかがわれる。なお、この人々のおおよその官位相当は、図書・主殿両寮の允は七位、属は八位、大学属は八位、造酒令史は初位《そい》（九位）である。

それでは、この大学寮の礼服とは何なのであろうか。大学寮では毎年の釈奠《せきてん》（孔子祭）で「礼服」を使用した。この服は五位以上の服というわけではないためか、『延喜式』にはあえて「礼服」と記さないが、『儀式』では「礼服」と呼んでいる。大袖や裳など、五位以上の礼服と同じ構成を持つからであろう。

『延喜式』〔大学寮〕によると、釈奠の儀服として、酒や供物を献じる「三献」の役の三人が「旒冕《りゅうべん》・紺衣《こんい》・緋裳《ひしょう》」を着するほか、謁者・太祝など、これに次ぐ重要な役の者が「緋衣裳皀縁《くろふち》」を着し、斎郎五十人が「青衿服」を着したという。つまり、即位で地下官人たちが使用した赤礼服は「緋衣裳皀縁」、白礼服は、「青衿服」であり、いずれも大学寮備え付けの祭祀服であったから、混用されるのも無理はない。

さて、唐の釈奠では、供え物をする享官が「祭服」、陪祭の官が「公服」、学生が「青衿服」を着た（『通典』〔開元礼纂類一二〕）。日本で三

図4・25　地下官人の礼服

庭上で香を焚く図書寮官人の江戸時代の礼服姿（出典・『礼服着用図』故実叢書）

図4・26　江戸時代の下級官人の礼服の三山冠

（出典・伊藤赳『日本風俗画大成　風俗史料上』中央美術社　1929年）

献の役が着るのは唐でいう玄（紺）衣・纁（薄赤）裳の冕服姿で、「祭服」に相当する。唐では祭祀服としての冕服と、非宗教的な儀礼の冕服は同じものだが、日本では天皇と皇太子だけの礼服である非宗教的な儀礼用の冕服と、儒教祭祀で大学寮の官人が用いる冕服とは別物であった。時代が南北朝時代にくだるが、『師守記』貞治三年（一三六四）二月十二日条にこの官人の冕服の詳しい仕様と着用法の記事がある。冕は長さ一尺三寸、広さ八寸で、冕板は紙で作られ、四隅に絵があり、中央にも鳥の絵があった。また、四隅に垂玉があったという。紺衣は裏のないもので、文様もなかったらしい。裳は紅梅色の裏無しである。玉佩や綬もあり、栗皮《くりかわ》（皀《くり》革の当て字。黒革）という沓をはいた。綬は平緒のごとく着用したとあるから、日本の五位以上の礼服の綬の着装と同じである。ともあれ天皇の冕服とは別物であった。

また、赤礼服は唐の公服に、白礼服は学生の服にあたり、三献役の冕服同様唐の釈奠の服を模したものだから、これらも「衣服令」の埒外《らちがい》にあり、元来は朝賀や即位で着る礼服とは異なる性格を持っていた。日本の釈奠は大宝元年（七〇一）に最古の記録があるが、天平二十年（七四八）には大幅に改正される。唐の儒教祭祀を模倣して儀容を整備する過程で、律令が想定しない服が日本に取り入れられたのである。

朝賀の儀容の整備の過程で、身分表示機能よりも儀礼の趣旨にふさわしい服が求められた結果、六位以下も礼服の形式に近いものを着ることになったのであろう。そして、平安中期に礼服を新調せずに借用品ですませる風潮が出てくると、六位以下の着ることができる礼服形式の装束として大学寮の祭祀服が転用されたのであった。唐の制度の採用が律令の秩序を掘り崩したといえる。

第五章　天皇の礼服

一　奈良時代の天皇礼服

天皇礼服（冕服）の発生と正倉院の遺品

日本の「衣服令」には、唐の「衣服令」が皇帝と皇后の服を詳細に規定するのと異って、天皇と皇后の礼服の規定がない。その理由として、日本の天皇が律令の拘束下にないからだという説もある（長瀬真幸『衣服令打聞』一七九四年）。その是非についての判断は難しいが、日本の「衣服令」に皇太子の服の規定があるのに、皇太子妃の服について記さないのをみれば（唐の法令には記載がある）、天皇・皇后の服を遠慮して記さなかったというのは疑問である。皇太子妃の服が記されないのは、当時の日本には皇太子妃が公的な場に出る儀式が存在せず、服の規定がなかったからだと思われ、天皇と皇后の服を記さないのも規定が未完成であったのが一因のように思われる。事実、天皇礼服の整備は臣下のそれにやや遅れる形で進行していた。

天平四年（七三二）元日、聖武天皇は大極殿での朝賀に出御した。『続日本紀』には「始めて冕服を服《き》る」とある。朝賀の服であるから、この冕服は天皇の礼服といえる。先に唐の服飾制度で触れたように、冕服とは冠の上に板状の装飾を付し、その前後から玉を連ねた旒《りゅう》を下げた冕冠と、それとともに着る服のことであるが、この記事には「冕服」としかなく、具体的な様式はわからない。しかし、正倉院には聖武の娘である孝謙天皇の「礼服御冠」と、聖武上皇・光明皇太后の「礼服御冠」と礼服が納められていた。今でもその冠の破片とされるもの（礼服御冠残欠）（図5・1）と冠櫃および聖武天皇のくつ（御礼履《ごらいり》）（図5・2）が残されている。ただし冠の破片は複数の冠のものが混在している上、冠の部品でなかったものの混在の可能性も否定できない。また、正倉院文書の『礼服礼冠目録断簡』〈注22〉および、平安前期の複数の正倉院宝物目録にその詳細が記される。

聖武上皇のものは、

帛袷袍《はくのあわせのほう》一領
襖子《おうし》二領〈一絮綿・一袷〉
汗衫《かんさん》一領
褶一腰〈羅襴〉
袴一腰〈絮綿〉
袷幞子二條〈各二副〉

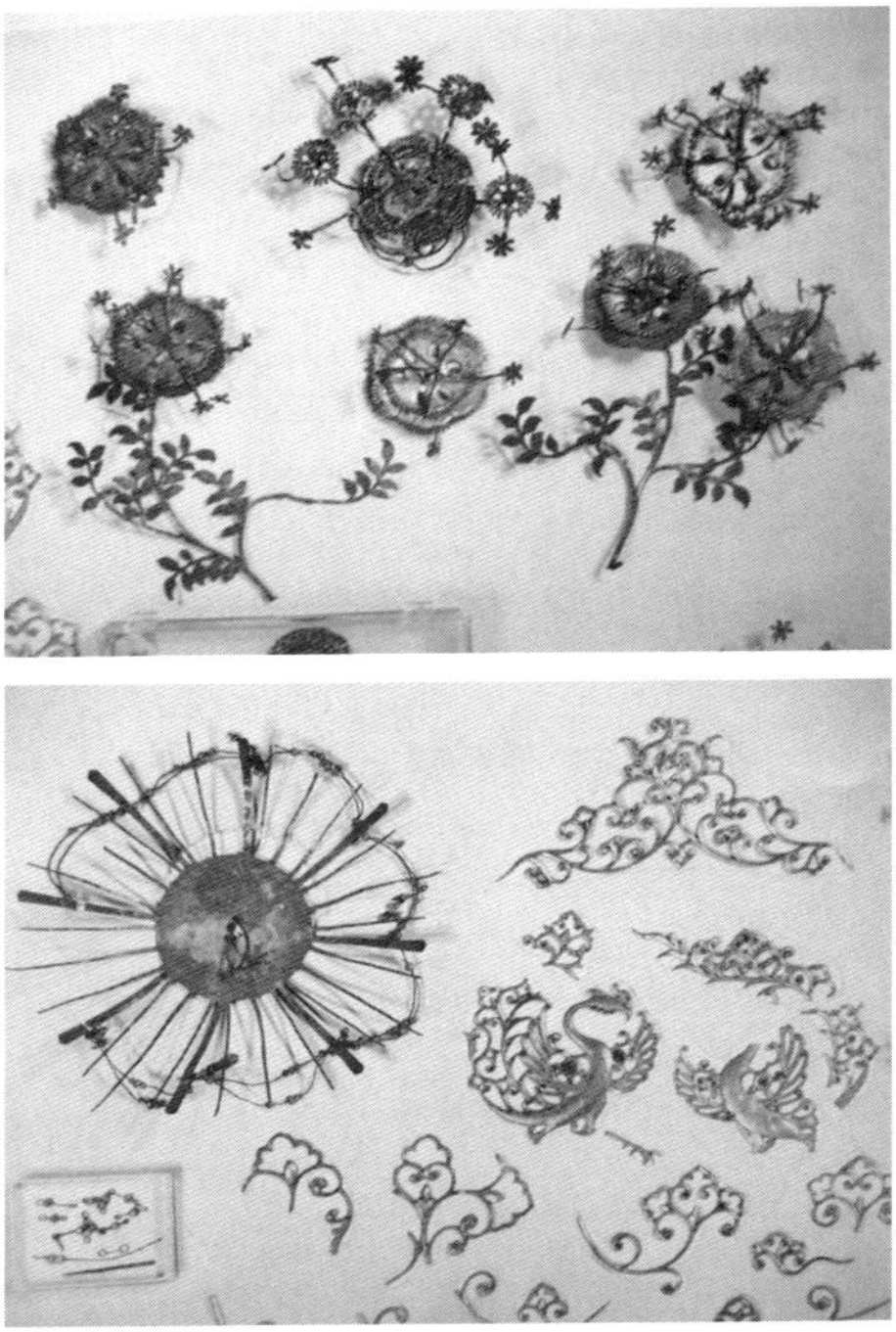

図5・1　礼服御冠残欠

日形・金鳳・葛形（つる草形）・花枝などが見られる。なおこの写真のもの以外にもビーズなどの部品が大量に残る。（出典・『正倉院展図録』奈良国立博物館　2002年　正倉院蔵）

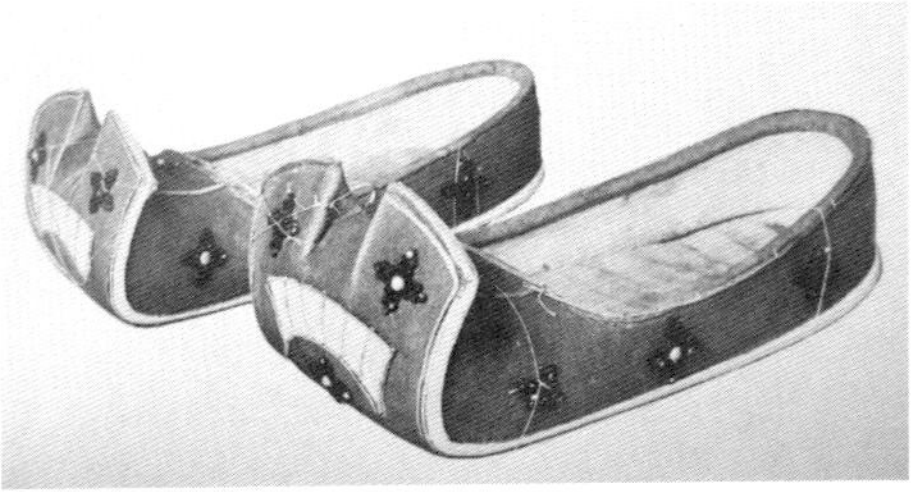

図5・2　御礼履

聖武天皇の遺愛品とされる。赤い革製で、宝玉をはめた金銅の装飾を配する。（出典・『正倉院展図録』奈良国立博物館　1987年　正倉院蔵）

礼服御冠

である。袍はうわぎ、襖子は裏のある下着で、絮綿は綿入れで袷は綿無しのこと、汗衫は裏のない下着である。幞子は包み布のこと。冠は「皂羅金銀宝珠餝、着黒紫組纓二条」とある。「黒い羅の冠で、金銀や宝玉で装飾し、深紫の紐二本がつく」という意味だが、形状はわからない。また、帯がないのは何か事情があるのかもしれない。

光明皇太后のものは、

帛綾袷袍一領
単衣一領
絮綿褶一腰〈羅襴〉
帛羅帯一条
単幞子一條〈二幅〉
礼服御冠

である。うわぎに文様を固織で織り出した綾を使用している点で上皇のものより装飾的である。冠は「以純金鳳并金銀葛形《かずらがた》宝珠荘、着白線組緒二条」とある。「純金の鳳凰と金銀の蔓《つる》草や宝玉で飾る。白い組紐二本がつく」と解されるが、これも形状はわからない。

　これらに付属したと見られる付札が正倉院に現存する。表には「納礼服二具〈一具太上天皇・一具皇太后〉第三櫃」とあり、裏には「天平勝宝四年（七五二）四月九日」とある。これは東大寺大仏開眼会《かいげんえ》当日である。この日、五位以上の官人は朝賀に準じて礼服を用いたことが『続日本紀』に記されていることから、開眼会で二人が用いた可能性が高いが、当時上皇は出家しており、剃髪の頭に冠を着けるのは普通のことではないのでそう断定もできず、かつて着用した礼服を奉納した可能性もある。正倉院宝物の根幹は聖武上皇の死後に光明皇太后が東大寺に奉納したものであるが、この時の献物帳（奉納目録）に礼服の記載はなく〈注23〉、結局のところこの札が着用日時を示すのか、奉納日時を示すのかは不明である。

男女の差がなかった冠

　孝謙天皇の冠は、正倉院文書の『延暦十二年（七九三）曝涼帳』に「礼服御冠二箇」とあり、「礼冠一箇、旒有り。雑玉を以て餝《かざ》る。凡冠一箇。雑玉を以て餝る」と注記する。礼服用の冠が礼冠と凡冠の二種類であると解される書きぶりであるが、『礼服礼冠目録断簡』には二つの冠をまとめる見出しはなく、ただ「礼冠■（破損のため判読不能）具〈旒有り。雑玉を以て飾る〉、凡冠一具〈雑玉を以て飾る〉」とあり、二者は別の物で、礼服用の冠は前者のみという書き方である。礼冠の方は旒即ち垂れ飾りがあり、その他に色々な玉の装飾もあった。旒があるので冕冠と考えられる。凡冠にも色々な玉の装飾があったというが、こちらの形状はまったくわからない。

『礼服礼冠目録断簡』と『延暦十二年曝涼帳』によると、この礼冠と凡冠の二具が小櫃に一緒に納められていたことがわかるが、それはなぜであろうか。現在、正倉院には礼服御冠の破片のほか、冠櫃が二つ残されるが、この内の一つに内蔵される冠台に四本の棒が立っている。（図5・3）武田佐知子氏は、この棒が冕冠の板を支えるもので、「礼冠」とは冕板を中心とする取り外し可能な部位であって、「凡冠」と重ねて「礼服御冠」として使ったのではないかと指摘する（「大仏開眼会における孝謙天皇の礼冠について」『日本古代国家の展開　下』思文閣・一九九五年）。中国の晋の皇帝が使った冕冠は「黒介幘《こくかいさく》・通天冠・平冕」から成った（『晋書』〔輿服志〕）。幘は元来正式な冠をかぶらない「賤人」のかぶりものだったが、前漢の元帝以後皇帝も使用したという（『晋書』〔輿服志〕）。通天冠は秦の皇帝の冠を漢以後も継承したもので、皇帝が通常使用した冠である（前漢の蔡邕（一三二〜一九二）の著『独断』）。このように晋の冕冠は三重構成であり、そこから類推して孝謙天皇の凡冠は通天冠にあたり、冕板を取りつければ冕冠になったという解釈である。蓋然性があると思われる。〈注24〉

図5・3　礼服御冠の櫃に収められた架

四本の柱で冕板を支えたものという説がある。（出典・『正倉院展図録』奈良国立博物館　2002年　正倉院蔵）

また、武田氏が強調するように、孝謙天皇の冠が男帝と同じ冕冠であったことは間違いない。ちなみに中国史上唯一の女帝となった則天武后が、万象神宮での祭祀で袞冕《こんべん》をつけた例がある（『資治通鑑』永昌元年（六八九）一月条）。帝位につく前年のことあったが、この段階で彼女はすでに性差を超えた存在だったのであろう。この先例は孝謙天皇の礼服にも影響を与えた可能性が高い。孝謙朝に設置された政治機関の紫微中台は武后が尚書省を改称した中台からとったものであったし、武后は四文字からなる年号を好んだが、孝謙朝にも四文字の年号がみられるなど、その影響は当時の日本に顕著にみられる。

なお、平安中期の『西宮記』には女帝の冠を「宝冠」と記すが、これは後述するように（第六章一項）皇后の冠を誤認したものであろう。

奈良時代の天皇の白い礼服

上皇と皇太后の礼服は「帛《はく》」としか記されない。帛とは後漢の辞書『釈名』によると「繒《そう》」、すなわち絹のことである。正倉院文書には「赤帛」という用例があるし、『延喜式』には「夾纈《きょうけち》帛」「浅緑帛」「縹《はなだ》帛」などの用例があるが、正倉院文書では色の記載のない例が多い。また『令義解』「喪葬令」の注に帛衣のことを「白練衣《しろねりのきぬ》」と記すように、「帛」は通常では白を意味したらしい。事実、建久四年（一一九三）八月の『東大寺勅封蔵目録記』には上皇と皇太后の礼服を「白礼服一具」と記す。既述のように聖武上皇の冠は冕冠でなく、上皇の礼服と天皇の冕服は別物である。しかし、平安時代の文献に女帝の礼服が白であったと記されており、平安時代の時点で直近の女帝とは奈良時代の孝謙天皇であることから、奈良時代には天皇もやはり白い礼服を使用したと考えられる（大津透「天皇唐風化の画期」『新日本古典文学大系・続日本紀二』月報・一九九二年）。『養老令』に服色の序列として「白・黄丹・紫（以下略）」とあり、黄丹が皇太子、紫が親王や高官の服色であるので、白は天皇の服色を意味するとみられることもこれを傍証する。『衣服令打聞』には白を「天皇皇后の御当色《とうじき》なりけり」と断定し、「此令（養老令のこと）記されし比《ころ》には帛の御礼服をこそ奉りしとおぼゆ」と述べている。

　ところが、同時代の唐の皇帝の冕服は玄（青黒）衣と纁（薄赤）裳から成り、これに十二章を配したものであった。十二章とは、十二種類の文様、すなわち日・月・星辰《せいしん》（星）・山・龍・華蟲《かちゅう》・宗彝《そうい》・藻・火・粉米・黼《ほ》・黻《ふつ》である。それぞれの文様の形は諸説があるが、『大唐郊祀録』に引く『三礼義宗』（梁の崔霊恩の著）によると、華蟲とは雉、宗彝は虎と蜼（サル）、藻は水草をかたどり、黼は斧の形、黻は「己」という字を背中合わせに二つ並べた文様という。日唐の制度の比較の研究をしている大津透氏は、奈良時代の天皇が古代以来の司祭者の機能を引き継ぐ故に、冠を唐風化させても服は伝統的な白を用いたのであろうと論じているが（『律令制とはなにか』山川出版社・二〇一三年）、したがうべきであろう。

二　中国における冕服の歴史

周から秦まで

聖武天皇が我が国で初めて着装した冕服は、唐の制度と異なる点が少なくない。その理由について考えるにあたっては、中国における冕服の歴史について理解しておく必要がある。冕服の複雑な制度と長い歴史は、学者たちの関心を引きつけ、多くの研究を生み出してきた。近年も崔圭順氏の『中国歴代帝王冕服研究』（前掲八七頁）や閻歩克氏の『服周之冕』（中華書局・二〇〇九年）など、充実した研究書が出版されている。

そもそも冕服は、中国古代の周（紀元前一一〇〇年頃〜前二五六年）代に天子（周の王）以下、周により領地の支配者に封ぜられた者（公・侯・伯・子・男の五段階の爵位を持つ、いわゆる「諸侯」）および大夫・士（王侯に仕える高官）が使用したといわれる正装である。冕冠をかぶり、玄（青黒）の衣と纁《くん》（薄赤）の裳をつける。玄は天を、纁は地をかたどるとされていた。

中国の伝説では、夏・殷の二王朝はそれぞれ当初善政を敷いたが、末期に暴君が出た結果、天命を失って滅んだという。殷に続く周は各地に諸侯《しょこう》を分封（封建）して、分権体制をとりながら、礼の秩序をもって天下を統合したとされる。しかし諸侯は弱肉強食の闘争を始め、五百年にわたり春秋戦国の内乱が続いたのであった。その周でなぜこのような冠が用いられたかについては、こじつけじみた話だが、前漢の戴徳が古くからの儒家の説を編集した『大戴礼記《だたいらいき》』［子張問入官］に古《いにし》へは冕して旒を前にするは、明を弇《おお》ふ所以《ゆえん》なり。黈纊《とうこう》もて耳を塞ぐは、聡を弇ふ所以なり。故《ゆえ》に水至りて清ければ則ち魚無し。

と記すように、目の前に垂れた飾りは明察が過ぎることの戒め、横に垂れた飾りが耳の邪魔をするのは聡くなりすぎることへの戒めという説があった。

秦の始皇帝はこれを廃止し、袀玄《きんげん》という服を祭祀服とした。独裁者の始皇帝がこのような「王は少し馬鹿がいい」という考えを受けいれるはずがないうえ、新たに「皇帝」の制度を定めた以上、滅亡した周の制度を踏襲する意味もない。周の最盛期の礼の秩序を理想視する儒学を弾圧（焚書坑儒）したことからもそれは明らかであろう。しかし、秦は程なく滅ぶ。『大戴礼記』［保傅《ほふ》］はその理由について、「秦の天子はその居処の出入も礼によらず、冠・帯・衣服も制によらず、側《そば》にある御器も正しい定めによるものではなく、車服の尊卑による服色などの色どりも純でなく、怒りや喜びも義によらず、与えるものや集まりにおいて譲るにも節目によることがないのである」と記す。皮肉にも秦の失敗は、王朝を永続させるには恣意《しい》を排して礼制を整えなければならないという、儒家の主張を証拠だてることになってしまった。

漢における復興

さて、孔子は春秋時代末期の乱世に生き、平和な秩序を回復するためには周王を頂点とした礼の体系を回復すべきだと主張した。儒学は孔子が創始したものであるが、儒学が重視する経書《けいしょ》（経典）の多くは、既存の学問を引き継いだものであった。それは、孔子が礼や音楽などの伝統的な文化の大切さを説いたからである。また、現代人にとっての儒学は、もっぱら道徳として捉えられがちであるが、儀礼なども儒学の構成要素として大切なものである。

秦の滅亡後に漢王朝を開いた皇帝劉邦は、当初儒学に対し冷淡であったといわれる。しかし、国家創始期の宮廷の殺伐とした気風を改めるため、儒学者の叔孫通の意見を採用した。通は時宜にかなった、言い換えれば簡便な儀礼を制定し、群臣に劉邦を拝礼させた。この儀式の後、劉邦は「今日初めて皇帝の地位の尊さを知った」と述べ、たいそう満悦であったという（『史記』［劉敬叔孫通列伝］〈注25〉）。

漢の支配が安定すると秩序を重んじる儒学は盛行し、前漢中期の武帝は儒学者を重用した。しかし『漢書』［郊祀志］によれば、当時の祭祀は未だ方士とよばれる宗教者の影響を強く受けていた。儒教の経書にのっとった祭祀が整備されるのは、前漢末の王莽《おうもう》の時代である。王莽は自らの傀儡《かいらい》の平帝の時代、儒教の経書にのっとった祭祀制度の整備をおこなった。表向きは皇帝の権威を高めるものであったが、その功績は王莽に帰せられた。祭祀の整備をきっかけに諸侯や皇室の人々までが、王莽に対してさらなる栄誉を与えるように奏上した結果、元始五年（五）に王莽は「九錫《せき》」という人臣最高の栄誉を与えられた。数々の特権が列挙された冒頭に「緑韍《りょくふつ》・袞冕衣裳」が挙がっている。これにより始皇帝により廃された冕服が復活した。さらに、王莽が漢を廃して新の皇帝になった建国元年（九）には、官人たちの身分にあわせた「車服黻《ふつ》冕」を制定している。王莽は自らの権威付けに儒学を利用し、それにより冕服が再興した。それまでも儒学者たちは学問の対象として書物の中の冕服の制度を論じてきていたが、あくまで観念の世界の抽象的な存在であった。現実の物体である服を調製し、これを現実の官職制度に当てはめる作業は、それとは別次元のことである。しかし、冕服が断絶した伝統の復活という形で観念の世界から生まれ出たことが、この服の性格を規定したといえ、その後も儒学者の意見によりたびたび制度の改変が行われた。

新はわずか十五年で滅亡したが、王莽が前漢末期に整備した祭祀体制は後漢に引き継がれた。政権が交代しても、国家制度を儒学に基づいて整備することの魅力は、人々の心を強く捉えたのであろう。新の滅亡後しばらく冕服は姿を消していたようであるが、永平二年（五九）、後漢第二代の明帝は、重要な祭祀の時の服として再び冕服を再興した。天子の冕服は日月以下の十二章をあらわし、冕板には白玉の十二旒が下げられた。三公（大臣）と諸侯は日・月・星辰を除く九章の服で青玉の七旒の冕冠をかぶり、九卿以下の卿大夫（高官）は華蟲以下の七章の服で、黒玉の五旒の冕冠をかぶった。冕服の色はすべて玄の衣に纁の裳という組合せで、冕板は朱で緑の裏であった。それ以下の人々の内で祭に携わる者は袀玄に長冠、それ以外の者は袀玄に常冠であったという。『後漢書』〔輿服志〕によると、皇帝の服の仕様は欧陽氏の、臣下の服の仕様は大小夏侯氏の説によるところが大きかったという。欧陽氏とは欧陽高、大小夏侯氏とは夏侯勝とその甥夏侯建をさす。この三人は前漢の学者で、『尚書』研究の権威であった。彼らは永平二年には生存していないから、著書もしくは彼らの学統を伝える者の説であろうが、いずれも著書は現存しない〈注26〉。

『周礼』（次項参照）によれば、天子の冕服には袞《こん》・鷩《へつ》・毳《ぜい》・絺《ち》・玄があり、公は鷩・毳・絺・玄、侯と伯は毳・絺・玄があるという具合に、着用者ごとに時と場合に応じて複数の冕服を使い分けたのに、後漢では祭によって種類が変わることはなく、所用者ごとに各一種類ずつであった。また、天子の旒の玉の色は白一色になり、臣下のそれは黒になったとある。これも『周礼』［弁師］に天子の旒が「五采玉」、諸侯のそれが「三采玉」とあるのと異なる。唐の『礼記正義』［玉藻］によると、旒の色は曹褒《そうほう》の説によったという。彼は後漢初期の儒学者で、欧陽氏や大小夏侯氏と異なりこの時生存していた人物である。後漢第三代の章帝は当初、有名な学者の斑固《はんこ》に宮廷儀礼の制定を命じたが、彼が諸説の収集の必要性を力説したため、「道行く人の意見を聞いていると三年たっても家は建たぬ」と言って曹褒に任せたという。彼は章和元年（八七）正月に命を受け、その年の十二月には百五十篇の儀礼書を献上した（『後漢書』［張曹鄭列伝］）。つまり仕事の早いところが評価された人物であった。しかも漢の諸侯の爵位は周のように五段階でなかったから、時代に適した単純化した制度が組み立てられたわけである。なお後漢の蔡邕（一三二～一九二）の『独断』によると永平二年に制定された冕服は「尚書皐陶篇及び周官（周礼）・礼記」を参考にしたあるが、このうちの『周礼』の記述はあまり反映されていないことが注目される。

儒学の経典に登場する冕服と鄭玄の考証

さて、これまでとりあげてきた『尚書』『周礼』『礼記』は儒学が尊重する「礼」の規範を記した重要な経書《けいしょ》（儒学の経典）であり、『大戴礼記』もこれに次ぐ扱いを受けた。これらは孔子の読んだ書物そのものではないが、孔子が指し示した礼の尊重の趣旨にかなうものとされたきた。『礼記』の一部に近い内容の戦国時代の竹簡が出土しているなど（郭店楚簡）、これらの経書の内容は秦の焚書坑儒以前のものを含むと考えられるが、『礼記』『大戴礼記』が現行の形に編集されたのは前漢であり、孔子が古代の有益な書を選んだものとされる『尚書』も秦の弾圧時に隠匿され、漢になって再発見されたといわれるなど、現存する資料は漢の時代の研究を経て、今に伝わっているのである。さらに『周礼』『礼記』は後漢末の学者の鄭玄《じょうげん》（一二七～二〇〇）の注が付随した形で後世に読まれており、漢代以後の解釈が絶大な影響力を発揮することになった。また『尚書』には、漢の孔安国の注とされるものが付随するが、この注は四世紀頃の偽作のため「偽孔伝」と呼ばれる。しかし、唐代においては本物と信じられており、奈良・平安時代の人々も疑うことはなかったであろう。冕服についての記事は、これらの経書に散在しているが、その内でも重視された記事を紹介する。

尚書　［皐陶謨《こうようぼ》］

「私（舜帝）は「古人」が日・月・星辰《せいしん》・山・龍・華蟲《かちゅう》をかたどった絵と、宗彝《そうい》・藻・火・粉米・

黼《ほ》・黻《ふつ》をかたどった刺繍を鮮やかな五色で施したという服を見たい〈注27〉」

周礼《しゅらい》［司服］

「王の吉服（喪服でない服）は、昊天上帝《こうてんじょうてい》（最高神）を祀るには大裘をきて冕をかぶる。五帝（各方角の神）を祀る時も同じ。先王（古代の聖天子）にお供えをするときは袞冕《こん》。先公（亡父）にお供えしたり、饗射のときは鷩冕《へつ》。四望（諸説あり）・山川を祀るときは毳冕《ぜい》。社稷《しゃしょく》（土地の神と五穀の神）・五祀（春に戸口、夏に竈《かまど》、秋に門、冬に道路、土用に室の中央を祭る）の時は希（絺《ち》）冕。群小の祭祀には玄冕。兵事の時は韋弁《いべん》服。政務の時は皮弁服。狩猟の時は冠弁服。《略》公の服は、袞冕以下王の服に同じ。侯・伯の服は、鷩冕以下公の服に同じ。子・男の服は毳冕以下侯・伯の服に同じ。孤（高官）の服は希冕以下子・男の服に同じ。卿・大夫の服は、玄冕以下孤の服に同じ」

周礼　［弁師］

「弁師は王の「五冕」をつかさどる。五冕は皆玄（青黒）、裏が朱色の冕板で、冕板の上に紐がかかる。五采繅《さいそう》（垂れ飾り）が十二就あり、皆五色の玉十二個を使う。笄と朱紘がある。諸侯の繅は九就ある。三色の玉を使い、そのほかは王に同じ」

礼記　［郊特牲］

「祭の日、王は袞を着て天にかたどる。冕に璪《そう》を十二旒つけたものをかぶり、天数（十二か月）に則る。素車に乗るのは、その質素さを尊ぶからだ。旂《はた》に十二旒の飾りがあり、龍の紋章と日月の模様を施し、天にかたどる」

礼記　［礼器］

「礼においては文（装飾）を以て貴さを示すことがある。天子は「龍袞」、諸侯は「黼」、大夫は「黻」を着け、士は（模様のない）玄衣纁裳を着る。天子の冕板は朱で緑の裏で、十二旒である。諸侯は九旒、上大夫は七旒、下大夫は五旒、士は三旒である。これらは装飾（の多さ）を以て貴さを示す例である。また、「素」であることで貴さを示すことがある。至って敬う対象には装飾を施さない」（図5・4）

このほかにも『礼記』には冕服についての記事がみられるが、春秋戦国の混乱と秦の始皇帝の焚書を経て残されたこれらの情報は断片的で、実際の服飾制度を再現するのは困難である。そこでこれらの諸書を統合して、鄭玄《じょうげん》は一つの体系を導き出した（『周礼』［司服］鄭玄注）。そのあらましを以下に略述する。

天子（周王）の冕服は六種類ある。大裘冕《だいきゅうべん》・袞冕《こんべん》・鷩冕《へつべん》・毳冕《ぜいべん》・絺冕《ちべん》・玄冕《げんべん》である。このうち袞冕・鷩冕・毳冕の名称は、衣服につけられた文様のうち最も格式の高いものによる（絺は生地の名）。袞は龍のわだかまる姿を意味するから、袞は『尚書』に見える文様のうち、「龍・山・華蟲・火・宗彝・藻・粉米・黼・黻」の九種の模様をつけた衣裳をいう。鷩とは華蟲である。色鮮やかな生きものを意味し、雉にあたる。したがって鷩冕は華蟲以下の七種の模様がある。毳とは獣のことで、虎と蜼（サル）をさし、『尚書』の宗彝（祭器）にあたる。虎やサルは器の文様だからだ。ゆえに毳冕は宗彝以下の五種の模様がある……。

このように『尚書』の十二の文様と『周礼』の記事を整合させていった。しかし、彼の説にはさまざまな矛盾があった。たとえば袞冕の旒が十二なのは天数（十二ケ月）にあわせたというのに、衣の模様に「日・月・星辰」がなく、龍以下の九章しかないことである。鄭玄は、「『尚書』の記事

図5・4　『三礼図』に描かれた天子の袞冕（右）と毳冕（左）の図

『三礼図』は北宋初期に成立した、儒教儀礼に関する図解書である。袞冕には袞竜をはじめとする九章が、毳冕には宗彝以下の五章が描かれる。なお唐・宋の袞冕は十二章であり、この図は鄭玄の『周礼注』に基づいている。毳冕の図には、後綬（後腰にさがる装飾）や脇にさがる玉佩が見える。（宝暦十一年和刻本・個人蔵）

は古代の帝王舜の時代のことだから周とは異なる。周では旗に日月星の文様を配したから衣服には略したのだ」と説く。さらに『尚書』にある文様の順位も周では入れ替わり、「神明」の徳のある龍と火はそれぞれ山と宗彝の上になったと説くが、これは龍を九章のトップに回すことで『周礼』の「袞冕」の名称と『尚書』の文様の記事を整合させたものである。

そもそも多くの経書は別個に成立したもので、周以前の長い歴史のいつの時代の制度をどれほど正確に記しているのか不明であるし、相互に矛盾があるので統合はこじつけになりかねない。鄭玄の注に対しては、批判と擁護が繰り返されてきたが、前述のようにその影響力は強かった。

三国時代から南北朝時代まで

これ以降の各王朝は、冕服の制度改訂を繰り返した。後漢に続く魏・晋は、小改正を加えつつ基本的には後漢に復活した冕服の制度を引き継いだが、後漢末の鄭玄による経書の解釈が学説として浸透するにつれ、その説を部分的に生かす形での改訂が盛んにおこなわれ始める。礼にかなう制度と荘重な儀礼は、帝王の偉大な統治の象徴である。晋の後半以降の中国は南北に分裂した。さらに南朝を「六朝」と呼ぶことが象徴するように、王朝が次々に交代する不安定な時代であったから、王朝の権威を高めるためにも、儀礼や服飾制度の改定は重視されたのである。

冕服の制度は複雑で、そのすべてを紹介できないから、ここでは色を中心に冕服の制度改変をみてゆく。南朝宋（四二〇～四七九）の大明四年（四六〇）、籍田の儀に使用する皇帝の服が十二旒の冕冠に青紗袍とされた（『宋書』［礼志五］）。籍田とは、皇帝自ら鋤を手にして耕作の真似をおこなう農耕儀礼である。春の儀式に青衣を着ることが『礼記』［月令］に見え、籍田に冕を用いることが『礼記』［祭義］に見えるのを折衷した改正であるが、その結果、冕冠と共に玄衣纁裳以外の衣装を着る例が出現した。

次いで泰始四年（四六八）、皇帝の服が次のように改訂された。玄衣黄裳の「大冕」、玄衣絳裳の「法冕」、紫衣紅裳の「飾冕」、朱衣朱裳の「繡冕」、青衣青裳の「紘《こう》冕」、さらに通天冠・朱紗袍のそれぞれを、天を祭るには「大冕」、太廟の祭には「法冕」というように使用機会で使い分けるように定めた（『宋書』［礼志五］）。この時の詔に「古を酌《く》み今に代へ、六服を修成す」とあるように、昔の制度を参照して制度を改めるのがその趣旨であり、復古に名を借りた創造であった。しかし、宋の滅亡後の南斉（四七九～五〇二）は六服の制度を採用せず、皇帝の冕服は再び袞冕だけとなった。

梁（五〇二～五五七）の天監七年（五〇八）には、武帝が大裘冕の復興を命じている（『隋書』［礼儀志六］）。大裘冕は『周礼』に見られる天子が天を祭るときに着る祭祀服で、冠に旒はなく、毛皮を上衣として着るので文様はない。

北朝の末期の北周（五五六～五八一）は、官職名等に古代の周の制度を取り入れたことで知られるが、服飾制度にも大きな改変を加え、これにより皇帝の服は「十二服」となった。祭祀服として

昊天上帝（天の主神）を祭るための蒼衣蒼冕
東方上帝を祭るための青衣青冕
南方上帝を祭るための朱衣朱冕
地神と中央上帝を祭るための黄衣黄冕
西方上帝を祭るための素（白）衣素冕
北方上帝を祭るための玄衣玄冕

※上帝とは各方角の天の神

の六種があり、これに続いて十二章の象冕、九章の袞冕、八章の山冕、七章の鷩冕が定められ、以下冕冠を使用しない韋弁、皮弁と続いて計十二種になるのである。これに対応して臣下についても複雑な服飾制度が組み立てられた。

宋や北周の制度は、天子と臣下それぞれが複数種の冕服を着るという『周礼』の説をいかしながらも、それには見られない新種の冕服を大量に生み出したものである。

隋から唐まで

北周から隋（五八一～六一八）に交替して間もなく、高祖は詔を下した。「古い制度は必ずしも変更する必要はないのだが、夏殷周それぞれの変遷もある」として、各王朝がそれぞれ木火土金水の五行の内の一つを尊んで、新たな制度を立てた例をまず紹介する。そして、隋が天命を受けた時に瑞鳥である「赤雀」があらわれたことにちなみ、袞冕等の儀服をすべて赤とするというのである。袞冕以外の冕服は全廃され、これで北周の複雑な制度は解消されたが、五行にちなんで冕服の色を変える発想は継承されたといえる。また、これに対して裴政という人物が、北周の制が礼の教えに合わないことを論じた上で、冕服を玄衣に戻すことを上奏して裁可された（『隋書』［礼儀志七］）。さらに南朝陳を滅ぼした後、煬帝の大業元年（六〇五）には、南朝の制度を模して大裘冕を制定し、また袞冕の文様を北周以来の九章から十二章とした。

唐（六一八〜九〇七）の制度は、隋以上に『周礼』に近い形をめざしている。皇帝は南朝の梁に再興された大裘冕を「天神地祇」の祭祀に用い、白珠十二旒の冠と十二章の服の袞冕をその次のランクの祭祀や元服、元日朝賀などの儀礼に使用、以下祭祀その他使用機会のランクにあわせ、七章の服の鷩冕・五章の服の毳冕・三章の服の絺冕・一章の服の玄冕を用いた。冠はいずれも袞冕に同じ十二旒である。その下に冕服でない六種の服があり、法令に定められた皇帝の衣服は十二種類になった。しかも、これには皇帝が通常用いた赭黄《しゃおう》袍の常服は含まれていない。

その他の人々の冕服は、『旧唐書』［四五］に引く唐の初期の「武徳令」の規定によると、

皇太子が白珠九旒の冠に九章服の袞冕
臣下の一品が青珠九旒の冠に九章服の袞冕
二品が青珠七旒七章服の鷩冕

三品が青珠五旒五章服の毳冕
四品が青珠四旒三章服の絺冕
五品が青珠四旒一章服の玄冕

と、位階にしたがって一種類ずつ配当した。六品以下に冕服は無く、爵弁を用いた。なお、皇帝は祭祀以外のさまざまな重儀にも袞冕を用いた。後漢の冕服は祭服として制定されたが、晋では元日の儀礼にも皇帝が使用するようになり、後世に踏襲されたのに対し、臣下の冕服は祭祀や冠婚など限られた時のみに使用された。したがって唐では元日の朝賀において、皇帝は袞冕を、皇太子以下は朝服を使用する。衣裳の色は『旧唐書』によると皇帝と皇太子が玄衣纁裳、臣下が青衣纁裳とある。皇帝と臣下で衣の色に深浅の差をつけたものであろう。

一見すると唐の制度は整備されているように見えるが、皇帝には『周礼』の規定を模して複数の冕服があるのに、臣下は後漢の再興時同様一種類すつしかないのであるから、たとえば皇帝が三章の絺冕を着て祭祀をおこなう時も、これにしたがう三公（大臣）は九章の袞冕を用いるという文様の数の逆転現象が起きることになる（『旧唐書』［輿服志］ほか）。

顕慶元年（六五六）、高官の長孫無忌は、毛皮である大裘冕は夏の祭祀にふさわしくなく、根拠になる経書の解釈に疑義があり、なおかつ後漢以降多くの王朝が用いなかったことを指摘した。また法律通りに皇帝が鷩冕以下の冕服を着用すれば、文様が「君少なく臣多し」という数の逆転を起こすことになり、かといって皇帝の服にあわせて臣下の冕服を変え、皇帝より等級を下げてゆくと、たとえば皇帝が最下級の冕服である玄冕を用いる場合に臣下が着る冕服がなくなって、六品以下が正装に用いる爵弁を着ることになることも指摘し、後漢以降の多くの王朝の先例に習って、皇帝の冕服を袞冕だけとするように建言して裁可された。その後開元十一年（七二三）に、玄宗が大裘冕と袞冕を調進させたが、結局大裘冕は使用しなかった。また、皇帝は常服を用いることが増えたので、結局皇帝の服は袞冕と常服が中心となった。「衣服令」の文はそのまま踏襲されたが、『旧唐書』に「令文に在りと雖《いえど》も、また施用せず」とあるように空文化してしまった。なお時代により程度は異なるが、中国の皇帝は祭祀を官僚に代行させることが多かった。特に唐の皇帝は自ら祭祀を務めることがまれであったから（金子修一『中国古代皇帝祭祀の研究』岩波書店・二〇〇六年）、法規にかかわらず格の低い祭祀に使う鷩冕以下を皇帝が着る可能性はもとよりなかったことも、考慮しておく必要がある。

儒学の発達と共に変容した冕服

以上の変遷を見てきて思うのは、やはり冕服は儒学という観念の世界の存在だということである。古い文献の内容を漢の学者がつなぎ合わせて体系的に復元したとはいっても不明な点が多く、現実の服飾制度に生かすにあたっては各王朝がさまざまなアレンジをしている。前節で述べたことであるが、晋の冕冠が秦の皇帝の冠である通天冠に、秦の始皇帝が廃止した冕冠の様式を合体させたものであることは実に象徴的であるといえよう。晋の冕服の制度は魏の継承であり、その前の後漢の制度を踏襲した可能性が強い。漢の皇帝は周以前の「天子」と、秦の「皇帝」の二重の性格を一身に帯び、目的に応じてこれを使い分けたとされるから（西嶋定生『中国の歴史2　秦漢帝国』〔第六章〕講談社一九七四年）、冕冠は単なる尚古趣味による再興ではなく、漢という時代にあわせた新たな創造であったのだろう。また、冕服の制度改訂にあたって鄭玄の説がよく引用されるにもかかわらず、一部の王朝を除き、天子の袞冕の衣裳の文様を十二章とし、旒の玉の色を天子は白、臣下は黒や青などとしたのは、後漢の再興時の様式を踏襲したものである。このように経書の解釈と先例を適宜按配していたのが中国の冕服の制度であった。このように、冕服の様式には可変性があり、日本独自の白い服を伴う冕服の制定もあながち無理な試みとはいえないのである。

三　嵯峨天皇の時代のさらなる冕服の改訂

弘仁十一年の詔

しかし、冕と白い礼服の組み合わせは長くは続かなかった。唐文化を取り入れることは平安京遷都後も続き、より徹底したものとなったのである。弘仁十一年（八二〇）二月二日に、嵯峨天皇が天皇・皇后・皇太子の服に関する詔を出した。

朕は「大小諸神事」と「季冬奉幣諸陵」には「帛衣」を、「元正（元日）受朝（群臣の拝を受ける）」には「袞冕十二章」を、「朔日《さくにち》（毎月一日）受朝・同聴政・受蕃《ばん》国使・奉幣」及び「大小諸会」には「黄櫨染衣」を用いる。皇后は帛衣を「助祭」の服とし、「[redacted]衣」を「元正受朝」の服とし、「鈿釵礼衣」を「大小諸会」の服とせよ。皇太子は「従祀」「元正朝賀」には「袞冕九章」を、「朔望入朝」と「元正受群官若宮臣賀」「大小諸会」には、「黄丹《おうに》衣」を着よ。いずれも通常に着る服はこの限りではない。

正史の『日本後紀』には、この部分が現存せず、正史を抜粋した『日本紀略』に「詔曰、云々。其朕大小諸神事及……」から始まって右の内容が記されるが、江戸初期に成立した『有職抄』には、「皇帝皇后之衣服之制度是ヲ稽ス、令条ニ闕シテノセス。朕即位及ヒ元正之朝賀ヲウクルニハ……」とあって、『日本紀略』が「云々」と省略した内容がわかる。「皇帝・皇后の衣服の制度を検討すると、令の条文に記載が欠けているからこれを補う」という趣旨説明である。同書は室町後期の三条西実隆の『装束抄』と同文の箇所が多く、古書を増補して成立したものであるから、『日本後紀』の内容を伝える可能性が高い。すなわち「衣服令」に皇太子以下の服しかない不備を補う趣旨である。

この詔の内容は『小野宮年中行事』が引く『貞観臨時格』に収められており、律令の追加法令である「格《きゃく》」の扱いを受けたことがわかる。なお、袞冕十二章の着用機会として『紀略』は「元正受朝」だけを挙げるが、『有職抄』と『貞観臨時格』では「即位」と元正の「朝賀」を挙げる。格になったときに「即位」での着用規定を補ったという説もあるが（清水潔「御服規定の成立」「皇學館大学史料編纂所報」［一八四］・二〇〇三年）、『有職抄』を参照すると、『紀略』の脱落と見られる。『有職抄』は天皇の服は「用シ」、皇后の服は「服トセヨ」、皇太子の服は「服シ」という言葉づかいをするが、これは『貞観臨時格』とは異なっており、『日本紀略』に引く詔の記述を反映しているからである。「■衣」は『紀略』では字が欠けているが、『貞観臨時格』や『有職抄』に「褘衣」とあるのが正しいであろう。「褘衣《きい》」は男子の冕服に相当するもので、唐において皇后の正装であった。

叙述の都合上、先に礼服以外の天皇の服を紹介しておく。

帛衣は先に述べたように白い練絹《ねりぎぬ》（アルカリ性の液で柔らかくした絹）の衣である。大小神事や年末の陵墓への奉幣に使用したとある。古い時代は不明だが、十世紀初頭の『延喜式』［縫殿寮］では白い朝服（束帯）の形式が想定できる。少なくとも平安中期以降の記録によれば白い無文の絹の束帯であった（津田大輔「帛御服と御祭服についての諸問題」『交錯する知』思文閣出版・二〇一四年）。九世紀頃の成立とされる『儀式』によると、大嘗祭の時には沐浴後に「祭服」に着替えたとある。後世の例では、移動用と祭祀用の二つの白い束帯があり、前者の「帛御装束」は冬は練絹、夏は生絹《すずし》（生糸）であるのに対し、後者の「御祭服」は常に生絹とされた。平安中期以降、御祭服は新嘗祭および大嘗祭（即位後初の新嘗祭。盛大に行う）、神今食（六月と十二月の祭祀）のみで使用されたが、これらは天皇自ら竹の箸で神饌を柏の葉皿に盛り付けるという所作《しょさ》のある特別な祭祀である。なお、祭祀王のイメージの強い天皇であるが、このほかの祭祀で複雑な所作を伴うものはない。

また伊勢神宮の神嘗祭の勅使発遣、即位礼挙行を伊勢神宮へ告げる由奉幣《よしのほうべい》の勅使発遣、伊勢神宮に仕える未婚の皇女である斎宮の出発の際などには帛御装束を使用するが、通常の神社への奉幣や遥拝程度であれば後述する黄櫨染御袍の束帯を使用し、毎朝の神宮遥拝では直衣を使用している。こうした後世の例をそのまま嵯峨朝に当てはめることには問題があるが、参考までに記す。

黄櫨染は唐の皇帝の常服の赭黄袍《しゃおう》を模したものである。赭、すなわち赤土の色に近い深みのある黄色で、『延喜式』〔縫殿寮〕によると、日本では黄櫨《はぜ》と蘇芳で染めたというから、黄色みのある赤茶色である。隋の時代には皇帝の常服の袍の色に確たる決まりはなかったが、その頃より黄の常服が喜ばれ、これが唐になって皇帝の色になったという。ただし、五行説では他の四色が四方に配当されるのに対し黄は中央の色であり、『大載礼記』〔五帝徳〕によると、黄帝・顓頊・舜はいずれも黼黻の文様のある黄衣を着たとあるから、帝王の服にふさわしい色であった。皇太子の黄丹《おうに》と異なり、唐の制度の直輸入である。『続深窓秘抄』（正応元年（一二八八）高倉永経著）には「天子の御位のたとふべきならねば、日の色にあて」と記すが、根拠は不明である。これは大小さまざまな儀式に使用した。

なお、「この限りではない」とされた天皇と皇后の日常服は、『延喜式』〔縫殿寮〕の「年中御服」

の項目に記されている。

文様だけが唐に近づき色は異なっていた平安朝の冕服

弘仁十一年に天皇の礼服に制定された「袞冕十二章」とは、冕冠と十二の文様のある衣・裳である。これは唐の皇帝が使用した冕服と同じ名称である。唐の袞冕十二章（図4・1）は、次のようなものであった。

> 冠は金色の装飾があり、白珠を連ねた旒を十二垂らし、組紐の纓《えい》（あご紐）をつけるが、紐の色は綬に同じ。黈纊《とうこう》充耳（冠の側面に垂れる黄色い綿製の飾り）と玉《ぎょく》の簪導《しんどう》（冠を固定するかんざし）を伴う。衣裳は「玄衣纁裳十二章」で、日、月、星、龍、山、華蟲《かちゅう》、火、宗彝《そうい》の八章は衣に、藻《そう》、粉米、黼《ほ》、黻《ふつ》の四章は裳にある。衣の褾（袖口）と領（えり）には昇龍をあらわす。文様は「織成」であらわし、龍、山以下の文様は文様一種類を一段に配し、各段十二ずつとする。白紗中単《はくしゃちゅうたん》（白い薄絹の裏の無い下着）は、黼の文様の領で、褾・襈・裾は青い。黻（腰飾り）には龍、山、火の三章を刺繍する。革帯、大帯、剣、玉珮、綬は大裘冕に同じ。舄《せき》は金飾を加える。
>
> （『旧唐書』［輿服志］）

襈はへりの飾りをさす。ここでは衽《おくみ》の部分の生地の色をかえることをいうのだろう。なお、右の文中の「韍」の字は、文様と腰飾りとが同名であるので注意を要する。唐の後期の『大唐郊祀録』には、「案ずるに韍は蔽膝《へいしつ》なり」と注記する。蔽膝とは腰の前に下げるエプロンのような形のもので、古くは革製であったが、唐では絹製のものが用いられた〈注28〉。

弘仁十一年の詔には日本の袞冕十二章の仕様の記載がない。具体的な天皇の袞冕の仕様は、十世紀後半の成立とされる『西宮記』に「御服赤。日月七星猿虎形等を大袖に繍《ぬ》ふ。小袖〈繍无《ぬひな》し〉。赤御褶〈鉞《おの》形〉。白綬。玉佩二流。烏皮舄。」とあるように、玄衣・纁裳の唐と異なり、衣・裳ともに赤かったことがわかる。平安後期の『土右記』（長元九年（一〇三六）七月四日条）によると、孝謙女帝のものと思われる礼服は「大袖・小袖・裙等皆白綾にして繍文無し」とある。この刺繍のないものが奈良時代の天皇の冕服であったと考えられるので、十二章の模様の入ることで、確かに唐の様式に近づいたといえる。しかし色についてはそうでなかった。なぜこのようなことがおきたかについては、嵯峨天皇の時代における「唐風化」の意味を考えるところからはじめる必要があろう。

実はこの詔に先だって、臣下たちの衣服や礼法の唐風化を命じる詔が出されていた。

> 「朝会」の礼儀と通常に着る服、また身分の低い者が高い者に跪《ひざまず》くことなどは、男女共に「唐法」に依って改正せよ。ただし五位以上の礼服、官人の朝服の色、衛仗（儀仗兵）の服は、すべて旧例にしたがい改定しない。
>
> 『日本紀略』弘仁九年（八一八）三月二十三日条

礼儀作法と衣服の両方について、「唐法」にしたがうこととされている。目上に跪くなどの古風な作法を野蛮と見たのであろう。ただし位階による礼服および朝服の色や、儀仗のときの武官の礼装はそのままとされている。礼服などの特殊な儀服の制度が唐と異なるからといってこれらを廃して唐の制度に改めることはしないというのである。外国の文物制度を取り入れる場合、儀式制度など非日常的な事柄の改正を優先することも考えられるのだが、この詔の趣旨は、むしろ通常の服や作法など、宮中での日常的な習慣を改めるものであったとみられる。この詔からは具体的な改正の内容が不明であり、「唐法」と言うだけで了解されるほどに自明のものであったのか、別に細則が公布されたのかもわからない。ただしこの詔が強制力を持っていたことは、同年四月に発布された「禁制女人装束事」（『政事要略』〔六七〕）という法令に、「先風を改め、唐例に随《したが》ふべし」という勅にしたがわない女性を罰する規定が見えていることからわかる。

奢侈禁制と唐風化の矛盾

奢侈禁制がおこなわれた理由

嵯峨天皇は、病弱な兄の平城天皇の譲りを受けて皇位についた。平城はその治世の初期から奢侈を抑制する方針をとっていた。たとえば大嘗祭において「唐物を餝《かざ》りと為《な》す」ことを禁止したが、これは先代の桓武天皇の大嘗祭において「種々翫好《がんこう》の物」が献上されたことを踏まえ、こうした風潮を是正しようとしたのであろう。これに対し嵯峨は、兄による奢侈禁制の一部を緩和している。

『日本後紀』弘仁元年（八一〇）九月乙丑条によると、去る大同二年（八〇七）八月十九日に平城が発布した「雑石腰帯、画飾太刀及素木鞍橋、独射犴・葦鹿猭・羆皮等一切禁断」という法令に対し、公卿達がその緩和を上奏した。

雑石腰帯とは、さまざまな石を磨いて作った飾り（銙《か》）をつけた黒革のベルト（いわゆる石帯）のことで、下級官人が朝服に使用したものである。画飾太刀は鞘に絵を描いた太刀の意味であるが、あるいは末金鏤《まっきんる》（金銀漆で文様をあらわす技法）なども含んだものと思われる。素木鞍橋は木目を見せた簡素な馬具であるが、高級な木材を競う可能性があるので禁じたのであろう。これに続くのは各種の毛皮類である。この内雑石腰帯の飾り石は、銅に黒漆を塗った烏油《くろぬり》銙の代用品で、地方でも大量に出土している。緑や灰色など、さまざまな色と斑紋のある石を磨いて作られた、なかなか美しいものである。これは主に六位以下の身分の低い官人を対象にした禁制であり、一方装飾のある太刀は高官の所用品であろう。これらの禁制の対象者の身分は異なるが、石の色や太刀のデザインなど、いずれも個性表現の可能性のあるものが一切禁止されている。

公卿たちは腰帯や毛皮・素木の馬具の禁制について経済的合理性がないことを指摘するが、平城天皇の意図は、奢侈の根源であるおしゃれ自体を制限するものであったのだから、論理のすり替えの感が否めない。しかも装飾のある太刀についてはさすがに経済的な無駄を否定できないため、儀容がみすぼらしくなって国威を損なうことを復活の理由にしている。しかし、平城が海外使節の目に無頓着でなかったことは、『政事要略』［六十七］に引く大同元年（八〇六）十月七日の宣旨において、「漢家（中国）の制」では袍の位色の緑と縹に濃淡の別がないことを理由に、「蕃客朝覲」すなわち渤海使引見の時に問題があるとして、七位の浅緑と初位の浅縹を、六位の深緑と八位の深縹と同色に改めていることからもわかる。それでもなお、宮廷の服装から趣向をこらす余地を排除すべきだと考えていたのである。平城は「礼は其の奢《おご》らんよりは、寧《むし》ろ倹なれ」（『論語』「八佾《はちいつ》」）というように、秩序が守られていれば質素であっても恥じるべきではないと考えていたと思われる。

奈良時代から平安・鎌倉時代の文献には奢侈禁制の記事がおびただしくみられる。なぜ奢侈が禁止されるかについては多くの論考があるが、それらを参考にして主な理由をまとめる。

第一に、身分的秩序の維持ができなくなるからである。そもそも儒教においては礼をもって社会の秩序を維持するとされていた。『史記』の「太史公自序」に「礼は未然の前に禁じ、法は已然《いぜん》（そうなった）の後に施す」とあるように、人々が秩序を乱すのを予防するために礼が存在し、もしそれでも乱してしまったならば刑罰を加えるのである。秩序が乱れるのは人々が我欲を押し通すためである。これに対し墨家思想のように文化的な事柄を否定したり、道家思想のように超然とした精神を求めることで克服をはかる思想もあるが、儒家は音楽を尊重するなど、文化を全否定することはなかった。ところが文化的なもの、つまり感覚的な喜びを容認しながら秩序を維持するためには、かえって規則をもって秩序立てる必要が出てきてしまう。そこからは「貴賤に等有り、衣服に別有り、朝廷に位有れば、則《すなわ》ち民譲る所有り」（『礼記』「坊記」）といった思想が生まれるのである。そして身分秩序が乱れると「天子微にして諸侯僭《せん》し、大夫強くして諸侯脅《おびやか》さる」（『礼記』「郊特牲」）とあるように下克上の連鎖が生じて乱世となるとされた。

第二に、奢侈を競う結果、個々人の経済的負担が増えるからである。現代にたとえれば、贅沢な結婚式が一般化すると人々は無理してでも体面を保つようになる。同じようなことが古代中国でも存在した。そして「小人貧しければ斯《ここ》に約《きわ》（窮）まり、富めば斯に驕《おご》る。約《きわ》まれば斯に盗み、驕れば斯に乱る」（『礼記』〔坊記〕）とあるように、徳のない者は秩序を乱しやすく、貧しくなれば悪事を働くので世が乱れるというのである。また、「珠玉金銀は飢《う》ゑて食ふべからず、寒《こご》えて衣《き》るべからず。（略）故に明君は五穀を貴びて而《しこう》して金玉《きんぎょく》を賤《いや》しむ」（『漢書』〔食貨志　上〕）とあるように、不要不急の奢侈品よりも実用品の生産を尊ぶべきだという価値観も存していた。

第三に、あるべき秩序を維持できないということは、為政者として失格とされたからである。第一の理由からは身分相応の衣服が重要とされるが、だからといって帝王が奢侈を心がけることで身分的差異を維持することは、第二の理由から見てありえない。帝王は帝王らしい威儀を必要とするが、それはいたずらに華美を追うことではない。そうなると秩序の維持とは必然的に下位の者の服装を質素にするという引き算の発想になってしまう。しかもこれは第二の理由によって民生の保護という意義づけもなされていた。さらに為政者として失格であれば天が罰を下すという「天人相関説」の発想があったため、奢侈は天災を招く一因ともされた。

奢侈禁制緩和はなぜおこなわれたか

それでは逆に、嵯峨朝における奢侈禁制緩和にはどのような意味があったのであろうか。奢侈禁制は天武天皇十年（六八一）四月に始まり、奈良時代の初期にも六位以下が高級な毛皮や金銀で飾った馬具・太刀を使用するのを禁じる（『続日本紀』霊亀元（七一五）年九月一日条）など、身分的秩序の維持を目的とした禁制が知られる。

ただし男性の朝服を巡る禁制を見ると、古くは奢侈抑制ではなく、奇異な形状のものを禁ずる例（和銅元年（七〇八）閏《うるう》八月七日条・和銅五年（七一二）十二月七日条・養老七年（七二三）八月二日条）が知られ、今までなじみのなかった唐風を模倣した朝服を自弁することの困難が伝わってくる。男性の朝服について奢侈禁制の目的を明確に示す最初の禁制は、『政事要略』［六七］に引く神護景雲四年（七七〇）九月四日皇太子令旨《りょうじ》である。これによると、近年は「意に任せて、競《きそ》ひて寛大なる衣を好」み、生地を大量に使っているので用尺を制限するという。この法令を徹底するために、翌宝亀二年（七七一）閏三月十九日にも改めて勅を発し、出来上がり寸法の袖口を一尺二寸以下と定めて袖を細くさせている。

神護景雲四年の禁制が皇太子の令旨（皇族の命令）であったのは、当時称徳天皇（孝謙天皇のこと。一度譲位したが淳仁天皇を廃して再度即位した）が重病であったからである。皇太子とは九月七日に称徳の死去を受けて皇位につくことになる光仁天皇のことである。その経緯については後に第六章二節で触れるが、光仁は天武天皇の子孫の称徳から血統が遠い、天智天皇の子孫であった。すべての禁制が現存するわけではないので断言はできないが、聖武朝から称徳朝にかけての天平文化華やかな時代に奢侈禁制が乏しいのは、同時代の唐の玄宗朝の華美な風潮の影響もあって、奢侈を最新文化の移入と肯定的に捉える見方があったからではないかと思われる。そして危篤の天皇を差しおいての禁制発布には、それまでの風潮を否定し、人心を一新する目的が存在したのだろう。このことは絵画資料からも裏付けることができる。

唐代の皇族・貴族の墳墓の壁画に描かれた男子の常服を見ると、玄宗の治世の後半に入って急速に衣服の長大化が進んだことがうかがわれる。たとえば中宗朝の懿徳《いとく》太子墓（七〇六年葬）の壁画や玄宗朝最初期の節愍《せつびん》太子（七一〇年葬）墓の壁画を比べると、玄宗の兄李寧（七四一年没）の恵陵の壁画の人物の袍は靴の足の甲につくほど長く、袖丈も広い。さらに身幅も広く全体がゆったりしたものになっている。〈注29〉また安西楡林《ゆりん》窟第二五窟や敦煌莫高窟第四五窟の壁画によると、この後も袍の長大化はさらに進み、袍の裾を引くほどになっていたことがわかる。天平八年（七三六）前後の物が多いとされる「二条大路木簡」の落書きに見られる人物像は、袍の丈が長い。奈良時代末期の唐招提寺金堂の落書きに見られる男子の袍も履が隠れるほどの長さがあり、奈良時代後半の装束の長大化は唐の流行をいち早く取り入れたものであったと知られる。奢侈禁制には理論的な裏づけがある一方、唐文化を取り入れるという観点からすれば、奢侈は最先端の文化の象徴であったと見られる。嵯峨朝における奢侈禁制の緩和も、文化的な観点から見ての判断であり、礼法と服の唐風化と同じ志向によるものであった。ちなみに嵯峨天皇は漢詩を好み、『凌雲集《りょううんしゅう》』と『文華秀麗集』の二つの勅撰漢詩集を編集させ、その治世は唐風文化の全盛期とされる。

唐の実態を知らぬままでおこなわれた「唐風化」

しかし、嵯峨朝における唐風化の内実については疑いの目で見る必要があろう。先に述べたように「唐法」の具体的な内容が不明である。奈良時代に度々おこなわれた遣唐使の派遣であるが、平安時代に入ってからはわずか二回にすぎない。唐風文化の全盛期とされる嵯峨朝においては一度も派遣されていないのである。渤海使の来朝により、外国との交流が断絶したわけではないし、延暦二十五年（八〇六）の遣唐使の帰朝より弘仁九年の「唐法」摂取の詔発布までの十余年の間をさほど長いと見るべきではないのかもしれないが、嵯峨朝における唐風が、どれほど忠実に当時の唐の流行を反映していたのかについては疑問がある。

この時期の人々の唐の風俗に対する理解の程度を疑わせる資料として、『続日本後紀』承和五年（八三八）三月の池田春野死去の記事がある。春野の略伝によると、彼は古い先例を語るのを得意とした。天長十年（八三三）の大嘗祭に先立ち、仁明天皇が加茂川に行幸して禊祓《けいばつ》（みそぎ）をおこなった。この時、春野も供奉していたが、官人たちの服が「其の裾を地に曳《ひ》」いていたのを見て大いに笑い、「是れ尋常（通常）の装束にして、神事の古体に非ず」と言って、自らの服装に注目させた。彼の袍は短く、その裾から袴を見せていたので、人々は大いに驚いて「昔の服の制度は唐と同じに違いない。後世の人も神事には春野のこの古風な装いを真似るべきなのだ」と語り合った。この話において春野は、袍を短く着ることを「神事の古体」と言っただけであり、昔の制度は唐と同じだと判断したのはそれを聞いた人々である。ということは、彼らは唐の制度では袍を短く着るのだと考えていたことになろう。

ところが当時、唐の男たちも袍の裾を引きずっていた。大和六年（八三二）六月、時の文宗皇帝は詳細な制度を定めさせた。そこでは「袍（常服の冬のうわぎ）・襖（下着）・衫（裏の無い衣）等は二寸以上地に引いてはならず、衣の袖の広さは一尺三寸以下とする」とある。同時に女性の裙（スカート）は三寸以上地に引いてはならないとされた。規制がこれであるから、それまではより長く引きずっていたのはいうまでもない。当時の発想では規制してもなお男子の袍はやや引きずるくらいの丈が当然とされていたのである。現在、日本での男子の袍の寸法規制が唐の規制に六十年以上先行することを理由に、日本での袍の長大化が唐の影響であることを否定する説もある（前掲四四頁『古代服飾の研究』）。しかしそれは単に規制がなかっただけであろう。唐の文宗は改革貫徹を願うあまり宦官の虐殺を企てて失敗したこと（甘露の変（大和九年））で知られるが、『冊府元亀』［五十六］に「文宗は『鋭意理を求め』、常に宰臣と政を議した。深く『侈靡』を憎む故に、常に詔勅を下した」とあるように、その奢侈禁制は政治的な信念に基づくものであり、積年の奢侈の風潮を一新するためのものであった。前回の遣唐使帰還からおよそ三十年たった日本で、官人たちが日本の昔の服と同じであると判断した唐の服を「昔の唐の服」と記していない以上、彼らは唐の同時代のファッションを理解していなかったと見てよい。

また、女性の服も唐の流行とは乖離《かいり》する。中唐に入る頃（八世紀後半）から、敦煌絵画に女性の背子《はいし》（半臂《はんぴ》ともいう）という袖の短い上着がほとんど見られなくなる。楊玄略（八六四年没）墓壁画や、唐代後期のものとされる「宮楽図」（台湾故宮博物院蔵）にも見られないので、これは西域だけの現象ではないとわかる。しかし我が国では日本化した十二単でも背子が唐衣《からぎぬ》と称して用いられ続けている。

さらに嵯峨天皇の皇后の橘嘉智子について『日本文徳天皇実録』には「風容絶異にして、手は膝に過ぐ、髪は地に委す。観《み》る者皆驚く」と記す。他に抜きん出た容姿の特徴として、長い手と地につく髪が挙げられている。膝を過ぎるほど長い腕については、仏像に例があって彼女の卓越性を象徴するのであろう。〈注30〉興味深いのは長い髪である。恵陵出土の俑には、背のほうに向けてゆったり下がった結髪が見られる。また、洛陽出土の三彩俑には背中を半ば覆うような豊かな髪の表現もあって（『洛陽出土三彩全集』大象出版・二〇〇七年）、玄宗朝以降、結髪は下方向にボリュームを強調するものが流行したことがわかる。これらの結髪は解けばかなり長く下がるはずであり、長髪も盛唐末期の流行と無縁でないが、地につく髪という表現は、それとは別趣のものとなっている。『日本書紀』によれば天武朝に神に奉仕する女性以外の結髪を命じる記載がある。これによると垂髪は日本的な髪型であった。

以上のやや間接的な事例から判断する限り、嵯峨朝の貴族たちの考える「唐法」とは最新の唐のファッションではなさそうである。文献や絵画などから彼らが唐風だと考える、多分に観念的な中国風の様式を意味していたのだろう。また女性の髪には日本的な美意識への志向もうかがわれるのである。このように嵯峨朝の改革は唐の流行の変化に追随するためにおこなわれたわけではなく、あくまで日本国内における儀容の整備を目的とするものであったと考えてよい。そう考えれば日本独自の臣下礼服に手をつけなかった訳が理解できる。また袞冕十二章の導入をはじめとする改革の方針も、同様であったと思われる。嵯峨朝における唐風化とは、実は唐の模倣ではなく、いわば「日本的な唐風化」であったということだ。

四　礼服御覧によって残された、天皇礼服の詳細な記録

礼服御覧とは

唐の制度と比較するために、もう少しくわしく天皇礼服の様式を検討したい。天皇の礼服（袞冕）については、平安時代中期以降の大変豊富な資料が存在する。それは、即位の儀式の数日前に「礼服御覧」という儀式がおこなわれるようになったからである。礼服御覧とは、天皇の御前に礼服を運び込み、コンディションを詳しく検分する儀式である。天皇が幼い時は、摂政が直盧《じきろ》（宮中に賜った部屋）でおこなった。

元来、天皇の礼服は、天皇が使う品や、皇室が神社に奉納する品などを扱う内蔵寮《くら》の倉庫で管理し、使用の二日前に、天皇の通常服などを作る縫殿寮《ぬいどの》において熨斗《のし》（アイロン）をかけた上で内蔵寮に戻され、当日に大極殿に運び込まれた（『延喜式』〔縫殿寮〕〔内蔵寮〕）。もともと新調の頻度は低かったと思われるが、九世紀以降例年の朝賀がまれになると、使用機会は激減し、やがて一代

一度の即位に際して礼服の検分が必要になった。礼服御覧のはじまりは、三条天皇の寛弘八年（一〇一一）九月十日である。中納言源俊賢《としかた》が内裏に御礼服を届け、天皇がこれを見た。藤原実資《さねすけ》がその日記『小右記』に、「其《そ》の意を得ず（理由がわからない）」と記すように恒例の行事ではなく、また「主上（天皇）は甘心《かんしん》（納得）し給はずと云々」とも記すように天皇の意向によるものでもなかったらしい。これに先立つ六日には道長が内蔵寮で礼服を見ており、その理由は不明ながら、道長は天皇にも見せる必要性を感じたようである。俊賢の妹の明子は、道長の正妻倫子に次ぐ第二夫人であったから、礼服御覧は道長の意向のもとで創始されたと見てよい。その後、三条天皇と道長の関係は次第に悪化し、長和五年（一〇一六）に外孫の登極を望む道長に押される形で譲位が実現した。

道長の孫の後一条天皇は幼帝のため、その御前での検分はなかったが、気の早いことに一月二十九日の譲位に先立つ一月十三日、内蔵寮から天皇礼服が取り出され、その中の「童帝御装束」が留められていることは、道長の天皇礼服に対する関心の高さを裏書きする。それは、二月七日の即位の当日に当時の公卿の長老であった実資が道長に招かれて、天皇礼服の着装に立ち会っていることからもわかる。その目的は、翌日の道長からの手紙に「此《こ》の事は、然《しか》るべき人達の見奉《たてまつ》りたることそはよけれ」とあるように、着付けについて有識者の意見を聞くためであった。

そして、後世につながる形での礼服御覧が成立するのは、後一条の弟の後朱雀天皇の長元九年（一〇三六）七月四日の例からである。この時には、関白藤原頼通《よりみち》、その妻の兄弟である源師房《もろふさ》、頼通の異母弟（明子の腹）の能信《よしのぶ》が立合い、天皇の前で内蔵寮に伝来する装束がくわしく検分された。これより以前、六月二十三日には女官の礼服の検分が頼通のもとでおこなわれており、この時の礼服御覧も実質的な意味を持つ検分だったのであろう。その後礼服御覧は幕末の孝明天皇の即位まで、ほとんど欠けることなくおこなわれた。

中でも、鎌倉幕府滅亡時の戦乱で古い礼服が焼失する以前の古い記録には、内蔵寮に伝存した礼服が詳細に記されて貴重である。特に鎌倉時代後期には礼服御覧に前後して、天皇の父兄の上皇が礼服を検分する例があるが、儀式化していった礼服御覧と異なり、隅々までの観察が記されていて貴重である。混乱を防ぐため、その主な史料を先に列挙しておく。

A『土右記』　長元九年（一〇三六）七月四日、後朱雀天皇礼服御覧

B『山槐記』　永万元年（一一六五）七月十八日、六条天皇礼服御覧

C『公衡公記』　弘安十一年（一二八八）二月十一日、伏見天皇礼服御覧

D『後深草院御記』　弘安十一年二月二十七日及び三月三日、伏見天皇即位に先立つ父の上皇による検分

E『後伏見院御記』　延慶元年（一三〇八）十月二十日、花園天皇即位に先立つ兄の上皇による検分

礼服御覧に登場するのは、男帝（成人男子）・童帝・女帝・皇后・皇太子の礼服各一具と、複数

の舃《せきのくつ》（くつ）や襪の類である。足にはくものが多いのは、補充新調したものが蓄積していたことを意味する。それ以外のものは、Aを土台に、自分自身が見た内容を付記したCの記事により、おおむね同じ品目が伝えられていたことがわかる。また、これらと共に弓削道鏡の舃とされるもの（A・C）や、「皇太子宝亀四年（七七三）奉造御礼冠図」など奈良時代にさかのぼるものが伝えられ（E）、またDによると、男帝礼冠の箱の中にあった台には、「貞観六年（八六四）十二月十五日、自始玉冠更改作。七年元日料作工近衛錦銭麿」とあり、平安前期のこの年に冕冠が作り直されたことや、古い台が残されていたこともわかる（ただし男帝礼冠自体は破損のため仁治三年（一二四二）に再度新調して古い箱に納めた）など、相当に古い物も廃棄されずに伝わっていたことが知られる。

平安・鎌倉時代の天皇礼服の構成および近世の遺品との比較

次に、天皇（男帝および童帝）礼服一式の内容を①～⑧の八項目に分けて一つずつ説明し、つづいて皇室の御物として現存する近世の実物との比較もおこなう。

①大袖《おおそで》

Dによると、赤色の綾の左肩に「日形」、右肩に「月形」がある。日形の中には「三足烏」、月形の中には花瓶にさした桂の枝があって、その左右に兎と蛙が立つ。これらのモチーフは中国の伝説によるものである。背面の中央上方に「北斗七星」があり、その下に四五寸の「龍形」が一巡する。その下に「山形」、その下に「鳥形」、その下に「火炎形」、その下に「虎猿等形」がそれぞれ一巡

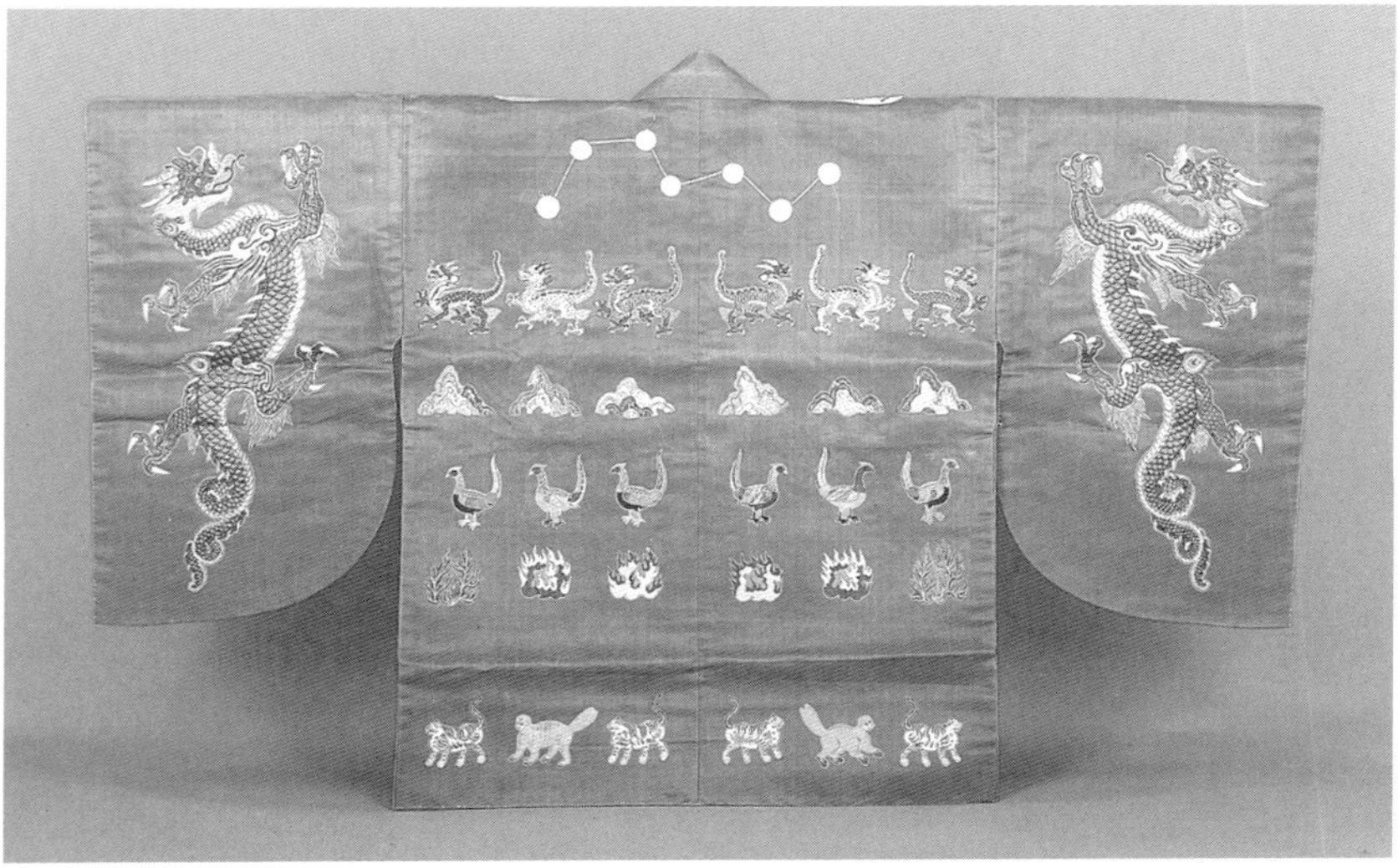

図5・5　孝明天皇礼服の御大袖（宮内庁蔵）

図5・6　大袖に刺繍される文様

上段左から、日形・月形：日形には金烏《きんう》、月形には桂・玉兎・蟾蜍《ひきがえる》を収める。竜：袖に刺繍される大竜形、竜：身に刺繍される小竜形。中段左から、山、華蟲（雉）、火。下段左から、宗彜：鄭玄の説により、宗廟の祭器の文様にちなみ、虎とサルを表現。ただし宗彜の解釈には異説もある。（出典・『冕服図帖』岩下羆著　芸艸堂　1907年　大阪府立中之島図書館蔵）

する。両袖には大きな「龍形」がある。これらの文様は刺繡であった。裏は紫である。A以下の内容とも矛盾はなく、古くからのものであろう。この文様の配置は近世の遺品にもよく踏襲される（図5・5、6）。この文様の配置は、『隋書』に見える煬帝の大業元年（六〇五）に定められた「左右髆（肩）上に日月を各一を為《つく》り、後領《うしろえり》の下に当たりて星辰を為り、また山・龍九物は各重行すること十二」という制度に似ている（松本郁代「中世の『礼服御覧』と袞冕十二章」『中世王権と即位潅頂』森話社・二〇〇五年）。中国でも唐・宋はこれを踏襲した。しかし冕服の文様の配置についてな経書やその古注に記載がないため時代により変遷があり、後世の明の制度を継承する李氏朝鮮のものとは大きく異なっている。

②小袖

諸記録いずれも大袖と同色で刺繡がないと記す。形は臣下と同じであろう。

③裳

Dによると刺繡は「上下二巡」で上は黼で、下は黻であり、白と緑の糸で刺繡されていた。ただしこれでは文様の種類が十章になる。Eは童帝の礼服についての記録だが、こちらには「上下四巡有繡」とあり、図示されているのを見ると、藻・粉米・黼・黻の四種で、十二章になる（図5・7、8）。ABCによると男帝と童帝の礼服の文様は同じとあること、AとCに「折枝・斧形・巴字」の文様があるとされ、折枝は藻を意味することから、四章だった可能性が高い。なお「藻」は、近世の遺品では茎がなく「折枝」に見えないが、Eによると鎌倉時代後期の童帝の裳に刺繡された

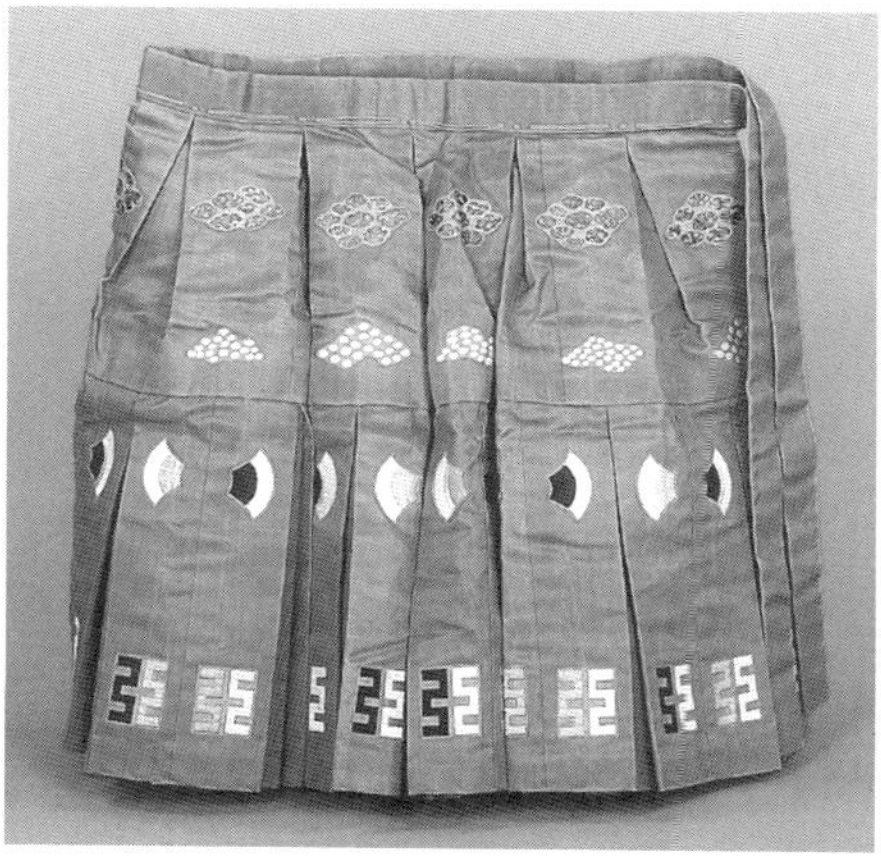

図5・7　孝明天皇礼服の御裳
（宮内庁蔵）

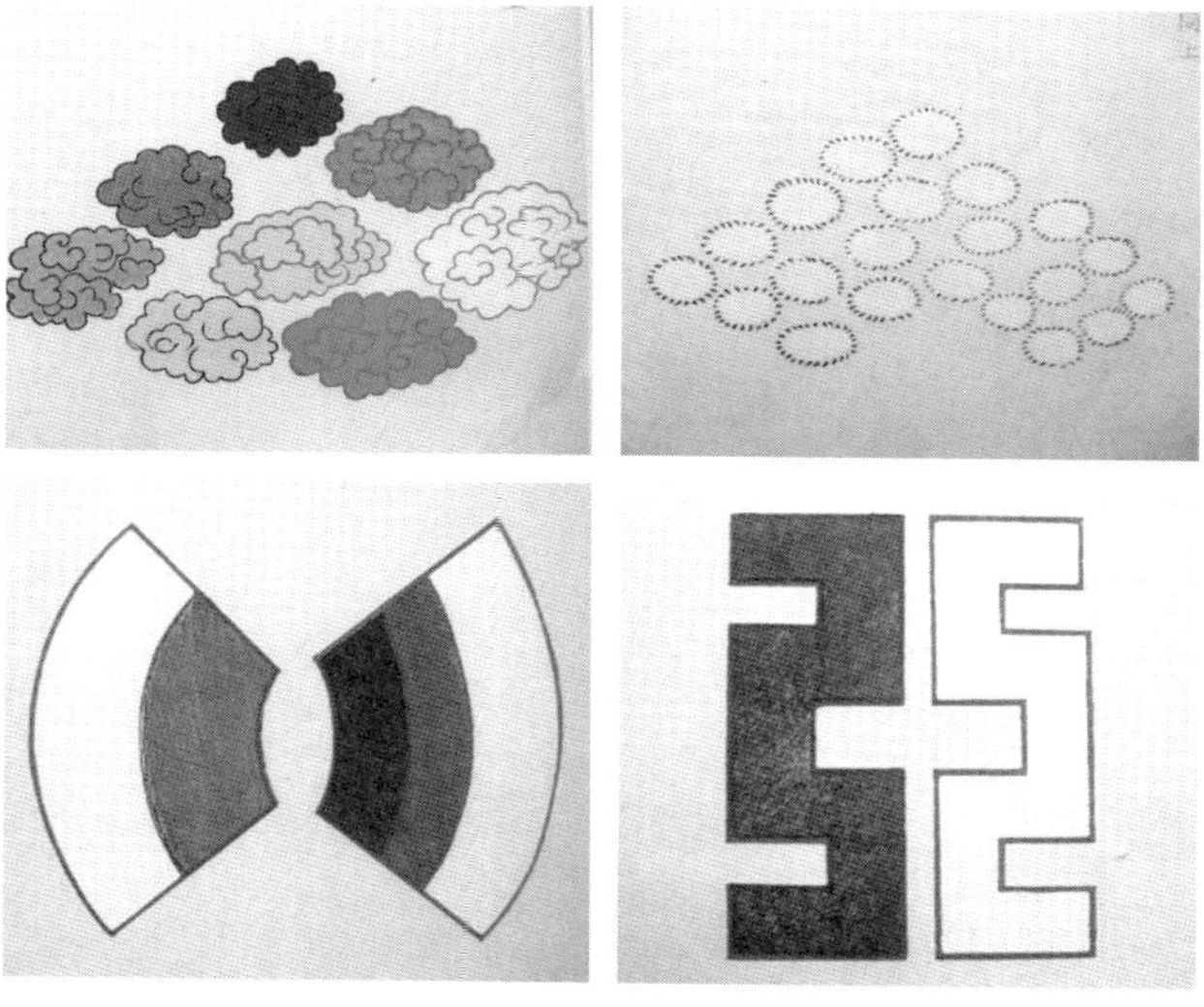

図5・8　裳に刺繍された文様

上左：藻　上右：粉米　下左：黼（斧に似た形）　下右：黻（己を背中合わせにした形）（出典・『冕服図帖』　大阪府立中之島図書館蔵）

「藻」はすでに近世と同じデザインである。

④綬

Aに「皆白糸」とあり、Cに「白糸を以て之を組む」とあり白一色の平たい組紐の帯である。一方Bには白い「唐綾」を畳んだ帯とあり矛盾する。Cは「三四具」あったと記すので、追加新調したものが混在していたらしい。短綬が伴う。短綬は、平安中期の『西宮記』および、『岡屋関白記』仁治三年（一二四二）三月十八日条には左腰につけるとあるが、『中務内侍日記』弘安十一年（一二八八）三月十五日条には「御後ろの御わきの通りに、短綬とて二筋」つけたとある。鎌倉時代中期の『装束式目抄』および『光厳院御即位記』正慶元年（一三三二）三月二十二日条にも左右二つとあり、鎌倉後期以降は二つが定説になる。

⑤玉佩

『中務内侍日記』に「御前の左右の御脇に、玉佩とて玉を貫きて付けられたり。御裾に燧形《ひうちがた》の唐金を付けられたれば、普賢のごとくにりやうめき鳴らせ給ふ」とあり、Dに「美麗殊勝」とあるように華麗な装身具であった（図5・9）。臣下が左腰に下げるのに対し、天皇は十世紀の『西宮記』以来諸資料に左右に下げると記されている。玉を連ねたものと金属板から成るなど、臣下と同じ構造だが、玉の色を記す資料はない。A・Bによると、男帝用と童帝用に大小各二枚あったが、Cによると小形のものは紛失していたという。

⑥舃

Aによると計四足あり、三足は赤革で鼻（つま先側）の中央にくぼみがあった。この内一足は小さかった。また「烏皮《うひ》」（黒い革）が一足あり、鼻には「三形」があった。このほか「赤皮」のものが片足分あり、内蔵寮では「弓削法皇（道鏡）」のものと伝えていた。Cもほぼ同内容である。男帝がこの内どれを使うかは一定しない（米田雄介「袞冕十二章と礼履」『正倉院の歴史と保存』吉川弘文館・一九九八年）。『西宮記』では天皇・臣下ともに「烏皮舃」を用いるとあるが、大江匡房の『後三条院御即位記』治暦四年（一〇六八）七月二十一日条によると、この時も「烏舃」を用いたものの、内大臣源師房が「前例」では「赤舃」を用いたと述べたとある（図5・10）。

伏見天皇即位の時には、Cによると着付けを奉仕する大炊御門信嗣の意見により烏皮舃が選ばれたというが、天皇自身の日記『伏見天皇御記』には「赤皮舃」が使われたとある。さらに『中務内侍日記』には「はなたかの唐の御くつ、赤地の錦にて包みたり」とあって、三者の内容が食い違う。錦貼は天皇が通常用いる挿鞋《そうかい》と同じで、先入観による赤革舃の見間違いと思われるので、天皇の日記を信じるべきであろう。これによると、亀山天皇もこの赤革舃を用いたこと、「金銅を餝《かざ》りと為《な》す」とあるように、鍍金した銅の装飾があったこともわかる。米田氏は赤と黒の舃の使い分けを時代的変遷としてまとめているが、平安中期以降は定説がなかったと捉えるのが良いと思う。正倉院には聖武天皇の礼服の舃（御礼履《ごらいり》）があるが、赤革製で、金銅に色々の宝玉を嵌めた花形の装飾を多数とりつける。

図5・10　孝明天皇礼服の御舄（宮内庁蔵）

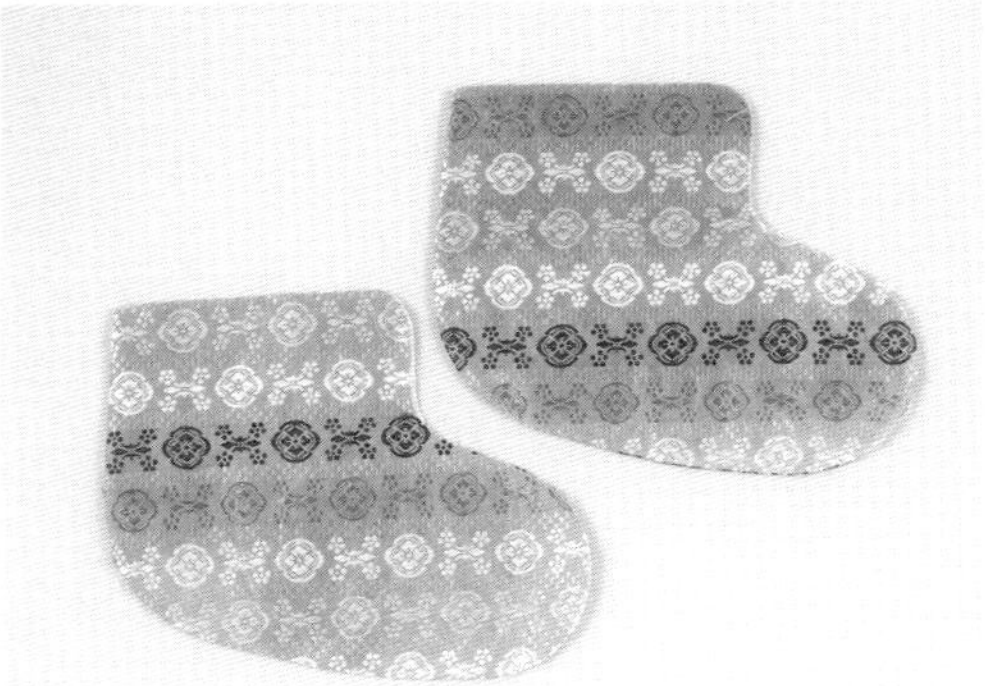

図5・11　孝明天皇礼服の御錦襪（宮内庁蔵）

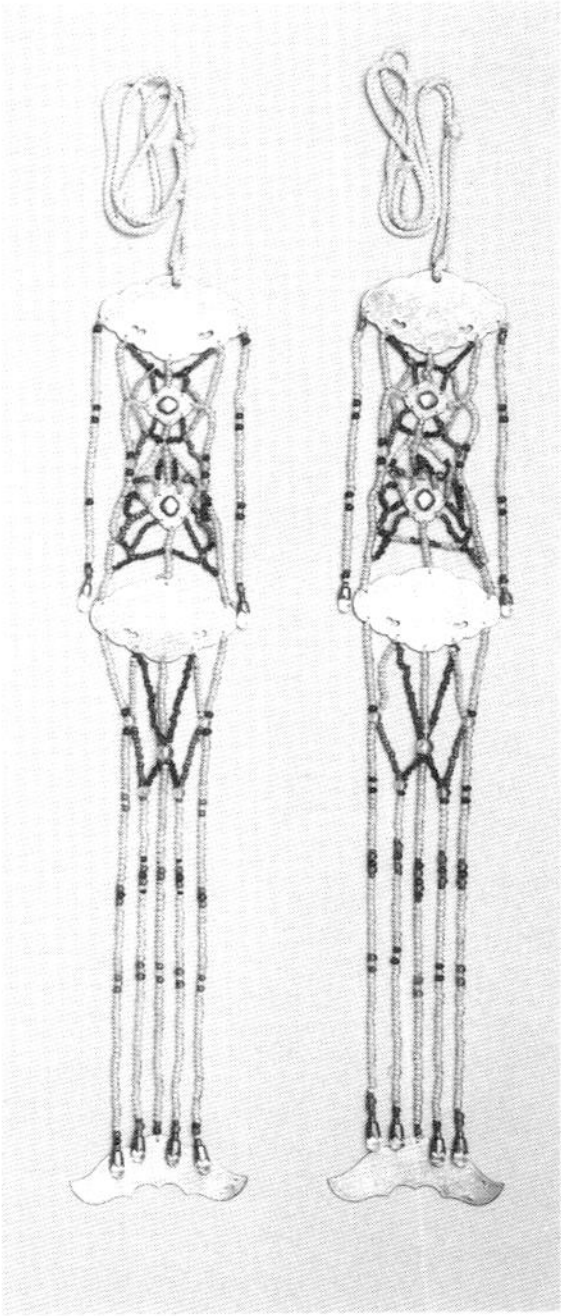

図5・9　孝明天皇の御玉佩
（宮内庁蔵）

⑦襪

錦製のくつしたで、Aには六足とあるが、Cによれば「赤地錦二足・白地錦五六足」とあり、少し増えている。足にあわせて新調したものらしい（図5・11）。

⑧笏

象牙製である。Aによると頭（上）のほうが狭くなっていて「屈」がない。臣下のような反りが無いということだろうか。近世の天皇の牙笏も反りが無い。Dによると「上下共方」とあって、上下隅が角張り、上下端が真っ直ぐな形だったらしい。鎌倉前期の『餝抄』によると、平安中期の村上天皇の時代には上下共に方の笏は天子専用といわれていた。これは『礼記』［玉藻］に、天子が手にする珽という玉製の板が上下共に方であり、鄭玄の注によると珽は笏であるという説に基づく。

①の大袖は、現存する近世の物と非常によく合っている。特に文様の配置がそうである。また近世のものでは、①の袖に施された龍の刺繍は前足の片方が四爪で、その他は三爪である。中国の皇帝が使う龍模様が五爪《ごそう》（五本指）という話は有名であるが、これは元代以降のことである（宮崎市定「二角五爪龍について」『宮崎市定全集』［十七］・岩波書店）。唐の玄宗の兄で、死後皇帝の待遇で葬られた李憲の恵陵の壁画の青龍は四爪で（『唐李憲墓発掘報告』科学出版社・二〇〇五年）、唐の末期に皇室が奉納したとみられる法門寺塔の地下から出土した「鎏金四天王盝頂銀宝函」という

銀の小箱の蓋に線刻された竜も四爪である（『法門寺文物図飾』文物出版社・二〇〇九年）。また唐滅亡後に四川省を支配した前蜀の皇帝王建の永陵（九一八年）出土の腰帯の玉製装飾の龍の彫刻は三爪である（『前蜀王建墓発掘報告』文物出版社・一九六四年）。これらの例から竜が五爪でないのも古式を伝えているとみてよい。また③の裳の文様の配置は、近世の物は童帝の物と同じ四段になっている。

④の綬は、近世では組紐でなく綾が用いられた。多くが霰地《あられぢ》といって、縦長の石畳模様の綾地綾（巻末の「染織品組織図」参照）であるが、これは唐組という平たい組紐の組目によく似ている。唐組は太刀を帯びる平緒という帯にも使うが、冷泉家所蔵の平緒の中には霰地の綾に刺繡を加えて唐組に似せたものもある。ただし近世では天皇の綬に三重襷《みえだすき》という菱模様を用いた例もある。⑤の玉佩については、古い記録にあまり詳細でないが、熊野速玉大社古神宝類中の十四世紀の遺品とよく似たものが近世も用いられており、おおむね古式とみられる。⑥の舄は赤い革製のくつである。近世には図5・2のような金銅の装飾は無く、白い絵の具による小さな丸で花形をあらわした模様を描いてある。金銅の花模様の装飾を簡便化したものであろう。

中世と近世とで大きく変化した冕冠の装飾

平安・鎌倉時代の冕冠

こうして見ると、近世の天皇（男帝）礼服は、平安・鎌倉時代の伝統をよく伝えるようである。

しかし、冠については必ずしもそうでないらしい。文字資料だけではなかなか冠の形状を正確には把握できないものの、Aには次の1～5のように記されている。

1．冠の巾子は臣下に似ているが、三山形（第七章一節参照）ではない。
2．前後に「櫛形」がある。これは羅を立てており、「金筋」はない。〈注5〉
3．「押鬘」は金を「鏤《ちりば》」めたものである。
4．巾子の上には「方物」がある。羅で作られ、折敷のようである。また「金筋」がある。四面の端には玉が立てられる。
5．「其《そ》の前後」には「玉瓔珞《ようらく》」を垂れる。それぞれ「十二流（ママ）」である。
6．「其の頂」には日形がある。中に「三足赤烏」があり、「水精二枚」で作られる。日形は「光」が有る。

叙述は比較的整然としており、中核をなす部品から始まって、順を追って外側に付加された装飾に筆をすすめている。

1は冠の中核部分である。巾子は冠の後ろの高くなったところである。2の櫛形と3の押鬘は臣下にもある。櫛形は金属のへりの中に薄絹を張ったもので、臣下には後ろしかない。押鬘は金属の円環状の装飾で、冠を取り巻いている。

4は冕板である。金属の骨組みを作り、羅を張って作る。折敷《おしき》（曲げ物のふちのある木製の角皿）に似るとあるので、薄い板でなく立ち上がり（側面）もあったのだろう。玉を立てるというのは、針金の茎《くき》の先に玉をつけたものである。5の瓔珞は旒である。瓔珞とは仏具の装飾などに使う、ビーズや金具を針金の鎖などで連ねた装飾をいう。今でも菩薩像の首飾りなどに見かける。これが十二本下がっていたのである。「其」は冕板をさすから、冕板の前後二面だけに下がっていたらしい。6の日形は、冕板の中央に立てられた。水晶二枚を用いた。光をあらわす装飾があり、中に「三足赤烏」があった。

Cでは、Aを引用しながらこれらに補足する。6の「其頂」について「少しく御後方に寄る」と注記し、「赤烏」について「之《これ》を鑄付《いつ》く。但し其の色只《ただ》金なり」と注記する。

近世の冕冠

次に前項の1～6を、現存する江戸時代の冠と比較する。1の記述については問題がない。孝明天皇礼冠を見ると、目の粗い織物を張りぬいたと見られるメッシュ状に透けた黒漆塗りの大ぶりな冠が中央にある。巾子は三山形ではない。3の押鬘にあたる部分もある。4の冕板は金銅の枠に黒い羅を張ったもので、折敷を伏せたような形である。また上端の四方のへりに針金の茎を持つビーズの飾りが多数並べられる。以上は古い記録と近世の実物の共通する点である。

相違点としては、まず2の櫛形が存在しないことが挙げられる。次に5の旒は前後だけでなく、四方に同じ仕様のものが下がっている。また、6の日形は1の冠の前の方から、一本の金属の茎を出し、その上に取りつけられる。水晶製でなく金銅（鍍金の銅）の厚みのある円盤状のもので、側面に細い金属のまっすぐした順光（光をあらわすもの）を放射線状に取りつける。円板は表裏とも同じで、両面に毛彫りで三足の烏をあらわす。明らかに古い記録と違うのはその位置で、前方の額上にあたる所から伸びた金属棒につけられていて、頂でも頂のやや後方でもない。一方、近世の冠では頂中央に宝珠形の装飾がある。短い茎の上に火焔形の金銅の飾りをつけた小さな水晶玉である（図5・12）。

このように、近世の冠は鎌倉以前の記録とかなり異なっている。かつては近世の冠を元に、日本の冕冠の特色を論じることもおこなわれたが、武田佐知子氏が相違を指摘したことで、安易な援用が戒められることとなった（「古代天皇の冠と衣服」『天皇と王権を考える』［九］・岩波書店・二〇〇三年）。

鎌倉以前と近世の冕板上の日形の相違

ここで、冕板上にある日形についてさらに考察する。

鎌倉時代以前の日形は文献から推測す

図5・12　江戸時代の天皇の冕冠

（出典・『冠帽図会』故実叢書）

図5・13　鎌倉時代の舎利容器

宝珠を立体であらわしたもの。（出典・内藤栄『日本の美術　第539号　舎利と宝珠』ぎょうせい　2011年　海龍王寺蔵）

図5・14　鎌倉時代の舎利容器

宝珠を平面であらわしたもの。（出典・内藤栄『日本の美術　第539号　舎利と宝珠』ぎょうせい　2011年　金剛山寺蔵）

るしかないが、その位置は、近世の物とは明らかに異なる。近世の日形は、内部の黒い冠の額上から伸びた茎に取りつけられる。茎は冕板の羅の穴を通って出るが、この穴には何の処置も無く、あたかも羅を突き破ったような感じである。位置だけでなく取りつけかたにも疑問がある。

　また、近世の日形には「水晶一枚」が使われていない。中世の水晶を使った日形とはどのようなものだったのであろうか。釈迦の遺骨と信じられた仏舎利の容器には、中の舎利が拝めるように作られたものがあり、奥行の浅い容器にガラス窓のように水晶を嵌める場合と、水晶を宝珠形に作り、中を刳《く》って壺状にした場合とがある（図5・13、14）。前者の方法なら平面的な日形に、後者の方法なら立体的な日形になる。どちらも金属の枠があるから、金属製の「光」はいずれの形状であってもつけることができる。ただし後者は通常一個の水晶を刳って壺を作り、同じ水晶の蓋をしてから枠をはめることが多いので「二枚」の水晶とは言い難く、また近世のものは金属製ながら平面的な日形であることから、中世以前も平面的なものの可能性が高いが、赤烏を納めるために前後二枚にわけた半球形の水晶を使ったと解することもできる。

また、『延喜式』［四］に、伊勢神宮正殿の欄干を飾る「座玉《すえだま》」を「十八枚」と記しており、「枚」を球形の玉の序数詞に使うこともあると知られる。

正倉院の「礼服御冠残欠」（第五章一節参照）の中には金属製の円盤の周囲に細長い金属を放射線状に配したもの（順光）がある（順光は別に作って取りつけたのではなく、はじめからこの形に切り抜かれている）。これは近世の日形によく似ている。またこれに似たものが東大寺三月堂の不空羂索観音像がかぶる奈良時代の冠にも取りつけられていることから、この金属製品を天皇冕冠の日形と考えることもできる。ただし、平安・鎌倉時代の日形と異なり水晶は用いられていない。また中央部に三つの穴があり、何かに取りつけるための留金がついているなど、冠の中央を飾る装飾にしては不審な点もある。この他にも正倉院には現在「日光形」と仮称される放射線状の装飾のついた金属製品が複数あり、その中には仏像の光背と考えられるものもある（『平成十六年正倉院展図録』）。したがってこの「礼服御冠残欠」の金属製品を冕冠の日形であると断定するのは早計であろう（否定し去ることもできないが）。

また、天皇の姿を描いたものではないが、十三世紀前期の海住山寺五重塔扉絵の龍王像の着けた冕冠には宝珠のような飾りが乗っているし、中世に描かれた複数の聖徳太子像の冕冠の上に乗る装飾には、金色の球状のものが見られる一方、平面的な日形と思わせる装飾を描く例は管見に入らない。龍王や聖徳太子像は礼拝像で、架空の服装であろうから、男帝の礼冠を復元する資料としては問題があるが、冕冠上の日形は立体的に表現されるものだという通念を反映する可能性もある。そう考えると、近世の冕冠の頂中央につけられた火焔宝珠形の水晶飾りこそが実は本来の日形の名残りである可能性もある。

東大寺三月堂の不空羂索観音像の冠は、複雑な装飾を持つものとして有名であるが、この中央の上部に水晶玉を中心にした立体の日形がある。その構造は、水晶玉の周囲に大小二種の銀製の枠をつけたものである。すなわち、水晶玉のすぐ外側に順光（光を表す棒）をつけた枠をめぐらす。この枠は冠の正面から見てはすかいになる方向でつき、順光の先端には菩提樹葉の形がある。そしてその外側の枠には火焔形がつく。こちらは冠の正面と側面においてまっすぐ向くように取りつけている。この観音像は奈良時代前期のもので、聖武天皇が初めて冕冠を用いた天平四年に時期が近い。冕冠の日形がこのような形式であった可能性もあろう（図5・15）。

以上で述べたように、鎌倉時代以前の礼服御覧の記録に出てくる天皇冕冠の日形の形状と仕様は不明で、複数の可能性が想定できる。ただし、近世の遺品にみられる日形の位置とは、明らかに異なっている。A・C・D・Eによると、礼服類とともに「佐保朝廷礼冠図」と「皇太子宝亀四年奉造御礼冠図」が保管されていた。この内前者について、Dは、「件の図、今在る所の冠、殊に相違

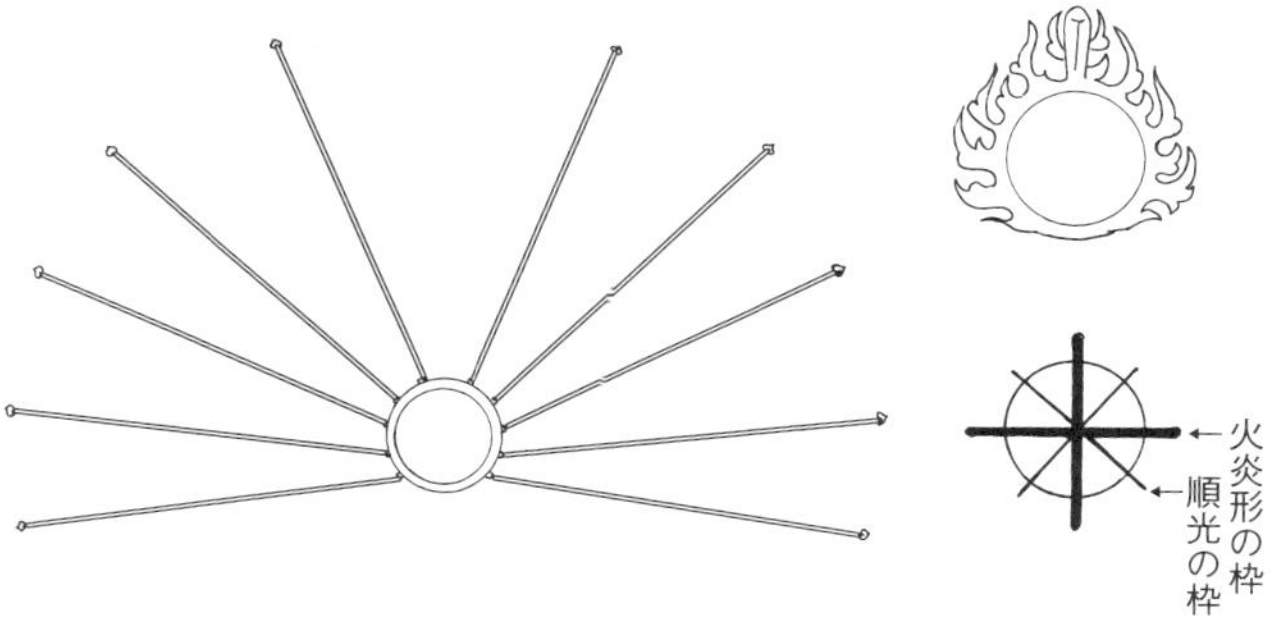

図5・15　東大寺三月堂の不空羂索観音像の冠につけられた日形の順光形（左）、火炎形（右上）と両者の取りつけ方の模式図

無し」と記す。佐保朝廷とは聖武天皇のことなので、天平の冠と仁治新調の冠に大差はなかったらしい。結局のところ男帝の礼冠の形状は、奈良時代から鎌倉時代までほぼ同じであったが、南北朝時代から近世に至るまでのいずれかの時点で変化したことがわかる。

冕板上の日形が持つ意味

このように、奈良時代に成立した天皇の冕冠の日形の仕様には不明な点が多いのだが、細かいことはさておき、日本の冕冠の特徴とされる日形の存在の意義について考える。まず、唐の冕冠については、『大唐開元礼』や『唐六典』によれば、旒および「黈纊充耳・玉簪導」以外装飾の規定はない。ゆえに天皇の冕冠の装飾は、唐の制度との違いを示すものとして注目されてきた。しかし、『宋史』「輿服志三」によると、北宋（九六〇～一一二六）初期の冕冠は五代の様式を継承して、きわめて装飾の多いものであった。前後各十二の旒には真珠が貫かれ、また別に十二本の翠旒《すいりゅう》もあり、これは翠鳳《すいほう》の口から下がっていた。冕板は表に龍の鱗の文様の錦を張り、その上に玉を綴った北斗七星の装飾があった。周囲には金糸の網がめぐらされ、そこに真珠や宝玉が取りつけられていた。冕板の裏は紫雲と鶴を織り出した錦が張られ、七宝（さまざまな宝玉）で飾られた四柱があった。これらの装飾の位置関係が不明なため、天皇の冕冠との比較はできないが、いかに華麗であったかは想像を絶する。

また冕板については、元豊元年（一〇七八）の制度改正時に、その時点で使われていた「金稜天板」が正しくないと論ぜられているが、この「金稜」を金属の枠と解することもできる。この解釈が正しいならば、日本の金属の枠に羅を張った冕板と似ていることになる。なお、元豊元年の時点では金稜の表に青羅、裏に紅羅を張ったものであり、さらに日本の冕板に似ているが、こちらは景祐二年（一〇三五）の改正以前は錦を張ったものであったから、偶然の類似であろう。ただし南宋の冕板は木の板の両面に羅を貼ったものであったから、北宋のものも同様に考えて、稜を木板のふちどりと解することもできる。なお、木板が無いのに、薄く透ける羅を表裏に張るのは不自然とする意見もあろうが、陝西省の法門寺出土の唐の末期の羅や、明代の遺品を見ると、密に織られていて余り透けていないから、北宋においても同様であったと考えたい。

ともあれ、北宋の冕冠は重く、華美にすぎて祭祀にふさわしくないものであったので、乾徳元年（九六二）に簡素化が図られて以来、度々仕様が変更されている。景祐二年の改正時の記事において、改正前の冠服を『宋史』は「多く唐の旧に沿《したが》ひて之《これ》を循用す」と表現しているように、唐以

図5・16　敦煌の壁画に描かれた「于闐国大明天子」像（10世紀）

左は拡大図。冕板の上に立体的な装飾が取り付けられる。なお、上の傘状のものは天蓋で、冠の一部ではない。（出典・敦煌文物研究所編纂『中国石窟─敦煌莫高窟五』平凡社1982年）

来の旧弊と解しているのである。

また、これに関連して、中国の絵画資料を見ると、冕板上に装飾を施す例が少なくない。まず五代の敦煌壁画に描かれた于闐《ホータン》の皇帝の李聖天像である。翠玉の飾りがおびただしくつけられた冠の上に冕板が乗せられ、その上にはさらに複数の球形の装飾と神獣をかたどったと見られる装飾がつけられている（図5・16）。後漢の蔡邕の『独断』によると、漢代には冕冠の別名を「平天冠」といった。この別名は後世まで踏襲されている。また、『宋史』によると、冕板を「金稜天板」と呼んだこと、冕板の裏に雲と鶴の文様の錦を張っていたことから、宋代においても冕板は天界をイメージしたらしい。そこから考えると、李聖天の冕板上の球形の装飾は、日月あるいは星な

図5・17　永楽宮壁画　第24図

元の時代に描かれたの道教の神の冕冠。冕板上に日月をあらわした丸が見られる。前の丸は白く、後ろの丸は赤い。旒は五色の玉を貫き、1078年の改正以後の形式を示す。（出典・中国外文出版社・美乃美『永楽宮壁画』1981年）

どを意味した可能性が高い。また、元代の道教寺院である永楽宮壁画には、冕服を着した神々が描かれる。「朝元図」などの宋代の道教絵画の図様の系譜を引くものである。元豊元年（一〇七八）の改正を反映して旒が五色であり、装飾も少ないが、冕板に円盤状の装飾を貼りつけたものが二個見られる。その前方の円は白、後方の円は赤に塗られている（図5・17）。

　これが日月をあらわす可能性は高く、冕板上を天空になぞらえる発想は根強かったと見られる。その発想が盛唐の頃にも存在していたとすれば、日本で経書等に根拠のない装飾を加える発想をここから得たことは十分に考えられると思う。

　また、天子の冕冠の旒の玉の色についても、『周礼』の説をとるならば、五色であるべきだった。永平二年（五九）の再興時に白一色になった根拠は不明だが、佩玉の色などを参照したものであろう。魏の明帝が「婦人の飾（女性的な装身具）」を好み、珊瑚玉の旒を用いたという話があるが、程なく白に戻り、その後も白を用いる王朝が多かった。ちなみに中国では、北宋の元豊元年（一〇七八）の改正以後ようやく五色の玉が定着する。天皇礼服の旒が一色でなかったのは、経書と実態の矛盾によるのではないか。

唐の冕服との違いとその理由

今までの解説を踏まえつつ、平安～鎌倉時代の天皇（男帝）の礼服を、先に紹介した唐の皇帝の冕服と比較すると、次の七つの差異が挙げられる。

①唐は上衣が玄で裳が纁であるが、日本は上下とも赤い。
②唐は文様を「織成」であらわすが、日本は刺繍である。
③唐は下着を「白紗中単」とするが、日本は赤い無地の小袖とする。
④唐の綬は腰飾りであるが日本の綬は帯である。一方、唐の冕服にある大帯・仮帯・革帯がない。
⑤日本は蔽膝がない。
⑥日本は剣が付属しない。
⑦日本の冕冠に黈纊充耳がなく、代わりに日形がある。旒の色についての記録はないが、正倉院の「礼服御冠残欠」も近世のものも多数の色の玉を連ねているのに対し、唐のそれは白一色である。

①の理由については、確たる定説はない。冕服の配色は、後漢に冕服が再興されてから概ね玄衣纁裳である。玄は天、纁は地を象徴する。ただし冕服の制度の根本資料である『周礼』の司服の項にこの配色が明記されていないこと、『礼記』〔月令〕に王が四季により服色を変えるという記事があることなど、揺れの生じる余地もある。ゆえに玄衣纁裳の冕服の他に、他の色の冕服を制定した王朝もあった。ことに隋は国初には自らの王朝を「火性」として赤い冕服を使用していた。中国においては王朝交替を木火土金水の五行説で説明する発想があった。これに関連して中国の歴代王朝はそれぞれ五行の一つを象徴とするとされた。

平安中期の具平《ともひら》親王が中国の仏典に注釈した『弘決外典鈔』には、中国の王朝名を列挙した箇所があるが、そこに各王朝に配当された五行の注記があり、日本もこの説の影響を受けていた。『日本書紀』によれば壬申の乱に際して大海人皇子《おおあまのみこ》（のちの天武天皇）の軍勢は赤い布を目印にしており、また天武朝には火性を象徴する「赤」にまつわる祥瑞（天が優れた治世の褒美に示すめでたい現象）が多く記録されている（伊原昭「天武天皇のある一面」『万葉集研究第九集』塙書房・一九八〇年及び亀井輝一郎「近江遷都と壬申の乱」『日本書紀研究第二二集』塙書房・一九九九年）。一方、称徳天皇の治世には白の瑞が圧倒的に多く、これを天武・持統朝の「赤色の祥瑞」と対比させる説（木本好信『奈良時代の政争と皇位継承』吉川弘文館・二〇一二年）もあるが、そもそも瑞祥とされるものには奇異な生物が多く、その中には先天的に色素が欠乏しているため白色になる個体が比較的多いので、白にまつわる瑞は多くなりやすい。平秀道氏が『続日本紀』の祥瑞の記事をまとめた一覧表（「続日本紀と讖緯思想」「龍谷大学論集」［三七七］昭和三九年）を見れば、まれに赤鳥の献上が有る以外、文武朝以来一貫して白の祥瑞の数が多いことがわかる。神護景雲四年（七七〇）に称徳を最後に天武天皇の血統の皇統が絶えた後、天智天皇の孫の光仁天皇が即位したが、同じく白の祥瑞が多い。火性は夏と赤に配当されるのに対し、金性は秋と白に配当されるので、この皇統にとってはますます白がふさわしい。光仁の孫である嵯峨天皇に金性の自覚があるならば、白を尊重して白地の十二章の冕服にしてよさそうであるが、実際にそうはならなかった。日神である天照大神の子孫といった理由で、日本の皇室全般を火性と考えたのかもしれない〈注31〉。

なお、瑞泉寺蔵の宋代の仏画「伝星宿図」には衣と裳の両方が赤い冕服姿が見られる。同時代の仏画には玄衣に赤い裳の正しい冕服姿の絵もあるから、赤い冕服が宗教的な思想の反映なのか、単なる誤りなのかは判断しがたい。というのも、同時代の仏画の中には通天冠に赤い衣裳という、冕服に次ぐ礼装を着けた帝王もしばしば見られ、それとの混同の可能性も想定しなければならないからである。『新唐書』によると、唐の皇帝が通天冠を用いる時は、「絳紗袍朱裏《こうしゃほうしゅうら》・紅羅裳《こうらしょう》」という赤ずくめの衣裳を着たという。この服装は元日朝賀に次いで重視された冬至の朝賀や、冕服でおこなう祭祀の行き帰りなどに用いると規定され、冕服に次ぐ礼装であった。武田佐知子氏がすでに主張していることであるが（前掲一九三頁「古代天皇の冠と衣服」）、第二礼装である通天冠の服の様式を折衷した可能性も考えられる。唐の冕服は元日朝賀や皇帝元服などにも用いられるが、第一義的には祭祀服であった。ところが、日本では祭祀服として帛衣が制定されていたため、冕服の意義が相対的に低かったことも、第二礼装の様式を取り入れることの一因になったのではないだろうか。

いずれにせよ平安初期において天皇の正装に玄（青黒）衣を用いることに感覚的な抵抗感があり、他の色を検討した結果、先に挙げた二つの理由のいずれかで正当化の可能な赤色が採用されたというのが真相ではないかと思われる。

②の問題については、後漢の再興時の冕服は、皇帝が刺繍で、高官は陳留襄邑《ちんりゅうじょうゆう》より献ずる「織成」が用いられた。織成は機織《はたおり》で文様をあらわすもので、経錦《たてにしき》（縦糸で模様を出す錦）か綴織《つづれおり》であろう。晋の張華の『博物志』によると、陳留襄邑は錦の名産地であったから、前者の可能性が高い。唐代に盛行する緯錦《ぬきにしき》（横糸で模様を出す錦）と異なり大きな文様を織るのが難しいので、細かな連続文であっただろう。原田淑人氏は、山・龍・華蟲の三章についてシルクロード出土の染織品にみられる連続的平面形の山の間に幾多の禽獣を配した文様を想定する（『漢六朝の服飾』［第一章］東洋文庫・昭和十二年）。晋も当初は後漢の制度を継承したが、後に「衣は画にして、裳は繍」と改めた（『晋書』［輿服志］）。これは、『尚書』［皐陶謨《こうようぼ》］の十二章の記事に、冕服の衣は絵で、裳は刺繍で文様をあらわすと記されることによる。その後、南朝では概ねこの規定にしたがったようである（『宋書』［礼志五］）。

北朝では、北斉の河清年間（五六二〜五六五）の制度で「織成」が用いられていた。『隋書』によると、隋では皇太子は「織成」で王公以下は「繍」であった。皇帝については不明だが、赤い冕服を玄衣纁裳に戻した時に北斉の制度を参照したとあるから織成であろう。唐も皇帝と皇太子は織成で、その他は繍であった。日本では、光明皇太后が東大寺に聖武上皇の遺品を納めた時の目録である『東大寺献納宝物帳（国家珍宝帳）』に「七条織成樹皮色袈裟」とあるものが、正倉院に現存する。これは横糸を全幅に通して強度を増した綴織《つづれおり》の一種なので、奈良時代の日本では綴織の類が織成と呼ばれたのは疑いない。隋唐も同様であろう。綴織は強靭さが錦に劣るが、錦よりも大きく複雑な文様を表現できる。唐で作られた国宝「当麻《たいま》曼荼羅」が奈良の当麻寺に現存するが、巨大な極楽浄土図を綴織で表現しており、その技術力の高さに圧倒される。漢と唐で刺繍と織成の序列が入れ替わるのは、「織成」の定義が経錦から綴織に変化したからと思われる。天皇の冕服は、唐で臣下の物とされた刺繍だが、日本では臣下の冕服がなく、後漢の先例もあるので、ことさら卑下する意味はないだろう。緻密で精巧だが平滑で単調な綴織よりも、多様な技法を盛り込みうる刺繍のほうが華やかに仕上がることも一因と思われる〈注32〉。

③の小袖は、当時の臣下の礼服の下衣と同じ仕立である。礼服の下衣は「衣服令」に規定がないが、『礼服礼冠目録断簡』によれば聖武上皇の礼服には、袍という上着の下に襖子《おうし》や汗衫《かんさん》という下衣があったから、こうしたものが小袖として定着したのであろう〈注33〉。そもそも『周礼』等の経書に下衣の詳細な規定はなかったから、唐の規定通りでなくても欠陥にはならない。

④の綬は、『礼記』［玉藻］に記事があり、唐の制度は経書を根拠とする。一方、帯の機能を果たす天皇の綬は、『令集解』が引く諸書からうかがえる奈良時代の臣下の礼服に共通している。さらに唐の冕服の三種類の帯がない。このうち大帯は、『礼記』［玉藻］の「素帯朱裏」と関連があるか

ら、経書に根拠がある。
⑤の蔽膝《へいしつ》は経書に散見する「韠《ひつ》」にあたるので、冕服には必須といえよう。『後漢書』の冕服の記事には見えないが、『晋書』以降の史書によれば長らく皇帝の冕服に使用されてきた。唐の「衣服令」には韍という名で規定があったが、なぜか玄宗朝の『大唐開元礼』には記載がない。
⑥の剣は、「漢制、天子より百官に至るまで剣を佩びざるは無し」（『晋書』［輿服志］）とあるように漢の制度から来ているので、経書によるものではない。また、日本では少なくとも有職故実が固定した平安中期以降の天皇は帯剣せず、三種の神器のうちの草薙剣や、日常の守り刀である昼《ひの》御剣《ぎょけん》はいずれも側近が捧持する。そうした慣例がすでに嵯峨朝には存在したのだろうか。
⑦については前項で先に述べたので繰り返さない。

以上の内容をまとめると、③から⑥までは、冕服の付属品である。経書に根拠が無い③や⑥と、根拠が有る④や⑤とがあるが、「衣服令」に記載のある玉佩《ぎょっぱい》を除き、総じて天皇の冕服はこうした装身具が用いられていない。蔽膝については『大唐開元礼』に記載がないのを参照してことさら略した可能性もあるが、嵯峨朝に袞冕十二章を取り入れるにあたっては、それまでの天皇礼服に使われていなかった装身具類を新たに採用しない方針であったことによると考えたほうがよいであろう。

すでに記したように、鎌倉時代の冕冠は聖武天皇の冕冠図と大差がなかったというから、嵯峨朝の改訂も、衣裳を白から赤に変えて文様を加える以外は、ほぼ既存の天皇礼服を踏襲したらしい。嵯峨朝の天皇冕服は唐の模倣ではなく、日本で考証されたものと思われる。文献からうかがえる異説や諸先例の存在を踏まえた上で、様式の決定の難しい装身具等をあえて摂取しないことで、当時の日本に合った仕様を決定したのであろう。これは先に述べた嵯峨朝における「日本的な唐風化」の方向性に一致している。ただし文様の配置や冕冠に装飾を配する発想など、おのずから同時代の唐の影響が顕著に見られるので、中国服飾史上においても興味深い資料といえる。

付言——十二章の釈義

なお、今までの論の中で、十二章の文様が象徴する意味について触れなかった。十二章はそれぞれに徳を象徴するという説もあるのだが、中国においても歴史的に見て、十二章の釈義が始まった時期はあまり早くないようである。十二章を記す文献は、先に引いた『尚書』［皐陶謨《こうようぼ》］の記事であるが、ただ名称を列挙するにすぎない。これを引用する『周礼』［司服］の鄭玄注にも十二章の釈義はなく、十二章の序列が周代には変化したという自説の根拠として、龍と火が「神明」であると述べるに過ぎない。

唐の孔穎達《くようだつ》の『尚書正義』の当該個所には、「顧氏が先儒等の説を採用して考えるには」として

「日月星は其の照臨を取り、山は能《よ》く雲を興し雨を興すを取り、龍は変化無方なるを取り、華

は文章を取り、雉は耿介《こうかい》【いさぎよい】を取る。（略）藻は文【あや】有るを取り、火は炎上を取り、粉は絜白【真っ白であること】を取り、米は能く養ふ【人を養う】を取り、黼（斧形）は能く断つを取り、黻は善悪相背く【背中あわせになっている】を取る」

（訓読文。ただし【　】内の説明は『吉川幸次郎全集』［八］の訳を参照した）

とあり、十二の文様はそれぞれの長所にあやかるという解釈である。顧氏は隋の顧彪《こひょう》という学者であり、時代が六世紀末まで下るが、これは経書研究の長い歴史から見るときわめて新しい。さかのぼって後漢の辞書『釈名』には、鷩冕《へつ》について鷩とは「山雉」であり、「生服」（生け捕り）すると「自殺」することから「耿介」の象徴とすることを記し、毳冕について毳を「毳芮《ぜいぜい》」すなわち柔らかい芽生えのこととし、これが衣に描く「藻」に当たるとして「温暖にして潔き」ことを象徴すると説くが、他の文様には触れていない。なお、同時代の鄭玄は毳を獣と解していたから異説もあったことがわかる。

また、現存しない『三礼義宗』（南朝の梁の崔霊恩著。六世紀前半か）にも十二章の意義が記されていたことが、『大唐郊祀録』［三］や『宋会要輯稿』［四十四］に引用された文から知られる。「日月星辰の三章は《略》王者に光照の功有るを明らかにせんと欲するなり」「山（略）其の能く雲を興し、雨膏（雨の潤い）万物を潤す。王者の下に沢沾（恵みを与える）するに象《かたど》るなり」といった具合の丁寧な説明で、十二章すべてを解説する。同書は『周礼』『礼記』『儀礼』の三礼の説を解説した書で、『宋史紀事本末』［礼楽議］によると唐の官撰儀式書の『大唐開元礼』もこの書の説を尊重したという。またわが国でも正倉院文書（「写書雑用帳」天平二年（七三〇）七月四日）にその名が見えることから、奈良時代中期までには渡来していたことが明らかで、なおかつ九世紀後半の『本朝見在書目録』にもあることから、当然平安初期の日本で見ることのできた書である。

この他、唐の孔穎達の『礼記正義』［王制］にも「諸物各象る所有り。故に説く」として十二章の詳細な釈義があり、また『旧唐書』輿服志に載る儀鳳年間（六七六〜六七九）の楊炯の奏議の文にも釈義がある。ただし、十二章の存在そのものは先に述べたように『尚書』の記事に根拠があり、日本において一つ一つの文様の意義を吟味してから取り入れたとは考えがたいし、平安中期から中世の文献に天皇冕服の十二章の釈義をめぐる言説は見られない。〈注34〉

『正倉院文書』には、この『三礼義宗』と共に『古今冠冕図《ここんかんべんず》』（「写章疏《しゃしょうそ》目録」天平二十年六月十日）の名も見られる。こちらは、古代以来の冠の図集という趣旨から見て、実物の詳細な図ではなく、概念的な図解であろうが、それでも冕冠を理解する助けになったと思われる。これらが天平と弘仁の冕服制定に寄与した可能性が高いのに、現存しないのは残念なことである。

第六章　皇后と皇太子の礼服

一　皇后の礼服

弘仁十一年の詔における皇后の服

弘仁十一年の詔で、皇后には助祭服である「帛衣」、朝賀に着る「褘衣《きい》」、大小諸会に着る「鈿釵《でんさい》礼衣《らいい》」が定められた。帛衣は天皇の帛衣に相当し、褘衣は袞冕、鈿釵礼衣は黄櫨染衣に相当するとみてよいであろう。皇后が帛衣を着るとされた「助祭」の語義は、唐では皇帝祭祀に参加する意味であるが、日本での「助祭」の実態は、明らかでなかった。『延喜式』には新嘗祭で皇后が祭りに使う神座等の用具が列挙され、祭祀への参加が想定されているが、肝心の皇后の祭祀参加の実例が見当たらないという問題があった。ところが近年、九条家本『神今食次第』に弘仁六年（八一五）十一月の新嘗祭における皇后の行列への供奉人員についての記述があることが指摘され（西本昌弘「九条家本『神今食次第』所引の「内裏式」逸文について」『日本古代の年中行事書と新史料』吉川弘文館・二〇一二年）、嵯峨朝には皇后も祭祀の場である中和院《ちゅうかいん》に向かっていたことが実証された。天皇が神膳を捧げるのを介助したのか、別の場で祭祀を行ったのかについてはなおも不明だが、弘仁十一年の詔は空文でなかったらしい。立后は、嵯峨天皇の皇后の橘嘉智子とその次の淳和天皇の皇后の正子内親王をもってしばらく絶え、復活したのは醍醐朝の藤原穏子からであった（天皇の生母を皇太后に立てることはおこなわれた）。したがってこの間に皇后の祭祀参加が断絶したのであろうと推定される。鈿釵礼衣は美しい簪をつけた礼装の意味で、唐の制度にもある。衣裳の色は一定していない。

中国の皇后の礼装の変遷

日本で皇后礼服とされた褘衣は、冕服同様、中国では周以前の制度を伝えるとされる経書に見られる服である。『周礼《しゅらい》』［内司服］および『礼記』［玉藻《ぎょくそう》］に天子の后の正装として見える。そしてこれに次ぐ服を揄狄《ようてき》という。［玉藻］鄭玄注によると、褘は翬《き》の字に通じ、揄は揺の字に通じ、共に翟《てき》（雉《きじ》）の名であるという。また［内司服］鄭玄注によると、狄《てき》は翟のことで、雉の名であり、白地に五色の模様がある雉を翬、青地に五色の模様がある雉を揺というとある。そして王后の服は雉の形に切り抜いた繒《そう》（絹）に彩色画を施し、これを衣に綴じ付けたという。これに次ぐ闕翟《けつてき》は、雉の形に切り抜いた繒を綴じつけるが、彩色はない。［内司服］の本文に色は記されないが、鄭玄は褘衣は玄、揄狄は青、闕狄は赤であろうとする。このほか、后が自ら養蚕を儀礼的に行う「親蚕」

という儀式には、黄色く模様のない鞠衣《きくい》を用いた。これは一説には桑の若葉色を意味するという。〔内司服〕によるとその下に展衣・縁衣・素沙があり、天子同様六服の制になっていた。また臣下の女性（内外命婦）は、『周礼』〔内司服〕によると最上位が鞠衣で、身分にしたがい展衣・縁衣・素沙を用いたという（図6・1）。

図6・1　『三礼図』（宝暦十一年和刻本・個人蔵）に描かれた中国の皇后の褘衣

『後漢書』には太皇太后と皇太后・皇后の祭祀服を「紺上皂《そう》（黒）下」で深衣の形式であったと記す。深衣とは、唐の『礼記正義』〔深衣〕に、衣に裳を継いで一領にしたものと説く。中国服飾史では、漢代の女性俑に見られるガウンのような、全身を覆う長衣を深衣だとする説が有力であるが、これは上半身と下半身で分かれていないので、「上下」の定義について不明となる。また、後漢末の鄭玄は『周礼』〔内司服〕の注で女性の服を「衣と裳連なる」と述べるが、後世の女服は衣と裳が別であり、この「上下」を上半身の衣と下半身の裳とに当てて解釈するようになる。

漢制を継承する晋の制度では、皇后は上下ともに皂とされている。このほか、「親蚕」には漢・晋共に青や縹（薄青）の衣が使われた。このように、皇后などの正装には青系統が多用される。晋の元康六年（二九六）の詔で魏以来親蚕の礼装に刺繍の文様があるのを「古義」にあわないとして禁止しているから、漢以降の女子の祭祀服は本来特に文様を必要としなかったようである。『宋書』［礼志五］によると南朝の宋（四二〇～四七九年）の皇后の服を「今皇后の謁廟《えつびょう》（皇室の廟への参拝）の服は袿襡大衣。之を褘衣と謂《い》ふ」とし、ここで経書に見える名前が復活しているが、雉の文様を施したかどうかは記さない。南朝の最後の王朝の陳（五五七～五八九年）も皇后謁廟の服は「皀上皀下」の深衣でこれを褘衣と呼び、親蚕の皇后の服は「青上縹下」の深衣であったとするが、男性の冕服に比してその記録は冷淡で、文様についての記事もない（『隋書』［礼儀志六］）。

　これに対し北朝では后妃以下の女性の服制が詳しく記録されている。北斉（五五〇～五七七年）の皇后の髪飾りには「仮髻《かけい》・歩揺《ほよう》・十二鈿《じゅうにでん》・八雀九華《はちじゃくきゅうか》」があり、皇帝の祭祀への「助祭」や朝会（朝賀）の服の褘衣、これに次ぐ祭祀服の褕狄、小宴の闕狄、親蚕の鞠衣、正式に皇帝に会う時の展衣、略服の褖衣の「六服」が制定されていたという。五品以上の女性たちも皇后に準ずるが、位階により髪飾りと正装の種類が異なった〈注35〉。

　隋は北斉の制度を参照しつつ、『周礼』の記述を取り入れて詳細な制度を作った。皇后の髪飾りには「花十二樹」を用いる。皇太子妃・皇女・王や公および三公（大臣）などの妻や一品命婦（一品の官人の妻）は九樹、侯の妻と二品命婦は八樹、伯の妻と三品命婦は七樹、子の妻と四品命婦は六樹、男の妻と五品命婦は五樹で、その下に三樹の者もあった。樹は花枝の数を示し、大花と小花が同数（皇后なら大小各十二）ある。服は、皇后が褘衣で、深青の地に翬翟《きてき》（白地に五色の模様の雉）の文様が織り出される。その文様は十二段に配する。皇太子妃以下の皇族女性および三公（高官）や公・侯・伯などの夫人が褕翟で、青の地に揺翟（青地に五色の模様の雉）をあらわす。皇太子妃は織で、その他は刺繍である。文様の段数はそれぞれ花樹の数に同じ。子・男の夫人は闕翟で、雉の形の絹を綴じつけた緋の衣である。文様の段数はそれぞれ花樹の数に同じである。ただし諸侯夫人でない皇帝の妃や五品以上の官命婦（自らが位を持つ女官。内命婦）は、雉の模様のない「青服」を用いた。また親蚕には『周礼』の説により、黄色い鞠衣を用いた。

唐も隋の制度を継承するが、皇后の服は褘衣・鞠衣・鈿釵礼衣の三種類になった。褘衣と鞠衣はほぼ隋に同じである。鈿釵礼衣は「雑色」すなわちさまざまな色があり、髪飾りは花樹でなく「十二鈿」を用いた。内外命婦（自ら位を持つ女官が内命婦で、位階を持つ官人の妻が外命婦）の正装は、一品以下五品以上は一律青地に翟を刺繍した羅の「翟衣」となった（隋と異なり内外命婦の衣は同一）。花枝と文様の段数は隋に同じ。これに次ぐ礼装は鈿釵礼衣で、翟衣の髪飾りの花樹と文様の段数および鈿釵礼衣の鈿の数は、一品が九、二品が八、三品が七、四品が六、五品が五で、皇帝の御前での通常服である。六・七品の女官の正装には髪飾りのない雑色の礼衣があり、八・九品の女官はこれを簡素化した公服を正装とした。なお六・七品の女官も通常の奉仕には公服を使う。位のない女官である女史は裙（スカート）と襦と半袖衣を用いた。

平安時代の皇后礼服

日本の皇后の褘衣には不明な点が多い。幕末まで使用され続けた天皇礼服と異なり、皇后の褘衣着用の記録が残っていないからである。『土右記』（長元九年（一〇三六）七月四日条）によれば、皇后の礼服は大袖・小袖・裙・纈纈裙の四点から成り、大袖と裙には青色の地に雉の絵があったという。この「青」がブルーなのか、平安時代にしばしば「青色」と呼ばれた麹塵《きくじん》（第七章二節参照）なのかも不明である。唐の皇后の雉が織り出されているのに対し、日本のそれが絵であるのは、雉形に切り抜いた絹に彩色して衣に綴じつけるという『周礼』鄭玄注の説によったのであろうか。しかし、『周礼』鄭玄注の説によるならば天皇の冕服も衣は絵で、裳は刺繍となるはずであるのに、日本ではすべて刺繍であり、これに拘束されたとは考え難い。絵は容易に華麗な衣装を作るための便法であろう。

『土右記』には装身具の類が記されない。隋・唐の翟衣には男子の冕服同様に佩玉や綬があったが、そうしたものが見られないのである。もともとあったものが失われた可能性もあろうが、天皇冕服同様唐の制度のかなりの部分がはじめから取り入れられなかったと考えられる。佩玉についても、日本の「衣服令」では男子のみに「玉佩」があり、内親王以下女子の礼服にはない。あくまで日本の礼服の制度をベースにして、翟衣の要素を部分的に取り入れたと考えれば、皇后にもなくて当然であろう。

皇后の礼冠

髪飾りについては、平安中期以来女帝礼冠とされてきたものが皇后礼冠であった可能性が高い。『土右記』（長元九年（一〇三六）七月四日条）によると女帝の冠とされるものは黒漆の平巾子（三山でない）冠で、櫛形は無く、押鬘《おしかずら》（第七章一節参照）がめぐらせてあった。押鬘には三つの「花形」があり、これには「花枝形」の飾りがついていた。前方に鳳凰の飾りがあるが、やや左に偏って立っていたと記され、筆者の源師房は対になる右の鳳凰が脱落したのではないかと疑っている。この冠の部品に似たものが、正倉院の残欠中にある。すなわち一対の金板製の（平面的表現の）鳳凰および、大振りの花のついた折り枝形の金工品、そして金属製の唐草形の彫金である。このうちの鳳凰と唐草形は『礼服礼冠目録断簡』に光明皇太后の冠につけられていたとある「純金鳳」と「金銀鬘形」に相当する可能性が高い。花枝形は、唐の皇后の十二樹の飾りとの関連を思わせる。〈注36〉

二　皇太子の礼服――抹殺された皇太子と冕冠の制定

皇太子礼服の変化――黄丹《おうに》の礼服から袞冕九章へ

「衣服令」では、皇太子の礼服は黄丹の衣と紫の褶から成ると定められていた。この時の礼冠の仕様は「別式」にあると記されるだけで不明である。皇太子礼服を着たのは、和銅八年（七一五）正月一日に、前年元服したばかりの首《おびと》親王（のちの聖武天皇）が最初であるが、天皇冕服制定以前であるから、このときは皇太子も冕冠ではなく、その他の皇族や臣下のものと同じ形式の冠であったと考えられる。

その後、前に引いた『後伏見院御記』（第五章四節参照）によると、礼服の実物と共に伝わった皇太子礼冠図には「宝亀四年奉造御礼冠図」という注記があった。これは「佐保朝庭礼冠図」と「大略同体」であり、『後深草院御記』によれば「佐保朝庭礼冠図」は当時の天皇礼冠とほぼ同じであったというから、皇太子の礼冠も冕冠であったとわかる。

宝亀四年（七七三）に礼冠が新調されたのは、この年新たな皇太子の山部親王が冊立されたからである。時の光仁天皇は第五章三節に前述したように天智天皇の孫で、天智の弟の天武天皇の子孫である聖武天皇・称徳天皇とは血統が遠かった。しかし、彼は即位以前に聖武天皇の皇女で称徳の異母妹の井上内親王を妻としていたので、そのことが皇位継承に有利に働いたことは想像できよう。当然ながら井上内親王の生んだ他戸《おさべ》親王が皇太子に立つ。しかし、新帝擁立の功を我が物にしたい一部の貴族には、正統な皇嗣は魅力に乏しかったのであろうか。皇后の井上内親王が夫帝を呪詛したという疑惑事件が発生し、皇后と皇太子は共に廃され、代わって他戸親王の異母兄で、渡来系氏族を母に持つ山部《やまべ》親王が立太子した。こうした経緯で皇太子になった山部親王には、弟のための既存の冠は望ましくない。礼冠の新調にはこのような事情が隠されていたのである。男系で天智の、女系で天武の血を引く弟からその地位を奪う形となった山部親王を権威づけるために、冕冠の使用が始まったのだろう。図を描かせたのは新たにデザインを定めたからという可能性が高い。中国の、しかも後代の例ではあるが、北宋の景祐二年（一〇三五）に冕冠の仕様を改訂するに際し、まず絵図を進上させているのが参考になる。ただし宝亀四年の衣裳は以前からの黄丹衣と紫褶であっただろう。

なお、弘仁十一年の詔にある皇太子の「袞冕九章」は、『土右記』によると、天皇礼服と「大略」同じだが、大袖に日・月・星の三章がなかった。中国古代の経書の説に王の継嗣の冕服の規定はない。『礼記』［郊特牲］に「天子の元子は士なり。天下に生れて（生まれながらに）貴き者は無きなり」とあるように、理念的には天子の継嗣は特権階級の末端である士に相当するとされているのであるから、特別な服が制定されていなかった。皇太子の九章冕服は南朝の宋の泰始六年（四七〇）に朝賀のためのものとして制定されたのがはじまりらしい（『宋書』［礼志五］）。宋では最高の身位を持つ臣下も九章八旒であったが、臣下の冕服のない日本では皇太子の超越性を示す機能を果している。

なお、唐では、元日朝賀に皇太子は具服《ぐふく》を着た。具服とは冕服に次ぐ礼装である朝服の別名である。泰始六年の皇太子冕服は朝賀で皇帝を拝するときの服であったが、これを引き継いだ南朝の陳の皇太子の九旒九章の冕服は「侍祀」に、北朝の北斉の皇太子の九旒九章の「袞服」は「謁廟」に用いられた。いずれも祭祀服であり、朝賀には使用しなかった。唐もこれを引き継ぎ、朝賀で皇太子は冕服を着なかったのである。これは臣下も同様であった。

唐の朝賀では皇帝と皇太子の服が異なるのに、日本では同じ袞冕であることに注目する指摘もあるが（藤森健太郎『古代天皇の即位儀礼』吉川弘文館・二〇〇〇年）、これについては唐でも祭祀では両者ともに袞冕を用いたこと、および日本に具服の制度がないことを考えれば、日本では朝賀に礼服を着るのであり、皇太子礼服は袞冕九章であったからだと単純に考えてよいだろう。

皇太子が神事に礼服を用いる理由

皇太子には神事用の帛衣がない

さて、弘仁十一年の詔によると、皇太子には帛衣がない。白い衣は最上の存在である天皇と、これと対になる皇后のみの衣装であった。平安末期から鎌倉前期の記録には、伊勢神宮に仕えた未婚の皇女である斎宮（『平戸記』寛元三年（一二四五）十月十一日条）や、賀茂社に仕えた未婚の皇女の斎院（『中右記』大治四年（一一二九）四月二十五日条）も「帛」の白い十二単を着たとあるが、彼女たちは天皇と皇后が乗ることのできる「葱花輦《そうかれん》」という輿を許される特別な存在であり、皇太子はその乗用を許されないということも傍証になる。それゆえ皇太子は「従祀《じゅうし》」（天皇の祭祀への参加）と朝賀で共に袞冕九章を使用する定めであった。唐では「侍従祭祀」（皇帝の祭祀への参加）と、元服と婚礼に皇太子が袞冕を使用する。ゆえに祭祀と世俗的な大儀の両方に冕服を使うという点では、結果的に唐の制度に似ている。

しかし、唐では皇帝の祭祀服も冕服であったが、日本の天皇のそれは帛衣である。天皇が朝服の形状の帛衣で祭祀を行う時に、皇太子が冕服というのは著しく不均衡であろう。そもそも「衣服令」

では「大嘗」と「大祀」に礼服を着用する規定であったから、礼服には祭祀服の機能もあったであろう。ところが、平安時代前期の『儀式』などによると、神事に際して占いで選ばれて祭祀の枢要に携わる小斎《おみ》（小忌）の人々の装束は青摺衣であった。青摺衣は、『古事記』の雄略天皇の記事によると、狩にでかける天皇のお供が揃って着ていたとあり、また仁徳天皇の記事によると皇后のもとに遣わされた勅使が使用している。非常に古い伝統を持つ衣装である。養老五年（七二一）九月十一日には伊勢神宮に仕える斎宮に選ばれた皇太子（のちの聖武天皇）の娘の井上王（のちの光仁天皇の皇后）の輿を舁《か》く人々が使用している。また、弘仁十二年に撰ばれた儀式書『内裏式』によると、新嘗祭後の節会（公的な宴会）で小斎の人々が青摺を着用したとある。このように見てゆくと、神事服は古くから青摺衣で、礼服使用の余地などなかったようにも見える。『有職抄』に「令ニハ大祀大嘗会ニモ着用ノ由ミヘタリ。終《つい》ニ着用ノ例見及《およば》ザル事ナリ」と指摘するのは鋭い。

礼服は大嘗祭に使用されたか

しかし、平安前期の『儀式』によると、代始めの大嘗祭の記事に「諸衛大儀を設く《もう》。諸司威儀の物を陳《つら》ぬること元日儀の如し」とあるように、その儀仗は朝賀と共通性のあるものだった。これに関連する規定は十一世紀前半の『北山抄』〔八〕の「大将要抄」にも見える。「小忌に供奉《ぐぶ》する者、弓箭《ゆみや》を帯すること常の如《ごと》し。此の日大儀なり。仍《よ》りて大忌に候《そうろ》ふ者、弓箭を帯せず」とある。武官の装束の使い分けのランクは、『延喜式』では大儀・中儀・小儀の三つだが、平安後期の『年中行事秘抄』では大儀・上儀・中儀・小儀の四つとされる。後者の説明は簡略なので断定はできないが、上儀は節会など前者でいう中儀の中でも重い儀式を指すらしい。ただ、前者が大儀を「元日・即位」の服とし、後者が「着甲即位」とすることから、朝賀や即位を大儀と言ったことは疑えない。『北山抄』によると小忌の武官は大儀の服でないので弓矢を携えるが、大忌《おおみ》（小忌以外）の武官は大儀のため弓矢を用いないと解釈できる。礼服を着る上級武官は弓矢を用いず矛を持ったことと関係があろう。ただ、実際に大嘗祭で武礼冠が用いられたという記録はない。あるいは淳和朝の改革で礼服の着用を制限したのに連動して、朝服＝束帯を代用するようになったのだろうか。

このように考えると、弘仁十一年の制度では、大嘗祭の時、皇太子が礼服を着た群臣を引き連れて拝礼した可能性がある。大嘗祭では大嘗宮の中に天皇が入って祭祀をおこなう。『儀式』によると、皇太子は殿内に入らず、大嘗宮の南門外で拍手を八度おこなって拝礼するだけなので、青摺衣を着る必要はなかった。一方、祭祀の枢要に携わる小斎の人々が青摺衣を着ていたとすれば、祭の内側は和風で、外側では唐風の服装という使い分けがあったのだろう。また、弘仁十一年の段階では、天皇の帛衣が朝服形式でなく、奈良時代以来の冕冠に白い礼服であった可能性も否定できない。

またこれに関連するが、『古事談』に「大嘗会の時、代々着させ給ふ玉冠は、応神天皇の御冠なり（御礼服に相具《あいぐ》し、内蔵寮に在《あ》り）」と見える。さらに同書によると、平安後期の後三条天皇がこれを被ったところ、頭にぴったりであったと記す。平安前期にはすでに天皇の帛衣が朝服の形式であったから、後三条の着用の事実は信じがたい。しかし、応神天皇の「御礼服」が内蔵寮にあったという記事が『玉葉《ぎょくよう》』文治三年（一一八七）二月二十日条に、内裏に応神天皇の表袴《うえのはかま》と「武霊」という冠があったがのちに袴は宇佐八幡宮に移管されたという記事が『八幡宇佐宮御託宣集』［四］（一三一三年）にあり、あるいは古代以来の金属製の冠と白服の組合せを天皇の神事服として使用した時代の記憶が反映されているかもしれないことも指摘しておく〈注37〉。

第七章　臣下の礼服の変遷

一　平安初期における文官礼服の制度

礼服廃止の検討

礼服が制定されたときには、朝廷からの支給があったであろうが、『続日本紀』天平十三年（七四一）十月の記事によると、礼服冠について「今より以後、私に作り備《そな》へしむ。内命婦《ないみょうぶ》（五位以上の女官）も亦《また》同じ」とされた。朝服についてはこれ以前からおかしな形状のものを禁止する法令が出ているので、自弁だったとわかるが、礼服の衣裳も自弁であったのだろうか。そしてこの時から冠も自弁となったのであろう。

弘仁十一年には天皇の礼服が整備され、朝賀は一層華麗なものとなったが、弘仁十四年（八二三）四月に嵯峨天皇は弟に譲位した。この年の十二月四日、新帝の淳和天皇は礼服の廃止を公卿《くぎょう》（高官）たちに諮った。「国家は『顚瘁《てんすい》』（疲弊）し、礼服の自弁が難しい」という理由で、「凶年の間、着用を停《とど》めむと欲す。亦宜《またよろ》しく議定《ぎじょう》して之《これ》を奏せ」と命じたのである。これに対し公卿たちは、「礼服は詔により『停止《ちょうじ》』します。ただし皇太子及び、参議と非参議の三位以上、そして『職掌に預かる』人は、今まで通り礼服を着ます」と奏上した（『類聚国史』［七一］）。

参議は四位でも公卿（高官）であり、三位以上は参議でなくても公卿である。ゆえに公卿の礼服は存続した。また、「職掌に預かる」というのは、朝賀で擬侍従や典儀などの重要な役目を果たす者であろう。皇太子と皇族・高官と、儀式で重要な役目を果たす人は礼服を着用、特別な役目のない参列者の内、四位と五位が礼服をやめて朝服を着たのである。なお「凶年」を理由にした改正であるが『延喜式』［式部上］には、「四位以下で職掌の無い者は礼服を着ない」とあり、この規定はその後も継続した。ただし、武官以外で礼服を着る人が十数名に限られるようになるという平安中期以降の即位の状態（第三章二節参照）を、この制度改正に短絡させることはできない。儀式で特別な役目のない四位以下は、礼服が廃されても朝服（束帯）を着て庭上に参列すべきであるのだから、平安中期以降公卿の内六人だけが外弁と称して参列したのは、儀式そのものの縮小として理解した方が自然である。また、前述したように武官の礼服も以前のままであった。

礼冠の別式――儀式・延喜式・そして幻の延喜儀式

矛盾する『儀式』と『延喜式』の記事

礼冠の仕様は、「衣服令」に詳細な規定がない。『令義解』には、「別式」に記載があると記すが、これに関連すると思われる規定は、九〇五年に編纂が開始されて九二七年に成立した『延喜式』［式部下］に見られる。この記事は親王以下諸王五位・諸臣五位以上の礼冠について詳述するが、武官の「武礼冠」に関する記事はなく、また冠以外に関する記事はない。また、八七五年頃成立の『儀式』［六］には［朝賀］の項につづいて［礼服制］という項がある。こちらは天皇・皇后・皇太子の礼服からはじまり、親王以下諸王四位・諸臣四位の礼服の規定と内親王以下五位以上の女子の礼服の規定が記される。礼冠の記事が詳しいのは『延喜式』と同じであるが、冠だけでなく衣裳についての規定もある。

これらによると、礼冠の部位として「冠」と「櫛形《くしがた》」と「押鬘《おしかずら》」と「徽《き》」があったことがわかる。『御即位装束絵様』や近世の遺品によると、礼冠は黒い冠の後ろに櫛形を立て、その周囲に押鬘という輪状の装飾を施したものである。黒い冠の巾子（後ろの高く盛り上がった部分。ここに髻《もとどり》を収める）は二本の谷がつくられて三つの頂を持つので、これを「三山冠」と呼ぶ。櫛形は巾子の後ろに取りつけられる。金属のへりがあり、黒い羅を貼り漆をかけて補強する。押鬘は周囲にめぐらされた金属製の唐草模様の飾りで、名称は頭に飾った蔓草からきたものらしい。徽は前面の額の上に当たる箇所に取りつけられた、金色の動物形の装飾である。近世では木彫金箔貼りである（図7・1）。

冠頂（巾子の稜線）と櫛形と押鬘には玉がつけられる。この玉の色は身分により異なった。冠頂の玉は冠に花形の台を直接居えた上につけてあり、櫛形と押鬘の玉は茎の先に花形の台をつけてそ

図7・1　江戸時代の文官礼冠図

中心をなす三山冠の後ろに羅を張った櫛形を取りつけ、周囲に金属製の唐草を透かし彫りにした押鬘をめぐらす。額には臣下であることを示す麒麟形の徽を乗せる。（出典・『冠帽図会』故実叢書）

の先に取りつけた。徽は身分により動物の種類や体の向きを異にする。

時代が近いにもかかわらず、『儀式』と『延喜式』の記事には相違もある。たとえば、諸王の一位の冠頂につけられた玉が、『儀式』では琥珀《こはく》五顆、緑玉六顆であるのに対し、『延喜式』では赤玉五顆、緑玉六顆となっている等である。ちなみに親王の冠頂の玉は両書ともに水晶三顆、琥珀三顆、青玉五顆であるから、赤玉と琥珀は別のものである。また、諸王二位の冠頂の玉が、『延喜式』では白玉一顆、緑玉五顆とあるが、『儀式』では琥珀五顆、緑玉五顆、白玉一顆とある。冠頂の玉は、四位以上はすべて十一顆のようであるから、『延喜式』は五顆の記載が欠けているらしい。一方、『儀式』では、諸王と諸臣の二位の礼冠の玉についての記事が、諸王一位の項の分注に記載され、後の本文中にも再度出てくるが、諸臣二位の物は分注と本文で相違する。また、「衣服令」では親王と諸王の褶は深緑で、諸臣は深縹とあるのに、『儀式』では諸臣も親王に同じとされている。このように『儀式』と『延喜式』の記事にはいずれも欠陥がある。また、『延喜式』には五位以上の礼冠の規定が見られるのに対し、『儀式』には四位以上の規定しかない。これは弘仁十四年の改革を踏まえ、実際の使用がまれになった五位礼服の規定を割愛したものであろう。

幻の『延喜儀式』と『弘仁式』

『儀式』は、朝廷の儀礼についての施行細則である。三度編集され、それぞれの編集時の年号により『弘仁儀式』『貞観儀式』『延喜儀式』とよばれたとされる。しかし、現存する『儀式』は内容から『貞観儀式』と推測されている一種類だけである。しかも、『儀式』は中世以前の古写本がほとんど残っていない。流布本のほかに、別系統の東山御文庫本があるが、その巻六は欠けており、『儀式』「礼服制」の不審な箇所が誤写だとしても、検証は難しい。

ところが天理大学附属図書館に『礼服制』という書がある。永正十六年（一五一九）に大外記の中原師象が写したもので、「延喜式六　礼服制」「西宮記」「北山抄」など平安時代の複数の書の礼服の記事を列挙し、巻末には「延喜儀式」の目録を付したものである。巻末の目録は、平安時代に成立した『本朝法家書目録』に載せられた「延喜儀式」目録とほぼ同じで、現存の『儀式』とは異なる。この『礼服制』に引く「延喜式六　礼服制」は現存の『儀式』に類似しながら小異を持つ。『延喜式』の巻六には礼服の記事がなく、『延喜儀式』巻六に存在したことが目録からわかるので、これは『延喜儀式』の記事である可能性が高い。『延喜儀式』は賀茂祭の項がまとまった形で現存するほかは、ごく断片的な引用しか知られない。それに次ぐ分量の『礼服制』の記事は貴重な資料であろう。これによると本文の諸臣二位の玉の色は諸王一位分注の記載に合わせてあり、『儀式』で諸王と諸臣の褶が同色（親王と同じ緑）とされているのが、諸臣の褶を「衣服令」に基づく縹とするなど、訂正が認められる。

なお、『延喜式』の記事が礼冠に限られるのは、『令義解』にいう「別式」に対応するからと思われるが、その内容がどこまでさかのぼるのかは不明である。『延喜式』に先行する『弘仁式』は断片的に現存するが、その中に礼冠の記事の末尾が偶然に残っている。その現存するわずか十数字の内容は『延喜式』よりも『儀式』の礼冠の記述に近い。ただし礼冠の説明の末尾に続き、別の項目が立てられているから、『延喜式』同様に冠の記事だけで、『儀式』のように衣裳や装身具に関する規定は記されていなかったこともわかる。『儀式』と『延喜式』は、『弘仁式』を介して兄弟関係にあるのかもしれない。

こうした資料的な理由が制約となり、平安前期の礼冠の制度の正確な把握は困難なのである。また、そこに何らかの規則性を見出しうるのかどうかも明らかでない。そもそも玉の色の規定を文字で書いてもイメージしにくい。これは平安時代の人にとっても同じだったようで、先に掲げた『御即位装束絵様』が位階ごとの礼冠図を詳細に図解するのは、煩雑な規定を視覚化することを目的としていたのであろう。

「衣服令」の改正と礼服の色

このほか、『儀式』の記事で興味深いのは、礼服の上衣《うわぎ》の色が親王と諸王一位・諸臣一位は深紫、諸王と諸臣の二位・三位は浅紫、諸王四位は浅紫、諸臣四位は深緋となっていることである。これはすべて「衣服令」の規定通りである。しかし、宝亀五年（七七四）一月に二位の大臣に深浅紫の中間色である中紫を着用させ（『続日本紀』）、大同二年（八〇七）十月に三位以上すべてに浅紫を着用させ（『日本紀略』）、大同四年二月に二位の右大臣の藤原内麻呂に中紫を着用させる（『日本後紀』）など、奈良時代末期から平安初期の朝服の紫袍は目まぐるしく制度変更されていた。

最終的に弘仁元年（八一〇）九月には、二位大臣は深紫、諸王二位以下五位以上と諸臣二位三位は中紫とされている。『延喜式』［弾正台］の規定も弘仁元年の制の通りで、『儀式』編纂時もこれが現行の朝服の位色であったと見るべきである。礼服と朝服の上衣《うわぎ》の色を同じとするという「衣服令」の原理にしたがうならば、礼服も当然深紫と中紫のはずで、浅紫は存在しないはずである。礼服がなぜ朝服の制度改正を反映していないのかはわからないが、次の項で説明する後世の礼服の色が位色にしたがわなくなるという現象の萌芽と見ることもできる。

二　形骸化してゆく文官の礼服

お古を使いたがる人々

朝賀が中絶し、即位で礼服を着る者が減少すると、礼服は一世一代の特殊な装束となった。それとともに生じた奇妙な現象が、礼服を新調せずに古物で間に合わせるという風潮の発生である。平安中期から鎌倉時代にかけては、いわゆる十二単の発達にみるように、奢侈的な装いが好まれた時代である。しかし、「唐」を思わせる礼服は、その威厳をたたえられながらも、特殊な存在として貴族たちのおしゃれの対象からははずされてしまう。所詮は一生に幾度も着るものでないという理由もあるであろう。また後述するように天皇の礼服は古物が修理されつつ長く用いられたから、由緒あるものを使用したいという気持ちもあったかもしれない。ただ、平安時代には、束帯で用いる石帯の飾り石の中に宝物視されたものがあり、太刀や平緒（太刀を佩びるための組紐の帯）の中にも「名物」とされるものがあったが、礼服については特定の名物が見られない。古物尊重というよりは、「古物」を用いてもよいということ自体が先例として容認されているという感がある。

礼服は、貴族の家の蔵のほか、皇室や貴族ゆかりの「諸寺宝蔵」にも存在したらしい。古くは後一条天皇即位（一〇一六年）に際して、書に優れた貴族の藤原行成が奈良の興福寺（藤原氏の氏寺）より借用し、返納時に箱の蓋裏に見事な筆跡で儀式の記録を書き留めたという話が、『助無智秘抄』に記される。さらに鎌倉時代初期の土御門天皇即位（一一九八年）に際し、奉仕の人々が礼服を探し求めた時の記録がある（『三長記』建久九年二月二十八日条）。法勝寺（白河法皇が造らせた壮大な寺院）・勝光明院（鳥羽離宮に造られた寺院）・金剛勝院・蓮花院・鳥羽殿（鳥羽離宮）など御蔵には礼服があるという評判であった。ところが、勝光明院のものは「土御門相」（土御門家は村上源氏の上流公家の久我家の別称なので、その関係者か）が奉納したものだが紛失しており、金剛勝院のものは「其の実無し（実体がない）」とあり、存在しないのか、使い物にならないのかは不明、蓮花院のものは「本より納められず（はじめから実在しない）」という有様、法勝寺のものにいたっては、仏事に際して八部衆（仏教の守護神）に扮するための衣装で、とうてい即位の参列に使用できるものではなかった。この中で唯一有望なのは、鳥羽殿御蔵のもので、ここには大袖・玉佩・綬・笏・玉冠（礼冠）があったが、このうち礼冠は一一八五年の震災で大破していた。

さまざまな色の礼服の登場

古物を借用するということになると、必ずしも位階にあったものを用いることができなくなった。六条天皇即位（一一六五年）の擬侍従を奉仕した中山忠親は、日記『山槐記』に「小袖・大袖の色は『品位』（位階）にしたがい、差が有るべきだが、近代はあながち問題にしない。ただ冠だけが『式法』を残す」と記した。衣装の色の細かなことは問題にされず、礼冠だけは位階を意識したというが、玉飾りのつけ替えも容易ではなかったはずであるから、これまたどの程度徹底したのか疑問である。

まず、『令』の制度では、礼服と朝服のうわぎの色は同色であった。しかし、前述のごとく弘仁元年に浅紫が廃止され、中紫が使用されるようになったにもかかわらず、『儀式』には浅紫の記載があり、礼服には古い規定が残されたらしい。

承久の乱の少し後に成立した『餝抄』や、鎌倉時代中期成立と思われる高倉家の秘伝書の『装束式目抄』には、ともに礼服の色は紫・麹塵・橡《つるばみ》の三色であると記す。記録ではこの他に「紺」「黄」「黒櫨《くろはぜ》」などが見られるが、紺は紫の、黄は麹塵のバリエーションのようである。黒櫨については、後伏見天皇即位（一二九八年）の時の外弁の参議藤原実時の礼服が「黒櫨か。古物のたるの間、見分かず」と記録され、後円融天皇即位（一三七四年）の時に大炊御門大納言が使用した礼服について、今出川公直が三条公忠へ送った手紙に「黒赤に候ふか。もしくは黒櫨に候ふか。古物に候ふ」と記すように、あいまいな色であったらしく、やはりこの三色のいずれかから派生したものとみられる。なお、大袖と小袖は橡や紫のものでは原則的に同色であるが、麹塵大袖については黒櫨色の小袖を組み合わせる例が多い。

紫と黒橡

橡とはどんぐりのことで、その実から染める薄茶色を白橡《しらつるばみ》といい、鉄分を加えて黒く染め上げるのを黒橡《くろつるばみ》という。朝服の紫袍が、弘仁元年以来深紫と中紫との二種類とされたことは先に記した通りであるが、平安中期には大量の紫草を使う代わりに黒橡で濃く染めることが流行する。礼服の大袖が朝服（束帯）の袍色に連動するのであれば、黒橡色なのは理にかなうといえる。

さらに元来深緋を着ていた四位が黒い紫袍を着る慣例が生じる。『枕草子』に「白橡」が四位の衣の染料と語られ、『蜻蛉日記』に四位と緋袍を着た五位を「黒き人赤き人」と記すのはこうした状況の反映である。ただし、当時、紫は「黒に赤を加えた色」と解されていた（『政事要略』［六七］）。また女性の袴を「黒」と記す例があるが（『源氏物語』［手習］）、実際は落栗色（赤茶色）のような色をさすと見られるので、「黒」と記されていてもそれが漆黒色とは断言できない。その後、平安後期の『後二条関白記』寛治四年（一〇九〇）十一月二十九日条に「黒袍」の記載があり、「美なり」と注する。鮮やかな漆黒色に染められた袍をめでているから、恐らくこの頃には完全に黒いものになっていたのだろう。鎌倉前期の例では、四条天皇即位（一二三二年）に内弁を務めた近衛兼経が「位色小袖・大袖」を着用したが、その色調は「尋常袍色の如し」とあり、後嵯峨天皇即位では中納言公親・参議資季・同経光らが「常位袍」の色の礼服を着用、鎌倉末期の花園天皇即位の内弁と少納言藤原行房の礼服も「黒礼服」であった。

一方、『儀式』によると弘仁以後も礼服には「浅紫」が用いられており、古い「養老令」条文にしたがうべきと考えれば、束帯の袍の黒化にかかわりなく、紫が用いられるべきだという解釈も成り立ちうる。礼服の色を問題にした古い例として一〇六八年の後三条天皇即位に際しての『経信卿記』の記事がある。彼は「近代五位袍色」に染めた大袖・小袖を用いた。その理由を、「近代はただ黒袍と同じの由《よし》」であるが、「上古の体を倣《なら》はんが為に、頗《すこぶ》る赤気に染むるなり」と説明する。平安後期の五位袍は深緋色であったらしく（『今鏡』［はらばらのみこ］）、これに似た赤紫に染めたのであろう。ここでは位をあらわす原理原則よりも、先例や古物の模倣を重んじる尚古主義が優先している。中世の公家日記には、礼服の紫の色調についての議論がしばしば見られる。一二四二年の後嵯峨天皇即位に外弁の参議を奉仕した藤原経光は、儀式に先立ち前右大臣公親と礼服の色について語っている。これによると、「紫色は位に随ひて深浅有りと云々。或《ある》ひは又常の四位袍色、是は大臣以下皆之《これ》を用《もち》ふ。無難云々」とある。しかし、位によりどれほどの差があるかも不明のようであるし、束帯に用いる「常の四位袍」のような黒橡《くろつるばみ》であれば大臣以下誰が用いても無難とあって、結局議論のための議論で終わっている。しかも経光は借り物の礼服（位袍と同じ黒）を用いたのであるから、知識は知識にとどまり、結局手に入るものを用いたにすぎないのである。

また、染料についても混乱した。南北朝時代の光明天皇即位（一三三七年）の内弁を務めた一条経通が新調した大袖・小袖は「深紫」であったが、「紺を以て染むべし。而《しこう》して他物を以て之《これ》を染むるか。失なり（誤りだ）」と記す。紺は通常濃い藍染とされるから、紫草染ではない。太刀を佩びるときに使う「紺地平緒」の、鎌倉末期とされる遺品（万里小路家伝来・大道コレクション）や室町時代の遺品（勧修寺家伝来・京都大学蔵）は黒に近い濃紺色を呈する。つまり深紫と称していても、実際は黒に近いものだったらしい。この時は紺の代わりに他の染料を用いたというが、それが何なのかはわからない。その次の代の崇光天皇即位（一三四九年）に際して内弁洞院公賢《とういんきんかた》は「深紫」の大袖・小袖を用いたが、これは蘇芳で下染めしてから、「布志鐵《ふしがね》」（鉄分を含む黒色染料）を加えて染め出したという。蘇芳は媒染《ばいせん》により色調がかわるので確実なことはいえないが、蘇芳と鉄分で染めた場合、おおむね小豆色になる。黒みを強くすれば黒に近いものになるが、青みがかった紺色と赤みがかった蘇芳は同色ではない。このように同じ「深紫」と称する物ですら一様でなかったのであるから、「紫」と称する礼服全体で見れば、蘇芳で染めたものや藍染、紫草染が混在し、色調も濃淡もさまざまであったと考えられる。

麴塵

橡（黒橡）と紫については、高位（元来三位以上・平安中期以降四位以上）の位の色である紫を意味するものとして理解できる。しかし、麴塵は位色としては説明ができない色である。

麴塵は、別名を「青色《あおいろ》」「青白橡《あおしらつるばみ》」といった。「白橡」は「黒橡」と同様にどんぐりで染めたものであるが、鉄分を加えないため薄茶色に染め上がる。正倉院文書にも多数見られ、白橡染とされる遺品も知られている。「青白橡」のほうは正倉院文書には見られないが、『延喜式』［縫殿寮］に染料の記事が見られる。これによると黄色の染料である刈安と、紫草を使うことがわかる。紫草は染め方によって色調が一定しないため、復元案は色々ある。ただし橡を使わないのに「青白橡」という以上、白橡に近い色であったと見られ、青みのある薄茶色ということから、オリーブグリーンに似た色を想定できる。刈安によるレモンイエローと紫草による青紫で染めた緑系統の色である。紫を使うので、緑は赤みを隠し持つ。吉岡幸雄氏は、この色の特色について、日光のもとでは緑に、燈《ともしび》のもとでは赤みのある色に見えると説く（『日本の色を染める』岩波書店・二〇〇二年）。光の色加減で違う色に見えるほどに微妙な中間色なのである。

一方、「麴塵」という色名は、『周礼』［内司服］の項目に記された王后の服の一つ「鞠衣」についての鄭玄の注に見られるのが古い。「鞠衣、黄桑服なり。色は鞠塵《きくじん》のごとし。桑葉の始めて生ずるに象《かたど》る」とある。鞠衣は周王の后が親蚕礼（儀礼的に養蚕する儀式）に用いる服である。その色の「鞠塵」は「麴塵」、つまりコウジカビの色で、桑の新芽の色に似るから用いるという。

また「麴塵」は唐代の文献にも見られる。唐代の詩では、唐の前半には用例がないが、白居易（七七二〜八四六）の十二例を筆頭に中唐（七七〇〜八三五年頃）から晩唐（八三五〜九〇七年）にかけてさかんに見られる。また、敦煌出土文書でも、中唐期のものにしばしば見られることから、この時代の流行色とみてよい。唐詩によると、麴塵は春の柳、新蜀茶、春水などの色にたとえられている。また敦煌出土文書（『敦煌社会経済文献真迹釈録』新華書店北京発行所　所収）の『唐咸通十四年（八七三）正月四日沙州某寺交割常住物等点検（沙州＝敦煌所在の州の某寺の財産目録）』（伯二六一三）には麴塵・青・黄・草緑という色名が見られ、『癸酉年（七九三）二月沙州蓮台寺諸家散施暦状（沙州の蓮台寺への奉納品目録）』（伯二五六七）には、麴塵・青・黄・緑（緑）・碧という色名が見られるので、これらが相互に区別されていた可能性が強い。桑の若葉も柳の新芽も黄色みの強い黄緑色である。以上のことから、唐における麴塵は黄緑色をさす色名であったのだろう（「前掲一二三頁『西宮記』女装束条について」）。

これと日本での呼称の「青白橡」との関係については、唐から移入された麴塵が、既存の白橡に似ているために青白橡と呼ばれた可能性と、青白橡という色が先にあって唐の流行色の麴塵と同一視された可能性とがある。また、麴塵の染め方も唐から移入されたのか、輸入された既製品の色をまねて日本で苅安と紫草で染める方法が編み出されたのか、など複数の想定が可能である。ただ、いずれにせよ麴塵が唐の影響で、平安時代に入ってからさかんに使用されるようになったことは疑いない。

この麴塵は、平安前期以降、束帯の袍として非日常的な晴の場で用いられた。一月後半頃、天皇の御前で群臣が漢詩を詠む「内宴《ないえん》」（嵯峨朝の八一三年頃に始まり恒例化）や、皇族や貴族が天皇の御前で弓を射る「賭弓《のりゆみ》」、また一月十四日におこなわれた「男踏歌《おとこどうか》」での使用が知られる。このほか臨時の儀式として寛平八年（八九六）閏一月八日の雲林院《うりんいん》行幸に際して供奉した公卿や殿上人が麴塵を着用した例もある。使用例は春に多く、春を五行にあてると青であり、中国では春の儀礼に青衣を使用した例があったことと関係があろう。しかし、平安中期には夏の賀茂祭に奉仕する蔵人所衆《くろうどどころのしゅう》という下級官人の使用もあり、また天皇の側近である六位蔵人の使用が慣例化するなど、使用機会は多様であった。天皇や上皇の使用もある。麴塵袍についてはまだまだ論じたい点があるのだが、礼服とのかかわりでいえば、基本的に日常の政務とは異なる儀式において、位階にかかわらず用いられる装いであったことをおさえておけばよいであろう。

礼服での麴塵の使用がいつから始まるのかは不明である。文献上は十二世紀後半の『雅亮《まさすけ》装束抄』に「大袖・小袖、四位の袍の赤みたるに、蘇芳《すおう》の裏を付《つ》く。青色のもあり」にあるのが早い例だが、この時期になってはじめて用いられるようになったとは考えがたい。そもそも平安後期になると、内宴や男踏歌はおこなわれなくなっていた。男踏歌は九八三年に絶え、内宴は後一条朝に絶えてから百年以上たって一一五八年と一一五九年に二度だけ復興したが再び中絶している。内宴は名称からうかがえるように元来内々の宴であり、男踏歌は一月十六日の節会（公式の宴会）でおこなわれた女踏歌の対になる余興といった性格が強い。したがって義務的に開催されるべきものではないのである。一方、六位蔵人の使用は儀式にかかわりない勤務服であり、こちらは中世・近世にもその使用が続く。このように平安中期から後期にかけて、非日常的な儀式での麴塵の着用が無くなるので、礼服に麴塵が取り入れられた時期はそれ以前の可能性が高い。

中世の麴塵の色調については、紫同様に問題がある。『延喜式』が説くように、元来麴塵は織りあがった生地を染料で一色に染めたが、室町前期に高倉永行が著した『装束雑事抄』（一三九九年）によると、六位蔵人の麴塵袍は、先染めの緑糸を縦糸に黄糸を横糸に使い、地は縦横の糸の混色、文様は横糸の色であらわされるものであった。したがって、礼服の麴塵も単色で表された抹茶色のような色、緑色の地に黄色の横糸で文様をあらわすものの二種類が考えられる。

平安後期から南北朝時代の臣下の礼服は、おおよそ三色に定まりながらも、実際にはさまざまな仕様のものが用いられた。その理由は第一に私弁であったことに求められるが、同じく私弁である束帯などが細やかな有職故実に縛られていたことを思えば、それだけとはいえない。使用機会が即位に限られたという二つ目の理由が大きくかかわるのであろう。「なんでもあり」になりつつあったともいえるが、公家日記には自分の着用品はもちろん他人の着用品に至るまで礼服が細かく記載され、自他の着用例がその時限りで終わらずに先例として蓄積されていたことは見逃せない。麹塵のように使用の根拠が不明のものを含め、先例の範囲内でのバリエーションにおさめようという意識も働いていた。なお、礼服は古物の使用が慣例化していたが、時間の経過とともに次第に使用可能な礼服は減少してくる。これに対してどのような対処がなされたかについては、頁を改めて述べたいと思う。

第八章　天皇礼服のたどった道
——鎌倉時代から南北朝時代

一　天皇礼服受難の時代——鎌倉時代

天皇礼服の盗難とその時代背景——承久の乱

先に礼服御覧についての説明で、男帝・童帝・女帝・皇后・皇太子の礼服が、鎌倉時代後期まで伝わっていたことを確認した。『公衡公記』の記事は、『土右記』を参考にして記しているが、これによると、長元九年に存在した物品の多くが弘安十一年にも存在している（第五章四節）。ただ、両者の主な相違は、女帝用の冠の破損が進み、男帝用と童帝用の二対があったはずの玉佩が一対になっていることである。男帝の礼冠も仁治三年（一二四二）の新調で、かつてのものではない。玉佩は絹糸でビーズをつないでつくられているし、礼冠も羅などの絹の部分も多く、脆弱《ぜいじゃく》でないとはいえないが、全体が絹製で劣化しやすい装束類が残っているのであるから、これら宝飾品としての性格を持つものだけが失われた理由は別に求めるべきであろう。それは礼服盗難事件である。

平安時代の宮中は、盗難に対する備えが十分であるとはいえなかった。『紫式部日記』にも年末の内裏で女官たちが装束を奪われる事件が記されている。しかも礼服は内蔵寮《くらりょう》の倉庫に保管されていたが、こうした役所を常時多人数で見張っていたとは考えがたいので、数百年間無事に伝来したことはきわめて幸運であったというべきだろう。

鎌倉前期、承久の乱（一二二一年）での朝廷側の敗北が京都の住民に与えた影響は、計り知れなかった。保元の乱（一一五六年）以来、崇徳上皇の流罪、安徳天皇の入水（一一八五年）があったが、新たな敗北がもたらしたのは三上皇（後鳥羽上皇およびその子の土御門・順徳上皇）の配流と順徳の子である幼い天皇の廃位であった。幕府は後鳥羽の甥にあたる後堀川天皇を擁立する。その半年ほど後の十一月二十四日、後堀川は賀茂臨時祭の勅使発遣の儀に出御した。この祭礼は平安前期の宇多天皇が始めたもので、賀茂祭（葵祭）同様勅使を派遣する。この時は、天皇は黄櫨染御袍の代わりに青色（麴塵）の御袍を着用するのが先例であった。ところが天皇の装束を扱う内蔵寮の手違いで調進されず、天皇はやむなく黄櫨染を着た。これを見た日野家光は、「希代之例也」と歎いている（『家光卿記』）。天皇が入れかわったことと比べて、その着衣など些細《ささい》な問題にすぎないと思ってはいけない。王権の危機の時も粛々と有職故実を尊重するのが公家の公家たる所以《ゆえん》なのだ。次のような例もある。話はさかのぼるが、一一八三年のこと、安徳が都落ちして異母弟の後鳥羽が即位した三ヶ月余り後、十一月一日が冬至になった。これを「朔旦冬至《さくたんとうじ》」といって宮中では祝賀をおこなうのが慣例なのであるが、本来この祝賀を受けるはずだった先帝が九州に逃亡している事態の中で、公家たちは新帝に祝賀の上表を奉り、日を改めて「朔旦旬《さくたんのじゅん》」という儀礼がおこなわれた。吉田経房という公家によると、この旬に奉仕する女官が着る唐衣《からぎぬ》が先例に反していたのが問題視されている（『吉記』）。

相次ぐ宮中盗難事件

しかし、何事もなかったかのように先例通りの儀礼が継続しても、敗北の時点での朝廷の最高実力者である後鳥羽があえなく流される様子を目の当たりにした人々は、朝廷の権威の動揺を実感したであろう。そのためか、この時期には朝廷にかかわる盗難事件が頻発した。『百錬抄』によると、嘉禄元年（一二二五）二月二十七日、盗人が神祇官の由緒ある厨子《ずし》の鍵をあけた。嘉禄二年十二月十二日、大学寮の蔵が盗難にあい、御影《みえい》（孔子や弟子の肖像画）の裏打ちの絹が失われた。安貞二年（一二二八）一月九日、三種の神器に次ぐ朝廷の宝器である「大刀契《だいとけい》」が紛失した。寛喜四年（一二三二）一月二十三日には天皇の座右の守り刀である昼御劒《ひのぎょけん》が紛失し、続いて二月一日には天皇の寝所である「夜御殿《よんのおとど》」の鏡が紛失した。また、盗難とは記されないが、嘉禄二年八月二十七日に「官（太政官）文殿《ふどの》」が火災にあい、「累代文書」と百済より渡来の御斎会《みさいえ》（正月に大極殿でおこなう国家的な大法会）本尊を焼失、九月十一日に民部省文庫が焼失するといった事件が起きている。官司の倉庫が襲われて由緒ある品々が失われただけでなく、天皇の権威に直結する品が宮中から盗まれることさえおきたのである。そうした中で、ついに内蔵寮の礼服も盗難の被害にあった。

藤原定家の日記『明月記』安貞元年（一二二七）閏三月三日条によると、二月二十七日に「群盗」が「内蔵寮宝蔵」に乱入し、「累代宝物」を「払底《ふってい》」するまで盗み去った。礼服の扱いに困った盗人が河原に捨てたところ、鴨川を流れて塩小路河原に住む「下人」たちに拾われた。そこから足がついて犯人は捕らえられて六波羅探題（幕府の出張機関）によって斬罪に処されたという。同じことについて『百錬抄』では安貞元年三月条で「近日」に二条猪熊の「内蔵寮倉庫」に盗人が乱入したが、蔵の内容品の目録がなかったので、何が失われたかすら不明になったと記す。貞永元年（一二三二）十二月五日に、後堀川の子の四条天皇が即位した。童帝の冠も破損していたが（『岡屋関白記』貞永元年十一月十二日条）、数えの二歳の幼帝はもとより使用しなかったので、問題にならなかったのであろう。

借り出され破損した正倉院の冠

仁治三年（一二四二）正月八日、四条は数えの十二歳で死去した。貴族が転ぶのを見るために床に滑石の粉を塗ったところ、自ら転倒したのが原因だという（『五代帝王物語』）。天皇の父後堀川はすでに亡く、他にしかるべき継承者もなかったことから、幕府は後鳥羽の孫から天皇を選ばざるをえなかった。この時都には、後鳥羽の子の二人の天皇、土御門天皇の皇子と順徳天皇の皇子がいた。順徳の生母の修明門院は、後鳥羽の母で後堀川の祖母にもあたる七条院の遺領を相続しており、なかなかの有力者であった。公家の中では順徳の皇子の即位を期待する声が大きかったが、順徳は承久の乱への関与の度合が土御門よりも深く、さらに佐渡で生存していたため、その子の即位により都に迎える必要が出てくるのを恐れた幕府は強くこれを阻止、亡き土御門の皇子を即位させた。

こうして土御門の皇子の邦仁（後嵯峨天皇）は二十三歳で急遽元服し、即位礼を挙行することになった。三月八日、慣例により礼服御覧がおこなわれた時に登場したのは、盗人に破壊された見るも無残な冠であった。即位は十八日の予定であり、関係者は周章狼狽する。平経高の日記『平戸記』によると、経高が呼ばれ冠の修理について相談があった。見せられた冠に「金銅珠玉」の飾りはすでになく、わずかに羅（薄絹）と珠玉少々が残っているだけだった。経高は、土御門天皇即位の時の記憶を証言するよう求められたが、記憶が不確かな上、礼服と共にあった「佐保朝庭礼冠図」（聖武天皇の冕冠の古図）を見てもよくわからないので、正倉院に伝わる「天子御冠二頭」を出蔵して参考にすることを提案した。これを聞いた天皇は「経高の提案が無ければ、まったく冠の仕様は不明であっただろう」と喜んだ。

『東大寺続要録』によると、十二日には早速勅使の右少弁平時継が宣旨を携えて奈良に下向し、十三日に出蔵した。この時鎰《かぎ》が紛失していたので、鍛冶《かじ》を召して鎰を壊して開扉するというハプニングがあったが、ともかくも「玉御冠」四頭と臣下の冠二十六頭を所在確認でき、四頭は都に運ばれた。〈注38〉『平戸記』によると、十四日に四頭の中から内裏に運ぶ冠を選び、「太上天皇」の冠が参考にされることになった。『礼服礼冠目録断簡』（第五章一節参照）によると、四頭の冠とは金銀宝珠で飾った佐保太上天皇（聖武）の冠、金鳳と金銀鬘形で飾った佐保皇太后（光明）の冠、雑玉で飾った冕冠と凡冠であり、後の二者が目録成立時の先帝（称徳）のものと考えられる。しかしここで参考にされた「太上天皇」の冠とは冕冠だったらしく、すでに指摘されているように称徳の冕冠の所用者名を聖武と誤認したものである（前掲一四五頁「大仏開眼会における孝謙天皇の礼冠について」）。平安中期の『西宮記』には、女帝が「宝冠」をつけるとあり、この時代の公家たちは称徳が冕冠をつけたとは考えなかったのだろう。しかし、先に記したように内蔵寮に伝来した女帝の冠は実は皇后の冠であった（第六章一節参照）。

さて、この時経高が正倉院の御冠の存在をなぜ知っていたのであろうか。『西宮記』［臨時四］には天皇礼服が内蔵寮と東大寺にあると記されており、その存在は古くから有名であった。また、藤原定長の日記『三長記』建久九年（一一九八）二月二十八日条によると、土御門天皇の即位に先立って、正倉院の白綾礼服二具と玉冠二頭が京都に運ばれたという。正倉院には聖武太上天皇と光明皇太后の礼服と、前記の四頭の冠があった。冠はこの内二頭が運ばれたのであるが、注記によれば「先帝（称徳）」の御冠であることを示す付札があったというので、この時点では冕冠は聖武の物と誤認されていなかったという指摘がある（前掲「大仏開眼会における孝謙天皇の礼冠について」）。あるいは「先帝」と「太上天皇」の呼称自体が混同されていたというのが建久の時点での実態かもしれない。ただし、正倉院の冠は、筆者の定長が「用に中《あた》らざるの物」と記したように活用されなかった。このときは内蔵寮の天皇礼冠が健在だったのに、なぜ正倉院の礼服・礼冠が必要とされたのかは不明である〈注39〉。ただしこれに先立つ建久四年（一一九三）八月に正倉院修理のため宝物が他の蔵に移されており、定長が勅使を務めている。この時の目録に礼服の入った唐櫃と冠二頭の入った唐櫃が見られることから、これがきっかけになって改めて正倉院の礼服礼冠が注目されるようになったと思われる。

『平戸記』によると、十七日には新調の冠は大体できあがり、装飾をとりつけつつある状態であった。この冠の製作は、幕府寄りの公家として朝廷の実力者になっていた西園寺公経が中心になっておこなったものとされている（『公衡公記』弘安十一年二月二十一日条）。こうして翌日の即位は無事挙行され、二十一日には勅使同伴で冠が奈良に帰還した。ところが、『東大寺続要録』によると四頭の冠は「散々に打ち損《そこな》ふ」という状態であった。同書はその理由を、長途を「雑夫」が運んだので扱いが雑だったせいであろうと記すが、あるいは新調の天皇冕冠作成のために部品取りされたのではないかという説もある（前掲一一四頁『奈良朝服飾の研究』）。翌二十二日、破損した冠は正倉院に戻された。

第五章四節で述べたとおり、『後深草院御記』によると仁治新調の冠は「佐保朝庭礼冠図」と大差なかったという。もっともどれほど精密な図であったかは不明であるが、『土右記』と『公衡公記』の記事を比較しても仁治新調の前後で冠の形式に大差はなかったとわかる。

雨漏りで濡れた礼服と描かれた礼服絵図

後嵯峨天皇の皇位継承に際し幕府の介入があったのは先述の通りであるが、こうした不安定な政治状況下において、即位の延引や不完全な冕冠の使用が避けられたのは幸運であった。この後の朝廷は、後嵯峨を中心として安定を取り戻した。その華やかな様子は『増鏡』に詳しい。後嵯峨は公経の孫の中宮腹の皇子である後深草天皇に譲位するが、その後同じ腹（後深草の同母弟）の亀山天皇に譲位させる。後嵯峨は亀山の血統への皇位継承を望んだらしく、亀山がその皇子（後宇多天皇）を東宮に立てるのを支持した。ところが後嵯峨の遺詔には皇位継承の問題が記されていなかったため、後深草は幕府に働きかけて自分の子（伏見天皇）を後宇多の東宮に立てさせ、その結果皇統は分裂する。当時は院政がおこなわれていたため、両皇統（後深草の子孫の持明院統と亀山の子孫の大覚寺統）の当主である上皇たちは、自らの子孫が皇位につくよう幕府に働きかけた。幕府は両統を仲介して、譲位の勧告をおこなった。そして皇位継承と同時に院政をおこなう上皇も交替した。後宇多の子の後醍醐天皇は、こうした事態を打開すべく、幕府討伐を志した。

幕府は後醍醐を廃位して隠岐に流し、持明院統出身の東宮を擁立した（一三三一年）。これが光厳天皇である。この光厳天皇の礼服御覧の際、内蔵寮の倉の破損のため礼服類が湿気ていることが判明し、礼服はしばらく天皇の父の後伏見院の御所に留め置かれた（『後園光院関白記』元弘二年（一三三二）一月二十六日条）。後伏見はこの時宮中の御用絵師である隆継に命じて礼服の図を描かせた（『貞和五年御即位記』）。後世の参考資料とするためであろう、彩色まで本物通りであったという。

二　天皇礼服の焼失と新調――南北朝時代

争乱により天皇礼服が焼失する

鎌倉幕府の滅亡後、隠岐より帰還した後醍醐は、光厳の即位自体を無効とした。そして皇太子のままで自ら即位を辞退した徳を嘉《よみ》するという名目で、太上天皇の待遇を与えて事を収めてしまう。しかし後醍醐の政権は程なく崩壊、足利尊氏はあらたに光厳の弟の光明天皇を立てた。こうして南北朝の対立が始まる。天皇自身の日記『光明院御記』建武四年（一三三七）十二月二十八日条によると、即位の時の装束はすべて新調であった。幕府滅亡時の戦乱で、内蔵寮の倉が焼け、「累代《るいだい》儀服《ぎふく》」がすべて焼失したためである。『道平公記』によれば正慶二年（一三三三）四月八日のことであった。こうして鎌倉時代末期に、古くから伝わった天皇・女帝・童帝・皇后・皇太子の礼服のすべてがこの世から失われた〈注40〉。

東大寺蔵の『東大寺衆徒僉議事書《せんぎことがき》』によると、光明天皇即位の時も再び正倉院の天皇礼冠の出蔵があった（「橋本義彦「正倉院宝物に関する一資料」『律令国家の構造』吉川弘文館・一九八九年）。冠は仁治三年の出蔵時に壊れていたはずだが、他に参考資料がなかったのであろう。礼服のほうは後伏見院が描かせた絵図のおかげで、ほぼもとのものが調製できた。礼服の「湿損」が偶然にも伝統を守ったのである。ただし、調進の時間不足に対応するために、礼服本体とは別の絹に刺繍して貼り付けた（『貞和五年御即位記』）。また、新調された綬が臣下のもののように色糸の入ったものであったのでこれを使わず、白い菱文の紗を折りたたんだものを急遽調製して使用した。そのため即位の進行は遅れたが、無事儀式は終了した。なお、『玉英』に基づき光明が即位に際し仁治三年に作られた冕冠をかぶったという説もあるが（米田雄介「礼服御冠残欠について」『正倉院宝物の歴史と保存』吉川弘文館・一九九八年）、同記の筆者一条経通自身の冠が仁治三年新調の物だという記事を誤認したものである。

その後の天皇礼服の消息

この後、「東寺百合文書」により、備中国新見庄の領家職の帰属をめぐり、東寺と大政官の下級官僚を世襲した小槻氏との間で争いがあったことが知られる。小槻氏は、新見庄の収入は「礼服倉」の維持に当てるものであるとして、その権利の正統性を主張したが文和三年（一三五四）に敗訴した、とある。この礼服倉が天皇の礼服を納めた倉をさすのか、臣下の儀服や雑多な即位用具を収納したものか不明であるが、『後園光院関白記』『貞和五年御即位記』には天皇礼服の入った内蔵寮の倉を「礼服蔵」と記しており、前者をさす可能性が高い。小槻氏の言い分が口実に過ぎない可能性もあるが、この倉に対する保護が十分におこなわれていなかった様子がうかがわれる。貞和五年（一三四九）十二月の崇光天皇即位時には礼服蔵が「無きに依りて」しばらく天皇礼服を仙洞御所に置いており（『貞和五年御即位記』）、もはや内蔵寮の倉は有名無実とみなされていたらしい。

南北朝時代に、戦費調達の名目で荘園領主の取り分を減らす「半済《はんぜい》」がおこなわれたこともあり、公家の経済力は著しく衰退する。この頃より宮中の伝統的な儀礼の多くは室町幕府よりの費用支出に支えられるようになった（早島大祐『首都の経済と室町幕府』吉川弘文館・二〇〇六年　第一章）。なお小規模な儀礼では、朝廷が直接国司宛てに費用の献上を命じたが、これも実際は幕府に任命された守護が負担した（久水俊和「室町期朝廷儀礼の支出構造」「ヒストリア」［二二六］・二〇一一年）。鎌倉時代にも即位など大規模な臨時の儀式に際し幕府の援助を受けていたのではあるが、室町時代前期には宮中の年中行事までもが幕府丸抱えの状態になる。それとともに幕府の都合で支出されない場合、行事が中止されることもおきるようになった。

南北朝の内乱は、南朝の後亀山天皇が北朝の後小松天皇に神器を譲渡する形で収束した。この時南北朝の皇統が交互に皇位を継承する約束があったとされるが、後小松は皇子の称光天皇に譲位した。応永二十一年（一四一四）の称光の即位時もまた、「宝蔵焼失」により天皇礼服が新調された（『称光院御即位記』）。ただし礼服御覧には礼服唐櫃一合、冠箱一合が運ばれているが（同上）、この時に新調品しかなかったとすれば一合ずつしかないはずである。これより先、北朝の崇光天皇は光明天皇の時に新調した礼服を使用（『貞和五年御即位記』）、後小松天皇は一三八二年の即位の時には幼帝であったために高倉家が光明天皇の礼服を見本に小形のものを調製した（高倉永行『装束雑事抄』。なお『装束雑事抄』の流布本は抄出本のため、高倉家伝来の自筆本を写した宮内庁書陵部蔵の昭和九年写本によった）。これも見本通りに別絹に刺繍して綴じ付けたという。そしてこの礼服は光明天皇の礼服と共に仁和寺宝蔵に預けられている（同上）。あるいはすべてが焼失しないように後になって男帝用と童帝用のものは別の場所で保管されたのだろうか。二合の内一合は後小松天皇の童帝用のものが収納されていたのではないかと思われる。だとすると宝蔵の火災で「焼失」したのは光明天皇以来使用されてきた男帝用のものであろう。

装束の家、高倉家と山科家

前出の高倉家は平安初期に藤原氏ではじめて摂政になった良房の兄の長良の子孫であるが、摂家（摂関家）本流から分岐して久しく、平安中期以降は公卿（三位もしくは四位参議以上の高官）に列するものも皆無であった。ところが西園寺家に仕えた縁もあって皇室に近づき、亀山上皇の信任を得た永康は幕府への使者を務めるなど活躍、ついに三位に昇って公卿に列した。その拝賀（昇進お礼の参内）には一族が数多くしたがい、当時の公家たちの目を驚かせたらしい。この永康と、その弟の永経は衣紋（着装）の名手でもあった。平安末期より天皇の、即位の礼服と大嘗祭の神事装束の着装は、清花《せいが》（摂家に次ぐ家格）の大炊御門《おおいのみかど》家がおこなうことになっていた。通常の着装は公卿もしくは殿上人が適宜奉仕し（『禁秘抄』）、直衣などは女官もまた奉仕した（『讃岐典侍日記』）。高倉家は当初は天皇の通常の装束の着装に奉仕し、また鎌倉後期には装束の着装や仕立などを記した秘伝書を数多く編集して、装束の家としての実績と権威を手にした。また西園寺家は持明院統初代後深草、大覚寺統初代の亀山両天皇の母の実家であったから、高倉家は両統いずれにも重用された。さらに南北朝時代に入って大炊御門家の技術が衰えたため、代始めの儀式の着装も高倉家がおこなうようになり、装束の家元ともいうべき存在になった（池田美千子「衣紋にみる高倉家」「史学雑誌」二〇〇二年二月および、鈴木敬三『装束織文集成　高倉家調進控』国学院大学神道資料展示室・一九八二年）。

もう一つの装束の家である山科家は、後白河法皇晩年の愛人丹後局（高階栄子）が先夫平業房との間に産んだ教成を初代とする。教成は法皇の意向で藤原実教の養子になった。室町前期の教言以来内蔵頭《くらのかみ》を世襲し、天皇の装束の調進に携わってきた。応仁の乱直前、寛正六年（一四六五）十二月の後土御門天皇の即位に際しては、礼服御覧に先立ち天皇の礼冠を山科家が預かって修理したという記録もあり、以後戦国時代を通じて天皇礼服の修理を度々おこなっている。なお室町前期には高倉家の教えを受けており、両者の関係は対立的ではなかった。ことに室町後期の山科言国《ときくに》の夫人は高倉家の出で、夫の日記によれば、彼を助けて天皇装束の調進に采配を振るっていた（菅原正子『中世公家の経済と文化』吉川弘文館・平成十年・第三部第一章）。

第九章　臣下の礼服の調達——鎌倉から室町時代

一　調達法その一——自前で新調する

臣下の礼服の変遷については先に述べた通りであるが、鎌倉時代中期以降の礼服の調達の問題についてふれてゆきたい。先に土御門天皇の即位にあたり、礼服の調達のために人々が寺院の蔵にあるという礼服を探しまわったことを述べた。そして使用可能なものはほとんどなかったこともわかった。礼服の不足への対応として、最も順当な対応は新調であろう。鎌倉時代の公家が使用する束帯や直衣、狩衣などの装束も基本的に私弁であったから、もっとも自然な形であるといえる。しかも当時はまだたびたび奢侈的な装束に対する禁制がおこなわれていることからわかるように、礼服を新調することが経済的に不可能な公家が多かったとは思われない。

一二三二年の四条天皇即位では、内弁の近衛兼経が裳だけは既存のものを使用したものの、礼冠・大袖・小袖以下付属品にいたるまで新調している。一二九八年の後伏見天皇即位では親王代の藤原実躬《さねみ》が玉佩《ぎょっぱい》を除いてすべて新調したという。これらは偶然本人が日記に書き留めているからわかることなので、実際にはかなり多くの者が新調したことであろう。さらに南北朝時代に入り、貞和五年（一三四九）の崇光天皇即位では、「擾乱《じょうらん》（建武新政前後の騒乱）」で「諸家礼服」が「大略（ほぼ）紛失」していたこともあって、外弁六人のうち四人が大袖と小袖を新調した。礼冠や玉佩などの装身具については借用品の率が上がるが、崇光天皇即位の外弁であった松殿忠嗣のように礼冠まで新調した者もあった。忠嗣によるとこの冠は「軽く着能《よ》き様に沙汰致すなり」とあって、自分の頭にあった快適なものであったという。

礼服の新調までの経緯がわかる事例を一つ紹介する。弘安十一年（一二八八）の伏見天皇の即位に際し、西園寺公衡《きんひら》が礼服を新調したときのことである。伏見天皇自身の日記の二月十八日条には次のような深刻な記事がある。

　蔵人の顕世が申すには、即位の親王代・大将代・擬侍従などの奉仕を承諾する者がない。皆礼服がないと申し、挙行に事欠く恐れが出てきた。そこで、私が上皇（父の後深草院）に相談するよう指示した。

という。ここからわかるのは、礼服の調達を避けるために即位の奉仕を拒否する者が多かったことと、それが言い分として認められていたということである。

次に二月十九日の公衡の日記によると、

今日、蔵人大輔顕世が「御教書《みぎょうしょ》」（貴人の意志を側近が取次いで伝える書簡形式の文書）で「御即位の日に礼服を着て外弁を奉仕せよ」と伝えてきた。礼紙《らいし》（包紙）には「先日中納言三条実重が承諾していたが、去る十七日より三十日間の穢れに触れていることを俄《にわ》かに伝えてきた」と説明が書いてある。私は差し障りがある旨を申し上げ、さらに所持している礼服はすべて滋野井実冬に貸し出すことになっている。いまさら取り戻すのは違約となってしまうので、事情を申しあげさせた。

とある。「穢れ」とは、主に死にまつわるタブーのことである。「穢れ」に関する問題はあまりに多岐にわたるが、かいつまんで記すと、親族の死のほか、その家で下人などが死んだ場合や、遺棄された（平安・鎌倉時代には京都近郊に文字通り「野辺送り」された遺体が普通にみられた）死体の一部が野良犬などにより持ち込まれた場合なども穢れとなった。また、穢れのある人が他の家の座敷に座ると穢れが感染するとされた。疫病への恐怖の影響もあってか平安時代に入って急速にうるさくなり、『延喜式』では詳細な規定が見られるようになる。特に神事は穢れのある者が携わることは許されず、宮中に何らかの穢れが生じると、宮廷の神事も中止された。

即位は神事ではないので、タブーはゆるい。程度の軽い服喪である「軽服《きょうぶく》」の場合、問題にされなかった。ただし基準はあいまいで、後嵯峨天皇即位に先立ち、高御座《たかみくら》の帳をかかげる褰帳《けんちょう》が軽服になった時には、天皇のごく近くに立つ人物であるために、公卿たちが会議を開いて出仕の是非を論じている。三条中納言が直面した穢れの内容はわからない。ただしこの伏見天皇即位においては殿上に立つ擬侍従の一人、少納言親氏が軽服を理由に辞退しようとして、上皇に奉仕を命ぜられている。実重も奉仕したくないのが本音だった可能性もある。つづいて二十三日には、

夜に入り、蔵人大輔顕世が御使として訪ねてきた。（略）「御即位武家用途」の事を御下問になる。（略）又礼服公卿がもう一人今も不足である。堀川中納言（源基俊）に参列を命ぜられたが、事情を申して断った。この上はやはり公衡が承諾すべきであるという。強いて「公平《くびょう》」を重んじて承諾した。玉佩・綬等はもとより二具を所持している。その他の物は、すべて新調する予定である。所持している古物を見本とする。万事「公平を存する」ために、藤中納言への貸出の約束は改めない。したがって二つあるもの以外は新調するのである。

とある。「公平」とは、「平等」というよりは「公正」の意味に近い。即位への奉仕は「朝廷への特別な御奉公」といった書きぶりである。公衡は滋野井実冬に対しても約束を守るために、彼に貸し出す予定の古物をもとに自分の分を新調することとした。親幕派公家の筆頭西園寺家は裕福であったから（本郷恵子『買い物の日本史』［第九章］角川書店・二〇一三年）、新調にためらいはなかっ

たであろう。

　二十四日に体調を崩した公衡は、翌日も病臥していたが、その間にも即位に関する記録類を見て先例を予習している。この日、所持の大袖を、新調の本様（見本）として大納言大炊御門信嗣に貸し出した。内弁の右大臣花山院定教、外弁の大納言土御門定実らにも本様として貸出しを求められており、新調の人々は西園寺家伝来品を参考にしたのであった。やや時代が下るが、室町時代前期の後花園天皇の即位に際して少納言長郷が中山定親のもとに新調した礼服を送り、誤りがあれば指摘してほしいと依頼している（『薩戒記』永享元年（一四二九）十二月二十一日条）。定親は大袖の襴《らん》のわきに入るひだがないことを指摘した。このように公家たちは互いに協力して正しい形式を伝えようとしていた。

　また、先述の公衡は亀山上皇より先日お願いしていた牙笏を贈られた（「下し給ふ」とあるが、借用であろう）。象牙は貴重な輸入品で、（前掲『買い物の日本史』）牙笏も希少性が高かった。これに対しては「尤《もっと》も以て恐悦（大変にありがたき幸せだ）」と記している。この時の亀山は伏見の皇位継承と共に院政の資格を失い失意の人であった。一方の公衡は西園寺家当主の実兼の嫡子である。西園寺家は先に登場した親幕派公卿の代表公経の子孫であり、鎌倉幕府の奏上を取り次ぐ「関東申次《かんとうもうしつぎ》」を世襲した。今回の譲位は幕府の干渉によるものであったから、両者には複雑な思いもありうる。しかしこうしたやりとりは、本音のいかんにかかわらず、上流の公家に対する上皇側の優位性を伴う好意を演出することになるのだろう。安土桃山時代の名物の茶道具同様、尊い「物」

が政治的な対立を緩和する機能を果たしたことがわかる。

即位の挙行は三月十五日であった。その翌日、公衡は後深草上皇に命ぜられて新調の礼服を見せ、「美麗」だというお褒めに預かっている。ちなみに崇光天皇即位（一三四九年）に際して外弁を奉仕して礼服を新調した中院通冬《みちふゆ》は、内弁を奉仕した洞院公賢の求めにより、後日礼服を見せている。こちらは薄紫の雲中に鳳凰の丸文を織り出した綾の大袖と小袖で、桐と竹の文様の紗の緑色の裳には黄色の糸で鳳凰が刺繍されていた。梧桐《あおぎり》に宿り、竹の実を食する鳳凰（『韓詩外伝』）に因《ちな》むもので、「物ごとに神妙（細部まで見事）」と公賢は褒めている。礼服は奢侈を競う対象にはならなかったが、華麗に新調された礼服は、高い評価を得たのである。

なお、前に引いた記事には、即位の遂行にかかわる内容が含まれている。勅使として登場する堀川顕世は兵部権大輔兼任の五位蔵人で、即位の蔵人方《くろうどがた》の奉行（責任者）であった。少なくとも平安時代中期以来、即位の準備は、官方（太政官）と蔵人方（蔵人所）が分担して遂行したのである。永仁六年（一二九八）の後伏見天皇の即位に際して両者が用意した物品の目録が現存する（官方——『譲即部類』所収『御即位　天文史生・永仁官掌　注進記』・蔵人方——『永仁御即位用途記』）が、これにより蔵人方は天皇自身の装束及び女官の礼服、天皇の着替えの場所である小安殿《こあどの》の調度品などを用意し、官方は高御座（玉座）その他の舗設および、庭上に立てる装飾品や天皇が会場に移動するための輿、儀式に奉仕する隼人《はやと》の儀服、輿を担ぐ輿丁の装束など、蔵人方で扱うもの以外のほとんどを用意したことがわかる。

蔵人は平安初期に嵯峨天皇が設置した令外官《りょうげのかん》（律令の規定外の新しい機関）で、四位二名を「頭」と称し、この下に五位と六位の蔵人がいた。彼らは天皇の側近をつとめるため、六位でも殿上人の扱いを受けた。ただしこの時代には六位蔵人の出る家柄と四位五位の蔵人の出る家柄に格差があり、六位の蔵人は五位に昇叙すると蔵人を辞め、殿上人の地位も失うことになっていた。一方五位蔵人は堂上公家の若年の職であり、顕世も最後は中納言にまで昇進した。

公衡の日記にある「武家用途」とは鎌倉幕府が献上する即位費用のことである。鎌倉時代の朝廷が臨時に大きな出費を必要とするときには、国司に課役したり、成功《じょうごう》（売官）〈注41〉を募ったりしたが、伏見天皇即位に際しても、複数の国への課役や成功がおこなわれた。国司というと、任国に赴任して莫大な富を得る「受領」を思い浮かべる。荘園制の発達した当時もまだ各国直轄の「国衙《こくが》領」は多く存在したが、自ら赴任する代わりに、代官による支配が一般化した。また有力な公家が自らの影響下にある者を国司にして、収入を得る知行国の制度がさかんであったから、国司への課役といっても実際は都の公家に対して支出を求める形になった。また売官はあまりに頻繁だったこともあって行き詰まったので、それと並行して幕府が御家人への課役や成功の取次ぎにより捻出した費用が朝廷に対する大きな助けになった（本郷恵子『中世公家政権の研究』東京大学出版会・一九九八年）。しかも伏見の即位は特に幕府の干渉による皇位継承である。援助への期待は大きかったであろう。西園寺家を介して交渉がおこなわれたと思われる。室町時代になると幕府の支出に依存したことは、前述の通りであるが、鎌倉時代の即位はさまざまな方法で調達した費用によって実施されていた。礼服を自ら調達して即位に奉仕することも、形を変えた即位への貢献といえる。

二　調達法その二――よそから借りる

さて、礼服の新調がさかんにおこなわれる一方、礼服が準備できないというのが奉仕辞退の理由になりえたことも先に記した通りである。有力者の家の出である上に、「公平」を意識する公衡のような公家ばかりではない。礼服を新調しても自家の者が次の即位で礼服を着るかどうかもわからないこともあり、できれば借り物で済ませたいという者もいた。

仁治三年（一二四二）の後嵯峨天皇即位の外弁に奉仕した参議藤原経光《つねみつ》もその一人である。二月八日に即位の日時が三月十八日と内定した。二月十四日に蔵人方の奉行である蔵人右衛門佐時継より「御教書」で、礼服を着用する外弁六名と親王代二名の名が伝えられた。経光もその一人であった。参議で大弁を兼ねる者は優先的に外弁に選ばれる慣例であり、これに該当する経光はもっともな人選と思いつつも、「礼服を所持しておらず奉仕は難しいですが、御世話いただければ出仕します」と答えた。時間的には一ヶ月もあり、急げば新調も不可能ではないはずだ。奉仕者の正式決定は三月一日であるが、礼服の新調が間に合う時期に内々に折衝が行われている。二月二十四日には時継よりの「奉書」（御教書）があり、「礼服をお渡しくださる予定だ。（略）出仕につき必ず御指示があるだろう」と記してあった。

二十九日には前内大臣衣笠家良《きぬがさいえよし》を訪ね、礼服の借用を依頼した。家良が四条天皇即位の外弁を奉仕したからである。ところが、玉冠・玉佩・綬は後堀川上皇より下されたものであり、大袖と小袖は後堀川天皇即位の内弁を奉仕した左大臣近衛家通（関白家実の長男で早世）が着用したものを家実（家良のいとこ）より借りたものであったから、すべて返却していた。また家良は、家実の父の基通から聞いた話として、礼服の生地について「地色と文様の色が同色であるのが正しい」と教示しているが、経光は「少々相違、事欠くべからざるか」と記しており、とにかく借りられるものならかまわないような様子である。

三月一日、正式に即位および関連の諸儀式の日程、および奉仕者の名や行事官（太政官方の担当者）が定められた。翌日には外弁の奉仕者名の書かれた「礼服公卿宣旨」が回覧され、これにより正式に経光の奉仕が命ぜられた。

三月四日、三条前右大臣実親邸に向かい、儀式の作法について「閑談」した。また、同家にある礼服の借用を依頼し、その場で検分している。ここでも礼服の色や生地および袴などについての実親の意見を記すが、そこで開陳される正しい礼服の仕様についての記事は詳しいのに、肝心の借用する礼服についてはは何も記さないから、あまり良い品ではなかったのだろう。

即位前日の十七日には、礼服の着つけを頼んでいた「為永朝臣・入道」（父子を招いて試着した。三条家より借用の物を使ったのであろう。ところが「夜半」になって、蔵人時継を介して「礼服を下され」た。「美麗なり。近衛殿御物。禁裏に借し進めらるるなり」とあるように、近衛家より勅命で宮中に貸し出されたものが割り振られたのである。いうまでもなく近衛家は摂家（摂政・関白に任命されることができる、公家最高の格を持つ五つの家。近衛・鷹司・九条・二条・一条家）の筆頭である。しかもこの礼服は家通もしくは四条天皇即位の内弁を務めた近衛兼経のものであろう。公家最高の家の出身で、なおかつ即位の責任者である内弁の大臣が使用したものが、天皇の仲介の形とはいえ外弁の中で最も官位の低い参議経光に貸し出されている。つまり公卿の礼服については身分の上下をあらわす要素やランクの区別は皆無と認識されており、誰が誰の物を借りても良かったことがわかる。

いささか込み入った内容となったが、礼服借用が公家の複雑な人間関係の中でおこなわれていたこと、奉仕の強制と引き換えに、天皇およびその下で即位の準備をする奉行による礼服の借用の取次ぎがおこなわれたことなどが、生々しく伝わってくる事例であると思う。室町時代に入り、一四二九年の後花園天皇の即位の時には、蔵人方の奉行の藤原房長が、天皇の仰せをうけて「諸家礼服所在」の注進（報告）を公家たちに命じている（『薩戒記』永享元年（一四二九）十月二十七日条）。所在確認の上で貸借の割り振りをおこなう意図とみられる。この時花山院家では「別勅（特別な勅命）」があれば別だが「先祖の『起請文（誓約書）』があるため、貸出しはできないので、先々も御命令があるたびに、事情を申して進上していない」と返答している。この頃には礼服の所在確認は即位のたびごとになっていたのだろう。

礼服を所蔵する家より強制的に召し出すというのは、礼服を自前で準備するという奈良時代以来の建前の否定につながることである。これが認められるならば、召し出してなお足りない分を公費で賄うということも可能になる。先述のように、女官の礼服については平安中期にはすでに公費での貸与がおこなわれていたのであるから、あってはならない話ではない。早い時代の例として一二四二年の後嵯峨即位の時に外弁を奉仕した参議藤原資季が、自らの礼冠について「内裏より下さる」と注記し、さらに「太政入道調進」と記している。この段階ではあくまで西園寺公経個人が新調したものを、内裏を介して貸し出したのであるから、公費での調進ではないが、既存のものでなく、貸し出し用のものを新調するという発想が新しい。この発想の延長線上に、公費で貸し出し用のものをつくるという考えが生まれるのも無理はない。鎌倉時代最末期の光厳天皇即位に際しては蔵人方の費用として「侍従代幷びに大将代礼服七具」が計上され、また「侍従代玉冠五・大将代武礼冠二」を細工所に調進させている（『冷泉中納言頼宣卿記』元弘二年（一三三二）三月二十二日条）。前者が服で後者が冠なのであろうか。ともかくも公費で一部のものを調達しているのは間違いない。

第十章　礼服、そして朝廷の最大の試練——戦国時代

一　後柏原天皇の即位礼

時代背景——応仁の乱による朝廷の儀礼の崩壊

天皇の即位後はじめての新嘗祭《しんじょうさい》である大嘗祭《だいじょうさい》が、後土御門天皇の挙行後、二百年あまり中絶したことはよく知られている。しかしこれは大嘗祭に限らず、多くの儀式がそうであった。後土御門天皇の即位礼は譲位の年（一四六五年）におこなわれ、これに続く大嘗祭は、翌年十一月のはずが十二月にずれ込んだものの、大方先例どおりに挙行できた。しかし大嘗祭の翌年（一四六七年）応仁の乱が勃発すると天皇は室町殿に避難し、長期にわたって滞在する。この非常事態により多くの宮中行事が中止された。また、この長期にわたる戦乱で、多くの文化財が失われた。内裏還幸後、節会（公式の宴会）などの朝儀の復興が少しずつ試みられたが、費用的な理由もあって、いったん復興してもまた中止といったことが重なった。応仁の乱以後、朝廷の経済は低迷した。

一方、この時代の朝廷権威については、幕府による朝廷管理の能力低下による相対的な上昇を指摘する説もある（今谷明『戦国大名と天皇』福武書店・一九九二年）。鎌倉時代以来、武士の官位は幕府の推薦によるのが基本であったが、戦国時代には幕府の権威低下に伴い、朝廷への直接的な交渉がおこなわれることが増え、また官位の謝礼は皇室の重要な収入源となった。しかしこれは定収入ではない。その他さまざまな収入源は存したが、戦国時代中葉の後奈良天皇の時代の収入はおよそ鎌倉時代の中級公家程度の規模であったとされる（永原慶二「応仁・戦国期の天皇」『前近代の天皇』［第二巻］一九九三年・青木書店）。この時代にももちろん宮中のすべての動きがストップしたわけではなく、仏事、和歌会、雅楽会等はしばしばおこなわれていたし、また室町中期より節句などの時の内々の酒宴が整備され、こうした祝賀が宮中の年中行事として重視されるようになるが、平安時代以来の公的な朝廷の儀礼の内で継続的に挙行できたのは、元日の四方拝《しほうはい》くらいである。国家的行事の衰退と内々の行事の浮上は、当時の朝廷財政規模にふさわしいものと言わざるを得ない。なお、室町時代の即位礼の経費支出の仕組みについては『室町期朝廷公事と公武関係』（久水俊和・岩田書店・二〇一一年・第一部第三章）に詳しい。

後柏原天皇の皇位継承時点の状況

明応九年（一五〇〇）、後土御門天皇の死により、後柏原天皇が皇位を継承した。本来ならば直後にあるべき践祚《せんそ》（三種の神器の継承儀礼）は遅れ、さらに先帝の葬儀は死後五十日あまりの後になった。とはいえ、しきたりどおりにゆけば翌年には即位礼がおこなわれ、これに続いて大嘗祭が執行されなければならない。

翌年二月二十九日には代始めの改元がおこなわれ文亀元年（一五〇一）となる。三月には、朝廷は幕府に対し即位のため段銭《たんせん》（耕地面積に対してかける税）徴収を依頼した。さらに六月二十八日、天皇が摂家の人々に諮問した内容が残されている（近衛政家と九条尚経の日記に同じ「勅問」が掲載される）。それによると、当時は会場となるはずの太政官庁がなかったこと、高御座《たかみくら》も新調しなければならなかったことがわかる。関白九條尚経の答申には、内裏の紫宸殿での挙行もやむをえないが、場所が狭いので工夫がいること、高御座の新調は費用がかかるので、金属の装飾品を紙製や木製の物で代用する必要があるということなどが記されており、規模を縮小して早期挙行する方針であったようである。尚経は九月の時点で「来月大礼一定」と記していた。ただし幕の一部などを除き、高御座や庭上の装飾品などほとんどの道具は失われており、七月になって即位の準備を司る官方の行事官の役人が、「以前のように古物と新調品を取り混ぜて使用していた頃でも、日数が不足しては困難であった。まして今度はすべて新調しなくてはいけない」と言上しているように（『文亀御即位記』・『譲即部類』所収）、現実にはまったく困難であった。ただ、幸いなことに天皇の礼服は残存していた。

これより先、応仁の乱後の文明六年（一四七四）三月二十七日には、公家の甘露寺親長を遣わして「山上」に預けられた「御礼服」を召し寄せ、虫払いを行った（『親長《ちかなが》卿記』）。この「山」は比叡山をさすので、戦乱を避けて疎開していたと思われる。乱の収束後に下山したらしく、延徳元年（一四八九）には「武家の御倉《おくら》」にあった天皇礼服に虫がついていたので、「もみゐ」に預け替えたと記される。（『御湯殿上日記』）。当時幕府や朝廷の財産は、高利貸しである土倉が管理しており、「御倉」と称した（『京都の歴史』［第三巻第二章］昭和四三年・学芸書林）。土倉の多くは比叡山の保護を受けてきた経緯があり、多くは法体（出家者の姿）であったという。籾井《もみい》家は俗人でありながら幕府の御倉職を務める数少ない家で、幕府の貴重な御物《ごもつ》も預かっていた（桜井英治『破産者たちの中世』山川出版社・二〇〇五年）。ここで籾井家が登場するのはもっともであるが、そうすると「武家の御倉」とは籾井以外の御倉をさすことになる。あるいは幕府直轄の倉庫のことであろうか。比叡山に天皇礼服が預けられたのも土倉との関係によるものとすれば、この頃の天皇礼服は高利貸しの蔵などを転々としていたことになる。

『言国卿記』によると、文亀元年十月十四日頃より天皇礼冠の修理が始まったという。この日記を記した山科言国は、内蔵頭を世襲する山科家の当主である。この言国には、十一月一日に幕府御倉職の玉泉坊より七百疋が支出され、五百疋は「御即位御服」（「御服」には即位関連の儀式で使う束帯や帛御服も含まれていた可能性があり、礼服の費用が十分であったかどうかは不明）、二百疋は礼冠の修理に充てられた。五日、六日には「カザリ師（金工職人）」を家に召して修理させ、「カナ物」や「フキ玉（ガラス玉）」代四十疋も支払われた。天皇礼服に限っては、着々と準備が進められていたことがわかる。

費用の工面に苦労した即位

しかし、後柏原天皇の即位はこのあと二十年間挙行できなかった。天皇礼服以外の用品はほとんど失われたのに、幕府が予定通りに段銭を献上しなかったことが第一の原因である。この時期の幕府は細川氏の内紛に連動して、義稙と義澄という二人の将軍が争っていた。明応二年（一四九三）、細川政元は将軍義稙を廃し、義澄を擁立する。永正四年（一五〇七）に政元は養子の澄之に暗殺され、澄之はもう一人の政元の養子の澄元に討たれる。永正五年義澄は京都を追われ、大内氏の庇護下にあった前将軍義稙が上洛、細川高国の協力もあって将軍に返り咲く。その後大永元年（一五二一）には高国と義稙が決裂、将軍不在の京都でかろうじて即位が挙行された。

こうした状況を踏まえて、臣下の礼服の調達の記事を中心に経過を追うことにする。なお、国立歴史民俗博物館に、室町から江戸初期の即位礼の資料を写した『譲即部類』という資料集があり、大いに参考にした。また同じ博物館が所蔵する「広橋家文書」「船橋家文書」「高倉家文書」にはその原資料が含まれるので適宜参照した。

関白九条尚経の記すところによると、文亀元年（一五〇一）の秋には、臣下の「礼服・玉冠一向天下に候はず」という情況であった。図だけでは新調できないため正倉院を探させたが、これも発見できなかったという（『後慈眼院雑筆』宮内庁書陵部蔵）。この年の六月から七月にかけて、行事官から太政官庁で挙行する場合に必要な物品の見積りが提出されている（『御即位記　惣用下行』・『譲即部類』所収）。玉座である高御座については、経費削減のため八月末に大工の人数や材料の削減をして、再見積もりを提出しているから、先例より質素にしてでも間に合わせるつもりだったとわかる。八月二十二日には、前回の後土御門天皇即位（一四六五年）の支出を記す「下行帳《げぎょう》」が提出された（『御即位記　惣用下行』・『譲即部類』所収）。これには今回不要のものに朱で印がつけられた。この時点では即位の会場を太政官庁でなく天皇の住む内裏でおこなうことに決めており、太政官庁への行幸費用をはじめ多くの出費が削減できたのである。なお、後土御門即位に下行（支給）された費用は二千八百五十七貫余り（一貫は銭千文。一疋は十文。つまり約二九万疋）であったことがこの下行帳からわかる〈注42〉。

一方、費用調達については、六月末に幕府より、飯尾加賀守を奉行として丹波・丹後・美作・尾張・越後・淡路・越前、松田丹後守を奉行として摂津・河内・遠江・若狭・備前・因幡・近江、松田豊前守を奉行として讃岐・播磨・美濃・但馬・伯耆・備後・能登の段銭徴収が定められた（『文亀御即位記』・『譲即部類』所収）。八月二十三日に但馬国段銭の一部三千疋、十月九日に同じく二千疋、二十五日に丹後国段銭の一部二千疋、十一月五日には因幡国段銭の一部一万疋、二十五日には越後国段銭の一部五千疋が到来したが、その後は行き詰った（『文亀行事官注進　御即位記』・『譲即部類』所収）。時の幕府の実力者、管領細川政元が非協力的であったことが一因である。文亀二年二月には政元の領国の徴収を促すための女房奉書（天皇の意向を女官が伝える文書）が出ている。しかし政元は、天皇即位はおろか、将軍義澄の参議兼近衛中将昇進の拝賀（御礼のための正式な参内）の費用すら出ししぶった。その言い分は、将軍に対しては「いかに昇進されても、人が命令に応じないなら意味がない」であった。天皇に対しても「御大礼の儀は無益である。儀式を挙行しても、実態がなくては王と思われないものだ。この状況でも、愚身はあなたを国王とお思いしている」と言いはなったという（『大乗院寺社雑事記』文亀二年六月十六日条）。応仁の乱後、本来在京すべき守護大名の中には領国に下向する者もいた。複数の国を兼任する守護は、その一国でも死守しようとしたという。このように国家のしくみが綻びつつあるこの時代であったが、細川氏当主は在京していた。他の守護たちよりも優位であったことは疑いないが、一見強気な発言の裏に、政情不安の中で自分の負担を避けたいという気持ちもあったのだろう。ともあれ、一部でも献金のあった但馬と因幡は山名氏、越後は上杉氏、丹後は一色氏が守護を勤めた国であり、細川氏の丹波・摂津からの献金はないから、非協力は口先だけではなかった。『金言和歌集』に載る当時の狂歌には、

御所さまへ　代々に無二なる　細川が　家をいまさら　破る政もと

など足利家に不忠な彼を批判するものが多かったが、

廉直に　国を治むる　大名も　世にあはす（「ざ」の誤り）れば　無益なりけり

という、大名が真面目に義務を果しても無益、と詠むものもあった。即位費用の献上も、できれば

避けたいというのが、守護大名たちの本音であったろう。文亀元年の段銭は、到来後速やかに官方の行事所への二千疋や褰帳典侍への三百疋、天皇礼冠等修理費用七百疋などに下行（支給）された（『文亀　行事官注進　御即位記』・『譲即部類』所収）。ちなみに下行の各項目には幕府御用の土倉（金融業者）名が付されており、幕府側の担当役人の承認を得て、土倉から受け取る方式をとった。

この時の下行帳を後土御門の時と比較すると、「～家礼服新調」という新しい項目ができている。～にあたる部分を列挙すると甘露寺中納言（元長）・侍従大納言（三条西実隆）・中御門右大弁宰相（宣秀）・小倉中納言（季種）・三条中納言（実望）・菊亭左大臣（公興）・大炊御門三位中将（経名）であり、内弁・外弁・擬侍従に選ばれた公卿の多くが「且」として支給を受けている。後土御門の時も、「大学寮礼服」「中務省輔装束」「雑隼人装束」などの下級官人の装束の項目はあるが、公家階級の即位奉仕者への支出は「～家御訪」「～殿御訪」と記され（御訪とは儀式の奉仕者への見舞の贈り物）、使途が明確にされていない。しかも支給を受けている者は礼服着用者のごく一部のようである。下行帳は支給の事実しか記さないので事情が不明であるが、後柏原即位に際しては、儀式の諸経費としてではなく、儀式の場で着用する礼服そのものの調達に使途を限定させたものと思われる。また、「且」は「皆下行」の対義語で、支出予定総額の一部を一旦支給することであるが、文亀元年の下行帳では多くの項目が「且」のままで終っている。

下行帳は現存しないが、文亀三年にはついに細川氏分国の丹波と摂津から段銭が献ぜられた。この時支給された五百疋で、三条西実隆は礼服用の綾を調達している。五月三日には甘露寺元長から礼服用の綾ができた旨を聞かされた。八月二十日には甘露寺家を訪ね、大袖用の綾を見せられている。茶染の牡丹立涌文の綾で、蘇芳色（赤）の平絹の裏地まで用意されていたが、仕立ててから長く置くと畳みじわがつくため、しばらく仕立てないでおくとのことであった（『実隆公記』）。この茶染については、『元長卿記』文亀三年六月二四日条の礼服新調の記事に「麹塵。赤染也」「其色青黒」とあるが、江戸中期の山科忠言著の『山科家装束部類』（東京大学史料編纂所蔵）が引く『元長卿記』同日条には「麹塵茶染也」とある。『元長卿記』の当該個所は写本でしか残らないこと、「赤染」と「青黒」では矛盾することから、「麹塵茶染也」が正しいであろう。麹塵、すなわち黄緑色である。ちなみに室町時代の茶染については橋本素子「茶染について」（『繊維学会誌』［六八―四］二〇一二年）に研究がある。これによると当時の茶染には黄茶・青茶・唐茶という種類があった。また同記によると「予手染也」とあり、「女房隙《ひま》を得ざること連続」のため裁縫が遅れたとある。予はもちろん自分をさすこと、当時「女房」は妻の意味にも使うことから、この礼服は家庭で染めて仕立てたらしい。同時代の山科家の日記でも装束生地の張りを夫人の監督下でおこなう記事などがある。なお、『落窪物語』などの平安朝文学にも、貴族の女性が染色をおこなう記事がある。監督したという意味なのか、自ら壺や釜に手を伸ばして染めたのかはわからないが、織を除く加工や仕立ては、古くは貴族の家庭内の作業であった。

五月十七日には、即位の朝廷方の責任者（即位伝奏）の町広光が、幕府側の惣奉行摂津元親に対し「大学寮礼服」の新調費用を請求している（『和長卿記』）。これは賛者や焼香などを務める地下官人の礼服として貸し出されるものである。文亀元年十月にも大学寮礼服の「袍（大袖）手付《てつけ》」などに三百疋が支出されていたが、今回は五百疋が支給された。広光によると、これは七具（七人分）必要なのだが、本来は一具で七百疋なのを、後土御門即位には五百疋に減額したという。したがって五百疋では七分の一にしかならない。これで冠の新調をしたというから、耐久性のある冠を先に必要人数分作ったらしい。このように文亀三年には部分的な実費支給により、一部の新調がおこなわれたことがわかる。

複数の公家日記によると、文亀四年一月十日、将軍義澄の参内に付き添った政元が天皇の御前に召され、常御所の縁側に座した政元に対し盃が下された。かつて祖父の政之に同様の先例があったともいうが、武家故実書の『道照愚草』には「希代の初例」と記している。同書によると、「三職（幕府首脳）御衆」は三位に昇っても地下人《じげ》（天皇の住む清涼殿に入れない人。公家でない者）扱いで、御所では庭までしか行けなかった。武士にして高位の公卿であるのは将軍だけだったのである。この時のことは将軍の奏上による特別扱いであったが、天皇側も政元の献納に謝意を示す必要があったのだろう。即位の儀式が挙行されないまま、この年二月に永正と改元される。

天皇家がレンタル品を用意する

永正三年（一五〇六）一月十九日、実隆は天皇に「申入《もうしいれ》」を書面で提出した。「もし即位が挙行されれば礼服を準備して奉仕する意志はあったのだが、去年よりは経済的にも難しくなっている」

という内容である。実費支給の展望がない中、礼服調達が大きな負担になったことがうかがえる。

永正七年三月には、将軍義尹（のちに改名して義稙）が即位のことを「沙汰（世話）」したいと奏上、文亀元年の決定は白紙に戻し、再び内弁・外弁以下の人選がおこなわれた。三条西実隆の子息公条が親王代に選ばれたので、五月十三日に実隆は、花山院（藤原）政長に書状を送り、所蔵の礼服具・綬・玉佩・礼冠の借用を依頼した。翌日の返信では、「当家の礼服の「他家着用の儀」は先祖以来の定めで不可であるが、製作見本としてお渡しする」とある。後花園即位の時に先祖の起請文を理由に提供を拒んだ礼服が現存していたのである。永正八年二月二十五日には、即位会場となる内裏の修理も始まった。また、『御即位料足越前国所納帳』（『譲即部類』所収）によると、内裏修理の外に、天皇の装束や即位に奉仕する女官の装束、高御座の新調の費用なども支出されている。前年に越前守護の朝倉氏が段銭五万疋を献じたためだが、その後は朗報もなかった。

永正八年五月二十六日には甘露寺元長が実隆を訪ね、礼冠を見せている。『実隆公記』には「玉冠新調〈公物《くもつ》〉」と記す。「公物」とは朝廷の所蔵品の意味で、天皇家の家政を取り扱った内侍（長橋局《ながはしのつぼね》）の管轄下にあった（斎藤真妃「中世貴族間における衣服貸借について」「道歴研究報[七]二〇〇七年）。装束の貸借自体は室町前期頃より公家の日記によく出てくる。この時期にはそれがさかんにおこなわれているが、その一部を補充する形で「公物」があらわれる。たとえば文亀四年二月三十日、永正元年に改元された際の陣儀（公卿の会議）に出仕した実隆の束帯は、「大略（ほとんど）」が「愚物（自分の物）」であったが、「袖単《そでひとえ》」は公物を拝借した。袖単とは束帯の下に着る綾の単衣のはぎれで、大帷子《おおかたびら》（麻の下着）の袖に縫い付けて単衣を着用したように見せかけたものである。これ以外にも臣下用の装束が御所より貸し出された記録が散見する。儀礼遂行のために、天皇家でレンタル品を用意しなくてはいけない状況だったのである。『御即位料足越前国所納帳』によると、同年三月十七日に甘露寺家に対し「礼服新調料」千五百疋が支給されているが、これも甘露寺家に実費を預けて新調させ、使用後は公物として朝廷に返納させることになっていたとものと思われる。礼冠は二百疋で作られ、「尤《もつと》も美麗」であったが、「寸法聊《いささ》か高きの様」に見えたという（図10・1）。

次第に物品がそろう

こうして礼服の一部がつくられたにもかかわらず、折角の即位挙行の予定は再び頓挫した。しかし天皇はあきらめない。永正十二年（一五一五）、再び将軍義稙に即位費用を督促している。十四年には「御即位惣用《そうよう》近日武家より進ぜらるべきの

図10・1　古い礼冠（個人蔵写真）

昭和初期に撮影された写真。裏の書き付けによると撮影時は勧修寺家所蔵品であった。

由」が伝わり、ふたたび挙行の可能性がみえてくる。十五年の十一月には春日社（今の春日大社）や仁和寺へ即位に風雨の難がないよう祈祷を命じている。また、十一月二十一日付けで、蔵人所出納の中原職盛が蔵人方で調製するものを書き上げて提出している『注進御即位調進物事』（『伯家記録考』所収『女王記諸抄』）。『御即位諸司注進帳』（『譲即部類』所収）によると、同じころに主殿寮・大蔵省・木工寮からも同様のものが提出されているので、一気に実現に動いたのであろう。この蔵人方の『注進御即位調進物事』は、おおむね後伏見即位時の『永仁御即位用途記』の内容に似ており、古い目録を踏襲しているが、永仁には存在しない「男礼服七具」の項が目を引く。七という数字は地下官人用の「大学寮礼服」の数にあう。ただし、「大袖、面平絹黄褐染《きかちぞめ》、裏白張。小袖、同。裏同。青鈍《あおにび》色裳、同」という配色はそれまでの地下官人の礼服には見られない。あるいは公卿用の麹塵の礼服を意味する可能性もあるが、それでは平絹（無地）であるのがおかしい。いずれにせよ、それまでは自弁が建前だった男性の礼服をまとまって公費調達しており、これらは光厳天皇の時と同様蔵人方の管轄とされた。

　また天文四（一五三五）年に、後奈良天皇即位の準備のために書かれた『注進御即位御装束色目事』（『譲即部類』所収）によると、庭上の儀仗具などの多くの物品について「永正拾六年度、之《これ》を新調せらる」と記すので、官方も永正十五・六年頃に一気に準備を進めたと見られる。官方の実務官である大外記中原師象が、先に紹介した天理大学附属図書館蔵の『礼服制』をこの年に写したのも、即位に備えての平安前期の法規の確認であったのだ（第七章一節参照）。

永正十六年八月十二日の日付を持つ『鷲尾隆康礼服具誂《あつらえ》代物員数写』（広島大学蔵猪熊文書）によると、擬侍従の鷲尾隆康が礼服の仕様と大体の費用を甘露寺元長の「新作説」に基づいて定めている。先に記したように元長は率先して大袖や玉冠を新調していた。元長の妻が装束の家の高倉永継の娘であったことも考慮すると、彼の準備した礼服は他の者が着用する礼服の仕様決定に大きな影響を与えたものとみられる。この文書によると裳は紗の代わりに浅黄（水色）の生絹《すずし》（生糸で織った無地の固く薄い絹地）が用いられ、綬と錦襪は練貫《ねりぬき》（経糸を生糸・横糸を練糸で織る、艶がある無地の絹）に絵を描いたもので代用するなど、節約が図られている。綬と錦襪に対して「似物」と注記してあるのが目を引く。ここでの「にせもの」の語に人をだます「偽」の意味合いはなく、本物に「似せ」た粗末な代用品であるという意味であろうが、なんとしてでも一式をそろえるための苦労と、間に合わせなりに仕様をきちんと定めようとしていたことが伝わってくる資料である。

十月五日、大納言菊亭季孝が急死した。鷲尾隆康の日記『二水記』によると、隆康は季孝の子で同じく擬侍従の公彦が新調するための見本として礼冠などを貸していたので、報告を受けたのが夜中であったにもかかわらず訪ねて行って取り返している。もちろんその後の記事に、故人に対して「惜しむべし。哀れむべし」と追悼の言葉も書いているのだが、穢れの問題もあるからだろう、まずは引き取りを優先した。

この間、即位関連儀式も進行している。永正十六年九月には即位挙行を伊勢神宮に奉告する「由《よしの》奉幣《ほうべい》」があり、十月十日には「日時定《さだめ》」「擬侍従定」の儀がおこなわれたが、幕府により「御即位要脚残分（不足分）」が準備できないことや政情不安を理由に再び中止させられた。この後、永正十七年に二度にわたって幕府からの一万疋の進上等があり、蓄えの一万疋も加えて、永正十八年（一五二一）にはいよいよ挙行が決まり、三月三日に庭上の四神旗等の柱が立てられた。ところが三月七日の夜、将軍義稙が都を出奔した。隆康は『二水記』で将軍の威令がまったく通じないことへの不満からであろうと推測している。一旦は延期やむなしと思われたが、天皇は今延期してはいつになるかわからないと主張、管領細川高国が警固を承諾したので、予定通り進行した。

準備に二十二年かかった即位が挙行される

こうして三月十七日には礼服御覧と御即位叙位がおこなわれた。二十一日当日、御所には見物人が「簇集《ぞくしゅう》（むらがる）」したが、雨がしばしば降ったので延期された。翌日は雨も上がり、「老若男女」の見物人は「雲霞《うんか》」のごとくであったという（三月二日以降の経過は『二水記』による）。践祚後二十二年、ついに即位は挙行された。その二日前、警固の相談に参内した高国は、御所の御庭拝見を許された。この時天皇自ら御庭に出てきて、盃を賜った。かの政元の時のように御殿の縁側に召す形式よりは略儀ながら、天皇の感謝の念が伝わる。ちなみに同じ年の八月十七日には武田元光が御庭拝見を許されるが、花山院大納言が相伴して酒を飲んだだけであった。

これらの資料を見るかぎり、即位の用品が即位挙行直近に用意できた三万疋だけで整えられた訳ではない。特に臣下の礼服は文亀元年および文亀三年の下行で新調されたものがあったらしく、その他、永正七・八年頃にも礼服新調の動きが見られる。庭上の装飾品は永正十六年頃までに作られている。また、本願寺などの献金もあったと伝えられ、各方面から工面した結果のようである。

天皇は、即位を挙行しなくても天皇である。ただ即位には初めて群臣の拝礼を受けるという意味があり、さまざまな儀式に出御（出席）するのは即位が済んでからというのが、それまでの先例であった。平安中期から室町前期の天皇即位が、十二月下旬におこなわれる例は少なくない。年内に即位をすませなければ新年の行事への出御に支障があるからであろう。即位が済んでいなかった後柏原天皇についてはまず、先帝三回忌の懺法講《せんぼうこう》（仏事）に出御すべきかどうかが問題になったが、結局出御した。文亀二年には、即位と深いかかわりのある朝賀の系統を引く小朝拝にも出御、毎年元旦の四方拝にも出御している。

しかし正月の節会《せちえ》（公式の宴会）への出御は、即位前の出御の先例がないということで、天皇の欠席の形でおこなわれた。経済的理由で節会の執行自体が断続的である中、折角挙行できた年にもこの重要な公的儀式に出御できないことは、天皇には無念であっただろう。後柏原天皇は宮中の和歌会の充実を図るなど、天皇の文化的な存在意義を高めることに関心を持ったが、即位を挙行できない限り、律令時代以来の伝統儀礼の節会で帝王として振舞うことがかなわないのであった。非常事態ということで新例を開くこともできるが、これを積み重ねれば、朝廷が拠って立つべき先例の権威を損なってしまう。乱世においていかに伝統を伝えるか。現実の困難とのぎりぎりのすり合わせをおこないながら、朝廷の権威は維持されていった。その最大の関門が後柏原の即位であったといえる。

二　後奈良天皇と正親町《おおぎまち》天皇の即位

後奈良天皇の即位

次代の後奈良天皇は後柏原の皇子であり、践祚して十年後の天文五年（一五三六）二月二十六日に即位を挙行した。父帝の時よりは随分順調であるが、後柏原の即位の時の用具がかなり残っていたからである（『御即位　天文　史生　永仁　官掌　注進記』『譲即部類』所収）。この時の即位については山科言継《ときつぐ》の『言継卿記』に詳しい。まず二月十四日に天皇礼服の検知があった。十七日には山科家へ運ばれ、十九日には礼冠の状態を職人に確認させているが、修理すべき箇所はなかった。また、高倉永家が息子を連れて検分に来ている。興味深いのは、山科家へ天皇礼服を見学にくる人があったという記事で、公家たちの他「下京沼津入道其外五六人」「浄土寺坊官奥坊」などや、公家の夫人をはじめとする女性たちも訪ねてきている。

正親町天皇の即位

永禄三年（一五六〇）一月二十七日に挙行された後奈良の皇子である正親町天皇即位の記録も山科言継の『言継卿記』に詳しい。この時は、高倉永家より山科家に、先例通り礼冠等を修理のために預かることを申請するよう助言があった。一月六日に早速申請したものの、一旦は拒否された。言継は先例に反した結果になったのは一部の公家の意見のせいだと批判している。先例となっている山科家への修理費用の支出も断られているので、費用削減の目的であろう。しかしやはり破損があったため、二十日になって礼冠と玉佩の修理が命ぜられた。即位は二十七日であるから、急な話であったが、二十二日には納入している。この時の修理には仏師があたった。仏具や仏像の装飾品を作る錺職人《かざりしょくにん》の技術が礼冠修理に活かされたのだ。

また、この時の臣下の礼服新調についての記事も『言継卿記』にある。多くは武官の儀仗用の弓矢の調達に関する記事である。五位以上の武官の場合、弓矢を帯びるのは、即位や行幸啓などに限られる。例年の節会の装束では矛を手にするだけであり、また通常の出仕にも弓矢は用いない。この乱世に華麗な列を整えた行幸はなかったから、即位以外では目にすることもまれな代物であった。

弓矢は借用等ですますとして、紫宸殿の南階左右に立つ近衛次将の掛甲は稀少で調達困難であった。言継の日記によれば、朝廷から幕府に依頼し、舞楽の秦王破陣楽《じんおうはじんらく》の甲を借用した。即位は二十一日の予定であったが、二十七日に延引された。その理由は、吉田兼右の日記によると、幕府の信仰の厚い六条左女牛《さめうし》八幡宮の「神黄《じんおう》」（秦王の当て字）を借りて、掛甲とする慣例であったが、今回は神社に支障があって新調したため、予定の日に即位が挙行できなかったという。秦王破陣楽は唐の太宗の功績を讃える舞楽で、武装して舞う。白楽天の『新楽府』に出てくる「七徳舞」というのがこれである。『徒然草』にも「七徳」にかかわる有名な話があるのでご存知のかたもあろう。なお、南北朝時代の左女牛八幡宮の『六条八幡新宮神宝舞装束 幷《ならびに》 楽器目録』（竜門文庫蔵）によると「秦王装束四具」が一具につき六十貫文で新調されたと記す。もっとも一般的な舞楽装束である 襲 装 束《かさねしょうぞく》三十貫文と比べても、甲冑を伴う秦王の装束が高価であったことや、これが四具しかなかったことがわかる。鎌倉時代の雅楽の書『教訓抄』によると秦王は四人で舞うのが本来であり、通常六人である即位奉仕の次将には不足であるが、この時代はどう対応したのだろうか（図10・2）。

文官礼服に関するものでは、徳大寺公維関係のものが目立つ。伏見宮の夫人の 南 御 方《みなみのおんかた》に裳を貸し出し、南御方はこれを見本にして新調した裳を公維に贈ったこと、山科家から牙笏を模したイチイ製の笏を送ったこと、徳大寺家より 表 袴《うえのはかま》と蘇芳檜扇（赤い染料で染めた檜扇）が発注されたことなどである。このうち表袴は束帯に兼用で、即位前の拝賀（昇進御礼）にも早速使用している。また少納言舟橋枝賢も山科家に裳と蘇芳檜扇をあつらえた。この他『中原康雄記』（早稲田大学蔵）によると、礼服を着ない役の者を含め、即位に出仕する地下官人に「装束料」が与えられた。

また、『御湯殿上日記』によると正親町天皇の即位終了後に「御らいふく、うへ・わたくしの二からびつ、ほこ・よろづの御からびつ一・ぎよくわんなど」長谷川・立入の倉に預けている。両者は高利貸しで、なおかつ朝廷の財産を預かった「禁裏御倉職」である。立入家伝来文書によると、地子（土地税）等の免除の特権を有していた。また、職業柄その倉の管理は行き届いていたので、運用目的以外の貴重品も預かっていた（奥野高広『皇室御経済史の研究』畝傍書房・一九四二年）。また、「わたくし」の礼服とは臣下用のものを意味するから、公家への貸与用の「公物」の礼服もある程度蓄積されていたと見られる。江戸時代になると、袍や単《ひとえ》のような通常使う装束を朝廷が貸与することはなくなるが、逆に臣下の礼服と儀仗用の武具を「官庫」から借りることは当然のようになってくる。そうした体制が整ったのがいつなのか、というのは関心事の一つである。

図10・2　江戸時代に近衛の中将・少将が即位礼に着用した掛甲と弓矢

（出典・『日本歴史図録』1918年）

第十一章　近世初期における宮廷儀礼の復興

一　豊臣秀吉と徳川家康による即位礼の支援

後陽成天皇の即位と豊臣秀吉の援助

『譲即部類』に天正十四年（一五八六）十一月二十五日の後陽成天皇の即位の記録が見られないのは奇妙なことである。後奈良即位に際して朝倉氏や、大宰大弐《だざいのだいに》任官を望む大内氏の献金があり、正親町即位には毛利氏の献金に対して菊（皇室）桐（将軍家）の御紋の使用許可と大膳大夫《だいぜんだいぶ》兼陸奥守の叙任が許されたといわれる。また、正親町即位に際しては、京都を実効支配する三好長慶が数百人の烏帽子を着けた武士を引き連れて警固にあたった。元来かぶりものをつけないことは非礼とされたが、戦国時代に入るとそれが一般化しており、朝廷への配慮がうかがわれる。そしてその「見物衆」は「数万人」に及んだといわれる。このように挙行が遅延した二代の即位も武士たちの援助のもとで相当盛大におこなわれた（『後鑑』ほか）。

とはいえ、費用の調達に困難をともないながらの挙行であったのはまちがいない。即位礼の前年に正親町が公家の広橋国光に送った女房奉書（女官が天皇の命令を伝えた手紙）の写しが残るが（東山御文庫蔵。末柄豊「禁裏文書にみる室町幕府と朝廷」「ヒストリア」［二三〇］二〇一二年による）、足利義輝が近江に亡命中であるため、大友・毛利両氏が即位の援助を申し出ていることについて、義輝が両者に命じて費用を出させたという形にしたいから義輝にそう伝えるようにという内容である。天皇も、武士に関することは将軍を通すという建前を尊重しようとしているが、実際のところ即位礼の面倒も見られない将軍では武家の棟梁としての資格が疑われるということになろうし、朝廷が勝手な動きを見せても咎《とが》めるだけの面目もないのである。後奈良は践祚後十年間即位を挙行できなかった。正親町はかなり順調であるが、践祚後即位挙行までに三年が経過している。

これに対して、後陽成即位は天下人豊臣秀吉の強力な支援のもとでおこなわれたものであり、祖父正親町（後陽成の父の誠仁親王は早世）の譲位の十八日後に即位を挙行している。それは戦国時代の非力な室町将軍たちとの違いを誇示することになった。江戸時代初期の朝廷のことを記した『大内日記』（内閣文庫蔵）という資料がある。その内の第五・六巻は主に後水尾天皇・明正天皇の即位関連資料を集めたものであるが、この第六巻に後陽成即位に関する次のような文書が収められる。

これは太閤秀吉の御時の御譲位御即位の費用の覚書である。

今度関白太政大臣がお世話なさって御即位に調進した「雑具」類を、後代の「亀鑑（手本）」として記録された。古今に比類無い証拠文書である。

時に天正十五年八月十三日　　右大臣

これに続き、譲位および上皇の御所の費用支出についての文書も写され、その後に「御即位、都合参千六百卅九石弐斗三升。御譲位、院御雑具都合五千弐石五斗四升弐合」と総額が記される。原文では「御即位調進之雑具等、為後代亀鑑被記置之畢」とあり、総額だけでなく、雑具等の目録そのものも存在したと思われるが、なぜか『大内日記』にも『譲即部類』にも収められない。〈注43〉その内容をうかがわせるのが、蔵人所出納を勤めた地下官人《じげかんじん》（天皇の住む清涼殿に昇れない朝廷の下級官人。ただし平田家は蔵人所配下の地下官人を采配するので、地下官人の中では名門であった）の平田職忠筆写の『天正十四年御即位下行之記』（京都大学付属図書館蔵）である。『譲即部類』の大部分は、他でもない職忠の筆写本であるから、彼はこれを「豊臣政権下の先例は参照すべきでない」と判断して意図的に『譲即部類』に収めなかった可能性もある。ともあれその巻末に「都合三千五百四拾五石五升七合八勺」とあって、『大内日記』に秀吉が支出したと記す即位費用のほぼ全額の使途が記されているとみられる。これを同じ職忠が次代の後水尾天皇即位について記した『慶長十六年御即位雑用一式帳』（『譲即部類』所収）と比べると、関係者個人に支給された「下行米」の額などは、後者が前者を踏襲していることがわかる。また後者の途中には「惣合弐千百七石九斗壱升」と記されるが、前者に記載された装束や御所の簾などはこれに含まれないから、安易に比較できない。この他『大内日記』によると後水尾即位時には「俄《にわ》かに仰せ付けられ候ふ調進の留」として主な庭上装飾品が予定外に新調されたことが記載されているから、総額は家康が援助した後水尾即位の支出分のほうがかなり多かったであろう。

この『天正十四年御即位下行之記』によれば、天皇の装束として夏冬の束帯と御引直衣が新調されているが、天皇礼服の新調はなく、臣下のものとしては、玉冠三頭・挂甲三領・舄十一足の新調が記載されているだけで、使用される礼服のごく一部である。

また、国立歴史民俗博物館の「舟橋家文書」中に、少納言舟橋国賢が記した『天正十四年御即位下行万』という資料がある。そこには少納言（官務）の配下の地下官人への、譲位と即位の費用支出についての記事が見られるほか、譲位の時に自らの分として三十石を請求したが二十石とされ、即位の時も二十五石の請求が十五石になったと不満を漏らしている。秀吉の援助により、戦国時代の苦境からははるかに改善されたものの、後陽成即位の費用もきわめて潤沢であったとまでは言えないのではないかと思われる。

後水尾天皇の即位と家康の大盤振る舞い

後陽成天皇の次の後水尾天皇の即位は慶長十六年（一六一一）、豊臣家滅亡の四年前である。国立歴史民俗博物館の「高倉家文書」中の『慶長十六年御譲位御服調進帳』によると、このときは先の秀吉の献金による装束新調をしのぎ、当時の天皇が使用する全種類が調進されている。関連資料は「高倉家文書」や『譲即部類』『大内日記』中にあり、中には織屋名と見積額を記したものも見られる。これらによると主な調進者は高倉家であったことが知られるが、山科家も裏地等の一部を調進している。この時、天皇礼服に関連する物では大袖・小袖・裳・襪が新調されているが、礼冠と舃は元のものを使用したのであろう。礼服から束帯・直衣、さらには消耗品の「御ゆかた」に至るまで天皇着用品の網羅的な調進と共に、女官の十二単も計十人分が調進されている。同時に上皇に対しても束帯から蹴鞠装束等まであらゆる種類の装束が調進されている。豊臣政権の先例を超えるとともに、文化の再興者としての権威を確立しようという家康の意志に基づくものであった可能性が高い。即位に先立つ三月に家康は「御譲位・御受禅・御即位等」の「沙汰」ために、「江戸将軍（秀忠）の名代」として上洛し、さらに即位礼を微行《おしのび》で見物した（『徳川実紀』）ことからわかるように、この代替わりに深く関与していた。

天正十三年（一五八五）、山科言経は「勅勘（天皇の咎め）」を蒙《こうむ》って堺に移った。勅勘の理由については確たる定説がないが、天皇装束の調進は高倉家の手に移ってしまい、山科家の日記に翌年の後陽成即位時の装束調進の記事はない。その後に言経は家康の庇護を受けており、彼の力添えで朝廷に復帰したのが慶長三年（一五九八）である。その後山科家は高倉家の手から装束調進の権利を取り戻そうと動いたため、両家は対立するようになる。

慶長二十年（一六一五　七月十三日に元和に改元）六月、家康は言経の子の言緒に命じて天皇礼服を持参させ、天皇に献上するための新調を命じた（『言緒卿記』）。先に天皇礼服を新調した慶長十六年から五年足らずしかたっていない。これに続いて七月二十日には、言緒に内裏で使用する舞楽装束の新調を命じているが、八月から九月にかけて豊国社・南都楽所・天王寺楽所・東寺から舞楽装束を借りて参考にするなど、非常に周到な準備のもとでの調進がおこなわれている。これが費用を出した家康の意向であることはいうまでもない。この少し後に、家光らがつくらせた輪王寺所蔵の舞楽装束は現在の宮内庁で使用する装束に近く、近世初期以降の固定化された舞楽装束の様式がこの家康主導の調進で形成された可能性もある。

　この年五月には豊臣家が滅亡しており、七月三十日に「禁中並公家諸法度《きんちゅうならびにくげしょはっと》」の申し渡しをおこなうなど、家康は徳川政権確立への総仕上げに邁進《まいしん》していた時期である。この間、七月十七日には言緒が天皇や公家の装束の解説書を進上している。法度には天皇や公家が使用する装束を列挙する条文があり、そのためのものらしい。慣例尊重の有職故実の世界をも幕府の法令で規定したのである。また、慶長十九年には、公家の所蔵する古書を書写させたり、目録を入手したりするなど、この時期の家康は特に朝廷の文化的優位性の重要な根拠である文献資料の把握収集に努めている（『徳川実紀』）。これらは、公家文化の再興でも幕府が主導権を握ろうという意識のあらわれであろう。天皇礼服もまたその一環で、新調されることになったのである。なお、礼服の納入は元和三年（一六一七）二月二日であった（『言緒卿記』）。一年余りの時間が経過しているが、家康の死をはさむので、作業が一時中断していたのかもしれない。

女帝の即位と白い礼服

朝廷を保護しつつ管理下におくという幕府の方針により、天皇の法度違反もとがめられることになった。僧侶に対するさまざまな栄誉の勅許は、戦国時代には皇室の権威を示す機会であり、謝礼は収入となった。「禁中並公家諸法度」は僧侶が紫衣を着て参内することに対する勅許にも規制をかけており、規制によらない勅許は無効とされた。有名な紫衣事件である。面目を失った後水尾は、幕府に無断で徳川秀忠の娘である中宮和子《まさこ》の腹の皇女、興子内親王に譲位した。これより先に和子腹の皇子は夭折しており、また和子の入内以降は後水尾の在位中に他の女性が皇子女を生んでいなかった〈注44〉。奈良時代の孝謙天皇以来絶えていた女帝の復活である。幕府は当初不快感を示すもののやむなく譲位を追認、数え年七歳の女帝が誕生する。

この時は礼服一式が新調されて検分が不要だったためか、礼服御覧はなかった。なお、米田氏は「礼服御冠残欠について」（前掲二四九頁）で後陽成・後水尾の礼服御覧の記録がないことを指摘するが、二条康道著の「史料稿本」所引『後光明帝御即位記』寛永二十年（一六四三）十月七日条によれば、後水尾自身が自らの即位時に礼服御覧があったと述べている。二月に蔵人方が提出した調進物の目録によれば男帝同様の赤い礼服を調進する予定であったが、結局は中世以前の女帝の礼服の記録に基づいた白いものになった（野村玄「近世女帝像の形成」「比較日本文化研究」［九］・二〇〇五年）。

寛永七年（一六三〇）九月十二日の即位の装束は『玉露叢《ぎょくろそう》』に引く『御即位記』に

宝冠、是は日形の御冠なり。白服大袖・小袖・裏皆生衣《すずし》なり。白精好《せいごう》の御褶《ひらみ》・御裾・御絛帯《くみおび》・長綬一筋・短綬二筋・玉珮二流・錦襪《しとうず》・御沓《くつ》。御笏は象牙を以て作れり。袞龍《こんりょう》を召すべき御事なれども、女帝にてましませば、古代のためしに任せ、白き御衣なりとぞ聞こえし。

とある。なお、『大内日記』所収の「御即位道具調進留帳」には、「御褶」「御裾」をそれぞれ「御裳」と「御纐纈《おんこうけち》」と記す。近世初期には十二単に裳と纐纈裳の二つが調進される例であった（江戸中期以降纐纈裳の調進はなくなる）。纐纈とは本来絞り染のことであるが、近世には紅色の無地の生地に白い縒り紐でシンプルに花枝などの形をあらわして細い糸で縫いとめた、駒糸刺繍のようなものであった。しかも、これは調進されても用いない例だったという（高倉永房談・烏丸光栄記『装束事』静嘉堂文庫蔵）。一枚の裳はこうした女子装束の一般的な規定にあてはめたものであろうか。また礼服に関する古記録を見ると、『土右記』（長元九年（一〇三六）七月四日条）によれば女帝の装束には大袖・小袖・裙があるが、小袖の裾には男帝の裳のようなものがついていたとあり、皇后の礼服には大袖・小袖・裙・纐纈裙があったとあるので、女帝の礼服に裳に類するものと裙が重ねられた事や、皇后の礼服に裙と纐纈裙があったことが先例になった可能性もある。なお明正の礼服の纐纈裳は白無地で、まったく実態が名称を反映していない。

　このほか、『譲即部類』所収の『御即位記』には紅袴の存在を記す。これは男帝の礼服の袴が束帯に使うのと同じ白い浮織物《うきおりもの》の表袴《うえのはかま》であるのと異なる。後述のように明正は束帯の代わりに白い十二単を使用したから、束帯と礼服に兼用の表袴を使用する道理がなく、そこでおそらく十二単の袴を元にそれを短くした紅袴を考案したのだろう。生地については、『寛永七年九月五日御礼服目録』（宮内庁書陵部蔵）には大袖・小袖・裳・裙がすべて「白唐綾無紋」であったと記す〈注45〉。

また、同じ資料によると宝冠には「一御ホウクハン、御ツブリニメシ候御冠也。ホウワウ・タチ花、ウヘニ在」とあって、日形の代わりに立花（橘かもしれない）と鳳凰の存在を伝えており、『御即位記』に「日形」の装飾があったと記すのとは矛盾する。『土右記』の「押鬘の上に三花形有り。花枝形を以って之を餝る。前に鳳形有り」という記事にしたがったとすれば、日形よりは立花と鳳凰の方が適切と思われる。なお、この礼服については高倉家も調進を望んだが、山科家に下命された（『本源自性院記』寛永七年九月十二日条）。

また、『大内日記』所収の「寛永七年午九月十二日　御即位道具調進留帳」によると、礼服のほかに「常御衣」として五衣・裳・唐衣の十二単を記すが、紅袴以外はすべて白であった。

天皇礼服の焼失と現存するものの所用者について

女帝の明正天皇より譲位された後光明天皇の即位時には、高御座《たかみくら》の仕様について旧記を調査させた記事があり（「史料稿本」所引『康道公記』寛永十九年（一六四二）三月十七日条）、また臣下の礼服の新調がおこなわれるなど、朝廷ではさらに儀容の整備を図っている。後光明は明正の異母弟（後水尾の譲位後に誕生）で徳川家の血を引かないが、徳川の外孫の女帝という特異な存在であり、かつ幕府の同意なしに父の後水尾が譲位したという事情をもつ明正天皇が退位することで、朝幕関係の再構築がおこなわれたともいえ、その即位を滞りなくおこなうことは幕府にとっても意義のあることだった。

寛永二十年十月二十二日には、明正朝では略された礼服御覧がおこなわれた。天皇はすでに昨年十二月、皇位継承に先立ち元服していたが、未だ幼いということで御前ではなく摂政の直盧《じきろ》でおこなわれた。幼帝の即位に伴う礼服御覧は、室町前期の後花園天皇以来になる。冠筥および礼服の櫃《ひつ》は各二合で、検分の後、今回使うものを第一の櫃に、それ以外を第二の櫃に納めたが、第一の櫃に移したのは「草鞋《そうかい》」（束帯用のくつの挿鞋《そうかい》のこと。ただし礼服用の舄《せきのくつ》の誤認）だけで、「先帝・女帝」の礼服は第二櫃に移されたという。先帝の礼服とは家康が調進した後水尾の、女帝の礼服とはいうまでもなく明正の物であろう。久しぶりの幼帝ということで、ほとんどの物は新調であったらしい。こうして鎌倉末期に失われた男帝・幼帝・女帝の礼服が揃うことになった（『本源自性院記』）。また、明正・後光明の礼服が新調されたのは、女帝・幼帝のため既存のものが使えなかったからであろうが、これが例になってか、江戸時代を通じて冕冠や玉佩など一部のものを除き、歴代天皇の礼服はすべて新調されている。また、後光明天皇以後、原則的に礼服調進は山科家、礼服着装は高倉家がおこなうという室町時代の形が復活した。

後光明の承応二年（一六五三）及び、後西天皇の万治四年（一六六一）、霊元天皇の寛文十三年と三度にわたり禁裏に火災があり、多くの御物《ぎょぶつ》が失われた。承応二年の火災では即位に使う四神旗が焼失している。臣下の礼服は後光明即位の時に新調されたものが中御門天皇即位まで使われていたとされ（『宗建卿記』）、また現在京都御所には後西天皇の礼服（一六五六年）が現存するので、後の二度の火災では、官庫の礼服が残ったらしい。また、後西天皇の礼服御覧には新調品とともに古物一具が用いられており、この時は後光明の礼服が残っていた可能性がある。一方、後桜町天皇即位（一七六三年）時に明正天皇の礼冠は存在しなかった。承応の火災で失われたのであろうか。このように、古い天皇礼服の消滅の経緯については検討を要する。

大正元年に京都御所の蔵の装束を調査した『御服御目録』（宮内庁書陵部蔵）によると、京都御所の蔵に明正・後光明およびそれ以前の天皇の礼服は現存していないのだが、この資料を全面的に信じることもできない。幕末の『言成卿記』には刺繍をはずされた古い天皇礼服を霊元の所用品とするが、『御服御目録』では後西天皇の所用品とし、また『言成卿記』によると孝明天皇の冕冠は古物を使ったのに、『御服御目録』に「孝明天皇御料」の冕冠を記載するなど、所用者の認定については疑問がある（図11・1）。確かに礼服の内でも近世は新調を例とした大袖・小袖・裳の数が後西から孝明までの代数にあっている。また、桜町天皇の即位のあった享保二十年（一七三五）調進の装束を記載の下限とする『御服目録』（内閣文庫蔵）には当時御所の蔵（官庫）にあった天皇礼服を大の大袖・小袖・裳が二、小が三と記しているが、大を後西・桜町、小を霊元・東山・中御門のものと解すれば、この場合も後西天皇以後の礼服が現存していることになる。

しかし、東山天皇即位の時の『基熙公記』貞享四年（一六八七）四月二十三日条の記事には、「先づ表御袴。次御單・打袙等。次御小袖。御大袖。次綬・短綬。次玉佩〈二流。左右〉。次御玉冠。已上は仙洞登壇着御の物なり。今度修補せらる」とあり、この時は古物が使われたらしい。東山天皇の時に、室町中期の後土御門天皇までで中絶していた大嘗祭が復興したことはよく知られる。幕府が協力しなかったため、その費用は幕府が即位のために支出したものの一部を割《さ》いた。あるいは経費節減のため東山は父の霊元の古物を用いたのであろうか。勧修寺経慶の『勧慶日記』（京都大学蔵）によると、四月一日に、「大袖・小袖・裳・玉冠・御襪・御沓等」が山科家より納入されているが、この年の山科持言の日記は現存しないため、新調か修理かまではわからない。『御服御目録』には東山天皇の礼服の記載が有るが、所用者の記述が必ずしも信頼で

図11・1　孝明天皇御料の御礼冠

（宮内庁蔵）

きないことは先に述べた通りである。東山の時に大袖・小袖・裳の新調がなかったとすれば、『御服御目録』記載の東山の礼服の所用者は別人となり、後光明の礼服が現存している可能性も出てくる。

冕冠の仕様はいつ変化したのか

以上、煩雑になることを省みず、中世から近世初期にかけての天皇礼服の歴史をみてきた。天皇の冕冠の様式が中世と近世で異なる事実を踏まえ、どの時点で変化した可能性が最も高いかを考えるためである。

一般的に有職故実の衰退は戦国時代に進行したとされる。近世初頭の再興も俗に「寛永有職《かんえいゆうそく》」といって、いたずらに華美を追うものという評価がしばしばなされる。ただし、天皇礼服についていえば、応仁の乱直前に即位した後土御門、戦国時代に即位した後柏原・後奈良・正親町はいずれも古いものを修理して使っており、桃山時代に至るまで室町前期の様式を継承していた可能性が高い。慶長十六年（一六一一）の後水尾即位の時には、礼服は新調されたものの冠はそのままであったようである。

その後の慶長二十年の新調で、慶長十六年からさほど年がたっていないにもかかわらず新調したことに特別な意図があったとすれば、既存の物の仕様の変更が目的であったということもありうる。承応三年（一六五四）の八坂神社（旧称・祇園社）の神宝の冠は近世の天皇の冕冠とほぼ同じ形態であり（前掲一九三頁「古代天皇の冠と衣服」）、後西以後の礼服も基本的に同じ様式であるから、慶長二十年までには近世様式ができあがっていた可能性が高い。ただしこの時に家康は山科言緒に既存の礼服を持参させたうえで新調させており、極端な様式上の変更があった可能性は高くない。「禁中并公家諸法度」制定に先だって言緒が装束の資料を進上したことを先述したが、その写しと思われる『慶長二十年山科家勘文』（宮内公文書館蔵）によると、天皇礼服が赤い綾の十二章であると記した後、昔は文様を「織付《おりつけ》」にしたが、現在刺繍なのは「近代似せ物に仕り候ふ」のだと説明している。慶長十六年の天皇礼服は高倉家が中心になって調進したものであるに対し、二十年のものは山科言緒による調進である。言緒が説く、本来織で文様をあらわしたという指摘は事実誤認であるが、もし言緒の説に基づき仕様を改訂したのなら、刺繍から織物に変更されてもよさそうであるのに、そうならなかったのであるから、やはり古物通りにつくられたとみてよいであろう。

つまり、応仁の乱直前から近世に至るまでに、天皇の冕冠の仕様変更の機会は見出せない。ゆえに、南北朝時代の光明天皇即位時に様式が変更された可能性もある。鎌倉末期の乱で、それ以前の天皇礼服はすべて焼けており、付属の「佐保朝廷礼冠図」「皇太子礼冠図」なども失われたようである。この時にすでに破損していたはずの正倉院の礼冠を取り寄せたのは、仁治三年同様、冕冠の様式が不明という深刻な状況にあったからではないだろうか。あるいはこの時にかつての冕冠を見たことのある上皇や公家の意見を聞きつつも、結局はすでに大破していた正倉院の冠の部品を参考に、パズルを組み合わせるようにして仕様が定められたのかもしれない。光明の次の崇光天皇即位の時、天皇の舄の仕様について光厳上皇の指示を仰いだ所、不確かなので絵図を見るよう命が下っていることから、焼失前の礼服を着た最後の人物（光厳）の記憶はかなり曖昧であったと思われる（即位時には成人していたのだが）。近世の冕冠に付けられた日形の形式が『土右記』『公衡公記』に見える「水晶二枚」ではなく、金属の円盤に光をあらわす棒を配したものになっていて、かえって正倉院の礼服御冠残欠中の部品に近い理由もこのせいかもしれない。正倉院の冠が破損していたから、適切な復元が不可能だったのであろう。大袖と裳の文様が唐の様式をよく伝えるのは、光厳即位に際して作られた絵図のお蔭であるが、この図に冠が収録されていなかった可能性がある。なお、光明即位の時点で正倉院の冠が現在と同じほどにまでひどい状態になっていたとは限らない。新井白石著とされる『白石先生紳書』によると、「奈良御倉に聖武の冕有り。盗み取て玉を取り、金をとりて、其の余は溝へうち捨てたり。所司板倉周防守の時の事なり」とあり、慶長十七年（一六一二）閏十月二十四日に盗難があったことは事実である（『東大寺三倉開封勘例』）から、この盗難のため仁治三年よりさらに破壊が進んだ可能性もある。

二　近世以降の臣下と女官の礼服のゆくえ

近世の臣下の礼服——貸与制度の確立

慶長十六年（一六一一）の後水尾天皇即位に際し、家康が惜しみなく費用を出したことは先に述べた。また、それとは別に『大内日記』は御所新造にともなう調度類の新調の記事がある。御所再建は通常焼失などにともなうものであるが、慶長十六年の即位直後に始まり、十八年に竣工した内裏新造は、既存の御所を取り壊しておこなわれた。覇権を握ったばかりの徳川政権は、天皇の住む空間と身を包む装束、そして調度品にいたるまでを自らの手で作り上げたのである。

にもかかわらず、臣下の礼服は新調には及ばなかったらしい。『譲即部類』所収の「慶長十六年辛亥年御即位雑用一式帳」の「色々染物共」の項に「臣下礼服のしゆふく（修覆）」「玉冠はりなをしうす物。かふり四つ分」「玉冠・玉珮のしゆふく」とあって、高倉家へ修理の発注があったことがわかる。朝廷の用品を何でも徳川の手で作ろうとしている状況下で、いささか奇妙なことである。またこの少し後の元和三年（一六一七）十二月に、仙洞御所より「女中（女官）衣・臣下装束」を内裏に移動させた記事がある。そこには胡簶《やなぐい》や弓などの儀仗用の武具とともに、「玉冠十四」が存在したことがわかる。十四の内訳は不明だが、即位で礼冠を使用する五位以上の者は内弁一名、擬侍従六名、外弁六名、典儀一名であるから、必要数そのものであることがわかる。また、地下礼服の冠には装飾がなく、「玉冠」の呼称にはふさわしくない。礼服の衣裳の有無はわからないが、臣下装束の中に含まれていた可能性もある。おそらく、多くの公家が礼服と儀仗用の武具を官庫から借りるという、近世を通じて見られるあり方が、この時期には成立していたのであろう。臣下の礼服が後水尾即位で新調されておらず、一括修理されているということは、すでに朝廷で管理する臣下の礼服があったということになる。後陽成即位時に秀吉によりまとめて新調された形跡もないので、後柏原から正親町の即位の間に公費で新調し、公物として蓄積していた礼服であったのだろうか。

明正天皇の即位に際しては、先述のように天皇の礼服が新調された。庭上の装飾品等については、後水尾天皇即位時のものを使用する方針であったが、実際には少なからず新調されている。しかし、このときも臣下礼服は「古物」を用いた（『本源自性院記』寛永七年（一六三〇）九月十二日条）。ただし裳を十三人分、綬を十四人分、韈を十三足、挂甲を二人分新調している（『大内日記』）。内弁の二条康道は礼服を自弁したから、十三というのは実際に使用した人数分であった。新調されなかったは大袖・小袖・舄や装身具である。おそらく、既存のものを使用するのを基本方針にしつつも、少しでも状態に問題のあるものや、複数の者の使用にそぐわない襪《しとうず》（くつした）のようなものは惜しみなく新調されたのであろう。

寛永二十（一六四三）年の後光明天皇の即位にあたっては、高御座《たかみくら》の仕様改訂がおこなわれるなど、儀容の改善が図られたほか、天皇と臣下の礼服が「事の外《ほか》損」じていたので（『康道公記』寛永十九年二月二三日条）、天皇礼服および臣下十四人分の礼服が山科家の受注で新調された。明正即位で新調された裳が再度新調されたかどうかはわからないが、少なくとも大袖・小袖は新調である（『宗建卿記』享保二十年（一七三五）六月二七日条）。このときの大袖と小袖はすべて紫であり、丁子唐草《ちょうじからくさ》・轡《くつわ》唐草・輪無《わなし》唐草を織り出した綾であった（『装束轡抄《くつわしょう》』宮内公文書館蔵）。轡唐草と輪無唐草は、鎌倉時代初期以降、束帯の袍に用いられる定番の文様であり、丁子唐草も摂家が大臣に就任する前の袍に用いた文様である（図11・2）。もっとも、古式の丁子唐草は鎌倉時代後期の『後照念院殿装束抄』に図示されているが、近世に用いられた丁子唐草とは大差があり、「丁子」の入った「唐草」という字義に基づいて文献から再興されたものと見られる。

後光明即位までは、即位ごとにかなり大掛かりな新調がおこなわれたようであるが、豊臣政権の先例に張り合ったり、朝廷を威圧する必要も失われ、幕府も過剰な出費をおこなう意志を減退させはじめたためか、これ以降の即位では、代ごとに新調する天皇の大袖・小袖・裳等は別として、臣下の礼服をはじめ既存のものが使える場合は新調しないことが慣例となる（図11・3）。

図11・2　轡唐草文（左）と輪無唐草文（右）

鎌倉前期以降、特別な家例のある場合を除き、多くの公家が束帯の袍にこの文様のいずれかを用いた。寛永二十年新調の貸与用の礼服もこの文様を採用した。

図11・3　近世の臣下の礼服

官庫から貸し出されたのはこうしたものであろう。右列上から、礼冠、大袖、小袖、裳。左列上から、玉佩と綬、舄。（出典・『日本風俗画大成』第九巻　1929年　中央美術社）

中世に断絶した女官と武官の礼服

先に、中世までの女性礼服を概説したが、その後の経緯について説明する。

摺唐衣や青色唐衣（第四章三節参照）など、通常時には使用しない女官の儀服は基本的に行事所よりの支給品であった（『猪熊関白記』建仁三年（一二〇三）十一月一日条・『東宮御元服部類記』正元元年（一二五九））。礼服も同様で、『範国記』によると、後朱雀即位の時の女子礼服は先代後一条天皇の即位に際し新調されたものというから、古いものが貸与されたのである。皇族・臣下の頭装具が混用されたのも、「あるものを使う」という状況から生じたことであろう。

南北朝時代に入り、建武四年（一三三七）の光明天皇の即位に際して女子礼服もすべて新調する必要が生じた。『園太暦』逸文（『故事類苑』所引）によると、経費の不足に対応するための議論がなされた。金属の装飾品を木や紙に代えたり、文様のある綾でつくられるべき大袖などをすべて無地の平絹にすることや、儀式進行に不要な御前命婦を威儀命婦と統合し、摺唐衣《すりからぎぬ》を着る扈従《こしょう》女房（女蔵人《にょくろうど》）も減らすといった案である。この後応永二十一年（一四一四）の『称光院御即位記』では鎌倉時代と同仕様のものが記載されている。この頃は室町幕府の安定期であるから、この記事は事実と思われる。略儀はあくまで一時的であったようである。

女子礼服がいつ廃絶したのかは明らかでない。次第書だけを見ると、室町時代末期の正親町天皇の即位にも使用されたことになっているが、事実なのであろうか。永正十五（一五一八）年の「注進御即位調進物事」には調進予定の品目中に女子礼服が見られるが、その記事は『永仁御即位用途記』によく似ており、古い文書の引き写しであろう。また、後奈良天皇の皇位継承直後に作成された『大永七年（一五二七）御即位蔵人所御調度注進之記』（『譲即部類』所収）にも女子礼服の記事が具体的な仕様の注記を付した形で見られるが、四位は「ふかきあけ」の大袖に「緑すそご」の裳、五位は「あさきあけ」の大袖に「緑」の裳というふうに、平安中期の『西宮記』に基づいたと思われる古式な内容になっていて鎌倉時代以後の例とは食い違い、本当に新調するための仕様が不明になっていたのではないかと疑わせる。しかも即位礼が挙行されたのはこの文書が書かれた十年後の天文五年（一五三六）である。

逆に確実に女子礼服が使われなかったことが明記されるのは、寛永七年（一六三〇）の明正天皇の即位を記した『寛永御即位記』である。「其の礼服は蘇芳の大袖・小袖・褶・領巾・位験・履なり。位験は冠の事なり。（略）今度褰帳・劒璽の内侍・女嬬等、五つ衣・單・唐衣・打衣・表おそひ・褶・かけおび・裾・打袴着て檜扇を持つ。簪・平釵子・平額・丸額なり」とあるように、元来は礼服であるが、今度は五衣・唐衣・裳の十二単であったとわざわざ記す。明正即位のために作られた『寛永七年御即位蔵人所注進之記』（『譲即部類』）には女子礼服の記事があるが、中世の蔵人方の調進目録に似ており、これも古い文書の引き写しであろう。その一代前の後水尾即位の際の高倉家の調進記録にも十二単のみ記載があって、女子礼服の記事はない。おそらく戦国時代にはすでに実際に調製されることが絶えていたと思われる。

なお、近世の即位には女性の奉仕者は激減し、褰帳《けんちょう》二人、剣璽内侍《けんじのないし》二人、威儀命婦《いぎのみょうぶ》二人、執翳女孺《はとりのにょじゅ》六人が出仕している。これも戦国時代の非常事態の中で形成された形であろう。褰帳から命婦までは十二単であるが、執翳女孺は、白い絹に松と椿の木を描いた絵衣《えぎぬ》の上に、縹の平絹に白い絵の具で蝶を描いた唐衣を着た。摺唐衣（第四章三節参照）の系統を引くようで、礼服と違って安価であったために戦国時代にも続いたのであろう。ちなみに絵衣は室町前期には下級女官の装束として用いられていたもので、この姿の原型が中世にさかのぼることをうかがわせてくれる。

また、即位に奉仕する武官のうち、紫宸殿階下左右に並ぶ本物の中将・少将は、舞楽装束の掛甲《けいこう》を転用してかろうじて伝統を守ったが、大将代・中将代・少将代の武礼冠と裲襠は廃絶した。こちらは享保二十年（一七三五）に復興するので、詳しくは後で述べる。

第十二章　江戸時代中期以降の礼服

一　大嘗祭の復興と臣下の礼服の新調

古儀復興をめぐる霊元上皇と近衛基熙の対立

後光明即位のあったときの将軍は家光である。家康・秀忠・家光の三代はいずれも京都で征夷大将軍に任ぜられている。ところが四代将軍家綱は幼少を理由に江戸で将軍宣下を受け、これ以降将軍の上洛自体も十四代の家茂まで中絶する。豊臣政権下の聚楽第《じゅらくだい》行幸で復活した天皇の華麗な行幸は、徳川政権下でも二条城行幸として踏襲された。両者は権力者の邸宅へ天皇が訪問する形をとったが、その後の行幸は天皇が上皇を訪問する形で、明正朝に二度、後光明朝に一度行われたものの、その後幕末の孝明天皇の賀茂社行幸まで中絶する（焼失した内裏が再建された時の行幸は除く）。しかし、朝廷ではその後も江戸時代を通じて、室町時代に主に経済的な事情で中絶した「古儀」の復興が続いた。主なものについて再興した年と儀式名を挙げると、霊元朝一六七九年の石清水放生会《いわしみずほうじょうえ》、一六八二年の立太子礼《りったいしれい》、東山朝一六八七年の大嘗祭、一六九四年の賀茂祭、桜町朝一七三八年の大嘗祭後の辰・巳両日の節会《せちえ》と一七四〇年の例年の新嘗祭、桃園朝一七五三年の五節《ごせち》舞、光格朝一八一三年の石清水臨時祭、一八一四年の賀茂臨時祭などがある。また、儀式自体の再興以外にも、細部の改善が繰り返された。

五代将軍綱吉の時代は、悪評高い生類憐れみの令が施行された一方、世の中全体の風潮は元禄文化華やかな時代であった。元禄改元直前の貞享四年（一六八七）、霊元天皇は皇子の東山天皇に譲位、その大嘗祭の再興を図る。平安前期の朝廷儀礼を記した『儀式』において、大嘗祭は最大の紙幅をとっている。朝廷にとってきわめて重要な行事であるものの、即位礼がおこなわれた後でおこなう規定になっていたことと、巨額の経費を要することにより、即位挙行すら困難であった戦国時代に廃絶したのである。当時の将軍綱吉は儒学好きであったが、大嘗祭再興への協力はしなかった。霊元は即位の費用の一部を割いて大嘗祭を略儀で強行するが、公家や地下官人の負担は大きかった（武部敏夫「貞享度大嘗会の再興について」「書陵部紀要」［四］一九五四年）。また、霊元は、一六八二年に関係が良好でなかった左大臣の近衛基煕をさしおいて右大臣の一条冬経を関白に任じたが、その基煕も大嘗祭再興に反対であった。こうした事情により、東山の次の中御門天皇は大嘗祭をおこなうことがなかった。

綱吉は後継の男子が育たず、甥の家宣に六代将軍を継がせた。その夫人は基煕の娘である。当初基煕は武家との縁組を嫌っていたが、家宣が将軍になって以降は大いに恩恵を受けるようになり、宝永七年（一七一〇）には将軍の招きで長期間江戸に滞在することになった。この年には中御門天皇の即位が挙行されたが、それに先立ち女官の礼服の再興が話題に登っている。息子の摂政家煕からの「意を尽くし旧規を考ふること成就」したので、褰帳の分をまず再興したいと要求する手紙が八月十日頃届いたのである。基煕自ら将軍に打診したところ、「用脚多々と雖《いえど》も、子細あるべからず（出費は多いが、問題はない）」という返事であったが、この言い回しの真意を汲み取った基煕は、二十二日に今回は見合わせるようにという返事を送っている。結局家煕のほうから、幕府の「馳走多端（色々と世話になっている）」のため、これ以上の要求は差し控える旨の返答が送られた。結局この機会を逃した女子礼服が再興されることはなかった（桜井秀「女房礼服考」「考古学雑誌」［第三巻第七号］一九一三年）。

「馳走多端」に関連することであるが、同年九月には「当年御即位・来春御元服、大礼相続き候」（『禁裏番衆所日記』宝永七年九月十六日条）という理由で幕府より朝廷に銀三千枚が献上されており、摂家を除く公家たちに、「装束料」として一律十七枚ずつ下賜された。当主が幼少であるなど、当時誰も出仕していない家にも十枚ずつ下賜したという。分配方法から明らかなように、特定の儀式に必要な装束に対する手当ではなく、装束料は名目であろう。無論貸与品であった礼服の新調費用ではない。古儀復興よりばらまきを優先することで、経済的に無理をして大嘗祭を再興した霊元との違いを際立たせたといえる。

霊元法皇は、享保十七年（一七三二）に死去するが、晩年に下御霊神社に納めた願文によると、朝廷の「復古」と、「邪臣」を除くことを祈願し、「大樹（将軍）」の「深切（親切）」を感謝する内容になっている。この邪臣とは近衛家久をさし（山口和夫「近世の朝廷・幕府体制と天皇・院・摂家」『王権を考える』山川出版社・二〇〇六年）、基熙・家熙・家久の近衛家三代に対する不満を物語るものである。霊元にとり、家熙が女婿で家久が外孫であるにもかかわらず、恨みは深かった。

将軍とは八代の吉宗のことである。吉宗は幕府の財政引き締めと奢侈禁制で知られるが、同時に有職故実への関心も高かった。『徳川実紀』によると、大名や旗本などに伝わる古武具を研究し、犬追物《いぬおうもの》を復興させるなど武家故実を振興するとともに、御用商人の後藤家に命じて『延喜式』［縫殿寮式］に記載される染色を実験的に再現させた『延喜染鑑《えんぎそめかがみ》』を製作し、公家の有職故実書である『桃花蘂葉《とうかずいよう》』や『撰塵《せんじん》装束抄』を自ら校訂するなど、朝廷の制度についても研究をおこなっている。さらに元文三年（一七三八）には吉宗の援助で桜町天皇の大嘗祭が盛大におこなわれ、以後は定例化した。

ちなみに吉宗の息の田安宗武（一七一五〜一七七一）は、和歌を好んで賀茂真淵をはじめとする取り巻きの国学者らとの間で「国歌八論」論争（和歌の存在意義や理想的な歌風などについての議論）を起こした人物であるが、装束研究書の『服飾管見』という優れた著書もある。先に家康が文化面で朝廷を圧倒するような事業をおこなったことを紹介したが、吉宗およびその周辺での研究は、政治的効用だけでは説明できない、学術的にレベルの高いものである。霊元法皇もまた吉宗に期待し、冠や直衣《のうし》を下賜するなど特別な厚意を示している（『徳川実紀』）。

享保の新調

寛永二十年（一六四三）の次に臣下の礼服の新調がおこなわれたのは享保二十年（一七三五）の桜町天皇の即位のときである。この間におよそ百年が経過している。一世一度の着用品とはいえ、随分長く使用されたものである。霊元は桜町の即位を見ずに死去するが、彼の期待した吉宗が有職の研究に理解を示していたことも、今回の新調を後押ししたのではないだろうか。即位の挙行は十一月三日であったが、六月二十四日には山科堯言《たかとき》が女官に呼ばれ、天皇と臣下の礼服の新調を命ぜられている。七月一日には関白太政大臣近衛家久より新調の臣下礼服の色と文様の書付が山科家に渡されている（『山科家日記』）。この仕様決定は、家久が中御門上皇と相談の上でおこなったものであった（『宗建卿記』同年六月二十七日条）。今回は中世の資料に見える、紫・橡《つるばみ》・麹塵《きくじん》の内、橡（黒）を除いた二色とし、典儀は蘇芳とした。すなわち、大袖・小袖はそれぞれ同色で、次のA～Jの十種があった（図12・1）。

A　紫──雲に孔雀（一領）
B　紫──鴛鴦蛮絵《ばんえ》（二領）　※蛮絵とは丸い模様のこと。盤絵とも書く。
C　紫──唐草菱（一領）
D　麹塵──窠《か》に唐鳥（一領）　※窠とは花形のふちどりのこと。
E　麹塵──窠に唐草（一領）

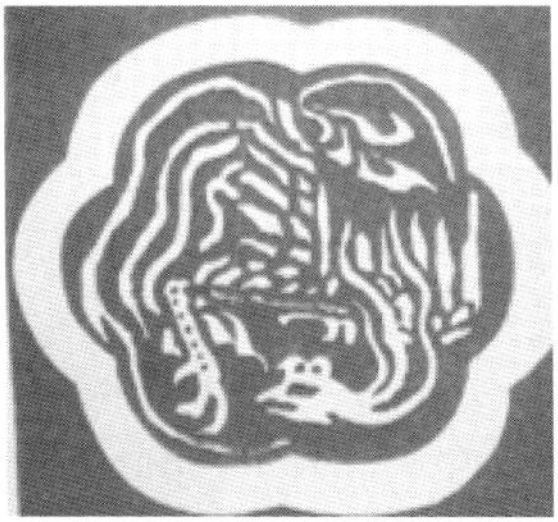

図12・1　享保二十年新調の貸与用の礼服の文様（『織文図譜』故実叢書）

左より鴛鴦丸・窠に唐鳥・唐草菱

Ｆ　麹塵―鴛鴦蛮絵（一領）
Ｇ　麹塵―唐草菱（二領）
Ｈ　浅紫―唐花唐草（二領）
Ｉ　浅紫―唐花菱（二領）
Ｊ　蘇芳―唐花唐草（一領）

中世の礼服の文様を明記した資料は多くないが、「窠文」（『山槐記』治承四（一一八〇）年四月二二日条）・「雲唐鳥丸」（『実躬卿記』永仁六（一二九八）年十月十三日条）・「孔雀蛮絵、其間涌雲」「唐鳥窠文中唐花」（『貞和御即位記』）などがあり、この時の資料になったのであろう。

『御即位調度色目』（内閣文庫蔵）によると、享保二十年の即位では紫と麹塵の鴛鴦文（Ｂ・Ｆ）と紫と麹塵の唐草菱（Ｃ・Ｇ）の計六領を外弁六人に、麹塵の窠に唐草と窠に鳳凰（Ｄ・Ｅ）を親王代二人に、浅紫の四領（Ｈ・Ｉ）を擬侍従と少納言の計四名にあて、紫の雲に孔雀（Ａ）を内弁の大臣にあてたという。このうち内弁の礼服は自弁の新調がしばしばおこなわれたため、あまり使用されなかったが、外弁・擬侍従等の多くはこれを借用した。

再興か失考か――復活した武礼冠

　享保二十年の即位礼には、この公費での文官の礼服の新調以外にも、興味深い再興がおこなわれた。武礼冠《ぶらいかん》の新調である。その姿を文字であらわすのは困難であるから、図を見ていただきたい（図12・2）。こうしたものが中国で武官の冠として用いられたことは、『隋書』［礼儀志六］に「武弁の制、徐爰の『宋志』を案ずるに、謂《いわ》ゆる籠冠《ろうかん》是なり」とあることからわかるが、古代の日本に導入されたという証拠はない。

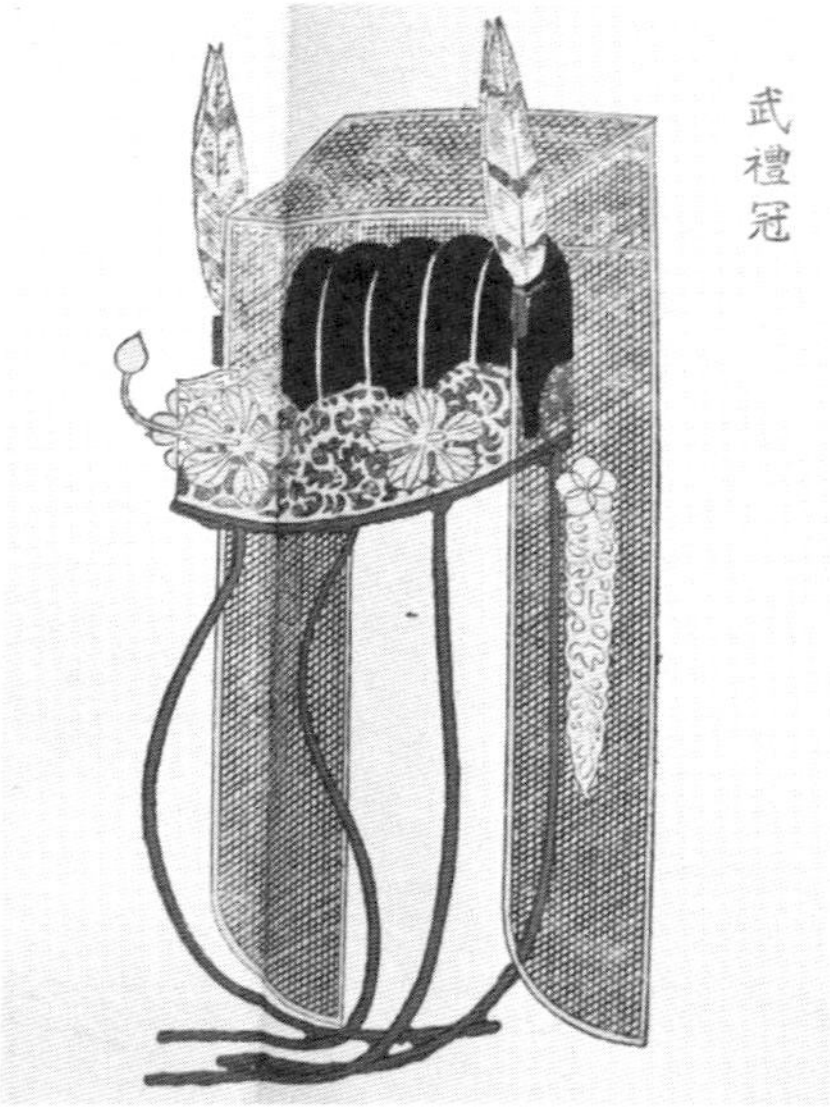

図12・2　江戸時代の武礼冠の図

（出典・『冠帽図会』故実叢書）

　さて、紫宸殿南階左右の次将（近衛中・少将）は本物の中将および少将が勤めた。彼らの挂甲《けいこう》は廃絶したことはないが、代理が務める大将代・中将代・少将代は、それより軽視されたためか、武礼冠の仕様が不明になったためか、欠腋袍の上に裲襠をつけ、武礼冠をつけるという武官礼服は廃絶してしまい、巻纓と緌の冠をかぶり、欠腋袍をつけただけの姿になってしまった。明正天皇即位時には、南北朝時代の先例によって裲襠のみの再興が論ぜられたが（中院通村『明正女帝御即位条々』国立歴史民俗博物館蔵）、結局立ち消えになっている。また、彼らは儀仗用の鉾《ほこ》を携える代わりに弓矢は帯びないのが本来である。したがって明正天皇即位時に弓矢は携帯されなかったようだが（『大内日記』）、霊元（『寛文三歳癸卯年中日件録』京都大学蔵）・東山の時は使用された。東山即位での弓矢の携帯について『基熙公記』貞享四年（一六八七）四月二十八日条では、摂政一条冬経の失考であると批判している。かつて霊元上皇主導で東山天皇の代はじめに大嘗祭が再興されたことは先に記したが、冬経はそれに協力した。反対派の基熙としては、冬経が古儀復興を主張しても所詮は知識不足という思いがあったのだろう。そして桜町即位に至り、基熙の孫の家久の主導で武礼冠と裲襠の同時再興となったのである。

このときの大将代は平松時行と外山光任であった。彼らの姿を見た勧修寺高顕は、「裲襠を着け、珍冠を載《の》す。（略）人々云はく、武礼冠なりと。（略）古制に応ずべきか。之《これ》を知るべからず」と記した（『勧顕愚記』享保二十年十一月三日条・内閣文庫蔵）。武礼冠であると聞いたものの、古い制度にあっているかどうかは疑問で、「珍冠」としかいいようがないというのである。続いて高顕は『平実親卿記』を引用している。先述したようにこの記録は中世以前の武礼冠についてもっとも詳しい記録である。それでも具体的な形は明らかにできないが、少なくともこの時に再興された籠冠の形式であったとは考えがたい（第四章四節参照）。

それでは、再興した武礼冠は、何を資料としたのであろうか。広橋兼胤の日記『八槐記』によると、近衛家久の命で時行の父の「入道三位夕可《せきか》」（平松時春）が考証したもので、「三礼図の武弁大冠・緇《し》布《ふ》冠、君臣図像の真西山冠等を勘合（考え合わせ）して之《これ》を作る」とある（宝暦十三年（一七六三）十一月二十七日条）。『新定三礼図』は北宋初期の聶崇義《しょうすうぎ》の著で、『礼記』『周礼』『儀礼』の三書の説を統合し、図解したものである（図12・3）。宝暦十一年の和刻（日本で刊行した）本もあるが、享保二十年の時点では輸入版が用いられた。『歴代君臣図像』は明の高宗哲の著で、上巻は名君、下巻は名臣の肖像と賛文を載せる（図12・4）。輸入版のほか、慶安四年（一六五一）の刊記をもつ和刻本が存在す

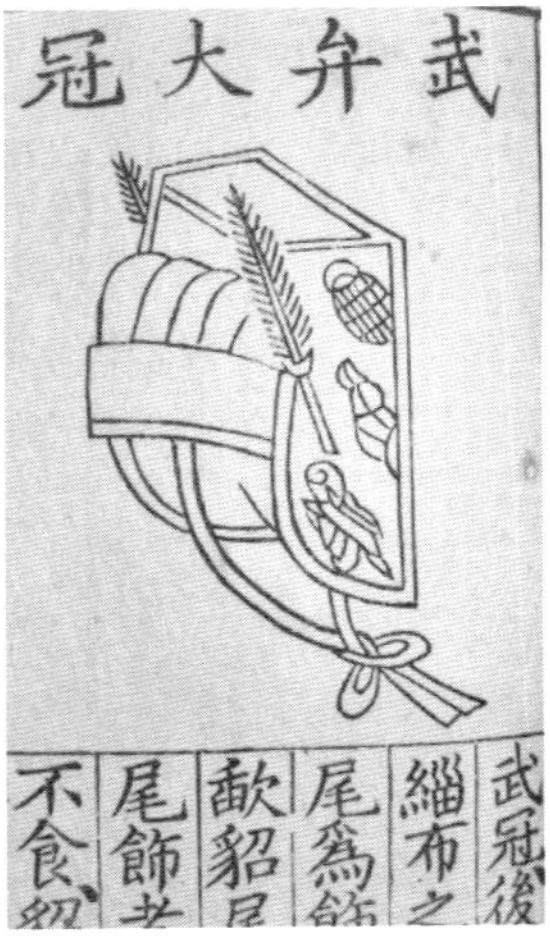

図12・3　『三礼図』（宝暦十一年和刻本）に描かれた「武弁」

武礼冠再興の資料とされた。（個人蔵）

図12・4　『君臣図像』の真西山像

（中之島図書館蔵）

る。共に江戸時代では比較的ポピュラーな漢籍であった。

　つまり、『三礼図』に「武弁」とあるのに着目し、これが小さな略図であるため、よく似た冠をかぶった『君臣図像』の真西山の図で細部を補ったとみてよい。日本の資料によらない、安易な考証であると言わざるをえないだろう（図12・5）。ともあれこの冠は十月二十九日にはできており、家久は難波宗建に命じて勘物（考証資料）と冠を中御門上皇の御覧に入れた（『宗建卿記』同日条）。

　このとき、裲襠は舞楽の「陪臚《ばいろ》」の装束を転用した。また、時行は欠腋袍を新調したが、その色は浅紫であった。これについて広橋兼胤は、「浅紫は延喜式に基づくことだが、中古（やや昔）以来定まっている位の色（ここでは四位以上の黒袍をさす）を私的に改めるのは礼を失する」と批判する。この時作られた二つの武礼冠は、それぞれ平松家と近衛家で保管されたというから、費用の負担は着用者や近衛家な

図12・5　江戸時代の武礼冠・裲襠の着装姿（個人蔵写真）

裏面書き付けによれば、1933年の吉川観方の指導による研究用の扮装

どでおこなったのであろう。これ以降も武礼冠は官庫には納められず、自弁もしくは個人的な貸借によったらしく、後桜町天皇即位に際し兼胤は、息子の伊光の大将代出仕のために、古記録に基づいて裲襠を新調、武礼冠は近衛家の所蔵品を模して新調している。また、一部に批判のあった大将代の浅紫袍も、桜町の次の桃園天皇即位以降恒例化する。これは、『延喜式』のみならず、束帯に黒袍が用いられていた中世の文献に、大将代の袍が浅紫である例が見られるからであろう。すなわち礼服の色は特例であり、個人的に位色を乱すことにはならないと判断されたのである。なお、中将代・少将代も、元来武礼冠を用いたが、享保以降も再興されることがなく、巻纓・緌の冠に欠腋袍を着け、弓矢を帯びる姿が継続した。

その後の臣下礼服

この後、「官庫」の礼服が新調されることはなかった。内弁を除き、多くの公家は礼冠・大袖・小袖・裳・玉佩などを借用している。サイズの問題か、足に触れるものだからか、襪と舃は私弁が多かったようである。内弁は全品私弁の例が多い。外弁でも、後桜町即位（一七六三）の時に大納言広幡《ひろはた》輔忠は、近衛家に伝わる鎌倉前期の近衛兼経（四条天皇即位に内弁を奉仕）の礼服を模して新調した（『定晴卿記』）。また、久我俊通が桃園天皇の即位（一七四七）に中将として奉仕したときの掛甲は、官庫のものを参考に新調したという（『通兄公記』）。俊通が幼かったので、軽量化を図るため、形をまねた木製品としたのであった（『八槐記』）。

江戸時代において官庫の「公物」として貸し出されるのは、女官の装束・武官の儀仗用の弓矢・即位の礼服や挂甲などであり、室町時代のようにそれ以外の雑多なものは見当たらない。このうち女官は御所に住み込みであるし、その儀式用の装束は山科家が承って、はじめから共用として新調されている。これに対し、武具と礼服は申請して借用する。所持していれば借用の必要がないのであるが、明和五年（一七六八）八月の東宮英仁親王（後桃園天皇）元服に際して弓矢を借用した野宮定晴が、

私の借りた矢は白い羽がついていた。もとよりおかしな物である。鷲《わし》の羽のついた矢が当家にあるが、これも私の考えに合わない物なのだから用いなかった。世も末になり、代々羽林《うりん》（近衛の武官）の任を世襲しながら平生弓矢も用意せず、要《い》る時になってあわてて公物を申請して御用を勤めるのは、奇怪としかいいようがない。

と自嘲するように（『定晴卿記』）、有職故実に合う物を用意するのは難しく、残念に思いながらも適当な物を拝借するのが当然になっていた。まして礼服は内弁以外ほとんどが借用するのが当然であったから、かえって自弁がはばかられる空気もありうる。広幡家と久我家が新調したのは、共に摂家につぐ格式を誇る清花《せいが》家であったからでもあろう。また、即位では少納言二名が擬侍従になるが、少納言になる家は限られるので、こうした即位奉仕の頻度の高い家は礼冠を所持することも

あった。

弘化四年（一八四七）の孝明天皇即位においても臣下の礼服と礼冠の新調が検討され、山科言成に礼服の文様の検討が命ぜられたが、結局新調は見合わされた（『言成卿記』）。その代わり礼冠につけられた玉を、『延喜式』に基づき、着用者の位階にしたがって付け替えることになった。確かに位階の秩序にあわないものを着用するのは良いことではないが、既存の玉をはずして付けかえるのは容易なことではない。

命を受けた言成はまず官庫にある冠十四頭の玉の色を確認、次に有職にかかわる御用、たとえば装束の文様作成などをよく受けている原家出身の絵師、原在照に命じて、従一位・正二位・正四位下・従五位上の冠図を描かせてから、いよいよ作業を発注している。ところが即位奉仕者が一名交代することになり、仕様変更の話が持ち上がった。言成は即位伝奏（即位実行の責任者）の三条実《さね》万《つむ》に対し、「作業にとりかかったあとの奉仕者の変更の場合は、発注してできてきた冠を使う」という約束であったと訴える。ところが親王代に奉仕予定であった参議四辻公績は従三位、新たに奉仕が決まった参議東坊城聡長は従二位であったため、さすがに位階より低い冠をかぶせるのは気の毒だということになってしまった。そこで、今回奉仕する者の内で家に代々伝わる礼冠がある少納言の長熙・為政のいずれかの礼冠を召しだし、彼らには今回使わない官庫の従四位の礼冠を貸すという対応をした。個人の家に代々伝わる礼冠は今回の仕様変更とは無関係であるから、特定の位階に対応していないので、二位でも使用できるということであろうか。

この年の山科言成の日記には、天皇礼服や女官の装束など、さまざまな記事が出てくる。儀式の責任者や女官との相談事、織屋との交渉などを介して、江戸時代の宮廷における装束の意味について知ることができる。

二　江戸時代中期以降の天皇礼服

礼服をめぐる一つの伝説

先に述べたように、江戸時代の天皇礼服は、基本的に新調であった。ただし大袖・小袖・裳・襪・舃は新調されたが、玉冠や玉佩、綬については古物が使用されることが多かった。大正元年の『御服御目録』によると、当時京都御所の蔵には成人の天皇用の冕冠が三頭、幼帝用の玉冠が二頭、女帝用の宝冠とその雛形（小型の試作品）が各一頭あったという。また詳細な仕様について記録した山科家の記録によると、冠を装飾する玉の色や日形の中に彫られた金烏の首の向きなどに小異はあるものの、おおむね踏襲されていたようである。江戸幕府の進上する費用を使っての即位挙行は、最初期のような大盤振る舞いこそなくなったものの、安定しておこなわれつづけたのである。

この時期の天皇礼服についての特別なエピソードは二つある。一つは、正徳元年（一七一一）の朝鮮通信使来朝を迎えるにあたり、六代将軍家宣のブレーンの新井白石が天皇の冕服の下賜を朝廷に求め、これを家宣に着せようとして果たせなかったという伝説である（「新井白石の罪案」『三田村鳶魚全集』［第二十巻］）。ちなみにこの通信使を迎えるにあたり、白石は将軍の対外的な呼称を「大君」から「国王」に改めた。白石は、中国皇帝と周辺国の王の関係同様に、あくまでも天皇より国王は下位の存在であると説明したが、日本国という一つの領域に二者が共存することになってしまうのであるから、奇妙な話である。また、儒教の教養を持つ彼は、幕府の儀容の整備を望んだ。ゆえに装束にも並々ならぬ関心を持ち、碩《せき》学で知られた公家の野宮定基及び、装束の家である山科・高倉両家に質問状を送り、回答を得ている（『新野問答』『高倉家答』『山科家答』）。また、朝鮮通信使の装束と日本の装束のフォーマル性のランクの対応関係について考察を加えるなど（『朝鮮冠服の事』）、儀礼における装束が持つ意味を重視した人物であった。

白石による将軍の「国王化」が、皇室による徳川家への帝王位の禅譲《ぜんじょう》を夢見るものであったとする説（ケイト・ナカイ『新井白石の政治戦略』東京大学出版会・二〇〇一年）と、これを否定する説（水林翔「新井白石の政治思想と徳川政治体制」「日本思想史研究」［四〇］二〇〇八年）とがある。白石の究極の目標が具体的に何であったかという問題は永遠の謎であろうが、「方向性」という捉え方をすれば、朝廷が担ってきた礼的な秩序の維持の機能を将軍にも担わせようとしていることは確かである。ゆえに白石には家宣に冕服を着せてみたいという願望はあったかもしれないが、儀礼と装束の重みを理解する彼が、こうした大胆な行為をあえて図ったとは信じがたい。儒学的な理論から考えても、「日本国王」家宣にふさわしいのは「衮冕九章」であって、「皇帝」の衣装を意味する天皇の「衮冕十二章」ではないのである。

女帝後桜町天皇の礼服の仕様決定

もう一つ注目すべきは女帝の後桜町天皇の礼服である（前掲二九〇頁「近世女帝像の形成」に考証がある）。後桜町は桜町天皇の皇女で、母はその女御の二条舎子《いえこ》（青綺門院）である。江戸時代には同時に複数の女御がいることはなく、摂家（摂政及び関白を出す近衛・鷹司・九条・二条・一条の五家）出身の正妻一人が女御とされ、夫の退位後に女院となるのが通例であった。桜町の次には、後桜町の異母弟の桃園天皇が皇位を継承した。桜町は病気の療養に専念したいという希望もあって早くに退位した。幼い桃園は皇位継承前に元服をすませていたので、即位には成人用の冕冠を用いたが、重く安定しないために軽いものを新調した。紙や金漆による部品を増やし、これ以上軽くできないというところまで工夫したが、なお苦痛があったため、安定するように紐を工夫したという（『八槐記』延享四年（一七四七）九月十六日条）。

桜町は上皇となってわずか三年後に死去した。若い桃園の側近には、竹内式部という人物の影響を受けた公家たちがいた。竹内式部は儒学と神道を習合させた山崎闇斎の「崎門学」の系統につながる人物であり、天皇はその神道説に深い関心を示した。王政復古的な内容を含むその教えに危機感を抱いた摂家の人々は、嫡母の青綺門院を通して公家による私的な進講を中止させる（天皇の生母姉小路定子は、国母の待遇を受けず、典侍として息子に仕えていた）。天皇は抵抗したが、結果的には宝暦八年（一七五八）七月に摂家の主導で、関係する公家を処罰することで事態を収束させるに至った。いわゆる宝暦事件である。

このときの処罰者には装束の家の高倉永秀もいた。そして、折しも将軍の代替わりがあった。かつて徳川家康は山科家を重用したが、やがて高倉家が幕府の御用を務めるようになっていた。高倉家当主が隠居したため、将軍宣下に新将軍が着用する束帯の調進は九歳の跡継ぎがおこなうことになった（職人への指示は家臣の代行であろう）。また将軍の装束の着装は小姓がおこなったが、大きな儀礼に限って高倉家が江戸に下向して着装していた。実際には小姓が着つけた後で袖のひだを取り直す程度の形式的なものであったが（『将軍家装束考』）、いかに形骸化していたとはいえこれを数え年九歳の幼児におこなわせるわけにはいかず、高倉家の分家筋の樋口基康が代行した。

宝暦十二年（一七六二）七月、桃園は二十二歳の若さで急逝した。女御との間に宝暦八年生まれの幼い皇子があり、その継承が順当と思われたが、摂家の協議により、青綺門院腹の皇姉智子《としこ》内親王が立てられた。これが後桜町天皇である。その理由については、若い天皇が側近の影響を受けて発生した宝暦事件を念頭において、同様の事件を防止すべく、天皇が成長してから皇位を継承させるためという説がある。しかしこれに疑問を呈する説もある（野村玄「女帝後桜町天皇の践祚とその目的」「日本歴史」［七〇一］・二〇〇六年）。この桃園の皇子の母の一条富子は摂家出身であり、桃園に対し生《な》さぬ仲の母の青綺門院の諫《いさ》めが通じなかったのとは事情が異なるし、いかに皇位継承を先延ばしするといっても、桃園が問題を起こしたのと同じ十代半ばくらいまでがせいぜいであろう。ところが公家たちを説得したり、若い天皇を諫めるという局面が生じた場合、先帝の正妻よりも権威を持つ「上皇」の存在は大きい。摂家側は、後桜町が譲位後も上皇として若い天皇を指導するのを期待していたとみてよいのではないか。幼帝として即位し、退位後も長寿の父後水尾の朝廷運営の陰に置かれつづけた明正とは事情が異なる。

こうして即位した後桜町であるが、擁立した摂家の人々に、その装束をどうするかという目論見《もくろみ》はなかった。とりあえず践祚《せんそ》（皇位継承）の儀式には、近衛家が拝領《はいりょう》していた明正の十二単が使用された（『山科家日記』宝暦十二年七月二十二日条）。

明正の礼服は、すでに焼失していた。したがって女帝礼服の様式は一から考証しなければならなかった。即位のほぼ一年後の後桜町の大嘗祭の終了後、神事に用いた御祭服と帛御服が山科家に下賜された。山科家への神事装束の下賜は後土御門天皇の時までで絶えており、同家にとって光栄なことだったという。これを見物するために公家の野宮定晴が山科家を訪れた際、頼言は「調進した御祭服は、まったく男帝と相違がない。女帝の御祭服は、先例の記録が発見できなかった。ただ、即位の時の礼服は男帝とあながち違うところもないので、今回の御祭服は男帝の通り仕立てた。後世のあざけり受けるかもしれないが、やむをえなかった。もししかるべき記録が見つかれば、その時は改正すべきである。だからわざと私意を加えなかったのだ」と語った（『定晴卿記』明和元年（一七六四）十一月十六日条）。記録からうかがわれる明正の礼服は白の無文であるが、形状は男帝のそれに類似しており、後桜町のものもこれに準じたのである。そして、明正の時には再興されていなかった大嘗祭に使用した御祭服は、頼言が語るように男帝とまったく同じ仕立てであり（『篋底秘記』）、ただ髪型がおすべらかしということのみが異なっていた（『旧儀御服記』宮内庁書陵部蔵）。なお、帛御服や通常の束帯の形状は十二単であった。

明治時代に、江戸時代の皇室装束の先例をまとめた『旧儀御服記』よれば、女帝の礼服は、

玉冠
御大袖〈表白綾織《あやおり》無繍・裏白平絹〉
御小袖〈表白綾織無繍・裏白平絹〉
御裳〈白縠織無繍〉
纐纈《こうけち》御裳〈表白綾織・裏白平絹〉
御衣〈表白固織物地紋小葵・裏白平絹〉
御単〈白固織物地紋繁菱〉
御袴〈白生《き》精好《せいごう》〉
御綬〈白唐組或綾織〉
玉佩
御笏〈象牙〉

図12・6　江戸時代の女帝の礼冠
（出典・『冕服図帖』　大阪府立中之島図書館蔵）

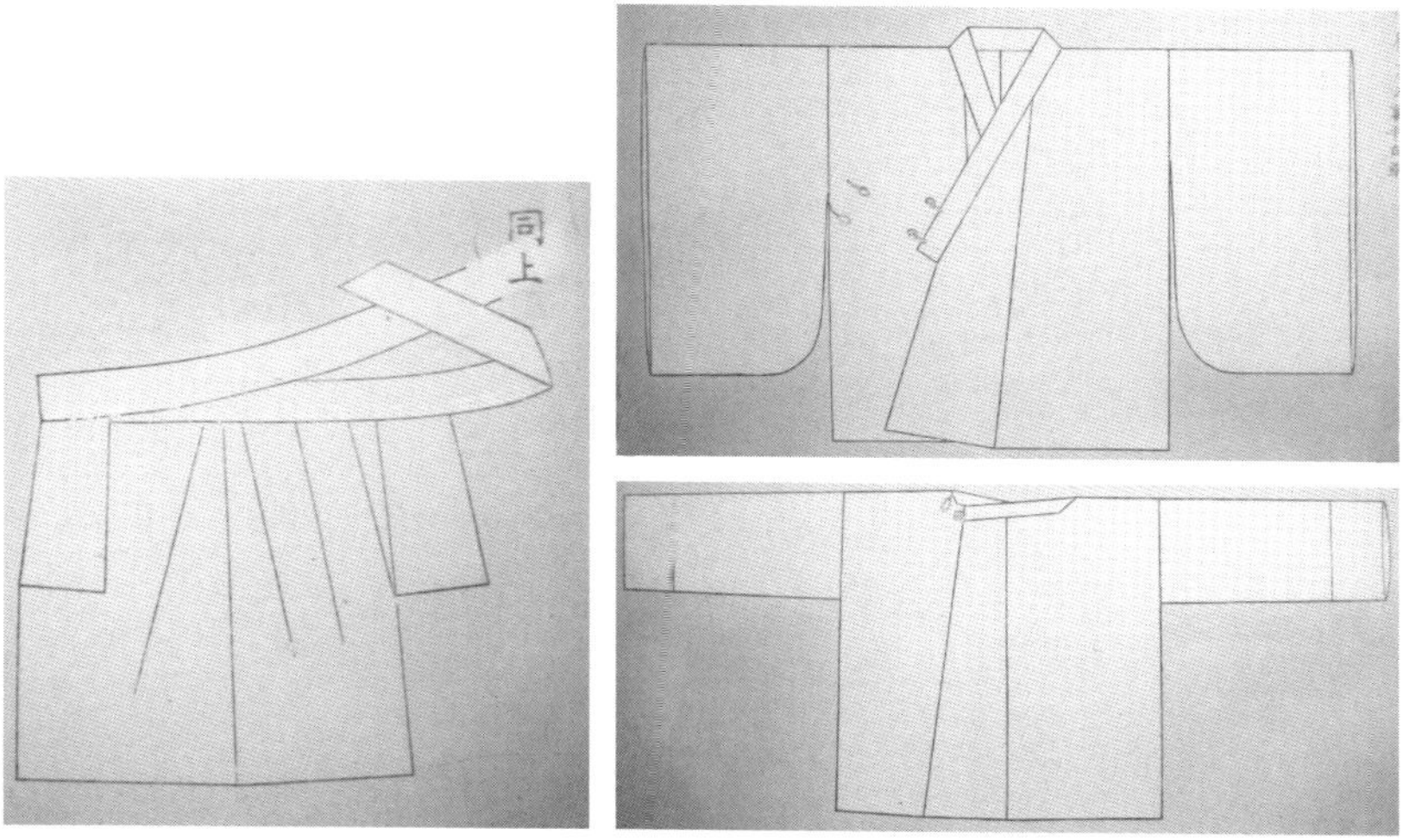

図12・7　江戸時代の女帝の礼服

右上：大袖、右下：小袖、左：纐纈裳（出典・『冕服図帖』　大阪府立中之島図書館蔵）

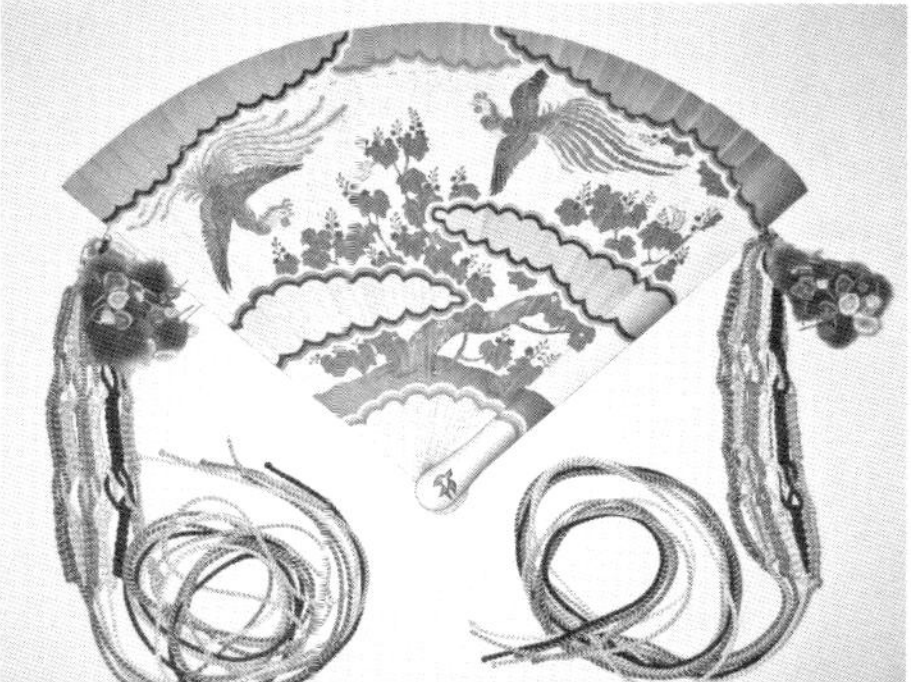

図12・8　桐と鳳凰を描いた近代の皇后の檜扇（調進控）

女帝のものも同様の図柄であった。（個人蔵）

御横目《よこめ》〈大挿《おおかざし》、表桐鳳凰・裏蝶鳥画、鎊糸撚糸六筋色青黄赤紫白薄紅・糸細工ニテ松・紅白
　薄紅梅ノ折枝ヲ付〉
錦御襪〈赤地裂〉
烏皮御舃色赤塗

とある（図12・6〜8）。これは『御服御目録』記載の後桜町の礼服とおおむね重なるが、御横目（檜扇）と纐纈裳が後者になく、代わりに当帯《あておび》があるなど多少出入りがある。また前者は綬の仕様を唐組もしくは綾織と記すが、後者には三重襷《みえだすき》（菱模様）の綾織と明記する。

綾織とは、ここでは男帝の礼服と同じ綾文《りゅうもん》という生地をさす（巻末の「染織組織図」参照）。今の神職の冬の緑袍にも使う（組織は六枚綾地綾の無文）。古い時代の礼服御覧の記事にみられる女帝礼服の「白綾」という記録によるのであろう。御衣すなわち衵《あこめ》と単《ひとえ》は、色が白いだけで男帝と同じ文様である。『定晴卿記』によると、纐纈裳はやはり使用されたらしいが、これは明正の礼服と共通する。精好袴を用いたのも、明正の先例にしたがう。全般的に明正の礼服に似ており、現物はなかったものの記録等により踏襲したものであろう。

しかし、明正の宝冠の形状は文献ではわからなかった。宝暦十三年（一七六三）十一月二十七日の即位に使用した後桜町天皇の宝冠の仕様決定の経緯については、広橋兼胤・野宮定晴・柳原紀光《もとみつ》が、日記に三者三様のことを書いている（三者ともに『後桜町天皇実録』所引）。兼胤は「寛永の

明正院の御例を検討されたが、古い時代のことは記録がなかった。『三才図会』の則天武后図も不完全だったので、『三礼図』の褘衣《きい》図をもとに議論して摂政が決定を下した」と記す。『三礼図』は武礼冠再興のところで触れた。『三才図会』は明の王圻の編の絵入り百科事典である。則天武后図が不完全というのは、『三才図会』に載る肖像が半身像であることをさす。なお褘衣は皇后の服であり、女帝の服ではない。

定晴は「今回の宝冠は永万記（『山槐記』永万元年（一一六五）七月十八日条）の童帝の玉冠の形に似ているようだ。今回の即位に際し、女帝の玉冠の形状は不明であった。兼ねて御吟味があったとの『風聞（うわさ）』を聞いた。ところが『本様（見本）』が出現したので、その図により新調なさったと『伝聞』している」と記す。

紀光は「明正院が御即位に使用されたものは焼失し、諸家の日記等の記事も不確かであったので、摂政殿が色々と御検討になった。山科頼言卿が言うには、正倉院に孝謙天皇の玉冠があるそうなので、召し寄せてこれを参考に新調してはどうかとのことであったが、摂政殿下はこれを承諾されなかった。樋口基康卿が内々申すには、東山の光雲寺に東福門院の御像があるので、これがかぶる天冠がよいのではないかとのことであった。殿下は基康卿を遣わしてその形状を模写させたところ、殿下のお考えに叶うものだったので、件の冠に日形の装飾を加えて頼言に新調させて天皇が使用なさった」と記し、さらに「人以《も》って甘心《かんしん》せざるか」とあるように、この考証に疑問を抱く者が多かったことを記す。

同時代の公家の認識が三者三様であることは、仕様決定が、朝廷内の最高責任者である摂政近衛内前および調進者である山科家など、関係者の内部でおこなわれ、そのプロセスが公然たるものでなかったことを示す。樋口基康は先に述べたように、宝暦事件の余波で高倉家の代行をした人物である。男帝であれば着装を担当すべき人物であったが、女官が着装にあたったため出番はなかった。

三者の中でもっとも具体性に富むのが紀光の記事であるが、これが事実であることは、光雲寺に現存する東福門院の彫像の冠が、後桜町天皇の宝冠に似ていることから裏付けられる。ことに下部の金属の縁《ふち》にあらわされた線刻の万字繋ぎ（紗綾形《さやがた》。舶来の綸子《りんず》の地模様などから流行した、日本では比較的新しい文様）の江戸時代好みのデザインがそのままで、古儀復興を目指して新たに考証されたのでないことを示す。ただ、紀光も記すように日形の装飾は彫像の冠にはなかったので、童帝の天冠（中御門天皇の料）を参照したらしい（図12・9）。頼言の日記によると、新調の参考に〈注46〉するために五月十四日に童帝の冠を借り出している。東福門院の彫像の冠も基本的な構造は童帝の冠に似ているから、後桜町の宝冠は、一部の装飾を除いて男性である童帝の礼冠を踏襲するものと

図12・9　江戸時代の童帝の礼冠
（出典・『冕服図帖』　大阪府立中之島図書館）

いえる（図13・5）。

なお、東福門院像の冠はもとより、中世以前の礼服御覧の記録にも、女帝の冠に日形があったと記されていないが、男帝及び童帝の礼冠にある日形は天皇の表象として必須であると、摂政の近衛内前《うちさき》は考えたのであろう。つまり女帝を童帝より格下にしない配慮といえる。さらに、近世の童帝の冠は能楽の天冠にそっくりであり、雛人形の冠とも構造が似ている。こうした既存の金属冠をヒントにしたものらしい。ちなみ江戸時代の『関秘録』には、天冠が童帝の冠であること、能にも使うこと、女雛がこれと似たものを使うのは誤りであることを指摘している。

このように後桜町天皇の礼服は、その多くが新調されたが、「牙御笏・玉佩・綬等」は歴代の男帝が用いた古物を使用した（『八槐記』）。また足にはく舃と襪は新調したが、その形状や色は男帝と同じものであった。『西宮記』をはじめ平安・鎌倉時代の文献に男帝との相違として明記された冠の種類および礼服の色を除いて、基本的に男帝に準じている。頼言が述べたように、不明な点は男帝に準じるのがその方針だった。性差よりは天皇の礼服ということを第一義にしたといってよいであろう。

後桜町は九年間在位した後、予定通り甥の後桃園天皇に譲位した。しかし、後桃園は二十一歳で死去したため、閑院宮家の王子が皇位を継承した。光格天皇である。ちなみにこの光格天皇の手紙（東山御文庫蔵）には後桜町上皇の教導の内容に触れるものがあり、彼女はその使命を十分に果たしたらしい。後桃園は皇太子の時に元服していたが、光格は元服以前に急遽即位したため、童帝として天冠を使用した（一七八〇年）。元服前の天皇の即位は桜町天皇の父の中御門天皇以来である。中御門の冠は使用せずに新調したが、形式は踏襲する。おおむね天皇礼服は近例にしたがいつつ幕末に至るのである。後光明朝以来の、調進は山科家で着装は高倉家という慣例も変わらず、孝明天皇の時は、礼服納入後の試着は山科家、即位の時の着装は高倉家が奉仕している。

三　礼服の終焉

明治の大改革の犠牲に

千年余りにわたり、我が国最高の正装であった礼服は、明治元年（一八六八）八月二十七日の即位礼において廃止された。そして、朝服が国風化して成立した通常礼装というべき束帯が、その代わりに用いられた。この年五月二十七日、岩倉具視が神祇官副知事亀井茲監《これみ》に新たな即位礼の制定を命じており、新たに定められた即位礼では、庭上の装飾に榊が立てられ、香炉の代わりに地球儀を置いた。玉座も高御座でなく、簡素な帳台（通常の儀式の玉座）になった（山科言綏《ときまさ》「御即位礼」『聖徳を仰ぎて』北星堂書店・昭和三年）。

この時の「行政官布告」を紹介しよう。

此《こ》の度《たび》御即位の大礼其《そ》の式古礼に基づき、大旌を始めて製作改めさせられ、九等官を以って是までの参役に竝《なら》び立てしめ、総《す》べて大政の規模相立つ様仰せ出さる。中古より用ひさせられ候《そうろ》ふ唐制の礼服止められ候ふ事。

明治天皇の即位は神武創業の原点に返るものであったともいわれるが、文面上は単に「古礼」としか記さない。また、参列者を公家以外の新政府官僚に広げたことも重要な改革であった。

礼服の廃止は、「唐制」の排除が理由とされている。近世において田安宗武は、神話にイザナギの裳や、アマテラスが髪に玉を飾ったことが記されていることから、「後の代の礼服は神代の風《なごり》の残れるなりけり」と述べている（『服飾管見』〔巻二〕）。しかし、土肥経平（一七〇七～一七八二年）の『湯土問答』など、礼服を唐服の系譜に位置づける説のほうが有力であったと思われる。田安宗武に仕えた長野清良の説を学んだ長瀬真幸（一七六五～一八三五年）の著『衣服令打聞』は、宗武の説を多く取り入れたが、礼服の神代起源説については否定的で、礼服を含めた宮廷装束は「隋唐の服を移せる上に、此方《このほう》（日本）の上古の服をもとり混じへ、またその代々（十二階以後の服飾制度改正をさす）にも新たに作りなどして」形成されたと述べている。したがって礼服のベースが唐制であるとみなすことは、当時の常識を反映したものであったといえる。

明治天皇即位の儀式策定に関与した福羽美静《よししず》の談話筆記が残されている（加藤隆久「『福羽美静談話』にみる維新神祇行政の諸相」。『神道史論叢』国書刊行会・昭和五九年）。これによると即位礼は「古書に依《よ》り、斟酌《しんしゃく》して古《いにしえ》を本とし、新を加へ」る方針であったが、時間不足のため新調に手間取る物は用いなかったという。なお時間だけでなく、新政府は財政も逼迫《ひっぱく》していた。また美静は、神社はもとは白木造であったが外来の「仏殿装飾美麗なるを見て」朱塗りが広まったことを例に挙げ、「古を守るのみにあらず、価値あるものとして改め行くにて、其の方が神様も悦ばるるに相違なき」から祭服は洋服に変えてよいと述べる。明治三十四年の談話であり、明治元年の時点での考えはわからないが、礼服の廃止の先には、束帯以下の装束全廃に向かうような思想があった。

こうしたわけで、礼服に代わり日本最高の礼装に躍《おど》り出た束帯も、実は風前の灯であった。服飾制度の改革は王政復古の直後から論議の対象になっており、明治元年四月には、徴士《ちょうし》（諸藩士及び草莽の士で政府に召し出された者）・参与の儀服として衣冠《いかん》・直垂《ひたたれ》が定められ、閏四月には、公卿や大名を含め通常の参内に羽織袴《はおりはかま》を許した。衣冠は平安時代に宿直服として宮中で用いられた服であり、その後は儀式以外の日の出仕服となって、幕末まで平常でも衣冠もしくは直衣で参内する例であった。直垂は元来武士の服装で、室町時代には公家の間でも盛んに用いられたものの、参内時には「下姿《しもすがた》」と呼ばれ、この姿の時は公家も地下《じげ》人扱いになるため原則的に天皇の御殿には上がれず、また復古の機運が高まる江戸後期には公家の着用自体が減少した。羽織袴に至っては、頭に冠や烏帽子をかぶらない略装であるから、装束の範疇《はんちゅう》外である。すなわちこの改訂は、それまでの参内装束のタブーを無視したものであった。この中に束帯の存在はなく、明治天皇即位での使用が最後の光芒となった。明治四年十一月の大嘗祭では、天皇は江戸時代のままの御祭服（白い束帯に似た服）を用いたが、三条実美は白袍の衣冠を、その他は直垂を用いた（『太政類典』［第一編第一二六巻〕)。大嘗祭はもとより例年の新嘗祭でも束帯の上に青摺の小忌衣《おみごろも》を着けた江戸時代以前の規定は廃された。国風の色濃い神事服までが否定されたのだ。

　これに先立ち、明治四年八月には官吏服を全面的に改めるという「服制更革の内勅」が下された。そこでは伝統的な装束すべてを「中古唐制ニ模倣セシヨリ流《ながれ》テ軟弱ノ風ヲナス」と酷評し、神武天皇や神功皇后を引き合いに出して「尚武ノ国体」にふさわしいものに改めるよう命じている。その結果、明治五年十一月には金糸刺繍入りの大礼服《たいれいふく》と、燕尾服の通常礼服《れいふく》の導入が決められた。さらに内勅の言葉に矛盾することであるが、国風化の進んだ直垂・裃《かみしも》等は服制から排除されたのに、唐風色の残る衣冠は宮中や神社の「祭服」として残された。維新の主導権を握る人々の本音は洋服導入にあったのだ。装束に対する「唐制」という非難は装束を洋服に代えるための口実であり、宮廷祭祀に適した最小限の装束は残すことにしたのであろう。これに先立ち、五年四月には天皇の祭服として束帯と直衣が定められている。したがって明治五年以降は宮中祭祀において、束帯・直衣は天皇の祭服、衣冠は臣下の祭服という制度になった〈注47〉。

「伝統」の再評価、そして再構築される「伝統」

　明治初期にはそれまでの伝統の縛りを破壊することが急務であったが、中期以降はその一部を復活させるようになった。明治十七年より、賀茂・石清水・春日の大祭への勅使が衣冠に代えて、江戸時代以前の例により束帯を着ることとなり、また明治後期に成立した皇室関連の法規により、皇族の成年式や結婚式に束帯が使用されるようになった。束帯の部分的復活の延長線上に、近代の即位関連儀礼を定めた明治四十二年の「登極令」の制定がある。庭上の儀仗物の榊は廃されて、日本神話に基づく刺繍を施した幡《ばん》（旗）が新たに制定された。このように江戸時代以前とは異なるが、明治の行き過ぎは修正されたのである。高御座は江戸時代以前に範をとって復活、一方で装束は明治の例のとおり束帯となったわけである。明治十六年より宮中祭祀に奉仕する掌典《しょうてん》（宮中の神官）の装束は「斎服《さいふく》」という白一色の衣冠になっていたが、「登極令」によって大嘗祭に限り奉仕者たちが束帯の上に小忌衣を着ることが復活した。なお、「登極令」では直近四代の天皇陵への親謁（参拝）が定められた。天皇陵への行幸は日本の伝統とはいいがたく、中国皇帝がしばしばおこなった陵墓参拝（謁陵）を想起させる。礼服という一見中国風の衣裳を排除しつつ、中国的な儀礼を密かに摂取する発想は、わが国の伝統を主張しながら儒教的徳目を謳《うた》った教育勅語と奇妙に重なり合うようにも見える。その時点での不都合な伝統を隠しながら、いかにもわが国の伝統に見える新儀をつくりあげた。近代の天皇制は、古儀尊重を旨としてきた朝廷の伝統とはやはり異質なもののようである。

第十三章　日本史の中の礼服

一　本章執筆の意図について

今まで礼服について順を追って解説してきたが、その中で各時代における礼服の意義について論じることを意図的に避けてきた。それは千年にわたる歴史を持つ礼服の意義を観念的に語っても、事実から乖離《かいり》するのではないかという懸念からである。礼服自体は伝統の形を比較的忠実に踏襲したが、その意義は各時代で変わってゆく。服飾という実体を持つ存在があって、礼服にまつわるエピソード自体がその歴史を形作ってゆくのである。

とはいえ、今までの叙述の流れの中で掘り下げなかった問題をまとめることで、礼服の持つ意義について少しでも説明できるかもしれない。

二　古代日本の制度と政治の観点から

着用機会の問題

「養老令」の「衣服令」によると礼服は、「大祀大嘗元日《たいしだいじょうがんにち》」に着用するとある（なお「大宝令」では「大祀」でなく「大祭祀」と記されていた）。大祀の定義に諸説があるので、この問題にはあえて触れずにきたが、礼服の性格を考える上できわめて重要な規定である。『令義解』によると、「衣服令」にいう「大祀」とは「臨時の大祀。仮如《たとえ》ば、天地を祀るの類なり」とあり、「大嘗」とは「神祇令の、世ごとに一年、国司事を行ふ、是なり」とある。つまり天長十年（八三三）においては、大祀と大嘗は別のもので、前者は天地をまつる臨時の祭祀、後者は即位後はじめての新嘗祭である一世一代の大嘗祭をさすというのが朝廷の公式見解であった。

なお「養老令」の「神祇令」によると、大祀は一カ月、中祀は三日、小祀は当日一日の潔斎を要する祭祀とある。さらに「大嘗」には、夕の祭祀の準備を奉仕する「悠紀国《ゆきのくに》」と暁の祭祀の準備を奉仕する「主基国《すきのくに》」の二国の国司が主に運営する一世一代のものと、関係の役所の通常業務の中で運営される例年のものとがあると記す。後世には、一世一代のもののみを大嘗祭《だいじょうさい》といい、後者を新嘗祭《しんじょうさい》と呼んだ。

問題は「臨時の大祀」が何をさすかであるが、「神祇令」には「天皇即位したまへば、惣《すべ》て天神地祇を祭れ」という条文に一か月の潔斎を要することが注記されている。この天皇即位後の「天神地祇」の祭の内容は不明であるが、九〇五年に編纂が始まった『延喜式』［神祇七］によると、即位後の大嘗祭の年には、「供幣帛於天神地祇使」が派遣されるとある。伊勢神宮に勅使を遣わすほか、東海道・北陸道などの七道にも使者を遣わして全国の主な神社（『延喜式』神名帳《じんみょうちょう》に記載のいわゆる式内社）に幣《へい》（捧げもの）を分配するのである。ただし、『延喜式』［神祇一］では即位後の大嘗祭のみを「大祀」と規定しており、大祀＝大嘗祭ということになっている。しかし『類聚国史』［神祇部八］によると、大嘗祭の潔斎は平城天皇の大同三年（八〇八）に「前例」の三か月から一か月に改められたとあるので、「神祇令」にいう潔斎一か月の大祀とは大嘗祭以外の祭祀をさすという説もある。また、さらに古い時代の大嘗祭の潔斎の期間が不明なこともあって、やはり大祀すなわち大嘗祭とする説や、大嘗祭も大祀に含まれるという説もある。この他に、「大祀大嘗」は二物ではなく、「大祀の大嘗」の意味であって例年の新嘗祭ではない即位後の大嘗祭を意味するという説もある（大祀の定義の諸説は川北靖之「大祀について」・「産大法学」［二四］一九九一年を参照）。

また、鎌倉時代中期の寛元二年（一二四四）十月一日に、石清水八幡宮の神主が同僚の顔を打ち、流血の事態になった。翌年四月十四日に後嵯峨天皇の御前でおこなわれた罪状を定める会議で、公卿たちは皇祖を祭る石清水社の祭が大祀に相当するかどうかを論議している。その中で、大祀に当たる可能性のある実例として「承和年中（八三四～八四八）両度天神地祇を祭る」や「遣唐使の為に天地を祭る」という事例が挙げられている（『平戸記』）が、これらに礼服が使われた記録はない。

このように「大祀」の定義は古くから不明である。即位後に全国の主な天神地祇に幣を捧げるのは重要なことであるが、文武百官が参列する儀礼でないので礼服着用にはなじまないだろう。あるいは将来的に大嘗祭にならぶ儀式が定められた場合に備えた条文であったのかもしれない。

桓武天皇は長岡京遷都の翌年の延暦四年（七八五）十一月十日に交野《かたの》の柏原《かしわばら》（今の枚方市《ひらかたし》）で「天神を祀《まつ》る」ことをおこなった。『続日本紀』には儀式の内容は記さず、ただその趣旨を「宿禱《しゅくとう》を賽《さい》す（宿願成就のお礼）」と記す。「宿禱」の内容もわからないが、この年九月に天皇の側近の藤原種継が暗殺され、これに連座した皇太弟早良《さわら》親王が十月八日に東宮を追われ、天皇の皇子安殿《あて》親王（平城天皇）が十一月二十五日に皇太子となっている。延暦六年十一月にも同様の儀式がおこなわれた。こちらは『続日本紀』に儀式の内容と祭文《さいもん》が記される。それによると祭祀は大納言藤原継縄を交野に派遣しておこない、「天神」と桓武の父光仁天皇を祭った。祭文は唐の皇帝の天壇の祭祀を模したもので、「天神」とは中国の天帝にあたる。天帝に皇祖を配祀するのも唐の模倣である。同様の祭祀は文徳天皇の斉衡三年（八五六）十一月にも勅使を派遣しておこなわれたが、この三回しか記録がない。

『令義解』の注にある「天地を祀る」とは、日本の天神地祇を祭る神道儀礼ではなく、こうした中国的な祭祀をさす可能性もある。しかしそれは平安前期の解釈ならありうるというだけで、「養老令」制定時にこうした祭祀が想定されていたとは考えがたい。天帝祭祀は中国では重んぜられたが、これを本格的に取り入れるならば太陽神でもある皇祖天照大神の地位を相対化しかねない。中世には伊勢神宮を中国の皇帝の祖先祭祀の場である宗廟になぞらえる言説が散見する（中国において宗廟祭祀は天帝祭祀と対になる重要な儀礼）。しかし、唐律では山陵と宮闕（宮殿）と宗廟の破壊を「大逆」の罪とするが、日本の『養老律』の大逆の規定は唐律の条文を模倣しながら、あえて「宗廟」の二字を削除しており、日本に宗廟はないというのが「養老律令」の考え方であった。江戸時代後期の山田以文が『錦所談』で論じるように、神宮を宗廟とするのは後世の解釈である。このように日本の祭祀体系は、中国とは大いに異なるのである。

結局、神道祭祀における礼服着用の実例は儀式書や記録からは確認できない。しかし、少なくとも「衣服令」には「大嘗」という神事での使用が規定されていることは疑いないし、皇太子が祭祀に参列するときに冕服を着るという弘仁十一年の詔と、大嘗祭において武官が大儀の儀仗であったということから、古くは実際に着用された可能性が高い（第六章二節参照）。徳川吉宗の子の田安宗武は『服飾管見』［巻十］において、嵯峨朝までは「大祀と大儀」には共に礼服を用いたと主張する。淳和朝に礼服の使用範囲が縮小された際（第七章一節参照）に用いられなくなったというのである（なお宗武は「大祀大嘗」を「大祀の大嘗」と解する）。また、大仏開眼会に際しては元日に準じて礼服が使用された。奈良時代における朝賀以外での着用例として文献に残る唯一のものである。法的根拠のない使用であるが、特別に重大な儀礼であるから使用されたのである。

以上のことから、礼服は特別に重大な儀礼のための服であり、その着用機会は、神事と仏事と世俗的な儀礼にまたがっていたこと、律令の規定はややあいまいで、将来の可変性に含みを持たせていたらしいことがわかる。室町時代の代表的な知識人の関白一条兼良は、「漢朝の礼儀を学ぶ」唐風の即位と、「神代の風儀をうつす」国風の大嘗祭を対比して語ったが（『代始秘抄』）、「衣服令」によれば礼服は神事にも用いられたのであり、元来「即位―唐風―礼服着用」と「大嘗祭などの神事―国風―摺衣《すりぎぬ》着用」という対比的な観念は存在しなかった。しかし平安前期までには神事から礼服が排除され、その国風化が進んだのであろう。

天皇礼服の唐風化と政治

大宝と養老の「衣服令」は天皇の礼服を規定していなかったが、天平四年（七三二）には、はじめて天皇が「冕服」を着た（第五章一節参照）。時の聖武天皇は天武天皇の男系の直系であるが、藤原不比等《ふひと》の娘の宮子を母に持つ。このわずか四年前に謀反の罪で自殺させられた長屋王《ながやのおおきみ》は、天武天皇の皇子の高市皇子《たけちのみこ》と、天智天皇の皇女の御名部皇女《みなべのみこ》との子であり、妻は聖武の叔母の吉備内親王である。長屋王とともに吉備とその腹の子たちも自殺している一方、他腹の子が助命されていることから、女系まで含めて考えれば聖武天皇よりも優位の者たちが抹殺されたと見ることもできる。長屋王の死後ほどなく、藤原不比等の娘の光明子が皇后に立てられた。『日本書紀』によれば、十六代仁徳天皇以前には皇族でない皇后も存在するが、十七代履中天皇以後四十代天武天皇までの間の皇后はいずれも皇族であった。光明子立后の詔の中で、ことさら葛木氏の出である仁徳の皇后磐之媛《いわのひめ》を引き合いに出して正当化を図っていることからも、その異例さがよくわかる。

次に、聖武天皇の皇女を母に持つ他戸《おさべ》親王を排除して皇太子になった異母兄の山部親王（桓武天皇）は冕冠を新調した。この時に図が描かれていることから、大きな仕様変更があった可能性が高く、皇太子の冕冠はこの時制定されたと思われる（第六章二節参照）。山部の母は百済系の渡来人の出であり、母系において他戸に劣る。

我が国の皇室が男系で長く続いてきた事実は重いが、かつては皇后を皇族に限るなど、男女両系の流れが重視された。皇位継承を男系に限る観念は自然に定着したのではなく、女系で有力な立場にある皇族が政治闘争で排除される過程で強固になったといえよう。そして女系を排除した者が冕服を導入するという現象が二度も重なったことは興味深い。彼らは男系相続の規範が強い中国の皇帝の装いを取り入れることで、自らを権威づけたのではないだろうか。

六位以下の礼服と儀容の整備

「衣服令」によれば、礼服は五位以上の所用品であるのに、官撰の儀式書である『内裏式』『儀式』および法制書の『延喜式』には図書寮・主殿寮の下級官人の「礼服」が登場し、律令の規定に矛盾する。これは、五位以上の礼服の大袖に似た上着を袴の上に着るもので、巻きスカートがないことから唐の袴褶を摂取したものと思われる。即位礼の下級官人の礼服は、平安後期までには裳を伴う形式になるが、それは、彼らが大学寮の礼服を借用したからであった。大学寮の礼服は、釈奠《せきてん》（孔子祭）に使うものであり、唐の釈奠の祭祀服を模倣したものであった（第四章五節参照）。

これまで述べてきたように、我が国の「衣服令」の服飾制度は唐と異なる点が少なくなかった。一方、儀礼における唐の制度の摂取は、律令の完成によって停止したわけではなかったから、次第に法の規範との間に齟齬《そご》を来たしたものであろう。嵯峨朝において天皇礼服の唐風化が進行したのは、こうした儀容の整備の終着点にほかならない。しかし嵯峨朝の唐風化は、朝賀等に使用する親王以下の礼服や武官の儀服を対象外とするように、唐の制度の単なる模倣を目的としたものではない（第五章三節参照）。礼服を着ることのできる五位以上と、朝服しか着られない六位以下という身分表示の機能を犠牲にしても、儀容の整備を優先したといえる。装束が身分表示等の社会的機能を持つことを重視して、美の観点で見ることに消極的な見解もあるが（近藤好和『装束の日本史』平凡社・二〇〇七年）、儀容の整備というのは美意識と深くかかわるものである。古代日本が、文化的伝統の異なる中国の制度を取り入れた過程を研究した吉田孝氏が、天皇が政治的実権を失っても「日本の社会を統合する機能」を果たしたのは、「文化的・美的な価値の中心」となったからだと論じているように（『律令国家と古代の社会』岩波書店・一九八三年）、「美」の持つ力を無視して政治を論ずることは難しい。

儀式は構成員全員がつくり出す一つの作品といえる。序列を示す場であるとともに、下級官人にいたるまでの参加者の帰属意識を高める効果があったと思われる。ことに即位は宗教的儀礼でないだけに、一層純粋に居並ぶ人間が作り出す演劇的な効果が求められたはずである。平安中期以降、即位の参列者である外弁がわずか六人に固定されたのは、即位儀礼の目的が空洞化するなかで、演劇的な意義が独り歩きする現象であったように思われる。平安後期の公家の日記には、即位礼当日に礼服を着ない貴族たちが束帯を着て、儀式を見物していたという記事がある。

日中の外交と礼服

儀礼における唐の制度の摂取が、律令の完成によって停止したわけではなかったように、朝服もまた大宝令成立後も唐風を導入し続けた（第四章二節参照）。これは礼服も同様であったと思われる。古くは朝鮮半島の影響が濃厚であった服制が、次第に唐の服飾の仕様を取り入れながら変容したのだが、ついに完全な同化には至らなかった。その理由は、先に述べたように唐風化の目的が日本国内での儀容の整備にかかわるものであり、完全な唐風の模倣を意図していなかったからである。

李氏朝鮮の男性官僚の宮廷服は、基本的に明の制度を受容したものである。また文禄の役後、明が豊臣秀吉を日本国王に封じた際にも大量の宮廷服が下賜されて京都東山の妙法院に現存する。同時に明は国王である秀吉に仕える高官たちの冠服も下賜しており、上杉神社には上杉景勝の物が現存する。さかのぼって明から日本国王に封ぜられた足利義満も永楽元年（一四〇三）「冠服」を賜り、同三年には袞冕九章を賜っている。しかし、弘仁十一年の詔にある袞冕十二章（第五章参照）は、元来中国の天子しか着ることができなかった以上、唐の側からこれを与えられたはずはない。遣唐使が唐の皇帝の礼服の複製もしくは写生図、あるいは型紙を入手して製作したという説（大谷光男「天皇即位の冕服に関わる文献について」「東洋研究」［一七二］二〇〇九年）もあるが、天皇と唐の皇帝の冕服の仕様の差は大きく、図の類がもたらされたにしてもそれを忠実に模したものではなかった。〈注48〉

中国から外国への冠服の下賜は、古く太和十五年（四九一）に、北魏が高句麗王に「遼東郡開国公」の爵号を与え「衣冠服物車旗之飾」を下賜した事例（『魏書』［巻八十八高句麗伝］）があるなど、南北朝時代において冊封時には中国が任命した身分にふさわしい服や乗物等を与えた例が多くみられる（武田佐知子「男装の女王卑弥呼」『女と男、家と村』小学館・二〇〇〇年）。

また隋による統一後、大業三年（六〇七）突厥《とっけつ》王の啓民可汗《けいみんカーン》が隋の「冠冕」の使用を請うたが、煬帝は許さなかった（『隋書』［礼儀志七］）。この事例から中国冠服の導入は皇帝の許しを要したという指摘がある（榎本淳一「『東アジア世界』における日本律令制」『律令制研究入門』名著刊行会・二〇一一年）。ただしこの時、煬帝《ようだい》は啓民に対し諸侯王より上の席次を与えるなどの優遇をしており、未だ突厥の情勢が落ち着かず服飾を改める余裕がないことを配慮しての拒絶であった（『北史』［突厥伝］）。唐に入り、新羅は唐に請い貞観二十二年（六四八）にその服をとりいれることを許されている。もっとも冕服や朝服もとりいれたものか、常服のみなのかは不明である。このように、中国の服飾制度の採用は、表向きはその許可を得るべきものであったらしい。〈注49〉

唐に入朝した外国王や外国使節へ下賜された服の研究があるが（馬冬「唐朝対四夷服飾賞賜研究」「唐研究」［一四］二〇〇八年）、それによると、唐では常服もしくは、常服と同じ形状だが官人のそれとは生地などの異なる服が下賜されており、冕服や朝服といった格の高い儀服の下賜の事例はないことがわかる。養老二年（七一八）に帰国した遣唐使は唐の服を下賜されているが、これも常服であったと考えられる。遣唐使への下賜は、日本人が唐の常服を着ることを唐が公認する意味を持ったのだろう。日本の国内の制度が唐の規制下にあったとは思われない。しかし、日本の朝服がほぼ完全に唐の常服に同一化した一因を、唐より常服の使用が許され、対外的にも着用が可能になったことに求めることは自然であろう。

一方、大宝二年（七〇二）の遣唐使の粟田真人が日本独自の礼冠を着けていたことは、唐の制度にも合っていた。『大唐開元礼』［七九］によると、唐に入朝した国王や使節は「其国服」を着て皇帝に謁見した。ゆえに真人の礼服は日本の「国服」と位置付けられるものであったと思われる。ちなみにこの遣唐使は、『旧唐書』によると「日本」という国名での初の入唐使であり、かつての「倭」と、新顔を装う「日本」の関係について唐が理解に戸惑ったという。唐制そのままであってはならないが、唐人が文明国と認めるような装いとして、礼冠が「日本」の国際的な登場を飾ったのである。

唐は入朝する国に対して、唐の服飾制度を体系的に導入することを求めなかったと思われるが、唐の滅亡後は状況が変化する。『高麗史』によると遼が最初に高麗王に冠服を下賜し、次いで宋・金による高麗への冠服の下賜の事例が記される。特に遼と金は九旒の冕服を下賜しているのだが、南北に分裂した中国の王朝が、高麗への宗主権を争っていた時代であったことを踏まえてその意味を考えるべきであろう。明が冊封した国の王や高官に大量の冠服を与えるのは、この時代の先例によるところが大きいと思われる。

中国と政治的な距離を置くことができた日本では、嵯峨朝の改革においてもついに日唐の服飾の同一化に至らなかった。礼冠は中国の進徳冠に似た形状をしているが、そのデザインは蔓《つる》草と花で埋め尽くされており、生花の枝を髪に挿したり蔓草を頭に巻いたりした古代の風習を継承していた。朝服がほぼ完全に唐の常服と同一化したあとも、我が国独自の様式を残し続け、嵯峨朝の唐風化に際しても改められなかった。

しかし中国の実態が都の貴族に縁遠いものとなった平安後期には、礼服を唐の服とみなす観念が生まれてくる。平安後期には大極殿もまた唐の長安の宮殿そのままのものと考えられるようになった。「大極殿は、是大唐大明宮含元殿《がんげんでん》の体《てい》なり。遣唐使常嗣《つねつぐ》の申すなり。一事も彼《か》の宮に違はず」（『中右記』永長元年（一〇九六）十月十一日条）という伝説が当時存在していた。含元殿跡の発掘がおこなわれた現在、両者には相当な差異があったことが明らかであるが、遣唐使の時代が過去のものとなるにつれて大極殿での即位は、唐を模した空間での、唐の服でおこなう儀式と解されるようになって、礼服の対外的な独自性は忘れ去られた。逆に純唐風であったはずの朝服の和様化が進んで束帯に変貌したこともあり、「漢朝の礼儀を学ぶ」即位と「神代の風儀をうつす」大嘗祭はごく素直に対比され、中国文化と固有の伝統という日本文化の二つの原点の象徴と解されるようになったのである。

三　近世文化の中の即位礼と礼服

庶民に見物される即位

江戸時代において、庶民が即位の見物を許されていた（森田登代子『遊楽としての近世天皇即位式』ミネルヴァ書房・二〇一五年）。テレビ中継の無い時代、国民の大多数が即位を見られなかったのはもちろんだが、即位は国民から遮断されたものではなかった。

王朝の儀礼は古くから見物の対象であった。見物される対象は賀茂祭（葵祭）などの町中の行列だけでなく、『年中行事絵巻』や『駒競行幸絵巻』には、儀式がおこなわれている庭の中にまで庶民を含む人々が入り込んでいるようすが描かれる。もっとも「雑人を払ふ」ということが記録に時折見られるから、平安時代には儀式の妨害になると見なされれば追い出されたらしい。承久の乱後の四条天皇の即位では「雑人庭中に満ち、頗る威儀を妨《さまた》ぐ。（略）往古以来未だ此《かく》の如《ごと》き事を聞かず」というありさまであった。書きぶりから見てもこれは決して歓迎されるべき状況ではなく、朝廷の権威衰退を象徴する現象であった。応仁の乱後の後柏原天皇の即位は多大な困難を乗り越えて実現したものであるが、このときも「雲霞《うんか》の如く」見物人が集まったという（第十章一節参照）。こちらの記述には批判的な様子は見られない。皇位継承後二十余年を経てようやく実現した即位礼を多くの人が見ることは、宮廷人たちにとっても歓迎すべきことだったのだろう。

実は、即位がおこなわれた御所の南庭は、戦国時代にはしばしば戦乱から逃れる庶民の仮設小屋で埋まった。当時の京都盆地で他に空閑地がなかったわけでなく、やはり御所は軍事的な攻撃の可能性の低い安全地帯とみなされたのである。しかも社寺と異なり、御所では避難民に謝礼を要求しなかった（清水克行「戦国期における禁裏空間と都市民衆」「日本史研究」［四二六］一九九八年）。戦乱で経済的に衰退した朝廷であったが、苦境の中でこうした新たなる町衆とのつながりが生まれていった。このような伝統を踏まえ、江戸時代にも即位の見物が許されたものと思われる。また江戸時代には、毎年の舞楽始《ぶがくはじめ》の日に特別な制限もなく民衆が宮中に入ることができた（下橋敬長《ゆきおさ》談『幕末の宮廷』平凡社・一九七九年）。

江戸時代に天皇が死去すると、民間にも静粛を要求する「鳴物停止《なりものちょうじ》」が発令された。江戸時代の民衆が天皇の存在を広く実感する機会である。ところが将軍死去に伴うそれは、より厳重であった。江戸時代中期の延享二年（一七四五）以前に成立した『光台一覧』という本がある。宮廷外の人々に御所の制度を解説した本であるが、

鳴物停止の事は元は「武家権威」によることで、宮中のしきたりではない。「古代の天皇・王子等」を「善悪様々」な役に仕立てて、芝居や浄瑠璃にして上演しても御咎《とが》めが無いことから推量したらよい。ただ「公にして私なる無き処《ところ》が国王の大恩」なのだ。だから「関東（幕府）など」の凶事には鳴物停止の日数が多く、御所では少ないのだ。

と説明している。今でこそ「暴れん坊将軍」など、徳川将軍の登場するドラマは多く、天皇が活躍するそれは少ないが、江戸時代では逆であった。自らを畏怖《いふ》の対象にしようとする幕府と異なり、天皇は歌舞伎や人形浄瑠璃など演劇の世界にもさかんに登場する（「演劇史のなかの天皇」内山美樹子『日本の近世　天皇と将軍』中央公論社・一九九一年）。『義経千本桜』では、安徳天皇は実は女性であったという話になっているなど、きわどい内容を含むこともあった。

娯楽の中の天皇制

行幸が絶えた江戸時代には、生身の天皇が広く民衆の前に姿をあらわす機会はなかったが、先に触れた演劇のほか、『百人一首』をはじめとする古典文学や、当時から「内裏雛」と呼ばれた雛人形などを介してその存在が意識されていた。いわば「エンターテインメントの王権」といえようか。また、儒学と国学の隆盛により、日本の朝廷の儀礼や制度などのいわゆる「有職故実」への関心が高まった。元禄四年（一六九一）には室町時代の『桃花蘂葉《とうかずいよう》』や『装束抄』などの内容をまとめた『装束拾要抄』が刊行され、続いて元禄五年（一六九二）に出版された『装束図式』は図入りで装束を解説した啓蒙書である。江戸時代後期の享和元年（一八〇一）には、錦絵の技術を生かして原色で装束の生地の文様を図示した松岡辰方著の『装束織文図会』が出版され、その続編の形で文政元年（一八一八）には本間百里著の『織文図会　礼服』が出版され、カラーで礼服の文様が広く公開された。江戸時代は一般向けの出版が盛んな時代であったが、啓蒙的なものから研究的なものまで、公家文化に触れたものは数多い。

江戸の出版物を論ずるにあたり、禁書の問題がある。〈注50〉江戸時代の禁書として名高い西川祐信の『百人女郎品定』（一七二三年刊）は、百種の職業（や身分）の女性を絵解きした本であるが、冒頭が女帝で、以下公家や武家、町家、農民、遊女、職人などが描かれ、私娼をもって終わっている。女帝は筆頭に来ているものの、各種の女性の一つという扱いである（ちなみに「大名の室」は登場するが将軍の御台所《みだいどころ》は見られない）。禁書になった理由もそれであろうが、当時の感覚からかけ離れた表現ではない。庶民に道徳を説いた「心学《しんがく》」の教えの中に次のようなものがある。

うぐひすが天子様の御庭で鳴く時も、これは天子様の御庭じゃとて、別に念入れて鳴きもせず、乞食の屋根じゃとて法華経法華経に変はりはない。（略）百万石の殿様でも、おれがものじゃとて、一人して百万石食へるものじゃない。我々が三杯で腹がふくれりや、あなた方も同じことじゃ。楽しみは結句貧賤の内にあるぞい。

（『道二翁道話六編』）

この『百人女郎品定』の女帝は男帝の冕冠をつけた姿で描かれる。服が冕服でなく直衣であるなど、不正確な想像画ではあるが、女帝の超越性を表現するのに天皇礼服の冕冠が使われている。また百人一首かるたの中には持統天皇が冕冠をかぶるものもある（武田佐知子『衣服で読み直す日本史』朝日新聞社・一九九八年）。雛人形の冠を童帝や女帝の礼服の冠に関連付ける説もあった（『関秘

図13・3　江戸風の古今雛（個人蔵）

江戸風は冠頂に日月形を立て、無色のビーズを垂らすことが多い。江戸後期になるとガラス製の玉眼が主流になり、生々しい顔貌を特色とした。

図13・1　1815年の箱書きのある京都製古今雛

基本的には図13・2の幕末のものと共通する特徴を持つが、装飾が簡素で本来の姿を残す。額に枝のある三つの花を、上に鳳凰を飾るのは、『土右記』長元九年七月四日条の礼服御覧の記事に見える女帝の冠の装飾によく対応する。

図13・4　有職雛（個人蔵）

主に公家や大名家で用いられた。現実の公家の髪形や服装を再現したため、髪はおすべらかしとし、大きな冠はかぶらない。京都製なので顔貌は京都風古今雛に準じる。

図13・2　京都風の古今雛（個人蔵）

古今雛は江戸後期に民間で流行した形式の雛人形京都風のものは冠頂に鳳凰を置き、青・赤のビーズを垂らす。江戸最末期まで描き目が主流で端正な顔貌表現を特色とした。

録』)。さらに、雛を販売する者は、女雛の冠を童帝の礼冠の呼称である天冠と呼んでいた(『雛仲間公用帳』『日本雛祭考』有坂与太郎・建設社・一九三一年所収)〈注51〉。また、京都製の古今雛(江戸後期に民間で流行した雛人形)の冠を見ると、ほとんどすべての頂に鳳凰がついており、朱と青のビーズのついた瓔珞(垂飾)がつくなど、後桜町天皇の礼冠の特徴を持つ。実際の女帝の礼冠より派手ではあるが、後桜町朝より古い時代からつくられはじめた享保雛や、江戸製の古今雛の冠に鳳凰は必須でなく、ビーズも無色の場合が多いのと対比すれば、影響関係を認めることができるかもしれない。即位にしか使われない礼服は特殊すぎるゆえに、庶民の天皇のイメージの中心をなしてはいないが、女帝の表現を介して「エンターテインメントの王権」の中に姿を垣間見せているのである。ちなみに江戸中期より公家や大名の間に流行する有職雛は、本物の親王や上流公家夫婦の衣装を忠実に模したものを着せるので、女雛に華美な冠は用いない(図13・1〜4)。後桜町自身も有職雛を好み、その装束の生地を山科家に発注している(勢多章甫《のりみ》『思ひのままの記』)。

四　礼服から考える天皇制の問題——女帝、そして天皇の宗教性について

女帝の礼服

七歳で即位して十四年後に退位、七十四歳で死去した明正、二十三歳で即位して九年後に退位、七十四歳で死去した後桜町。彼女たちの在位は長くないが、上皇時代まで含めると、江戸時代二百

六十年の中の半分近い時間、女帝が実在していたことになる。なお、江戸時代に皇室の陵墓が営まれた泉涌寺には歴代天皇の肖像画があるが、明正・後桜町のそれが欠けている。これを理由に女帝が天皇として資格の異なる存在であるかのようにいう説もあるが（藤田覚『天皇の歴史』〔六〕・講談社・二〇一一年）、同寺の後水尾以降の天皇の肖像画は、皇族や側近の公家の筆になるものであり（『みてら泉涌寺展』朝日新聞社）、近しい人による肖像が描かれなかったことをもって公的性格を云々すべきではなく、むしろ高貴な女性への遠慮に基づく忌避と見るべきであろう。さらに江戸時代の女帝は成人しても摂政を関白に改めないという指摘もあるが、明正が成人した後、父の後水尾らが摂政を関白に改めようとした時に幕府に反対されたのであり、朝廷の意志ではなかった（前掲『天皇の歴史』〔六〕）。また、後桜町は即位と大嘗祭を挙行している上、新嘗祭と節会への出御も、退位直近の年におこなった。これは、女帝が男帝と同等の存在であることへの疑念を後世に残さないための配慮であろう。

近世の女帝の礼服は、白い無地であり、冠も宝冠が用いられたが（図13・5）、これは『西宮記』などの古い記事によったものであった。明正の礼服は古い資料により白とされたが、当初男帝と同じものが調進される予定であった（前掲二九〇頁「近世女帝像の形成」）。また後桜町の礼服の綬・玉佩・舄は男帝と共通であった。孝明天皇即位に際して、天皇が腰から下げる短綬と玉佩の位置関係について問題になったが、礼服の着装法は女帝も同じという理由で後桜町の時の記録にしたがっている（『言成卿記』弘化四年（一八四七）九月十七日条）。しかも平安時代に女帝が冕冠でなく宝

図13・5　後桜町天皇の御礼冠
（宮内庁蔵）

冠を使うとされたのは、皇后の冠を女帝のそれと誤認したにすぎず（第六章一節参照）、女帝の礼服が白というのは、奈良時代には男女を問わず天皇が白い礼服を着ていたために孝謙女帝の礼服が先例化したにすぎない。結局のところ男女帝の礼服の差は偶然や誤解が先例化したものであって、奈良時代にも江戸時代にも意図的な性差の表現を見出すことはできない。平安時代の記録にみられる女帝装束に裙があることと、江戸時代の女帝が表袴《うえのはかま》を用いないことなどは例外だが、女帝の地位の表象すなわち性差の問題ではなく、身体的差異に属する差であろう。

江戸時代の寺院は、賽銭集めのためにしばしば出開帳をおこなった。奈良や京都の寺院が江戸と名古屋で開催するといったことが多かった。このときは仏像だけでなく、寺宝も展示されており、あたかも博物館の特別展を思わせる。泉涌寺の天明五年（一七八五）の出開帳では、歴代天皇の遺品が公開されており、中には明正の十二単があった（『泉涌寺霊宝拝見図』名古屋市博物館蔵）。また天保十二年（一八四一）の江戸の回向院での法隆寺の出開帳では、孝謙天皇の御簪《かんざし》（現在は東京国立博物館蔵）も公開されていたが、その解説の口上《こうじょう》は「是は人王《じんおう》四十六代の帝、孝謙天皇と申し奉る女の天子さまのささせ給ひし御かんざしなり。ひとたび拝する輩《ともがら》は頭《かしら》の悩み（病気）をまぬかる。近うよりて拝をとげ給へ。またと御拝はかなひませぬぞや」というものだった（『歴世女装考』）。「女の天子さま」ゆかりの品がこうした崇拝の対象になっているあたり、女帝の礼冠を思わせる冠をかぶった雛人形を庶民が愛した時代の空気を偲ばせる。

有職故実の一部として――即位礼、そして礼服の存在意義

庶民文化への、礼服の直接の影響は少なかったが、即位は宮中儀礼の構成要素として重要であった。しかも、経済的な理由多くの儀礼が廃絶した戦国時代にも継続したことは特筆すべきことである。そしてそのための礼服調達には並々ならぬ苦労があったことも、先に述べた通りである。

ただし、即位や大嘗祭挙行を天皇の資格付与儀礼と捉える意見には与《くみ》すべきではないと思う。南北朝時代頃に大嘗祭が廃絶し、「入れ替わるように」即位潅頂が定着したという見方もあるが（前掲三五三頁『天皇の歴史』〔六〕）、大嘗祭の廃絶は応仁の乱後の後柏原朝であり、一方の即位灌頂の定着はそれに先行する。

『後三条院御即位記』（一〇六八年）によると、礼服に着替える小安殿《こあどの》から高御座のある大極殿に

移動するとき、関白教通は左腕を、左大臣は右腕を支えたが、後三条天皇の掌はあたかも大日如来のような印を結んでいたという。次に二百年ほど後の伏見天皇は関白二条師忠の説を受け入れて、やはり即位の時に大日如来の印を結んだ。『公衡公記』弘安十一年（一二八八）三月二十三日条にはこれを批判する一条家経の言葉が記されている。それによると、二条家は初代の良実がその父九条道家と対立しており、摂関が天皇と共に伝承すべき大嘗祭の作法を伝授されなかったため、二条家では即位灌頂の秘伝をことさら言い立てたのだという。そして後三条天皇は灌頂を真言宗の成尊《せいそん》から伝授されたとも記す。

鎌倉末期の『元亨釈書』［九］によると、成尊は後三条の皇太子時代にその白髪を受け取って愛染王供法を修したところ明王像の冠の獅子が血を吹き、ほどなく後三条の皇位継承が実現したという。後三条は異母兄の後冷泉天皇の死により登極したから、その祈禱は呪詛に近い。皇太子時代の後三条は、後冷泉を後見する関白頼通の圧迫を受けており、この話はある種の現実味を帯びて語り伝えられていたことであろう。

こうした危険な伝承を持つためか、即位灌頂はあくまでも非公式のものであり、高御座の帳《とばり》を褰《かか》げる前におこなう秘儀であった。秘儀ゆえに神聖ともいえるが、即位のたびごとに作成された公式の式次第にも載らない、天皇の私的信仰に属するものである。即位自体は君臣が一堂に会する皇位継承披露の儀式であり、宗教的要素はない。大嘗祭は天皇となった者が初めておこなう大祭であり、世俗的に皇位継承を披露する儀礼である即位を終了してからおこなうのは理にかなっている。

いずれも重要な儀礼であるが、執行しなければ天皇として失格といった判断になじむものではない。戦国時代に即位がおこなわれつづけたのは即位灌頂の宗教性ゆえというよりは、むしろ世俗的であるがゆえの公的な性格によるものと思われる。

即位や大嘗祭の意義付けは、時代により、また立場によりさまざまな解釈がありうるが、即位の挙行すら困難なほどに経済的に衰微していた朝廷が、文化的・宗教的な権威を保持し続けたことは興味深い。しばしば皇室の宗教性が強調されるが、天皇の宗教的権威とは主に社寺・宗教者の秩序や栄典に関する権威であって、天皇が祈れば奇跡が起きるといった即物的なものではない。もちろん国難に際し天皇みずから社寺への祈願をおこなったり、祈禱を命じたりした例も多いが、そうした直接的な行為だけが天皇の宗教的権威の源泉であったのではないと思う。

世俗的儀礼である即位は伝統に裏付けされたものであり、帝王が担うべき礼の秩序の維持や文化性を象徴するものであった。天皇の宗教的な機能もこうした礼や文化の尊重の意識に付随するものであったと考えられる。それらは恣意性を排し長い時間忠実に継承されることで一層その機能の重みが増す。伝統は、継続しようとする力と、時代の変遷の拮抗の中で形成されるからだ。

さらに、我が国の朝廷は、伝統に裏付けられた文化的な力が経済力に必ずしも左右されてしまわないことを示す恰好《かっこう》の事例でもある。和歌や雅楽、儀礼、文献の保存など、美や文化にかかわる要素に特化した生き残り戦略は成功した。これらは経済力や軍事力などのむき出しのパワーに翻弄されがちな人間が求める精神的な価値であり、それらを強く願い求めること自体が物質的な必然性を超越した精神性の象徴としての力を持ちえた。〈注52〉これは日本における皇室の文化はもとより、春秋戦国の混乱期に古き良き時代の礼の復活を訴えた儒教も同じである。この武力によらない皇室と公家の文化の伝承という成功例は、武士道以上の教訓を我々に与えてくれるのではないだろうか。

また武士政権にとっても、礼の秩序維持や文化性の保持という統治者が担うべき機能の一部を、朝廷が専門的に担っていたことは、都合が良かったのかもしれない。新井白石が将軍にも朝廷同様の機能を持たせようとして果たせなかった事実がこれを示唆するのではないか。このように考えてゆくと、長い間伝統を踏襲した即位がおこなわれ、礼服が用いられてきたことは、日本にとって無意味ではなかった。

翻って礼服を否定した近代以降、天皇制は国家主義思想による尊崇と、社会主義思想による否定に翻弄されてきた。これを世界史的な必然といえばそれまでであるが、伝統的な枠を外された天皇のあり方の再構築は、今もなされていないように思われる。天皇の宗教的な権威もまた、有職故実に守られた礼的秩序と切り離された結果、崇高さの強調とこれに対する批判の両方の言説にさらされやすくなっているのではないか。かつての朝廷は、各時代の事情に影響されつつも、即応してしまわない伝統の強固さが権威となって、社会の安定に資してきたのだが、これは近代の「作られた伝統」では代替不可能なものなのである。

第十四章　白襟紋付
——近・現代におけるドレスコードの変相

社交とは、社会を構成する集団の存在があって初めて成立する営為である。社会が成り立つためには、その社会を構成するメンバーに、一定のドレスコードが要求される。集団の視覚的標識として、あるいは集団間の較差の表現形態として、衣服がきわめて重要な機能を担っているからである。衣服は物言わぬ、しかし多弁なコミュニケーション・ツールでもある。

我が国は明治維新を契機に、まずは軍服として、また官吏の制服として、洋服が採用され、洋服は近代化の象徴として認識されるに至る。これに拍車をかけたのが、明治天皇夫妻による洋服の着用であった。江戸時代にファッションリーダーとなっていたのは、歌舞伎役者や芸者達であったが（図14・1）、明治初期の洋服の普及に、彼らに替わって〈注53〉天皇夫妻や明治の元勲やその夫人達の果した役割は多大であった。

そして洋服は、幕末の導入以来一五〇年余で、完全に現代日本人の衣生活を凌駕してしまった。しかし一部の儀式行事の中では、いまも和服がドレスコードの重要なパートを担っていることも否めない。おそらくは、導入時に洋服の、日本が倣うべきヨーロッパ近代そのものを象徴していた記

図14・1　隅田川堤を歩く芸者を描いた蹄斎北馬（1771–1844）の浮世絵

„Geisha am Ufer des Sumida-Flusses“ ベルリン国立博物館群、アジア美術博物館（Staatliche Museen zu Berlin, Museum fur Asiatische Kunst）にて著者撮影。

号的意味が、洋服の普及によって次第に意味を変化させていき、和服に付加されていた守旧の象徴性という負のベクトルも、減じていったことが原因していよう。

そこで本章では、近世から近代への変化のなかで、洋服の導入によって、さまざまな儀式のドレスコードがどのように変化してきたかを「白襟紋付」という装いを手がかりに見ていきたい。「白襟紋付」とは、既婚女性の和服の礼装のことで、白襟の襦袢（じゅばん）の上に、紋付の長衣を重ね着するものを指すと、まずは定義しておく。

一　宮中参内の服装

平成二十二年（二〇一〇）、日本中世史の研究者、脇田晴子さんが文化勲章を受賞した。文化勲章は、ノーベル賞受賞者でもない限り、文化功労者の受賞者の中から選ばれる。文化功労者の受賞からそう何年も経ずして文化勲章に内定したという報告の電話を戴いて、女性歴史研究者として初の快挙をお喜びすると共に、まず当日の着物はどうするかという話になった。

文化勲章受章者は、十一月三日に皇居で親授式があり、その後、宮殿の前で勲章を胸に記念写真を撮り、それが翌日の朝刊の第一面を飾るのが恒例になっている。翌四日には、改めて皇居で、両陛下とのお茶会があるとのこと。二日続けて参内することになるのだが、問題はその両日、何を着て行くかである。私は、和服の世界では、皇居へ上がる時は色留袖という、一種の不文律があることから、初日の親授式の日は、色留袖にしたほうが良いのではないかと言った。〈注54〉現代日本の社会では、和装での既婚女性の最高の礼服は、黒留袖とされるが、宮中にあがるときは、黒留袖は御法度で、色留袖でなければならないと巷間言われている。その理由は諸説あるらしいが、宮中では黒が喪の色だからとか。あるいは黒留袖は結婚式などに、仲人や親族の側、つまり招待する側が着用するもので、宮中に招かれて参内するのに、招待する側が着る衣服を着ることはないとか。

ただ、脇田さんのところに届いた内閣府賞勲局からの親授式についての案内状には、「受賞者の服装は、白襟紋付（黒、色物どちらでも結構です）又はロングドレスを用いられるようお願いします」とあって、色留袖だけでなく、黒留袖も可と明文化されているのである。

そこでこの案内にしたがって、親授式当日は、以前御実家の母上が誂えてくれた黒留袖を着用し、次の日のお茶会には、文化功労者受賞式の際に誂えた加賀友禅の色留袖を着ていくことにしたとおっしゃる。しかし私には一抹の不安があった。翌日の新聞の第一面は、受賞者たちが勲章を胸に、皇居の宮殿を背景にした写真が飾ることになる。当節は無論カラー写真だ。その写真を見て、宮中では黒留袖は御法度という一般通念がある以上、違和感を感じる人がいるのではないかと……。

案の定、ある高名な服飾評論家が、今年の文化勲章受賞者の中に、宮中に参内しているのに、御法度の黒留袖を着た人が居たと言っていると、人づてに聞いた。

いったい宮中参内のドレスコードはどうなっているのだろうか。女性の和服が「白襟紋付」と指定されているのは、昭和三十九年（一九六四）の「勲章等着用規定」に関する総理府告示に「男子にあっては紋付羽織袴若しくはフロックコート若しくはモーニングコート又はこれらに相当する制服に、女子にあっては白襟紋付又はこれに相当する制服」〈注55〉とあることに拠っているが、ここで「白襟紋付」と称される和服が、具体的にどのような衣服のことを指しているのかが問題なのだ。

平成二十二年秋の文化勲章受章者への通知の「白襟紋付」に、（黒・色物どちらでも結構です）とあったこの括弧書きがいつ加わったのか、「宮中行事には色留袖で参内」という巷間流布しているドレスコードが、どのような過程を経て成立し、いつ変化したのかが気になるところである。

さまざまな宮中の行事に招かれた女性は、なにを着て来るよう指定されてきたのか、そして女性たちはなにを着て行ったのだろうか。

しかしかかる文書は、個人宛に発せられるもので、何年にもわたって招待状（案内状）に記されたドレスコード変化の経緯を知るのはそうたやすいことではない。

そこでまず、宮中の儀式行事に招かれて出席した人のホームページを見てみることにした。衆議院議員河野太郎氏は、自らの公式ホームページのなかに「宮中行事」という項目を設け、新年祝賀の儀や天皇誕生日の宴会、園遊会や茶会、鴨猟などの行事に臨んだ際の記録を提供していた〈注56〉。この中に、宮内庁などからの各催し物の案内状の引用があり、その間の推移をたどることが出来た。その確かめられる一番古い記録は、平成十七年（二〇〇五）一月元旦に皇居で行われた新年祝賀の儀についてである。

今日の服装規定は
男子　燕尾服、紋付羽織袴、これに相当するもの（制服等。モーニングコートも可）
女子　ロングドレス（帽子、手袋は随意）、白襟紋付（色留袖、訪問着）、黒留袖も可、白重ね（襟だけでも可）をするのが望ましい
紋の数は随意
これらに相当するもの（制服等）
やむを得ない場合はデイドレス（絹又は絹風のワンピース、アンサンブル等）の着用を妨げない〈注57〉

とある。管見の限り、黒留袖が宮中の儀式にドレスコードとして確認できた、最初の例であった。

ここでいう「白襟紋付」は、色留袖・訪問着を指し、別に黒留袖が書き上げられているので、白襟紋付には、黒留袖は含まれていないかの如き書きようである。

ただ、翌平成十八年（二〇〇六）の新年祝賀の儀については、宮内庁告示をそのまま挙げて、〈注58〉

平成十八年新年祝賀の儀を次のように行われる。
平成十七年十二月一日
宮内庁長官　羽毛田信吾
平成十八年一月一日、天皇皇后両陛下は、宮中において次のように祝賀をお受けになる。
（中略）服装
男子　燕尾服、紋付羽織袴又はこれらに相当するもの（モーニングコートも可）
女子　ロングドレス、白襟紋付又はこれらに相当するもの
　やむを得ない場合は、デイドレス（絹又は絹風のワンピース、アンサンブル等）の着用を妨げない。

とあって、デイドレスについては括弧書きがあるのに、白襟紋付の具体的内容に対する注記も、黒留袖着用可というくだりも、抹消されている。〈注59〉

ここ数年の当該儀式についての宮内庁告示を見てみると、白襟紋付については、白襟を、（白羽

二重の襟を重ねる）と注記する程度で、紋付の具体的内容については細かく触れないことを例としているようで、あるいは案内状には、衣服の指示が別にあったのかもしれない。なぜなら平成二十五年（二〇一三）の新年祝賀の儀についても、「宮内庁より」として受け取った、一つ書きの留意事項を引用しているが、

一、服装　下記の通り

宮中における最も格式ある儀式であり、背広等通常着用の服装はなじみませんので、ご留意いただけるようお願いします。

男子　燕尾服、紋付羽織袴、これに相当するもの（制服等。モーニングコートも可）

女子　ロングドレス、帽子、手袋は随意、白襟（白羽二重の襟を重ねる）紋付（色留袖、訪問着）、黒留袖も可、紋の数は随意これらに相当する制服等

一、勲章着用

一、終了は午前十一時三十分頃の予定です。

と締めくくり、以下に「参考　勲章等着用規定」とし、前掲の昭和三十九年の総理府告示をそのまま掲げている。しかしこの平成二十五年（二〇一三）の新年祝賀の儀についての宮内庁告示〈注60〉には、

女子　ロングドレス、白襟（白羽二重の襟を重ねる）紋付又はこれらに相当する制服等

とあるだけで、河野氏への宮内庁からの案内文にあるような、白襟紋付に色留袖と訪問着が含まれることと、黒留袖を可とする条項は、入っていないからである。

つまり公的に発表される宮内庁告示を見るだけでは、個々の儀式について招待者に仔細に指示された服装規定の内容は知ることが出来ないのだ。

しかし平成十七年（二〇〇五）の新年祝賀の儀と、平成十七年十二月に受け取った、平成十八年（二〇〇六）の新年祝賀の儀の例は、宮中重要儀式としての位置づけからか、どうやら当該儀の参列者に周知されたと考えざるを得ないようで、平成二十一年（二〇〇九）に宮内庁式部職から来た即位二十周年の宮中茶会への、

天皇皇后両陛下には御即位二十年につき来る十一月十三日宮中において御催しの茶会にお招きになりますのでご案内申し上げます

と書き出した案内状には、服装について

モーニングコート、紋付羽織袴又はこれらに相当するもの（ダークスーツでも可）
ロングドレス、デイドレス（絹又は絹風のワンピース、アンサンブル等）、白襟紋付又はこれらに相当するもの

とあるだけで、「黒・色物どちらでも結構です」の括弧書きはない。新年祝賀の儀と、宮中茶会の間の位置づけには格差が見て取れるのだ。

また河野太郎氏のホームページが公開していた、平成二十二年（二〇一〇）十二月二十三日、皇居豊明殿で行われた天皇誕生日の招宴に出席した際の記事には、

天皇皇后両陛下は来る十二月二十三日宮中において御催しの天皇誕生日宴会にお招きになりますのでご案内申し上げます
平成二十二年十一月三十日
宮内庁長官　羽毛田信吾
衆議院議員河野太郎殿

と案内状の文面をそのまま引用して、

当日の服装は、男子はモーニングコート、紋付羽織袴これらに相当する制服など。女子はロングドレス、デイドレス、絹または絹風のワンピース、アンサンブル等。帽子、手袋は随意。又は白襟紋付、黒留袖も可。紋の数は随意。〈注61〉

と記している。

つまり新年祝賀の儀や天皇誕生日宴会には黒留袖の着用許可が明文化されたが、それはすべての宮中の儀式にわたったわけではなく、宮中茶会や園遊会には、及ばなかったようなのである。しかもあらゆる文書において一貫していたわけではない。宮内庁あるいは内閣から発せられる、本来ならきわめて公開性の少ない参内者への招待状とそれにかかわる書類を、手掛かりに論じなければならないという心もとなさは否めず、思いあまって宮内庁に情報公開を願い出た。すると同じ宮中行事でありながら、文書の発給主体によって表現がまちまちで、また時と場合によって加筆されたり省略されたりすることがあったという回答を得た。たとえば同じ行事について、内閣府から通知がある場合、内閣と宮内庁の記載に食い違いがある場合があるのだ。

宮内庁発給文書の場合、宮内庁式部職が出す宮内庁長官名での正式な案内（招待）状、式次第には「白襟紋付」とのみ表記するが、「ご留意事項」として一紙を同封し、参入時間や自動車標識とともに、服装について、「白襟紋付（色留袖、訪問着）黒留袖も可」と付記しているのだという。

さらに結論からいってしまうと、それを明記した資料はない由だが、宮内庁では平成の代になってすぐに宮中参内服の見直しが行われ、平成の即位礼は、新しい制度に基づいて行われたという。ここに和装で出席する女性は、色留袖だけでなく、黒留袖も可と明文化されるようになったのである。

要するに昭和三十九年（一九六四）の「勲章等着用規定」に関する総理府告示にいう「白襟紋付」が、色留袖と黒留袖の双方を含むように定義しなおされたのである。

ではこうしたドレスコードの変化は、どのような事態に対応するものだったのだろうか。

ある会社経営者のブログで、園遊会と題して平成二十年（二〇〇八）の春の招待状を引用し、白襟紋付又は訪問着等と、ドレスコードが記されていたと綴っている〈注62〉が、ここにも黒留袖を可とする言及はない。そして、少なくとも表記上ではなぜか白襟紋付の範疇に入っていた訪問着が、ここでは別物として併記されていることに注目しておきたい。

少なくとも新年祝賀の儀と、宮中茶会や園遊会とは、参内する側のドレスコードに差があることが察知されるのだ。

こうしたなかで興味深いのは、たまたま行き当たったブログに、平成二十一年（二〇〇九）の秋の園遊会についての書き込みがあり、添えられた招待客の写真の中に、黒留袖の女性が写っていることである。この日は二一〇〇人の園遊会招待客でごった返した赤坂御用地であったが、

「皇室の行事ですので、黒留袖はご法度かと思っていましたが、着てる人もいらっしゃいますね。

図14・2　平成27年春の叙勲 大綬章勲章親授式・重光章勲章伝達式の大綬章受章者による記念撮影（於・宮殿東庭）

（内閣府ホームページ）

出席された方のお話では、案内状には服装について、

（1）男子は、モーニングコート、紋付羽織袴、制服又は背広

（2）女子は、デイドレス、白襟紋付又は訪問着等、と書いてあるそうです。」

とあって〈注63〉、平成二十一年（二〇〇九）秋の、黒留袖着用可が明示されていない園遊会でも、黒留袖での出席者が居たのである。後述のように園遊会の案内状には、黒留袖の着用可に関する注記は、当初から一貫して無かっただろうと見られるが、にもかかわらず園遊会に、黒留袖着用者がすでに参入していることは、興味深い。そして平成二十六年（二〇一四）五月の大綬章の親授式には黒留袖の夫人同伴で臨んだ、受賞者の姿があった（図14・2）。

おそらく昨今、和服着用人口が急激に減少したことにより、親族の結婚や、仲人を頼まれることで、黒留袖を誂えた女性たちはいても、〈注64〉色留袖までも所持している女性は少なくなっているのではないだろうか。そこで宮中参内の際に、色留袖の持ち合わせが無くて新調を余儀なくされるか、あるいは洋服で行くか、さらには参内自体を諦めることになる。こうした事態に対応して、総理府告示の「勲章等着用規定」の解釈を拡大して、案内状の留意事項には「黒留袖も可」の文言が付け加えられたのではなかったか。しかしこれとても、すべての儀を網羅したのではなく、宮中の新年祝賀の儀や天皇誕生日宴会などの重要な儀式に際してのみ、黒留袖を可とするドレスコードが明文化され、参内予定者に示されたものと想定しておきたい。

平成二十四年（二〇一二）十月二十五日付けの、平成二十四年度秋の園遊会の招待状に添えられた宮内庁式部職からの注意書きも、〈注65〉「（一）男子はモーニングコート、紋付羽織袴、制服又は背広」「（二）女子は、デイドレス、白襟紋付又は訪問着等」とあって、黒留袖の可否に付いては言及されていない。

おそらくは二〇〇〇人を超える多人数の参会者が想定される園遊会や、宮中茶会では、ドレスコードについて厳密な言及はしないこととし、新年祝賀の儀や天皇誕生日宴会など、「宮中における最も格式ある儀式であり、背広等通常着用の服装はなじみませんので、ご留意いただけるよう」（平成二十五年新年祝賀の儀の案内状）と、出席者の注意喚起を要する儀式において、まずは黒留袖の着用許可が明言されたのではなかったか。

ただ、ここに至って、『平成大礼記録』〈注66〉の参照が叶い、確認したところ、平成二年（一九九〇）十一月十二日に行われた「即位礼正殿の儀における、参列者の服装」が、表にして示されているが、女子の服装の、和装の段に、白襟紋付（色留袖、訪問着等）とあり、その項の備考欄に、

1　黒留袖でも差し支えありません。
2　白重ね（襟のみにて可）が好ましい。
3　紋の数は、随意です。

と、三箇条にわたって記載されており、すでに平成の即位礼正殿儀の参列者に、黒留袖の着用を許していることが明らかである。

即位礼は、新年祝賀の儀にもまして、宮中最高の重要儀式であることは論を俟たない。とすれば宮中では平成の時代が始まってすぐ、巷間の言説にかかわらず、黒留袖の着用を認めていたことがわかるのだ。実は案内状の発給主体によって黒留袖の可否が省略される場合があり、ホームページで引用者が発給主体を明示しないなど整合性を欠く事態を生じたのかと懸念された。

そこで筆者が色々手を尽くした結果、平成二十七年（二〇一五）の年末になって、平成二十七年「天皇誕生日宴会の儀」の正式な案内状と、平成二十八年（二〇一六）「新年祝賀の儀」についての案内状を、ついに参照することができた。ここには服装について以下の記載がある。

まず、平成二十七年天皇誕生日宴会の儀についての案内状には、

（女子）ロングドレス、デイドレス（絹または絹風のワンピース、アンサンブル等）、帽子、
　　手袋は随意
　白襟（白羽二重の襟を重ねる）紋付（色留袖、訪問着）、黒留袖も可、紋の数は随意
　　これらに相当する制服等

とあり、「新年祝賀の儀」についての縦書きの注意書には、

　女子
　ロングドレス〈注67〉
　　帽子、手袋は随意
白襟（白羽二重の襟を重ねる）紋付（色留袖、訪問着）
　　黒留袖も可
　紋の数は随意
これらに相当する制服等

とあって、いずれも黒留袖の着用を可としている。

ただここで注意を要するのは、後者の新年祝賀の儀についての、内閣官房内閣総務官室名で発せられた、「各大臣秘書官室御中」と宛先を指定して出欠確認の切り取り線を下段に配した横書文書では、

女子はロングドレス、白襟紋付またはこれらに相当する制服等

とあるだけで、黒留袖については言及がない。しかしそれに続けて、

4　なお、本件については「案内状」はございません。自動車標識は後日お渡しいたします。

とあるので、この時は案内状（招待状）はなかったと推察されるのだが、参入時間・黒留袖を含めた服装の規定を書き記し、勲章着用規定（昭和三十九年総理府告示第十六号　第三条）を含めて、新年祝賀の儀についての注意書き部分だけを、参考として供している。

そしてここにも、「宮中における最も格式ある儀式であり、背広等通常着用の服装はなじみませんので、ご留意いただけるようお願いします」と、平成二十五年の新年祝賀の儀について、河野太郎氏がFacebookに引用した宮内庁からの案内状とまったく同じ文言が見えるのだ。

つまり招待状とは別に、特に注意すべき項目のみを抽出した留意事項を示したと見てよかろう。要するに新年祝賀の儀を最重要の儀式と位置付けながら、少なくとも平成二十八年の新年の儀に関しては、閣僚達には、正式な案内（招待）状は省略して、出欠確認の用紙を兼ねた横書き文書にてすませることとし、しかも略式文書のほうは、肝心の黒留袖の着用許可については表記を欠いているのだ。

宮内庁長官から招待者個人に宛てた案内状に添えられた注意書きには、黒留袖の着用許可が注記され、内閣官房総務官室から各大臣秘書官室に宛てて出された横書きの文書には、黒留袖の注記がないことは、宮内庁の細かい指示にもかかわらず、内閣官房がこの記載を漏らしただけなのかとも考えられる。

しかし宮内庁長官から内閣総理大臣安倍晋三に宛てて出された、平成二十八年新年祝賀の儀についての、半日にわたる長い時間の細かい式次第や、列席者の立ち位置を書いた通知〈注68〉でも、

女子　ロングドレス、白襟紋付またはこれらに相当する制服等

勲章着用

とあるだけで、黒留袖については言及がない。

同じ儀式についての案内の、別添の縦書き資料には、「宮中の重要儀式であり……」と明言して、

「黒留袖も可」と特記しているにもかかわらず、である。

こうして見てくるとドレスコードについての言及は、年によって異動があり、また儀式の重要度にかかわらず、案内状そのものの省略が行われたり、一貫性に欠けると言わざるを得ない。単に注記を怠っただけとは考え難いが、これでは、案内状を受け取った参列者の側にも、混乱が生じただろうことは容易に想像がつく。こうした黒留袖着用可の注記の有無の不整合からすれば、宮中ドレスコードとして厳密に遵守されるべき重要項目とは認識されていなかったが故に、惹起されたものだろうか。

かかる資料の間の齟齬に悩んで、直接宮内庁長官官房秘書課情報公開室に確認したところ、実はいずれも「行事次第」本体には今日に至るまで「白襟紋付」とのみ表記しているという。しかし案内（＝招待）状に同封する服装の注意書に「黒留袖も可」との注記がなされるようになったのは思いのほか早く、新年祝賀の儀は平成三年（一九九一）一月一日から、天皇誕生日の宴会は、平成三年十二月二十三日から、また宮中晩餐会については、平成三年十月の、国賓オランダ国女王陛下の歓迎晩餐会から、ということであった〈注69〉。

ただ、この注意書が記載されるようになった時期以前において、黒留袖着用が認められていなかったわけではなさそうで、少なくともその事実は確認できなかったとのことである。この経緯は次節以下で述べる。

そして問題にしてきた時期よりはるかに早く、昭和五十三年（一九七八）の文化勲章親授式に、

図14・3　1978年度文化勲章受章者

左から南部陽一郎、尾崎一雄、楠部弥一、田中美知太郎、杉村隆の各氏。1978年11月03日撮影。（毎日フォトバンク）

当時アメリカ在住の南部陽一郎氏に同道して帰国、皇居に参内した智恵子夫人が、堂々とした黒留袖姿で宮殿前の記念撮影に臨んでいる（図14・3）。当然ながら平成の即位礼よりはるか以前のことであり、管見の限り、最も早い黒留袖での参内例である。

昭和十七年（一九四二）に結婚し昭和二十七年（一九五二）には米国へ渡って、昭和四十五年（一九七〇）には米国籍さえ取得した、滞米生活の長い南部夫人が、日本国内で巷間流布していた「宮中では黒留袖は御法度」の不文律を斟酌することなく、黒留袖の着用に及んだのは、きわめて自然ななりゆきであったろう。

また宮内庁では、平成になってすぐに宮中諸儀式のドレスコードの改訂を検討したというが、直接それを示す資料は無いとのことである。平成二年（一九九〇）十一月に行われた即位礼正殿の儀ではすでに黒留袖が注記されているので、おそらくこの間に、迅速に検討が進められ、即位礼正殿の儀以下、新年祝賀の儀、国賓を招いての宮中晩餐会、そして天皇誕生日宴会に至るまで、黒留袖の着用許可が「留意事項」として明文化されたとみてよいだろう。平成の代の開始を機に、重要度の勝る儀式行事について、黒留袖着用可を特記したものと推定しておく。

園遊会のドレスコードについては、黒留袖への言及は、今日に至るまで無い。しかし、それは黒留袖を禁じたわけではなく、あえて可否に言及するに及ばずと判断しただけであろう。

なお宮中茶会について付言しておくべきは、脇田さんが受け取った文化勲章の受章者に対する親授式の案内状は内閣府賞勲局からのもので、そこに白襟紋付（黒・色物どちらでも結構です）の文言があったのだが、翌日昼に催される天皇主催の茶会の案内は、宮内庁から発給されることになっている。

おおむね宮中茶会は、ドレスコードの見直しが行われた平成二年当初から、「平服で」ということになっている由である。しかし文化勲章の場合、親授式に引き続いて招かれる翌日の茶会では平服をということになると、二種の衣服を備えて臨まなければならず、招待状に附した「御留意事項」には受賞者の煩いを避けて、「平服で」の記述を無くし、親授式に準じて「白襟紋付」と記すことにしたのだという（宮内庁情報公開室）。

文化勲章親授式に脇田さんが出席して新聞の第一面に黒留袖姿で登場したのは、まさにこうした事態に対応しており、女性の受賞者が新聞の第一面を飾ったことで、結果的にドレスコードの変化を大々的に公示する機能をも担ったのであった。

二　皇后の喪服と白襟紋付

以上見てきたごとく、予期に反して平成二年の即位礼正殿の儀において、すでに黒留袖の着用が許されていたとすれば、宮中で黒留袖を可とするようになった時期は、いったいどこまで遡りうるのだろうか。さらに「白襟紋附」とは、いかなる衣服として観念されて来たのか、その変遷・推移を考えてみたい。

実はここまで見てきたような、女性の礼装として「白襟紋付」の規定が登場するのは、明治の時代に遡る。しか

図14・4　晩年の大山捨松

黒無地、あるいは黒地の裾まわりに細かい模様があるかに見える白襟紋付着用。

しそこでは「黒留袖」も「色留袖」もそして「色無地紋付」も、また「黒無地の紋付」、今でいう喪服さえも、「白襟紋付」の範疇であった（図14・4）。

文字通り白い襟のついた白無地の襦袢に、色彩や模様の有無にかかわらず、紋の付いた和服を重ねることが、「白襟紋付」たる所以だったからである。今日留袖を比翼仕立て〈注70〉にして、着物を二枚襲《がさね》で着ているように見せるのは、ここに起因している。おそらくはこの白襟紋付の、時代による定義の変化が、現代における黒留袖の位置づけにかかわってきていると、私は秘かに考えている。

今ひとつ、「白襟紋付」のドレスコードの変化に関する興味深い事例を挙げておこう。現在は吉事の礼服として「黒留袖」が位置づけられ、凶事の際には「黒無地紋付」が喪服として着られるというように、吉凶の場を分けて着用される「白襟紋付」であるが、この黒喪服についても、最近のドレスコードに大きな変化が生じている。

平成二十四年（二〇一二）三月十一日のことである。心臓の手術を終えたばかりの天皇が、政府主催の東日本大震災一周年追悼式典に出席された際、共に壇上に立たれた皇后の姿に、驚いた人が多かったようだ。皇族の喪服というと、洋装が私達の目に親しいが、この時美智子皇后は、五つ紋の黒紋付に黒帯の和装喪服を着用されていたからだ。

このことは、普段はきものについてなど、まったく興味のなさそうな男性にも訊ねられた。なぜ皇后が洋装でなく、庶民と同じ和装の黒無地紋付の喪服を着用していたのかと。この時以前に皇后が和装喪服で列席された唯一〈注71〉の例は、一九九九年六月の、皇后の実父、正田英三郎氏の通夜の時だけである。今回と同じ五ツ紋の和装喪服で参列されたが、これはいわばプライベートな席である。翌日の葬儀には洋装で臨まれているのだが、今回、国家公式の行事として営まれた震災の追悼式に和装で臨まれたことに、誰もが驚いたのである。

皇族の正装として見なされている洋装の喪服を着るべきところに庶民の正装である和装喪服を着たということが、一部の人々には問題にされたようだが、おそらくこうした反応が少なからずあったためか、宮内庁はこの件について、心臓の手術後間もない天皇が、壇上でもしバランスをくずされるなどのことがあれば、側におられる皇后がお支えするなどとっさの行為に出なければならず、ヒールのある靴より草履の方が安定するとの配慮からだったとコメントした。

まさにドレスコードの変化の兆しとして、色々ネット上などでも意見が飛び交っていたが、おそらく大震災で亡くなった人々の魂を、あたかも肉親の立場であるかのように、遺族に寄り添うお心の表明であり、さらに術後の天皇を気遣われるお気持ちのあらわれとして、おおむね好意的に受け取られたようである。

皇后はその約半年後の、平成二十四年の終戦記念日に日本武道館行われた、政府主催の戦没者慰霊式にも、五つ紋の色無地に黒帯の、和装喪服姿で臨まれた。

そして平成二十五年（二〇一三）三月十一日の東日本大震災追悼式典に、美智子皇后は再び、今度は沈んだグレーの色無地紋付の和装喪服姿で式典の壇上に上がられた。今年（平成二十六年）はグレーの一つ紋の色無地に、黒帯姿だった。もはや確実に、皇后の喪服のドレスコードは変化したといえよう。それは国民の喪に対する皇后のドレスコードの変化という、あくまでも場を限定したものかもしれないが、おそらく皇后は、和装喪服を着用することによって震災犠牲者遺族との絆を、ひいては国民とのコミュニケーションを、目に見える形に示そうとされたのだと思う。

ドレスコードは、変化することを常としている。洋服を着用することで皇后や皇族が率先して洋服の普及を図らなければならなかった時代と、現代における和服や洋服の位置づけは明らかに違い、ここでは和服の持つ記号の変化が、ドレスコードの変遷に関係してこよう。少なくとも今、和服は守旧性とか、庶民性とかの範疇のものではなくなってきており、和服に正装・盛装としての意義を認める時代になりつつあるからだ。

この追悼式典の場で皇后が、洋装の喪服に、黒いヴェールをかぶって参列したとすれば、参列した遺族達は、未曾有の震災の慰霊式典に臨席した皇后として受け止める以上の意味を持たなかったのではなかったか。私達たちが和喪服を着ることは非常に少なく、着るとすれば喪主あるいは親族として、肉親を亡くした場合が多いが、同じ和喪服を皇后がまとって出席されたことは、震災の犠牲者たちを、あたかも皇后自らの肉親であるかのように悼む気持ちの表出として受け止められたのであった。

まさに白襟黒無地紋付は、皇后にとって、きわめて有効な国民とのコミュニケーション・ツールとして機能したのである。

そもそも皇后の洋装は、明治天皇の正妻、昭憲皇太后に始まるが、それは明治天皇の洋装よりはるかに遅れて、明治十九年（一八八六）のことだった。明治天皇は明治六年（一八七三）三月、髻を切って断髪し、以後、昼間はすべて洋装で過ごすことになるが、あまり洋装を好んだわけではなく、皇后の洋装を長く許可しようとしなかった。しかし宮内卿伊藤博文が後宮衣服の洋装化を求め、皇后も、欧化政策の先陣に立たなければという意識もあったことから、やっと天皇の許可を得ると、皇后も寝間着を除いてすべて洋装に切り替えたという。

明治二十年に、皇后は、日本の服は、古くは上下二部式の「衣裳」の制であって、上半身と下半身がひと続きになっている和服は、日本古代からの制度ではなく、南北朝以降の乱世の風習であり、女子の行動を制限して不自由であると、「婦女服制に付て皇后陛下思召書」で語り〈注72〉、これが新聞や女性雑誌に掲載されて、このことが現在まで皇室で和服が正式に着られなかったことの理由ともされている。

さて、皇族の正式な喪服は、明治四十四年の皇室喪服規定第四条に、喪の期間を三期に分けて記載があり、女子の喪服として「礼服及び通常服」は、第一期のそれを「衣は黒、地質は適宜であるが光沢の無きものとし、黒紗の飾を附する。その他の飾及び帽、帽飾、髪飾りはすべて黒色とする。

図14・5　乃木大将夫妻自決の日の静子夫人

袿袴の喪服をまとっている。明治天皇の大葬の日、大正元年（1912）９月13日に自邸にて撮影されたもの。（東京乃木神社提供）

但し大喪及び一年の喪には、黒縮紗を背後に垂れ、覆面（ベール）は黒色とする……なお手套、扇、傘、靴、靴足袋は黒色」としている。高等官及び同待遇の女性の場合は、当時礼服であった袿袴《けいこ》の、袿を黒橡色《くろつるばみ》に、袴を柑子色に染めたものを喪服と定めている（図14・5）[注73]が、女性皇族の喪服は全身黒一色の洋装喪服と規定したのである。

大正十五年（一九二六）に制定された皇室喪儀令には、（大行）天皇の葬儀の大喪以下、諸葬儀に対する喪服について言及があり、天皇が正装（御喪章を付す）し、皇后・皇太后は、通常服（喪服）でその後にしたがうとしている。天皇の正装というのは、フロック形竪襟の軍服であり、その腕に黒紗の幅三寸の喪章を左腕に巻くことで喪服としたのだが、女性の場合、通常服とはローブモンタントのことであるから、これを光沢の無い黒地の布で仕立て、ほとんど黒ずくめの洋装喪服をまとう定めであった。

明治三十年（一八九七）に行われた英照皇太后の葬儀は、大喪として催行され、国を挙げての行事となった。通説ではこの時に、喪服は黒であるという近代の喪服の風習が確立したとされている。これ以前に明治期には五回の国葬があり、その都度、会葬者が着用すべき喪服について、官報が出されたが、毎回指示が異なり、政府は新時代にふさわしい喪服を模索していたと見られる〈注74〉。

男性の喪服は、特別に誂えるものではなく、大礼服や通常礼服に黒紗の喪章をまとい、帽や剣に巻くことで喪服とした。これに対して女性用のそれは、はじめから喪服として黒地のローブモンタントが仕立てられたのだが、このように女性の喪服が洋装として規定されたのは、明治二十八年（一八八五）の、有栖川宮熾仁親王の国葬の時であり、これは女性も会葬するようになった時代の趨勢を示すに他ならないという〈注75〉。

英照皇太后の葬儀は、国民を王家やそれが支配する国家に目を向けさせ、近代国家の国民統合の絶好の機会として、その後の大喪のモデルとなすべく、国家は出来るだけ多くの国民を参加させ、動員することに腐心したとされる〈注76〉。

まず「国中喪期間文官喪服心得」で、文官に対して黒の布片を左腕にまとい、また帽子にも巻くようにとの官報が出された。学生たちにも左腕に黒の布片を纏い、あるいは左肩に黒の布を付け、帽子も黒布で巻くよう指令されている。しかしそれは礼服としての燕尾服を持っている役人や、学生だけを対象にしていたので、「日本新聞」は、これでは燕尾服を持っていない庶民は、公の席にすら出られないから、上流階級から庶民までが持っている羽織袴を礼服として認めてほしいと「一般士民の礼服を制定すべきの儀」という論説を掲げた。また「東京朝日新聞」も、「礼服の制定」と題する論説を、一月十九日の紙面のトップに掲げた。

我が国礼制の弛廃せる、上下に通ずる服制あるなく、徒に意思の存するのみにしてこれを表するに由なし。民間有志の士、之を遺憾とし、四民大喪に居るの服制を制定せんことをその筋に建言するの議あり……

独り今回に限らず亦独り弔礼に限らず広く将来に於ても亦吉凶禍福共に国民の遵由すべき礼制を一定し置かんこと余輩の尤も冀望するところなり。

この朝日社説の論者が制定を希求した礼服は、和服であった。さらに論者は続ける。もっとも礼服が無いわけではなくて、大礼服があり、普通人には燕尾服が礼服として定められてはいるが、「畢竟泰西の制に倣いたるものにして我が国固有の制度にあらず」として、

洋服は労働に適するから軍人などには必要だが、其の他のものには必要上洋服を着用する所以なし。寛廣なる和服にても礼意を表するに於いて差し支えなきのみならず、国家的観念よりするも却って其の至当なるをみる。況んや燕尾服の如きは中等社会以下に在っては、之を弁ずるの資力なく、一般に適用するを得ざるをや。結局実際に行う値わず。故に余輩は我が国古今

の制を斟酌して務めて軽便に従い、我に適応せるものを制し上下一般に之を実行し得るの程度と為さんことを冀望せずんばあらず。適用するを得ざるをや。〈注77〉

と、庶民に和装礼服の制度を設けることを提案している。

「民間識者有志の士、四民大喪に居るの服制を制定せんことをその筋に建言」と、大喪の際の喪服制度のプランが立てられていたことが、この論説の冒頭からもわかるが、男子は黒の紋付羽織袴の肩に、日本古来の喪のシンボル色である白い布片を付けることで喪服とし、女子は白無垢を喪服にするという提案がなされた。〈注78〉

しかしこれに対して一月二十二日付けの東京朝日新聞は、今回の皇太后の大喪における、定例のない場合の礼装及び喪章について、和服の場合は男子は黒地の紋付羽織に、同じく紋付の衣と袴を着用することとし、羽織袴の左肩に黒布を付すべしとした。婦人の和服の場合は、白襟紋付とし、左肩に黒布を付すこと、また「礼装せざる場合における喪章」を、男子・婦人ともに、衣服の左肩に黒布を付すことという、前日出された内閣告示を掲げている。〈注79〉

つまりここで初めて民間の側から、民間の慣行として早くから存在した「白無垢」の喪服を、公的にも喪服として認定してはとの提案に対して、「白襟紋付」が、女子の和装喪服として公式に登場したのである。この「白襟紋付」は、文字通り解せば、厳密には色については規定はなく、紋を付けた和服に、白襟を付けた白無垢の襦袢を配したものと解せられる。

そして男子の黒地紋付羽織袴も、女子の白襟紋付も、厳密に言えば喪服ではなくて「礼服」として位置づけられていることが明白である。和服を着用する場合には、男子・婦人とも、衣服の左肩に黒布を付すとされており、黒布を、喪章として左肩上に留め付けてはじめて、弔意を表現することになり、「白襟紋付」は、慶弔を問わず女性の礼服として位置づけられていたことが明らかだからである。

東京朝日新聞の論説でも、「礼服の制定」と題して、「四民大喪に居るの服制の制定」を論じており、礼服の一環として、大喪の礼に着る喪服が論じられているという構造なのである。

三　ドレスより和装の女性であふれた鹿鳴館

白襟紋服（＝白襟紋付のこと）が、明治後期の社会で、喪服ではなく女性の礼装として位置づけられていたことは、明治二十六年（一八九三）十一月三日に開かれた鹿鳴館最後の夜会、外務省主催の天長節夜会に着用する衣服として、白襟の紋服があげられていることでも明らかであろう。九五五通もの招待状が発送されたこの夜の祝宴は、婦人同伴が原則だったから、参会者は一八五七人という多人数に上ったという。当夜の服装は、男性は燕尾服だったが、女性はローブ・デコルテか白襟の紋服と定められていた〈注80〉。

男性の燕尾服は、明治五年（一八七二）の太政官布達以来、上下一般通常の礼服として規定され、明治十年には「参賀、礼服御用召並びに任叙御礼」すなわち参賀や礼服着用の上での出頭命令を受けて出席する官職任命式・叙位式の際に、大礼服を持たない判任官が着用する定めであった〈注81〉。おそらく天長節祝宴の招待範囲が広かったためだろうか、招待者が用意できる範囲でのドレスコードが指定され、ローブ・デコルテを持たない女性でも参加できるよう、白襟紋服で可とされたのであろう。言い換えれば白襟紋服は、下級官吏である判任官の妻達が備えていた、庶民にとっての礼服であったといえよう。

このドレスコードの指定に応じてか、この夜の夜会の状態は「婦人の洋装益々その数を減じ、十中七八は白襟紋付、殊に黒地に淡泊なる裾模様したるもの多く、其他は空色水色藤紫等の夜目よきもの打ち交じれ〈注82〉」という状況であった。つまり白襟紋付は、大半が黒地に裾模様のもので、他には空色・水色・藤紫などだったという。

これをさかのぼる明治二十一年（一八八八）の天長節の夜会では、「貴女の衣装は大抵洋服なれど、其中に十数名の白襟紋付の国粋保存主義を守れる質朴の方も見受けたり〈注83〉」と報道されていた。つまり洋装の貴族女性に交じって、十数名しか白襟紋付の女性が居なかったものが、いったん公式にドレスコードとしてこれが許されると、一八五七名中の約半分が女性だとすれば、その七割や八割、つまり六五〇名あるいは七五〇名弱にも及ぶ、白襟紋付の女性で溢れかえった鹿鳴館の天長節夜会だったのである。その状況は明治三十年代、四十年代になっても変わらず、洋服は踊り手の皇族妃、大臣夫人等に限られ、それ以外の出席女性は、みな白襟紋付姿だったという〈注84〉。

少なくとも女性の服装について、欧化主義は破綻したといわざるをえない。こうした事態の背景には、皇后の洋装を含めた、女子の服制改革に対しての批判の存在も無視できない。皇后以下女性皇族や華族そして女官らの洋服は、莫大な調製費を投じてドイツに注文されたが、それは我が国の経済的疲弊をもたらすとして、政局から離れていた有力者や、海外事情に詳しい者たちからの厳しい批判に晒されていた事実があった。

明治二十二年、駐フランス公使館書記官を務め、当時ロシア公使だった西徳二郎は、女性までが洋服を着ると、宝石なども必要になって来ようし、パリの流行にもしたがわなければならないとして、洋服などより、外国人が優美だと褒める「旧来の紋付衣物」を、女子の小礼服にすべきだと提案している〈注85〉。

紋付は、ここでも礼服としての位置づけをされようとしているのである。欧化主義に対する批判は、主として着用に馴れず、女性達自身をも苦しめた女子の洋服に集中し、政府も屈せざるをえない状況に追い込まれたのであった。

以上見てきたように白襟紋付は、まずは喪服ではなく、礼服としての位置づけがあって、それに喪章を付けることによって喪服とし、国葬に参列する際に婦人達の着用する服として規定されたのであった。そしてその色も、鹿鳴館の夜会での例に照らせば、大半が「黒地に淡泊なる裾模様」のもので、他には空色・水色・藤紫など、「夜目よき」色だったと考えられる。

明治十六年（一八八三）に落成記念の舞踏会が開かれた鹿鳴館では、洋装以外に、白襟紋付や袿袴姿も多かった。明治十九年井上外務卿が主催した、完成後三回目の天長節夜会で、女性がほとんど洋装であったことを、東京日日新聞が驚きの眼を持って伝えているし、明治二十一年の天長節夜会について『女学雑誌』一三五号には、「鹿鳴館中には一時まったく白襟紋付の夫人を見ざりしに、此夜は二十名余ほども見受けたる」という状況であり、家族学校の女教師アリス・ベーコンが会に出かけてみると、洋装の淑女はほんの少しで、男たちはパートナー不足に困っていた（近藤富枝『鹿鳴館貴婦人考』講談社・一九八〇年、アリスベーコン『華族女学校講師の見た明治日本の内側』中央公論社・一九九四年、難波知子『学校制服の文化史』創元社・二〇一二年）など、鹿鳴館の盛衰に連れた、洋装と和装の比率の推移について、多くの証言が得られている。

明治四十一年（一九〇八）に、『風俗画報』誌上において、紋付廃止論が唱えられたことがある。四季に応じて、また無数の儀式に応じて、洋服から和服まで多種多様な衣服を誂えなければならない日本の衣服の制度を改めて、紋付衣服を礼服と定めず、普段着としても着ている紋のない無地や縞の衣服を礼服として、冠婚葬祭や宴席集会の際の衣服にすれば、ほとんど礼服を着用する機会などない下級官吏達までが、紋付を準備する必要がなく、費用節減につながるのではないかとの提言であった。

これに対して、紋付衣服はなにも前代の遺制ではなく、宮内省その他の招待状にも「白襟紋附」とあるし、小中学校の女子は、廉価な木綿の紋付を式服としており、愛国婦人会を創設した奥村五百子も木綿の紋付きで皇后に謁見した。経済的負担も少なく、また紋付なら大概地色は黒で統一が取れるが、縞となると種類が多すぎて乱雑になる恐れがあり、紋付は今なお必要不可欠な衣服であると反論して、それが五号にわたって繰り返されている〈注86〉。

この時期は、白襟紋付が、鹿鳴館時代に天長節の夜会に出席する夫人達の礼服として認められ、さらに明治三十年の英照皇太后の大喪を経て、女性の礼服として公式に認定されて、吉事にも凶事にも通用する礼服として位置づけられていった時代であった。

しかしながら実は、天長節の夜会の服として白襟紋付が認定されようと、正式な宮中参内の服として定められていたわけではなかった。

旧岸和田藩主岡部長職《ながもと》の長男であった子爵岡部長景は、昭和の初期に、外務省から天皇の側で天皇を補佐する役割の内大臣秘書官長に転じ、兼式部官次長を兼任して宮中の儀式典礼を掌る任に着いた際、天皇が宮中の行事に女性の出席が少ないことを気にしておられる旨を聞いて〈注87〉、打開策の検討を始めた。

出席者が少ない理由は、儀式行事に着用すべき洋装を持たないから、出席そのものがためらわれるものと判断し、昭和四年（一九二九）十一月四日に、侍従長や式部官等と服装協議会〈注88〉を設けて服装改正を協議し、地久節には、男性のフロックコートの着用を可とし、男性が燕尾服・フロックコート着用の場合には、女子和服（白襟紋付）を認めるという策を立案した〈注89〉。

翌年（一九三〇）四月一日、関屋次官と協議して宮中での女性の白襟紋付の認可につき、さらに運動を起こすため、次官から牧野内大臣の意向を確認して貰うこととした。翌日には次官以下を集めて、女子の白襟紋付を宮中の礼装として正式に認めようとして部内で協議を行い、その論点を記している。男子にはフロックコートのみが許されるのに、女子には袿袴に洋装、その上日本服まで許すには特別の理由が必要だろう、だったら男子にも紋服を許せばよいとの主張が出るのではと懸念する意見もあったが、男子のフロックコートは具えるのにそれほど困難は無いこと、観桜会や観菊会は、それまで数名しか女子の参加者が無かったのに、ひとたび和装が許されるや、男子とほぼ同数の女性が参加するようになったこと、また一般社会でも、男子がフロックコートや燕尾服の場合に、女子が白襟紋付でなんら不釣り合いではないと見られていること、さらにローブ・モンタントは今やフランス人にも馴染まぬ衣服になっていること、さりとて他の洋服を新調するのも経費がかかりすぎること等の理由で、男子がフロックコートの場合、白襟紋付を参内の服として可とする旨の式部職の伺書案を立案することにしたと書いている。

ただその間にも、反論が予想される各方面への根回しが行われ、裾が開くようでは不体裁であるから、袴様のものを考案したらどうかという意見が一つならず出たが、とにもかくにもそれはこれから研究してもらうと説得し、天皇の意志であることを盾にとって、賛同を得ていった。

仙石宗秩《そうちつ》寮《りょう》総裁は、皇族の服装は変更が難しいが、洋服の無い者に洋装を強制しないという節約の思し召しから出た天皇の御意志ならばと、賛意を示し、承認の印を貰っている。〈注90〉

厳格をもって聞こえた貞明皇太后はよほど気が進まぬ風で、自分の御所では和服も映りがよいけれど、宮城の建築ではいかがなものかと疑念を呈したが、結局天皇が目下行われている和服を認め

ても良いではないかという暗黙のお考えからならと、躊躇しながらも内大臣に一任するとしたという。〈注91〉

かくて関屋次官は五月二四日、宮中において日本服着用を認める案件を牧野内大臣に挙げ、ようやく大臣も決意して、伺い書案に署名し、直ちに侍従職に回され、天皇のお手許へ提出の手続きを取ることになった。

ついに五月二十六日の日記には、冒頭に「久邇宮賜宴―米大使館定礎式―白襟紋附御裁可」と記し、最後に「白襟紋附着用の件愈々本日を以て御裁可があった。宮殿に日本服を認めらるるは明治以後之れを以て嚆矢とす。誠に難有思召である」としめくくっている。

そして二ヶ月半後の六月十九日、「宮中にて婦人の日本服を認められ、本日初めて実施された」と冒頭に特記し、十二時半から行われた新任イタリア大使との昼食会の際、「当日は予て問題となって居た婦人の日本服白襟紋附着用を初めて許されたので」とし、これに則って鈴木侍従長夫人、関屋内大臣次官夫人、幣原外相夫人、そして岡部式部次長自身の悦子夫人ら、四名の女性が、全員白襟紋付で参内したが、変な形の洋服姿と違って落ちついて威儀も整ったように感じ、係員にも評判がよかったと記している。

さらに興味深いのは、「紋附の地色については、関屋夫人は、頻りに色物説を主張された様だったが、前記四夫人中他の三名は何れも黒地のものを着付けて来られたが、矢張吾々の眼に慣れて居るせいか黒地の方が適当の様である」と書いていることである。〈注92〉

つまりこの時には宮中でも、色物でなく黒地の白襟紋付を着た者が大勢を占め、それがこの新しい宮中参内の服の規定を率先して定めた式部官次長の岡部長景にとっても、違和感のないものであったというのだから、少なくともこの段階では、白襟紋付については、黒地か色ものかの別は規定の範囲外であり、しかも立案者の岡部自身が、黒地の紋付を想定していたことが明らかなのである。なお付言しておくべきは、この白襟紋付は、裾模様の存在を前提にしていることである。

すなわち四月十一日の岡部日記に、入江大夫から手紙が来て、

「先刻話のときに婦人の紋附きの地色のことを申し忘れたが、日本の習慣上黒地に模様を染めたるものに限らるる方然るべしとのご意見であった。これは当初より考慮した問題であるが、晩餐会等のとき美しくする為には色のものも良かろうというので黒に限定しなかったのであるが、自然大部分は黒なるべく最初の内は可成黒地のものといふことに注意する方然るべしと考へられた〈注93〉」

とあって、ここでの白襟紋付とは、黒・色ものの区別なく、裾模様のある紋付の着物、つまりいわゆる黒留袖、色留袖の双方を想定していることが明らかなのである。岡部らは、晩餐会などには、色ものの方が華やかであろうという理由で、あえて地色を黒に限定せず、将来的に色紋付着用の可能性を残そうとしたのであり、ここには黒は宮中の喪服の色だからという理由は一切登場してこ

ない。

つまり昭和五年に天皇の裁可を得て宮中参内の日本服として定められた白襟紋付とは、地色の指定は無いものの、実は当時の白襟紋付が、ほとんど黒が主流であったという事実を背景に、黒地の裾模様の紋付、すなわち黒留袖を念頭に規定されたものであったことが明らかになった。

ここにおいて、今日、巷間流布してきた、宮中参内の服としては、黒地の白襟紋付すなわち黒留袖が、適切では無いとされてきたことの根拠が、ますます不明と言わざるを得なくなってきたのである。〈注94〉

四　婚礼衣装で上京した靖国の妻たち

よく知られているように、我が国では喪服は黒ではなく、白が支配的であった。そして喪服とは、葬儀の会葬者が着る衣服ではなくて、死者の喪に服する喪主や近親の遺族が着る衣服だった。しかし大正末期から昭和初期にかけて、服喪の風習そのものが廃れ、喪服が会葬者の衣服になっていく経緯を、井上章一が冠婚葬祭のマナーを記した作法書類から明らかにしている。〈注95〉無論その時の会葬者の喪服は、黒紋付に白無垢を重ねたものだった。

幕末の長崎に江戸幕府の海軍伝習所の医師として安政四年（一八五七）に来日し、長崎養生所を設立したオランダの軍医ポンペが著した『日本滞在見聞記―日本における五年間―』に、興味深い

図14・6　江戸時代の葬列の様子

（出典・Pompe van Meerdervoort, Vijf jaren in Japan（1857-1863）．訳書は沼田次郎・荒瀬進共訳『ポンペ　日本滞在見聞記―日本における５年間―』）

図版が載録されている。〈注96〉ポンペは本書の内容を、一八五七年から一八六三年の見聞と副題に掲げているので、幕末の光景とみなして良いと思われるが、ここでは、天蓋を差しかけた宮型の柩を輿に乗せ、松明を先頭に進む葬列の集団が描かれている（図14・6）。江戸時代には、夜間の葬列が一般的だった〈注97〉ことの証左でもあるが、高張り提灯や竜頭に吊した幡を先陣に、十人もの僧侶が列にしたがうところは、普通の町人の葬儀とも思えない。僧の後に続く白裃袴の男が捧げているのは、位牌だろうか。次いで袴もはかず脛をあらわにした、白丁〈注98〉をまとった八人の棺かつぎが、柩の輿を担いでいる。

ついで棺の輿にしたがうのは、丁髷に裃姿の武士とおぼしき一行で、さらにこ

図14・7　大正初期の葬儀（1917）

上：「生武シマ葬儀全影　大正６年９月」写真、下：写真裏面（著者所蔵）

れにしたがう集団が、白い被り物を頭に戴いているのは、女性たちであろうが、そのまとう着物は、総て白無垢の小袖に白帯姿で描かれている。

また私の手元には、広島の父方の親族の家に遺されていた、大正初期の葬儀の写真がある。裏に「生武シマ葬儀全影　大正六年九月」と走り書きされた、一九一七年のものであることが明らかな画像である（図14・7）。

見慣れた広島県東広島市西条の山並みを背景に、祭壇正面の曲録に座った浄土真宗の有髪の僧には、脇にしゃがむ男によって傘が差しかけられ、その横には立ったままの袈裟をかけた有髪の僧も居る。祭壇には、中央にこれも紙の蓋を掛けられた宮型が見えるのは棺蓋か、あるいは柩の上を覆う柩屋なのだろうか。座棺なのか寝棺なのか不明だし、周囲には人工的構築物が一切見えない草むらで、此処が墓地なのか火葬場なのかも不明である。

しかし左右に六基の紙花が献げられた祭壇を前に、総勢六十三名が集っている。まだ暑い季節とて、男たちは黒紋付の羽織に袴をはき、カンカン帽をかぶる。小学生の男子も学帽に夏の白いカバーを掛けた袴姿である。しかし前列の草むらに座る女性たちは、一様に頭に白い布をかぶった白無垢・白帯姿である。中には黒紋付や、全体に模様のある着物をまとった女性も居るが、白いかぶり物だけは共通している。まさに婚姻の習俗としての白無垢・白い被りもの姿で葬儀に臨む女性たちの姿が、大正初期の広島の山間部にも確認できるのだ。

男性の中にも、白裃袴姿の者や、黒紋付羽織に白布を肩から掛けている者の姿があるのは、白が

図14・8　葬式の着物（昭和６年９月）

親族の女性たちは白の着物と白布で作る帽子⑰あるいは被り物（被衣）⑯を被っているが、一人⑭の女性は黒い着物に白い帽子（角隠し）を被る。新潟県南魚沼郡塩沢町石打関にて。林明男氏提供。出典・『写真でみる日本生活図引（5）つどう』1989年、弘文堂。（写真内の番号は出典ママ。これらの説明は原文を参考にした）

喪のしるしとされていたからであろう。〈注99〉

民俗学者瀬川清子は、吉事と凶事は、感情の上では相反しており、婚礼のめでたい日の装いと不幸の日の装いには、厳重な区別をつけたいのだが、伝承されたしきたりはその反対で、婚礼・葬式に共通な形式を持続してきた事実を、この綿帽子をかぶる習俗の中に指摘した。〈注100〉

白が喪の標識である事実は、実はそうたやすくは変わらなかった。昭和六年、新潟県魚沼郡塩沢町で行われた葬式の写真（図14・8）では、洋服の男性や少年少女の姿も見え、すでに洋服が普及し始めた時代であったことが知れるが、最前列は喪主の側の人か近親者なのだろうが、ここでは白裃・袴姿の男性や、白い帽子やかつぎ（被衣）をかぶる白装束の女性の中に、ひとり黒い着物を着て白い被りもの（角隠し）をつけた女性が居る。この女性を土地の者ではないかもしれないとする推定〈注101〉は、あるいは正しいかもしれないが、共同体の外部から参入する者が常に存在する社会の中では、ドレスコードのズレは容易に起こりうることであった。

中村ひろ子氏は、この写真の黒い着物の女性が、自分の黒い着物に違和感を感じたのか、白装束の女性たちと同じ白い帽子に一体感をいだいたのか、うかがい知ることは出来ないとされるが〈注102〉、ここで女性がその衣服の周囲との相違を明白に意識しながら、記念撮影のカメラに対して、なお最前列に立ち続けて居られたのは、自身の衣服の記号が、必ずしもマイナスにはなっていないと自負したからに他ならないのではないだろうか。

瀬川清子は、大正十五年（一九二六）から昭和十九年（一九四四）まで、靖国神社のそばの第一東京市立中学校（現東京都立九段高等学校）で教師として勤めていた。そこで日支事変（一九三七～一九四一）以後の七、八年のあいだ、靖国神社の春秋の祭に地方から参加する靖国の母や妻たちを、細やかな情感あふれるやさしいまなざしで見つめている。彼女たちは夫や息子を失った遺族として靖国に参拝したので、喪服を着て来る人が多かった。実は当時の東京では、婚礼には華やかな裾模様の絹の衣服、そして葬礼には、黒無地の喪服が、礼装として定まりつつあった。しかし地方出身の、どう見ても派手な裾模様の婚礼衣装を着て臨んだ若い靖国の妻達の、いたたまれない様子、姿が哀れを誘ったと、同情をもって書いている。実は彼女たちの故郷では、喪服は婚礼衣装でもあったからだった。秋田県鹿角郡毛馬内町（現鹿角市）出身の瀬川もまた、葬送に花嫁衣装を着る風習を持つ地方に育ち、黒い喪服を知らなかった。田舎から上京したお上りさんの靖国の妻達が、都会の中でただでさえ萎縮しているのに、周囲が悲しみに沈んだ靖国神社のお祭りの中で、ひとり派手な裾模様を着ていることの恥ずかしさですっかり参っているような様子を、故郷への懐かしさも込めて、「それで良いのだよ、私達の國もとでは、それで良かったのだから」と、心の中でかばってもみる。

しかし二、三年たつうちに、花嫁衣装姿の遺族の数は年々減っていき、最後には二〜三十人ぐらいになったというから、当初の裾模様の女たちの数の多さは想像を絶しよう。急激に数が減ったのは、東京へ行ってみて、自分の喪服だけが違うのに驚いた人たちの体験談が伝わって、黒の喪服を工面して上京するようになったからだったと書いている。そして瀬川は、葬式に嫁入り衣装を着る民俗を調べ始めた。それは東北の秋田・岩手の風俗であっただけでなく、広く関東地方にも、岐阜にも例があるとしている。結婚の際に用意された裾模様の紋服は、実は葬儀用でもあったのだ。

さらに終戦直後の昭和二十二年（一九四七）の夏、東北地方を一巡して衣生活の現状を視察した瀬川は、山形県鶴岡の染め屋に、「お骨を迎えに行くので裾模様を黒喪服に染めたい」と頼みに来た村の婦人の存在を記し、鶴岡から青森行きの汽車に乗ると、その汽車はまるで遺骨列車の如き様相で、駅ごとに遺骨を迎えに出た婦人達は、もう皆、黒一色の喪服を着ていたという。

また黒無垢に黒帯という喪服は、ここ四、五年（瀬川の論考は昭和三十四年のもの）の流行に過ぎないという江馬三枝子氏の証言を紹介して、靖国神社の春秋の祭礼が、全国に黒喪服を広めていくきっかけになったのではないかと、瀬川は推定している。〈注103〉

そもそも裾模様の有る無しにかかわらず、黒紋付の小袖が女性の礼装になったのは、十七世紀初頭のことで、江戸時代中期以降、女性の装いに不可欠の礼装の色として定着したという。〈注104〉

幕末の江戸・大阪・京都の風俗を詳細に比較して記録した喜田川守貞は、「今世、三都とも婦の礼服、黒定紋付を専らとし、また裾模様を専ら」とするが、京都や大坂では黒だけでなく色の地に裾模様を白く染め抜いた。

その模様については、

「処女より婦は細に、婦より老婦は密微に、あるひは裡模様と云ひて裡のみにありて、表定紋のみ。裾無地あるひは表裡無地にて定紋のみもあり」

と記している。〈注105〉つまり黒紋付には、裾模様のあるものと、外見上模様は無いが、裏にだけ模様を配したもの、そして表も裏もまったく無地のものが併存していたことが明らかで、それも年齢により、あるいは婚姻の有無により、歳をとれば次第に模様は細かく小さくしていったものらしい。黒無地紋付は現今のように喪服として定義されたのではなく、晴れの日の婦人の礼服であったのだ。

図14・9　赤井ろく像

昇亭北寿　文久９年（1812）奈良県立美術館蔵

文化九年（一八一二）、二十九歳という若さで亡くなった赤井ろくの、四十九日の法要の際、夫の赤井幸晴は、子孫の為にと肖像を描かせ、よく家風を起こし家事を補佐しながら、琴で山田流の奥義を究めたと、その讃に記した。その肖像画のろくは五つ紋の黒無地紋付をまとった姿である〈注106〉（図14・9）。

喜田川守貞はまた、江戸の芸者は特に、紫等を好まず、黒無地で紋のみを染めた黒紋付を着用したと明記している〈注107〉。さらに、

> 今世、江戸坊間（町中の意）婦女礼時の服、京坂と同じく礼には黒縮緬定紋付を専らとし……、無地紋付には裾模様裡模様、老婦には無模様を専らとす。模様有無ともに黒のみにあらず、この色もあり。また模様有無ともに無地定紋付には、引返し裡なり〈注108〉。

と、江戸、京大坂ともに、礼服としては黒縮緬の無地紋付が多かったが、黒の裾模様もあり、黒だ

けでなく色無地も、色の裾模様もあったとしている。

つまり吉事用に裾模様の紋付、凶事には黒無地紋付、という現代の図式はまったくあてはまらず、双方とも礼服として通用していたのであった。

平成二十六年（二〇一四）四月の、東京新歌舞伎座こけら落とし公演の第三部は、「盛綱陣屋」であった。ここで生け捕りにされた佐々木高綱の子、小四郎の母篝火と、祖母微妙、そして盛綱の妻早瀬は、三人とも白襟紋付を着ていた。歌舞伎の女房役の衣装の典型になっている。微妙や早瀬は、色無地紋付の上に打ち掛けを着ている。篝火だけが黒無地だが、厳密に言うと黒無地の家紋の部分を白く染め抜いた、「石持ち」という小袖らしい。これは身をやつした武家の女房などの衣装で、我が子に会いたさに、石持ちの上に陣羽織を重ねて男装して、ひそかに敵陣に忍んできた姿ならばこその装束である。いずれにせよ歌舞伎の世界では、色もの、あるいは黒にかかわりなく、無地紋付が、既婚女性の衣服として定形化していることが伺えよう。

永島信子によれば、明治三十年代に愛国婦人会が創立された際、階層の異なる女性たちが、白襟紋付を集会などで一様に着るべき制服として定めたとする。また、吉凶両用だった白襟紋付であったが、吉事の際には紋付に模様を付けることが一般的になってきたのは、日露戦争以後のことだという。明治三十年頃までは、紋付でさえあれば吉凶の儀式に通用して色目や模様の有無は問わなかった。したがって会葬に裾模様の花々しきを着たり、婚礼に無模様紋付を着用することも多かったが、儀式の際の衣服に吉凶の差があるべきことを認識するに至ったについては、大正の御大葬お

図14・10　臥龍山荘（愛媛県大洲市）1913年頃の結婚写真の無地黒紋付

（出典・愛媛県大洲市（著）、矢ヶ崎善太郎監修『水郷の数寄屋―臥龍山荘』2012年、エス・ピー・シー）

よび御大典が、大きな機縁となったとしている〈注109〉。

愛媛県大洲市にある、貿易商河内虎治郎が明治後期に巨費を投じて建設した臥龍山荘での、大正二年（一九一三）頃に行われた養子・河内陽一の結婚披露宴〈注110〉の写真を見ると、列席の女性は花嫁以外は、確認できる限りすべて黒無地紋付姿で写っており、これが吉事の礼服として確固たる位置づけを持っていたことが明らかである（図14・10）。

またここに昭和十三年（一九三八）に、大阪の瓦斯ビルで挙式した、私の両親の結婚式の集合写真がある（図14・11）。広島県賀茂郡西条の出身の父と、奈良県出身の、大阪天神橋筋で漆器屋を営んでいた家の娘の組み合わせである。大正二年（一九一三）生まれの花嫁だった母の着物は、黒の振袖で、これは私も幼い頃、虫干しの時などに、広げたところを見て憶えていた。一方列席の女

図14・11　昭和13年（1938）の結婚式

武田実郎・道子結婚式記念写真（著者所蔵）

性たちは全員、白襟黒紋付姿である。前列両端の女性は、向かって右が明治二十五年（一八九二）生まれの、当時五十四歳だった花嫁の母。左が明治二十九年（一八九六）生まれの父の異母姉で、二人とも裾模様のある黒紋付姿である。また花嫁の隣の女性は、これも明治三十一年（一八九八）生まれの父の腹違いの姉だが、裾模様はほんの少しで、きわめて地味なものだ。左端から二人目は、明治一四年（一八八一）生まれの、父の母であるが、これは無地の黒紋付である。結婚式に黒無地紋付と裾模様のある黒紋付が並行して用いられていたことがわかる。

幕末には、年配女性であれば裏に模様の有る無しにかかわらず、表は黒無地の紋付を着たという喜田川守貞の記述通りの図式は、昭和の初期にまで、黒無地紋付と裾模様の居並ぶ光景として確認できるのだ。

五　いつから女性が黒紋付をまとうようになったのか

ここで少し視点を変えて、女子学生の式服の歴史をたどってみよう。

最初に女学生に袴をはかせたのは、跡見女学校といわれており〈注111〉、明治五年（一八七二）の「私立跡見学校」の開学当初から、紫紺袴を着用するよう定めていたが、その袴に合わせて着る着物については、任意だった〈注112〉。

そこへ明治三十二年（一八九九）に、黒地五つ紋の模様なし、地質木綿の上着に、メリンスまたはカシミヤの類で作った紫地の袴を式日の礼服と定めた。これを白地のキャラコの下着の上に重ねたので、まさに白襟黒地模様なし五つ紋の紋付と袴が、式服とされたのである〈注113〉。

明治五年（一八七二）、東京女学校開設に際して文部省は、着丈と袖が長く、広幅の堅い帯を巻くのは不都合だから、羽織袴を着用させたいと太政官正院に伺い書を提出したが、これに対して、士分男子の服装であった羽織袴を着用させては男女の差別が立たなくなると、袴のみを着用させるよう指示した〈注114〉。

なぜなら江戸時代以来、羽織・袴は武士身分層の妻女を含めて、女性には着用が禁止されていたからである。ちなみに松尾芭蕉の「花に酔り羽織着て刀さす女」（『続深川集』寛政三年一七九一）

という句は、上野の春興、すなわち花見で、当時男性の衣服であった羽織を着て刀まで腰に差した、満開の花に酔ったかのような女性、つまり男装した女性の姿を詠んだものだったのである。〈注115〉ちなみに黒地の羽織が女性達のあいだでよく着られるようになったのは日露戦争のあとのことだという。

さらに明治八年（一八七五）、女性教員の養成を目指して東京女子師範が開校すると、東京女学校はこれに統合されて廃校となった。

この開校式に皇后美子を迎えた生徒達は、第一期生となった森田千世の回想〈注116〉によると、以下のようないでたちだった。

> 生徒達は学校から「おしきせ」というお揃いの着物と袴を支給されましたが、許可を受ければ自弁のきものでもよかったので、千世はその日きものだけは自弁の亀綾という生地の鼠色の五つ紋付に、「おしきせ」の紺の粗い縦縞の小倉袴、髪はくず引き（約一センチの幅の白い紙の根がけ）をかけた唐人まげ、はきものは全生徒揃いの麻裏ぞうりでした。袴のしたてはマチをずっと低くしてあっただけで、あとは男物と同じでした。殆どの生徒が縞もので、このころは紋付でも女は黒を着ることはなかったのです。

と述懐している。つまり明治八年には、水戸の出身だった山川菊栄の母、森田千世にとって、まだ黒紋付は女性のものでは無かったので、着ることはなかったと証言しているのだ。

千世はさらに、明治の女子教育家として知られた桜蔭女学校の創立者佐方鎮子の、入学試験の時の後々まで話の種になった、田舎っぽい姿を「父親のおふるらしい大きな五つ紋のもめんの黒紋付に、桃色もめんの太いふきを出して」と、黒紋付が桃色もめんの裏地をつけて袷に縫い直してあっても、父親のお古であろうと喝破している。紋が大きかったことと、黒地であったことが、もとは男物のきものであったことの根拠にしているのだ。

こうした黒紋付に対する理解は『守貞謾稿』などの見解と異なるところだが、後述するように女子師範の卒業写真で変遷を追う限り、大正になってから、次第に黒紋付や暗い地色の紋付の中で、次第に明るい色紋付が増していくが、大正末年になって黒紋付が圧倒するという状況になる事実がある。跡見女学校の例でも見たところだが、明治五年の開学当初には袴に合わせて着るきものは任意だったものを、明治三十二年に黒無地の五つ紋を式服に定めたとあるように、明治末年から大正にかけて、黒紋付が増えて行くことが大勢として確認できよう。

お茶の水女子大学デジタルアーカーブスの「東京女子高等師範学校生徒服装変遷写真」〈注117〉の中にある、創立期の明治十年（一八七七）に撮られた生徒達の写真を見てみると、官給された紺色と浅黄色の立縞模様の木綿袴（平袴形）の上に、羽織を着用している何人もの女生徒の姿があり、腕組みして書生風を気取っているかにさえ見える。ちなみに明治十二年一月頃から、十五年十二月頃までは、衣服は「袴を禁止して通常の青年女子と異るところなからしめた」〈注118〉とあり、開校式に皇后を迎えた際に着用していた、官給された紺色と浅黄色の縦縞木綿の小倉袴の「おしきせ」〈注119〉は、明治十二年頃には一旦禁止され、和装着流しになった。ところが十八年十一月十六日から、服装は体操の時は必ず袴と靴を着用し、教室および外出には随意たるべしという命令が出た。随意だったのはこの年だけで、十九年一月からは教室でも外出時にも、必ず袴と靴を着用すべきこととされ、臨時に文部省から袴と靴の費用が支給されたという〈注120〉。

『お茶の水女子大学百年史』によれば、明治十三年五月、「摂理」（＝校長）が中村正直から平田流の国学者で復古主義者の福羽美静に代わると、「小倉袴を脱がせて着流しの和服に大きな帯を背負わせ、高島田、薄化粧で礼式の稽古をするように〈注121〉」なったが、それは我が国が世を挙げて国粋主義に傾斜していった時にも合致する。

さらに明治十九年（一八八六）には、いわゆる「鹿鳴館時代」が女高師にもやって来た。東京師範学校女子部生徒となった本校生徒は一般に洋服を着用することとされ、十月から実施されたのである。しかし明治二十六年（一八九三）の高等師範科・小学師範科の卒業生が洋服で写っているのを最後に、卒業式の式服は再び和装に変わったようである。

「東京女子師範高等学校生徒服装変遷写真」には、明治二十七年（一八九四）三月を、「国粋的時代」と題して、「鹿鳴館時代」の終焉ののち、生徒の服装は再び和装へと回帰し、三つ紋の礼装を着用する三人の写真〈注122〉を掲げるが、袴をつけず、色無地の白襟紋付の着流しである。そしてこの白襟紋付の裾はすべて白っぽい色無地で、裾模様は確認できない〈注123〉。

明治三十二年（一八九九）、お雇い外人のエルヴィン・フォン・ベルツは、医師で日本における学校衛生の創設者でもあった三島通良を通訳に、東京女子高等師範学校で、「日本人の姿勢と衣服」という講演を行った。来日以来、日本女性の体格を二十年間研究して来た結果、日本人の体格が貧弱で姿勢が悪いのは、帯ひもで体をしばることと、袖が長くて肩下りになるためで、その害は丁度ヨーロッパのコルセットに等しいとした。そして日本の服装で一番理想的なのは、袖が短く帯が狭い、元禄時代の着物だと主張したのだ。この演説は、振り袖に帯を高く結び上げ、またコルセットで締め付けた洋装で着飾って聞いていた、満場の教師や来賓たちに衝撃を与え、女高師の制服が、お太鼓帯をやめて袴を採用する原因となったと村上信彦はいう。〈注124〉四半世紀にわたり東京大学医学部で教授をつとめ明治天皇と皇太子の侍医でもあった、日本の医学界に多大な貢献をしている権威あるベルツの言葉だったからこそであると。明治三十二年の秋、女高師の制服は、元禄袖にエビ茶袴となった。

女高師はそれまで、着流しの着物に高い帯揚げをして、授業を受けなければならなかった。羽織を着れば大きな帯は結ばなくてよかったのだが、先述のように女高師では羽織は許されていなかったからである。

かくて明治三十三年（一九〇〇）になって初めて、全員が袴を着用して並ぶ卒業記念写真〈注125〉が撮られるようになり、以後はこの紋付袴姿が大勢を占めるようになっていくのだが、いずれにせよ初期の頃の紋付は、概していずれもきわめて明るい色彩であった。

たとえば明治四十三年（一九一〇）の卒業写真では、紋付袴で写っている卒業生たち八十四名中、黒紋付とおぼしき女性はわずか二十五名弱であり、其の他は、紋が確認できるものも、すべて黒以外の地色である。

ところが大正期に入ると、専修によって差はあるものの、これが次第に黒か、暗い色の紋付が多くなっていき、大正末年にはほとんどが黒紋付に変わっていく。ただ一貫して黒紋付が増加していくのではなく、昭和に入ると再び色紋付の割合が増すのだが、昭和十年（一九三五）の卒業写真は、洋服や民族服の生徒達も混じるものの、黒紋付の数が他を圧倒している。

保育実習科の昭和九年（一九三四）の写真では、黒紋付姿は三名しか居ないが、昭和十年の写真は、全員黒紋付姿になっている。

また同じくお茶の水女子大学のデジタルアーカイブスに、昭和十年代のものとして保存されている「行幸啓ノ節職員学生生徒児童敬礼方法ノ実演写真」に撮られた女子学生たちは、これもすべて黒地五つ紋付に袴姿で実演に参加している。〈注126〉どういうわけか昭和十年からは、袴の色は違っても、まったく黒紋付が卒業式の式服として定められたかの如き感がある。明らかに、正式な礼服として白襟黒紋付が位置づけられたことを示しているとみて良いであろう。

明治四十一年（一九〇八）、東京の女子高等師範学校に次ぐ第二の女子高等師範学校として、奈良女子高等師範学校が創設された。その第一期生が四年になった時、東京高等師範を卒業して奈良女高師の教員となっていた水木要太郎の発案で、〈注127〉開校以来初の修学旅行が実施された。大正元年（一九一二）十月のことである。催行に先だって実施された説明会で、生徒達が携行すべき持ち物が指示されているが、その中に衣料として紋付・着替え・寝衣・羽織（随意）・帯（随意）があった。〈注128〉他に雨合羽・下駄・靴の携行が指示されており、さらに喪章が加わっているのは、明治天皇の大喪にかかわってのことと察せられよう。

十一月五日、東京へ着いた修学旅行の一行は、明治天皇百日祭に伏見桃山陵へ参拝するため、新橋駅から京都へ旅立つ大正天皇夫妻を新橋駅に見送り〈注129〉、殉死した乃木希典邸を見てから、幾重にも人が取り巻いて死を悼む青山の乃木の墓所に詣で、さらに大喪の礼を終えた青山葬場殿の拝観に行った際にも、当然用意していた喪章を付けて行ったと見るべきで、青山あたりに出没していた喪章屋に腕をつかまれ、つきまとわれることから逃れ得ただろう。〈注130〉

では紋付はどうかといえば、これが確実に着用されたことが知られるのは、宮城拝観の時であった。第一期生が書いた記録に、

十一月七日　晴天
今日ハ宮城　拝観ノ日ナレバ紋付ヲ着シ各学部一所ニ午前八時廿分頃森田館ヲ出テ丸ノ内ニ至リ謹ミテ竹橋門ヨリ入リヌ　（中略）コレヨリ旧本丸ノ跡ヲ見　大手門ヨリ退出ス　コレヨリ九段ヘ行キ靖国神社ヘ詣デ遊就館ヲ見直チニ帰リテ昼食ヲ終ヘ衣服ヲ更ヘテ文部省ニ到リヌ。〈注131〉

とあって、宮中拝観に際して、全員紋付を着用して旅館を出発し、竹橋から皇居に入り、豊明殿、

正殿と見学し、二重橋を渡り、本丸を見て大手門から退出し、靖国神社へ詣でた後、一旦宿へ戻って衣服を着換え、文部省に行っているのである。おそらく天皇皇后の京都への行幸啓の見送りや青山葬場殿の拝観其の他の場面には、その記録のないことから、紋付着用はなかったものと考えてよいのではないか。あるいは喪章をつけることで弔意を表したのであろうか。

そしてこの時、紋付に袴をはいたのかといえば、上野東照宮前で撮影された集合写真〈注132〉があるが、そこでは全員袴姿で写っているが、生徒達が袴にあわせて着ている着物に紋は見えず、紋付ではない。旅行記録によれば上野公園に行って西郷像や彰義隊の墓に詣で、動物園に行き、文部省の美術展を見たのは十一月二日午前中であるから、この間に東照宮へ立ち寄って撮影されたもののようで、この日は服装についてなんの特記もないところを見ると、そもそも袴は、携行すべき衣服の書き上げにも無い程の、断るまでも無く女高師の生徒として着用すべき制服として位置づけられていたと見るべきであろう。

奈良女高師の開校当初の教官会議録に、

「生徒服装ノ件ハ袴ハ濃納戸色ヲ標準色トシ、式日等ニハ黒色紋付ヲ着用セシムルコト、又袴ハ新調ノ際可成標準色ニ近キモノヲ調整セシムルコトトシ、コノ際強ヒテ一定ノモノヲ調整セシムル必要ナシト決定ス〈注133〉」

とあって、袴は新調する場合は濃納戸色でと、標準色の定めがあったものの、生徒が女学校時代から着ていた袴で済ませて良いこととしている。

大正四年度版の服装規定では、「袴ノ色ハ青紫色ヲ標準トシ、新調ノ節ハ之ニ依ルヘシ」とするものの、「課業時間外本校内ニ於テハ袴ヲ着ケサルコトヲ得　其ノ場合ニハ繻子又ハモスリン類ノ帯ヲ用フヘシ」と、キャンパス内では授業時間以外であれば袴を着用しなくても良いとし、着流しでモスリンなどの帯を結んでもよいと緩和する規定になっているが、このことは言い換えれば奈良女高師の生徒として、袴をはくことが如何に不可欠、必須のものであったかを逆に示していると言えよう。だからこそ修学旅行の携行品の中に、あえて書き上げることがなくても、女高師の生徒として行動する際には、当然着用が期待された衣服なのであった。

さらに次条は、「祝祭日・儀式及卒業式ニハ紋付ヲ着用スヘシ」とあったものを、「紋付ヲ所持セル者ハ之ヲ着用スヘシ」と、紋付の所持がないために儀式に参加できない生徒が無いよう配慮して、改訂している。

「式日等ニハ黒色紋付ヲ着用セシムルコト」とあったように、開校以来紋付は黒とされていて、第一回卒業生の式服を見ても黒が大半であったが、色無地の者も散見している。これは「色合いは黒色を重んずるも、変わり色も用ひらる」〈注134〉という世間一般の慣習と一致するところでもあった。〈注135〉

なお、儀式行事や制服の整備を行い、早くから質実な校風を整えて、他女学校との差異化を図ろうとしていた和歌山高等女学校では、すでに明治三十八年（一九〇五）に、

「此の時制定せられし礼服ハ、木綿黒紋附袖丈一尺五寸白襟襦袢にて式日の外、修学旅行、運動会にも必ず着用する定めにして、此の制は、永く行はれ現時のセーラー服採用の時まで及べり」〈注136〉

とあって、式典や修学旅行、運動会にも木綿生地の黒紋付の礼服着用を義務づけている〈注137〉。以上見てきたごとく、幾多の変遷を経たものの、女高師などの女学生の式服は、当初から黒無地の白襟紋付として定められてはきたが、「制服」という程の厳格な規定ではなかったため、世間の慣行と等しく、黒無地紋付の割合は限られていた。それが昭和十年代になると、黒無地紋付に統一され、制服として定められていった感がある。

六　変わりゆく礼装のドレスコード

これまで縷々見てきたところは、「白襟紋付」と称された着物が、江戸中期以降、黒または色ものにかかわりなく、また裾模様の有る無しにかかわらず、また吉凶にさえかかわりなく、女性たちの礼装として着用されてきた事実である。英照皇太后の大喪の礼に際して、白襟紋付が礼服として公認されたのだが、ここでは色や裾模様の有無は論じられることがなかった。そもそも今日喪服としての記号が確立している黒無地紋付も、葬儀への参列者のドレスコードそのものが存在せず、喪

図14・12　愛国婦人会静岡県支部第２回総会御親授記念（昭和10年（1935）11月７日）

セピアカラーの大型写真（285mm×1,200mm）。来歴は不明でおそらくは寄贈品。（静岡縣護國神社遺品館所蔵）

服と云えば、近親の死に際して喪に服する親族の衣服を意味し、そしてそれは多くの場合、白であった時代には、黒地の紋付の模様の有無は、年齢差や婚姻の有無、あるいは地域による偏差でしかなかったのである。

そして鹿鳴館での天長節の夜会などの例を見れば、黒地紋付の割合が多いものの、色ものも併存していたことが明らかである。それは女高師の式服としての白襟紋付の変遷の中にも視覚的に確認することが出来、ここで見る限り明治期には色もの、黒地が拮抗していたが、大正期には黒地の紋付が次第に他を圧倒して、昭和十年にはほぼ制服であるかの如き観を呈していく経緯が見てとれた。ちなみに昭和十年の愛国婦人会静岡支部の総会における、臨席した洋装の皇族を中央に配した膨大な人数の集合写真では、最前面に座る女性

たちはほとんど黒地の留袖姿であったことが見て取れ、中央の皇族女性の周囲に座るごく少数の、おそらくは年長女性だけが、黒無地紋付姿であるように（図14・12）、白襟紋付においては、留袖・無地ともに、黒が他の色彩を凌駕していったのである。

一方宮中参内の服としての白襟紋付に、庶民の側でなぜ、またいつの頃から黒が避けられるようになったのかといえば、宮中での女性皇族の洋装黒喪服の採用が契機になったものと想定はでき、その法的根拠や時期は明確には出来ないものの、今日、再び黒地裾模様の紋付、すなわち黒留袖が、宮中参内ドレスコードの中に容れられようとしている経緯が見て取れた。そして皇后の喪服のドレスコードが明確に変化した。これらはもとはといえばすべて同じ「白襟紋付」の範疇での異同・

変遷ではあったが……。

ドレスコードは常に変化する。その変化の過程には、長い歴史が培ってきた衣服の価値の転変が、大きく作用した。本章で取り上げた女性の服装に関しては、明治期における洋服の採用、中でもまずは皇族・貴族女性が率先するかたちでなされた洋服の採用は、旧来の和服の位置づけに多大な変化をもたらすことになった。

洋服の場合、何よりもまず西欧諸国に対して、我が国の近代化を示すための象徴として導入が企図されたゆえに、結果として従来の和服に、前近代性や旧弊、階級的低位の表象等、負の記号が付与されたのは必然であった。このことで洋服の採用が、かえって従前からあった白襟紋付を、改めて宮廷や公的な次元での礼服として認定することに時日を要する結果をもたらしたと想定される。というより国家の側は、従前の衣服制については否定も肯定もすることなく、新たに洋服に視覚的な近代性を表象させようとしただけなのであったが、以降の時間的推移や、維新政府や皇室側での企図と、日本社会内部の社会習慣との乖離が、結果として巷間流布する口説、すなわち白襟紋付のうち、黒地（無地と否とを問わず）のものは宮中では着用をひかえなければならないという見解を生んでいったのかもしれない。そこには皇族女性の正式な喪服が洋装の黒とされたことが反映しているに違いないと推定するほかないが、その影響からか、恐らくは庶民の側で、宮中行事に参列する女性は、黒地の紋付着用を遠慮する事態が、出来したものだろうか。

黒留袖は歴史通貫的に、常に「白襟紋付」の重要な構成要素のひとつであり、鹿鳴館の時代にも、ホールで踊る洋装の貴婦人たちの周囲に、壁を背にして並んでいたのは色留袖や黒留袖姿の婦人たちであったのに。さらに改めて昭和初期には、天皇の意を得て宮中参内の服として認可されていたにもかかわらず、である。

＊本章は、二〇〇八年から四年余りかけて行われた、サントリー文化財団主催の「社交と交流の現象学研究会」における研究成果に、大幅に加筆・修正したものである。

《注》

注1 『日本書紀』巻第廿二推古天皇一六年「八月壬子、召唐客於朝廷、令奏使旨。時阿部鳥臣・物部依網連抱、二人為客之導者也。於是、大唐之国信物置於庭中。時使主斐世清、親持書、両度再拝、……（中略）……是時、皇子諸王諸臣、悉以金髻花着頭。亦衣服皆用錦紫繍織及五色綾羅。一云、服色皆用冠色」

注2 唐の二代目の皇帝である太宗は、当時略装に用いられた幞頭の歴史が浅く武事に適した簡便なものであるということで、皇帝用の翼善冠を制定し、「貴臣」に進徳冠を賜った（『新唐書』［車服志］）。『唐六典』によれば進徳冠は、皇太子や五品以上の臣下が使用したものであり、「金飾」や「簪導」があったというので、幞頭のような頭巾でなく冠の形式を持つものとわかる。

注3 大化五年（六四九）の改正は三年の制度をより細分化したもので、大小の織冠・繍冠・紫冠はそのままで、錦冠以下を細分して、大花上、大花下、小花上、小花下、大山上、大山下、小山上、小山下、大乙上、大乙下、小乙上、小乙下、立身と改称したものである。冠の仕様の記事はなく、位冠の改訂は小規模にとどまったようである。天智天皇三年（六六四）の「冠位二十六階」は、「花」の名称を「錦」に置き換え（大花上→大錦上）、大小の錦・山・乙をそれぞれ上下の二分から上中下の三階級に増やし、立身にあたる位を大建・小建としたもので、ここまでは概ね七色十三階を拡大したものといえる。

注4 大化三年以降の冠位制は、『日本書紀』のみに記されている。

注5 羅とはレース状の織目を見せる透き通った絹で、通常菱の文様があらわされた高級な生地であり、前漢にはその技法が確立していた。漆羅とはこれに漆をかけて固く整形したものであろう。羅の組織を持つ染織品は、中国の他にアンデス地方でもかつて織られていたことが発掘品によって知られ、複雑な織で

あるにもかかわらず、簡易な道具により自然発生しうることが推測できる。なお日本では戦国時代以降菱の文様のある羅を織る技術が絶えており、近世には文様のない羅が使用された。

注6　なお菅原氏はこの書評で、日本の基底的衣服形態を貫頭衣と捉える武田説「『魏志』倭人伝の衣服について―「貫頭」衣・「横幅」衣の位相」（『古代日本の衣服と交通―装う王権つなぐ道―』初出は『女子美術大学紀要』十四　一九八四年）を批判し、河鰭実英編『日本服飾史辞典』（一九六九年刊）に、「貫頭衣は布の中央に孔をあけて、そこに頭を貫いて着る衣服」という定義があることを根拠に、「前身頃が左と右に分離している衣服はもはや貫頭衣ではない。著者は貫頭衣についての認識を改めるべきであろう」と提言される。一九六九年編纂の辞典の短い記述を典拠に、見解を改めよというのだが、この本は、武田が当該の考察を行った際には公刊されており、無論参照したうえのことである。しかし従来の通説的理解・一般的解釈にもかかわらず、中国側の史料には、時代を超え、地域を超えて、さまざまな形態の「貫頭」・「横幅」衣の記述が出現する。それら中国側史料の個々の定義を仔細に検討した上で、日本側の史・資料の整合的な解釈を試み、また布の中央に穴を開けて着る「貫頭」衣の幅の布が織れたとは考えにくい当時の日本列島における「織機」の特性等も総合的に考えると、ここから瞥見される日本固有の衣服形態は、布を二幅並べて作る「横幅」衣を、頭を貫いた形で着装する「貫頭」衣と解せざるを得ないのである。倭人伝の記述自体が間違っている可能性があるとまで言われれば、議論は成立しようもないが、辞典や概説書の簡略な記述だけを根拠にするのでなく、きちんと論旨にそって、全史料や考古学的知見の詳細・精密な検討を経たうえでご批判いただきたい。

注7　この問題については、武田佐知子「大化の冠位制について」（『考古学の学際的研究』昭和堂・二〇〇一年）および若月義小「冠位十二階の機能と性格」（『冠位制の成立と官人組織』吉川弘文館・平成十年）

を参照。

注8　現在の日本では羅を少し単純化した「捩《もじ》り織」を紗という。真っ直ぐに通った横糸に対し、縦糸がよじれながらからむ織りかたである。羅は同時にとなりあう縦糸同士もからむが、紗にはそれがない。しかし、羅より単純な技法であるにもかかわらず、こうした紗は唐以前には一般的でなく、縦糸二本が一組で横糸に絡む簡易なものが知られるだけである。後世に主流になる縦糸三本が一組で横糸に絡むものは宋以降に盛行する（モニカ・ベーテ「東アジアの顕文紗《けんもんしゃ》」『高僧と袈裟』京都国立博物館・二〇一〇年）。『令集解』に引く『古記』（奈良時代中期の『大宝令』の注釈）によると羅を「有文紗」と記すので、透けるような薄絹として羅と紗の共通性が認められていたものであろう。有文を羅と称したのに対し、紗は簡素な無地の薄い絹をさしたらしい。正倉院でも羅に比べて紗の遺品は僅少という（松本包夫『正倉院裂と飛鳥天平の染織』紫紅社・昭和五九年）。なお、「菴室草木鶴夾纈屏風」（『正倉院展図録』二〇一三年）には菱を織り出した紗が用いられるが、『古記』の記事を参考にするなら奈良時代の紗は無文のようなので、これが当時「紗」と呼ばれたのか、「縠」や「羅」などの別の名称で呼ばれたのかはわからない。

注9　天武十一年に髻を結うことが始まるまで、髻のない髪型のまま冠をかぶっていたことについては、鎌倉時代の故実書『局中宝』〔二〕に、「天武以前人不取髪、童形着冠歟事」と指摘されている。また石原正明『冠位通考』（一八〇五年）も同じ指摘をする。

注10　「即位」の語は皇位継承をさす一般的な用語としても用いられるものであるが、平安時代より明治に至るまで、この群臣を前にして皇位継承を披露する儀式を特に「即位」と呼んだ。なお、皇位継承時におこなわれる、神器の継承儀礼は「践祚」といい、これと区別された。近代にはこの「即位」を「即位礼」という。

注11 唐での「青」は日本の「ブルー」のことで、かえって今の日本語の語義に近い。ところが古代日本では黒馬を「あおうま」といったように、大和言葉の「あお」は寒色系を幅広くさしたらしく、「青」の字では訓読した際に混乱が生じるおそれがあったので、避けたのではないか。

注12 その後の経緯は明らかでないが、大和六年（八三二）の詔に引く「礼部式」には濃淡の別が見られないので、再び元に戻ったのであろうか。なお『唐六典』［尚書礼部］によると、喪に服する者の勤務服について「本品に依り、浅色絁縵を着る」とあるので、位色の薄いものは喪服に通じた。

注13 宋の張舜民の著『畫墁録』には「唐の笏は短厚不屈たり」とある。同書によると唐の笏はこれで人を打った例があったが、宋の笏では無理だとあるので、笏の湾曲は宋になって盛行した可能性がある。なお公家の鷲尾隆康（一四八五～一五三三）著と考えられる内閣文庫蔵の『二六事中』には牙笏と通常の木笏の図があり、両者の形の相違が示されている。

注14 実は現在流布する『釈名』や、北宋初期に成立した類書（百科事典）の『太平御覧』に引用された文には最初の「袴」の字が無く、「褶者、褶覆上之言」とある。しかし九世紀初頭頃に成立した唐の慧琳の『一切経音義』［九十四］が引用する文には「釈名云、袴褶者褶覆也」と袴の字がある。詳しい事情は不明だが、中国書に例が有る以上日本の『令釈』の著者による改竄ではない。

注15 漢代の綬は幅が一定なのに、身分により首数（ひいては組糸の本数）が異なるということについて、『大唐郊祀録』には「漢制を案ずるに、（略）首多きは絲細く、首少なきは絲麁《あら》し」とある。後世の解釈ではあるが、これによると首数の少ないものは一本の糸が太く粗雑で、逆に首が多いものは緻密にできあがるという。

注16 北宋末期の『政和五礼新儀』［十二・群臣祭服］によると、正一品の冕服に「玉佩以金塗銀装」が

用いられるなど、臣下の玉佩に金具の存在がうかがえる。なお皇帝冕服には「白玉双佩」、皇太子は「瑜玉双佩」が用いられており、金属装飾の記事はない。あるいは臣下の玉佩に金具を混ぜることが唐代にすでにおこなわれ、その影響を受けた可能性も否定はできない

注17 室町時代中期の一条兼良の著の『令抄』に「唐人は朝服に猶《な》ほ礼服を着る」というのはこの事実を指摘していると思われるが、これに類似する文が『朱子語類』〔巻第九十一 礼八 雑儀〕に見え、単なる引用かもしれないので、兼良が日唐の「朝服」の定義の差を正しく理解していたと断定もできない。

注18 義江彰夫氏は、高松塚古墳壁画の服を「大宝令」の礼服にあたるとした（「高松塚古墳の壁画風俗と被葬者」「日本歴史」〔二九三〕一九七二年）。その根拠は主に女子の上着の裾に見える白いフリルと男子の上着の下から見える白い袴を褶と判断したことによる。しかし、氏自身が認めるように、男子の緑や黄色の上着が五位以上の礼服の衣の色にあわないこと、褶が白なのは不審であることなど、矛盾は多い。氏は変色の可能性を示唆するが、上着も褶も全て変色とするのは付会であろうし、礼服に伴うべき礼冠・玉佩も見られない。一方、この男子の服を朝服とみなせば多くの矛盾が解決する。近年義江説を評価する論（大津透「高松塚古墳随感」「日本歴史」〔七四九〕二〇一四年）があるので私見を述べておく。ただし、義江説は、礼服の形状が大宝令において大袖であったとは限らないことを示唆する点で興味深い。

注19 七〇八年頃に修造された唐の「章懐太子墓」の壁画の「客使図」に描かれた鳥羽冠をかぶった人物を朝鮮の使節とする説がある（図4・2）。その人物は大袖衣をつけ、丈の短い裳をつけて、その下の袴を見せている。形状が礼服に似ており、大袖衣が朝鮮を経由して早期に日本に摂取された可能性も否定しさることはできない。ただし、法隆寺金堂の阿弥陀三尊像台座の内面に描かれた人物像落書は「客使図」に描かれた鳥羽冠の人物に類似した姿をしているが、筒袖衣を着ている。この落書は飛鳥時代のものとみ

られるが、厳密な年代については諸説がある。

注20 白川家は花山天皇の子孫の源氏であるが、平安末期以降当主は神祇官の長官の神祇伯を世襲して「王」を称し、娘の内で褰帳を務めた者は「女王」を称して皇族の扱いとされた。これは白川家の男系が絶え、養子が継承しても変わらなかった。

注21 袷襠は中国の文献にみられる⿰衤蓋襠のことであろうとされる。⿰衤蓋襠は袖のないうわぎであるという説が有力であったが、二つの文献資料からこれを疑う指摘がなされている。すなわち敦煌文書（ペリオ二五六七）に「紫袖⿰衤蓋襠」、『敦煌変文集』〔三〕に「⿰衤蓋襠両袖」とあることから、袖の存在が確認できるというのである。（趙豊・王楽『敦煌講座書系　敦煌絲綢』読者出版伝媒股份有限公司・二〇一三年）

注22 この文書については和田軍一氏の「礼服礼冠目録断簡考」（『日本歴史』〔七九〕一九七一年）に詳しい。和田氏によるとこの文書の「祖形」は「礼服礼冠の献入に伴って作成された」といい、その時期は称徳天皇死後で、特に光仁朝の可能性が高いという。

注23 栗原治夫氏の「礼服礼冠と国家珍宝帳」（『書陵部紀要』〔二一〕一九六九年）によると、『国家珍宝帳』の第一紙と第二紙の継ぎ目には「作為」が見られ、内容の一部が削除された可能性を指摘する。ただしこの指摘を起点に展開する栗原氏の推論の多くは、和田氏の「礼服礼冠目録断簡考」で批判されている。

注24 ただし武田氏が平安時代以後の記録に天皇が冕冠の下にかぶったとある抜巾子冠《ぬきこじ》を凡冠の引き合いに出されるのは疑問である。抜巾子冠とは、朝服の時にかぶる黒い頭巾《ときん》が変化したもののことで、髻の上にかぶせて着用時の形を整えるための巾子という筒を取り去って、冕冠をかぶりやすくしたものである。おそらく黒介幘同様、冠の下に着たもので、唐の冕冠の下につけた纚（『大唐開元礼』〔九一〕）の代用と思われる。皇帝の纚は六寸四方の四角い黒羅で、帯が附属しており、これで髪を包んでから冠をかぶった

のであろう。李朝末の政治家朴珪寿の『居家雑服攷』［内服］には纚の意義を次のように説明する。「古人の衣服は重複せざるは莫《な》し。（略）首《かしら》には冠有り。冠の内に冠を承くるの纚有り」すなわち、「昔の衣服には必ず上着と下着を重ねる。（略）頭の装いである冠にもこれに重ねる纚がある」ということである。そして凡冠は、平安時代になると冕冠と一体化してしまったのであろう。なお、『装束雑事抄』（一三九九年）に、室町初期の冕冠の着装法が詳述される。「御かうぶりの角《つの》の中なる竹をとりて、磯の上に押し伏せて、御纓を御巾子にかけてその上に玉の御冠を召す。くつろぐ所には綿をかゐ奉るなり。（略）臣下は玉冠の下に随身の烏帽子を着するなり」とある。

注25　叔孫通の著とされる『漢礼器制度』には冕板の仕様の記事があったことが、唐代に成立した孔穎達の『春秋左伝正義』や賈公彦の『周礼疏』『儀礼疏』に引用された文から知られるが、『漢礼器制度』そのものが現存しないため、詳細は不明である。『尚書』の「偽孔伝」のような偽書かもしれないし、本物であったとしても実際におこなわれた制度なのか規定のみを記したものかわからない。

注26　欧陽氏と大小夏侯氏の尚書学は、秦末から前漢の初期の学者伏勝（伏生）の系統を引くとされる。その伏勝の説を伝えるという『尚書大伝』は、一部が現存するほか、古書に引用された文が残る。当該箇所の解釈についての記事は、北宋の陳祥道の『礼書』等に引かれて残るが、天子の服が「華蟲・作繢・宗彝・藻火・山龍」の五章で、伯以上の諸侯が「作繢・宗彝・藻火・山龍」の四章、子男が「宗彝・藻火・山龍」の三章、大夫が「藻火・山龍」の二章、士が「山龍」一章といった説で、永平二年再興の冕服の制度と大きく異なるようである。その理由については、「唐代以降の書に引用された『尚書大伝』当該箇所が真正の逸文ではない」、あるいは「『尚書大伝』自体が偽書であった」、あるいは「欧陽氏と大小夏侯氏の説を採用したという『後漢書』の記事が誤りであった」などの可能性があるが、今となってはわからない。

注27 「古人」については「偽孔伝」には言及がなく、唐の孔穎達《くようだつ》の注『尚書正義』には、黄帝以降で舜より前の誰かであるが、特定できないとする。なおこの箇所の解釈は古くから諸説があるが、鄭玄が『周礼』「司服」の注にこの箇所を引用したうえで加えた解釈に依った。これが後世有力な解釈となったからである。

注28 『大唐開元礼』ではなぜか冕服に蔽膝の記事がなく、通天冠の服や朝服などの略礼装にその記載があるが、『通典』「開元礼纂類」の大裘冕の項の注によれば「衣服令」では冕服に韍（蔽膝）の記事があったことがわかる。

注29 中唐の白楽天の『新楽府』の「上陽白髪人」という詩に、老いた女官の「窄衣裳」を「天宝末年」すなわち玄宗朝末期の「時世粧」と記すが、これは衣装の長大化が進行した後世からの観念的な表現であり、絵画資料によれば玄宗朝末期はすでに中唐以降に続く寛闊な衣装の流行の開始期であった。

注30 中国の史書にも類例がある。最も似た例は『晋書』「武帝紀」の記事である。晋の初代皇帝の武帝（司馬炎）が、即位前に家を継ぐ際、父は炎の弟の攸《ゆう》を後継者にすることを望んでいた。この時炎を推薦する者が「聡明神武にして超世の才有り。髪は立ちて地に委し、手は膝を過ぐ。此れ人臣の相に非ず」と述べたという。当時の男子は髪を髷に結い冠をかぶった。その髪はある程度の長さをもっていたであろうが、それを人々が見知ることはできない。地に着く髪を持つことが人々に知られていたというのは元服前の姿の反映とみられる。この時炎はすでに成人していたから、かつての話を述べたのであろう。『三国志』「明帝紀」に「孫盛曰」として引く『魏氏春秋』によると、魏の明帝も「天姿秀出、立つに髪地に垂る」とあり、また『三国志』「蜀先主伝」によると蜀の劉備も「手は垂れて膝を下る」とあるように、こうした異相は君主にふさわしい非凡さの表れと見られていた。女性の例では、『南史』に陳の宣帝の柳皇后も

手が非常に長かったとある。この『文徳天皇実録』の記事は、『晋書』の記事の影響がみられるが、嘉智子の地に着く髪を人々が見知っていたからこその表現であろう。

注31　女性は陰に属するはずなのに、太陽神天照大神がなぜ女神なのか、という疑問が平安初期にはあったらしい（『釈日本紀』［五］所引『私記』）。ただし大神が陽に属するので「火性」だとする説については、『造伊勢二所太神宮宝基本記』や『瑚璉集』、『釈日本紀』［五］の「私案」といった鎌倉時代以後の資料にみられるが、嵯峨朝にさかのぼるかどうかはわからない。「御饌《みけ》」の神とされる外宮の豊受神を「水気神《みけつかみ》」と解し、日神である内宮と対等だと主張した渡会《わたらい》神道（鎌倉時代の外宮の神主が主張した神道）の影響も考えられるのである。

注32　『大唐郊祀録』［三］の「群官服」の項に「凡そ冕服は皆羅を以て之《これ》を為《つく》る」とあるが、これは臣下の刺繍の冕服のみをさすのだろう。宋の建隆元年（九六〇）の制度では、皇帝の袞冕が「織」であったが、景祐二年（一〇三五）に改定されたそれは「羅」であり、文様を「繍」で表している。おそらく羅では五彩の十二章の文様を織りだすことが難しかったからであろう。唐の皇帝の「織成」の冕服は羅でなく綴織であったことを証拠立てる事例と思われる。

注33　襖子や汗衫は、平安前期には礼服以外の姿でも下衣として用いられた。汗衫は童女の表衣としても用いられたが、その形状は武官の欠腋袍に似たものである。また欠腋袍を簡素化した形態を持つ狩衣の別称を狩襖という。礼服の小袖は腋が開いていないものの盤領（丸襟）と筒袖で襴がなく、欠腋袍に似ている。小袖は襖子や汗衫から変化したと見てよいと思う。

注34　『尚書抄』［二］（京都大学所蔵清原家旧蔵本。同大学所蔵の『尚書聴塵』の僚巻）は室町時代後期の清原宣賢の著になる『尚書』の注釈である。その益稷篇（皐陶謨《こうようぼ》の後半部分）の注には南宋の朱子の弟

子の蔡沈の『書集伝』の十二章の釈義が引かれ、傍注の形で孔穎達の『尚書正義』を引き、その後に解説を加えているが、あくまで経書の注であって、天皇冕服との関連付けはおこなわれていない。

注35 『顔氏家訓』は、南朝の梁に生まれ、数奇な運命により北朝の北斉に仕えた顔之推の著である。その「治家篇」には、

「江東（南朝）の婦女は、ほとんど交遊しない。姻戚になって十数年たっても、会ったことがないということもあり、ただ使者を遣わし贈答することで誠意を示す。一方、鄴の都（北斉）の風俗は、専ら婦人が家門を維持する。彼女たちが理非を訴えたり、権力者に依頼にゆくための乗り物が道にあふれ、『綺羅（華麗な衣装の女性）』が『府寺（役所）』に満ちる。これは恒・代（鮮卑族の本拠地）の伝統が残るからであろうか。《略》河北（北朝）の婦人の身に着けるものは、織紝組紃（織物や組紐）・黼黻錦繍羅綺（文様や刺繍や錦や薄物や綾）が江東のそれにははるかに勝っている」

とあり、女性の地位の高さが服飾制度の整備に反映している可能性がある。

注36 唐の制度では、皇后の正装の髪飾りは「十二樹」の花枝と両博鬢（左右に下がる垂れ飾り）から成っていたが（『大唐六典』［内官宮官内侍省］）、宋の皇后の正装の髪飾りは「花一十二株」と両博鬢のほか、「九龍四鳳」があった（『政和五礼新儀』［十二］）。宋の皇后の正装は故宮南薫殿伝来の皇后像に見られるが、花枝形を密に組み合わせて構成した冠をかぶっている。宋の服飾制度は唐の制度をよく踏まえているから、唐の皇后の髪飾りにすでに鳳凰の装飾が付加されていた可能性もあるし、十二枝は簪状のものでなく冠であった可能性もある。もしそうであるならば、日本の皇后の礼冠は唐の影響を強く受けたものであるということができる。また、『大唐郊祀録』によると、「今の俗に籠頭花有り。金銀珠翠前後に垂飾す」とあり、これは「庶人の女」に至るまで婚嫁に用いたという。後世の遺品から類推すると、籠状の胎の表面

にびっしりと装飾を施した冠の可能性が高い。あるいは隋唐の皇后の正装の十二株の花枝は本来簪であったが、唐の民間の女性のかぶりものがヒントになって、日本の皇后の礼冠や宋の皇后の冠が成立した可能性もあろう。

注37　内蔵寮に伝来した古代の天皇の装束については坂口太郎「鎌倉後期宮廷の密教儀礼と王家重宝」（『日本史研究』［六二〇］二〇一四年）に考証がある。清浄光寺所蔵の「後醍醐天皇像」について、『藤沢清浄光寺記録』（国立公文書館蔵）に基づき元徳二年（一三三〇）十月二十六日に瑜祇灌頂を受けるに際して「仲哀天皇御宸服・神武天皇御冠」と東寺伝来の「乾陀穀子之袈裟」を着用した姿としたうえで、関連資料を網羅していて大変に有意義である。それによると内蔵寮の重宝として、鎌倉前期の『三僧記類聚』に応神天皇礼服と神功皇后御衣が、『道平公記』正慶二年（一三三三）四月八日条に「神武応神両代御礼服已下」が記録されている。そのうえで、坂口氏は「後醍醐が瑜伽灌頂で着した装束とは、内蔵寮礼服蔵に伝来した冕冠十二旒や礼服であったと考えられる」と結論づける。

坂口氏は内蔵寮の礼服を神武等の古代の天皇が着用したという伝承自体は事実でないとするが、内蔵寮伝来の男帝用の礼服と神武・仲哀等の古代の天皇の礼服と伝承されるものを同一視している。しかし、平安鎌倉時代に実用された礼服にこうした伝承が付随していたとすれば、礼服御覧の記録や有職故実書に記されても良いのではないだろうか。古代の天皇たちの装束と伝承されたものが、同じ蔵に伝わった礼服御覧に供された礼服とは別物であった可能性も考えるべきと思う。また、応神天皇以外の装束の伝承は、主に仏教関連の言説の中にみられ、礼服についての正確な情報のない人々の間で成長した伝説であった可能性もあるだろう。つまり私には、内蔵寮伝来の平安鎌倉時代に実用された礼服に、古代天皇が使用したという伝承が付随していて、それが公家たちに広く認識されていたようには思えない。両者が別物であるか、一部でいわれるに過ぎない説であったかであろうと思う。ただし、鎌倉末期に礼服蔵とその内容品が全焼したため、事実は謎に包まれている。

また、この「後醍醐天皇像」の着衣は、冕冠らしい冠と黄櫨染色の筒袖の袍、遠山模様の刺子の袈裟である。このうち袈裟はやや不正確ながら東寺に現存する国宝「犍陀穀子袈裟」を表現するとみられる。しかし冕冠の形状は先に引いた礼服御覧の記録にまったく適合しない。また袍は両肩に日月があらわされて袞冕を意識した表現にはなっているが、古記録に見られる男帝の礼服の大袖・小袖とは程遠い。したがって内蔵寮に礼服御覧に供された礼服とは別物の古装束があって、後醍醐がそれを着たという解釈は可能である。その場合、この仲哀天皇の服というのが実際は平安前期の黄櫨染御袍だった可能性もでてくる。しかし、像を描かせた人物に天皇装束全般の情報が不足していたために、不正確な表現になった可能性の方が高いと思う。武田佐知子氏が指摘するように（『信仰の王権　聖徳太子』中央公論社・一九九三年）、この後醍醐天皇像は中世に流布した聖徳太子像に似ており、聖徳太子の図像における黄丹袍を黄櫨染袍に置き換えたものとみるべきだからである。

注38　現存する正倉院宝物「漆冠桶」には、十八点ほどの破損した漆製品が納められ、これが『東大寺続要録』に見える「二十六頭」に当たる可能性が高い。しかしこの漆製品は礼冠でなく、朝服に用いる頭巾（幞頭）の着装時に使う「巾子《こじ》」である。巾子は髻（まげ）にかぶせ、その上から幞頭をつけることで、幞頭の着装姿を整える用具である。ゆえにこの二十六頭は公家たちには相手にされなかったのであろう。

注39　米田雄介氏が紹介する「東南院文書」によると、六条天皇の即位（一一六五年）に先立ち正倉院の礼服の出蔵が命ぜられていた（前掲二四九頁「礼服御冠残欠について」）。

注40　この件については注37の「鎌倉後期宮廷の密教儀礼と王家重宝」に詳しい

注41　当時は形骸化した官職が多く、「利権がともなうわけでなく、称号をあたえられるのみ」であった（前掲二五六頁『買い物の日本史』）。すなわちステイタスの獲得が目的といえる。なお、実質的な機能を持つ官司については世襲化が進行した。内蔵頭を世襲して天皇の装束を調進した山科家もその例である。

注42　後土御門即位に際して京都の商工業者にも課役した際に、宮中の装束の生地を織る内蔵寮の「御寮織手」が抵抗した記録が歴史民俗博物館所蔵の山科家文書にみられる。これによると彼らは「神武御門より御かながたを下され」て以来、即位・大嘗祭その他の大儀において、一切費用の徴収に応じたことはなく、その代わりに御用の品は安価に納入していると主張した。「かながた」は、宮内庁書陵部蔵『山科家装束案』［四］に『言総卿御抄物』を引いて「御文ハ桐竹獅子狛犬（かな形ト號して神代ヨリ伝）」と記されており、天皇の束帯の黄櫨染御袍の文様である。しかし、黄櫨染御袍自体は嵯峨朝に始まったとみられる。さらに『西宮記』所引『醍醐天皇御記』によると天皇の袍文が初めて定められたのは延喜七年（九〇七）と考えられるが、そこに具体的な文様の記載はない。『権記』長保二年七月四日条には天皇御服の「五霊鳳桐画様」（五霊は五種の霊獣）を絵師の巨勢広貴に描かせたとあり、この時点で後世の黄櫨染御袍の文様である「桐竹鳳凰文」の祖形が存在したことがわかる。このように「桐竹獅子狛犬」の文様が神武朝にさかのぼる可能性はまずない。こうした伝承が古くからあった可能性もあるが、中世になって権威づけのために比較的安易に創作された可能性もあろう。寛正六年六月の文書には、彼らが抗議のため上皇の指《さし》貫《ぬき》袴の生地の織成を拒んだとある。『応仁記』によれば、当時幕府は種々の理由で商工業者に対し頻繁に課役をおこなっており、応じれば先例になることを恐れたものであろうか。応仁の乱前においても即位費用調達は容易でなく、費用負担に対する抵抗も存したのである。礼服を含む装束調進に携わる職人にかかわる事例であるので紹介しておく。この事件については、菅原正子『中世公家の経済と文化』（前掲二五

二頁）に詳細な考察がある。

注43 ただし『大内日記』［六］の六丁表から始まる「勧修寺殿ヨリ被仰付候分御即位御道具之覚」の内容は『天正十四年御即位下行之記』の一部と同内容なので、後陽成即位の資料の断片が混入したものと思われる。

注44 戦国時代から江戸前期の武士のエピソードを集めた『武野燭談』［十三］によると徳川秀忠の娘の和子（のちの東福門院）が後水尾天皇の后として入内したときに、その調度等を準備した土井利勝は、安価に見積もりをした者を退け、高く見積もりをした職人に発注したという。その理由として「将軍家の眉目、京都の御繁昌を思ぼし召さるる事なれば、丁寧を尽さるるが則ち天子を尊敬遊ばさるるなり。其の手間代に下さるる金銀は、天下の散銭にして天下の金なり。（略）職人の申す旨に給はりてこそ民の潤にはなるべけれ。民の潤ふは上の宝なり」と述べたという。将軍家の名誉を高め、朝廷尊重の方針を誇示するとともに、京都の商工業者を喜ばせる意図もあったということであろう。この話が事実かどうかは別にしても、幕府にとって朝廷への大盤振舞いがさまざまな効用を持っており、幕府の外部の人々もそれを意識していたことをうかがわせてくれる。

注45 『大内日記』所収の「寛永七年九月十二日　上様御装束」によれば、大袖・小袖ともに表裏ともに生絹《すずし》（生糸《きいと》を使った無地の固い生地）とある。『玉露叢《ぎょくろそう》』に裳に使われたと記す精好も無地の分厚い生地である。また『大内日記』所収「寛永七年午九月十二日御即位道具調進留帳」によると、大袖と小袖は表地の記載が無いが「ウラ生」で、裳は紗の一種の縠織《こめおり》であった。これらの記録を信じるなら、いずれの生地も「綾」ではなく、平安〜鎌倉時代の記録に女帝の礼服が白綾であったと記すことに合わない。『寛永七年九月五日御礼服目録』が正しく諸記録が誤っているのか、その逆なのかは不明である。ただし『装束

雑事抄』（一三九九年）によると、室町前期には天皇礼服の生地が「綾文」すなわち無文綾地綾であり、江戸末期に至るまで変わらなかったから、男帝同様に綾が用いられた蓋然性はある。

注46 そもそも唐の制度では、元服前の童帝に冕冠と冕服の制度はない。童帝の礼装は絳紗袍の朝服で、みずらのような「双童髻」を結い、「空頂黒介幘」を巻いた（『旧唐書』［輿服志］）。冠を初めてつけるのが元服の意義である以上、それ以前に冠をつける資格はないからであり、衰冕などの「冕服」はいうまでもなくそれに見合う冕冠が必須だからである。幘は元来冠を使わない庶民の頭装であったとされる。つまり冠を使用できないから幘を用いるのである。したがって我が国の童帝の天冠および十二章服は独自の制度の可能性が高い。ただし天冠の頂部が開いているのは、童帝の幘が「空頂」であったことを踏まえるものであろう。

注47 ただし衣冠の調達や着装は負担が大きいので、翌年二月には狩衣などを祭服にすることが許容されている。その後明治二十六年には詳細な神職装束の制度が定められた。

注48 原田淑人氏は正倉院の「礼服御冠残欠」の中に、珊瑚玉やアルカリ石灰質のガラスなどの舶来の素材がみられることから、この冠を「中国から取り寄せた輸入品」とする（「東洋固有の天子及び皇后の宝冠について」「聖心女子大学論叢」［三四］一九六九年）が、素材と製作地の問題は別に考えるべきであろうし、残欠には冠以外のものの混入の可能性もある。

注49 『新唐書』［日本伝］に「其の俗は椎髻し、冠帯無し。（略）煬帝に至り、其の民に錦綫冠を賜ひ、飾るに金玉を以てす。文布を衣と為し、左右に銀蘤の長さ八寸なるを佩び、多少を以て貴賤を明らかにせしむ」とあるのを、煬帝が日本の臣下に冠を分かち与えたと解した訳もある（藤堂明保ほか訳『中国の古典一七　倭国伝』学習研究社・昭和六十年）が、『隋書』［倭国伝］の「隋に至り、其の王始めて冠を制す。

錦綵を以て之を為《つく》り、金銀鏤花を以て飾りと為《な》す」の異伝であろう。「錦綫冠」や八寸の銀嶠は中国の制度ではないから、煬帝が与えたとすれば、中国皇帝が日本独特の制度を創作して下賜したことになってしまう。やはり「其の王（日本国王）」が冠制を定めたという意味ととるべきである。

注50　なお、宮廷儀礼に関する禁書としては、荷田在満の『大嘗会便蒙』がある。在満は田安宗武に仕え、吉宗の有職故実に関する諮問にも応じていたが、元文三年の桜町天皇の大嘗祭に際して吉宗の命で上京し、大嘗祭の記録を作成した。その後弟子たちの希望が多かったという理由で、記録のダイジェスト版を作って刊行したのが『大嘗会便蒙』である。朝廷側の問い合わせにより幕府が取り調べ、在満は「閉門」の処分となった。その時の罪状は「当時御規式（現在の儀式）」を「前以て役人へも相伺はず」刊行したというものであった。大嘗祭という秘儀の内容を公開したことが朝廷の不快感の一因であろうが、在満も釈明で述べるように当時刊行されていた『江家次第』（平安後期の儀式書）にも見える内容の範囲内であり、処分は、現在の朝廷の儀式を幕府に無許可で刊行したという別の要素も加わっておこなわれたものであった（『大嘗会便蒙御咎顚末』）。

注51　「天冠」の名称は、近世の能装束や稚児装束などにもある。童帝と能の天冠の形状は類似点が多く、影響関係が想定できる。

注52　近世において朝廷が精神の自由を拘束する存在として捉えられていなかったことは先に第十三章三節で述べた通りである。中世後半以降の朝廷が「むきだしのパワー」たり得なかったことはむしろ幸運であったといえよう。さらにいえば、文化を求める心は「精神性」にかかわるものとして、宗教にも通じる性格をもつ。

注53　ただし、明治の元勲の夫人におさまった芸妓衆も少なからずいて、彼女たちがドレスコードの形成

に、影ながら大きな力をふるったことは想像に難くない。

注54　「留袖」の一般社会通念を確認しておくと、振り袖に対して、女子の和服の普通の長さの袖、また、その着物をいう。江戸時代には若年者が着用する振袖の長い袖を結婚後に短くし、身八口を縫い留める習慣があり、このような着物を柄ゆきにかかわらずすべて「留袖」と呼んでいた。ここから「留袖」という名称自体がやがて「既婚女性の礼装」という意味に転じていったものとみられる。

現在「留袖」と呼ばれているのは、「化政文化華やかな頃、江戸で芸者から流行が広がった江戸褄（えどづま）と呼ばれる下半身部にのみ模様の入った着物を指す。留袖は振袖をリサイクルしたものであったので、地色はさまざまだったが、明治時代に西洋のブラックフォーマルの概念が取り入れられ、黒地になった。」とある。（『日本国語大辞典』などの留袖の項目）

注55　勲章等着用規定　昭和三十九年四月二十八日総理府告示第十六号　改正平成二年十一月十七日総理府告示第四十七号

勲章等着用規定（昭和三十九年総理府告示第十六号）

勲章等は、燕尾服若しくはローブデコルテ若しくはローブモンタント又はこれらに相当する制服に着用するものとする。ただし、大勲位菊花章、宝冠大綬章、（中略）若しくは文化勲章、褒章又は記章を着用する場合には男子にあっては紋付羽織袴若しくはフロックコート若しくはモーニングコート又はこれらに相当する制服に、女子にあっては白襟紋付又はこれに相当する制服に着用し、宝冠籐花章（中略）若しくは瑞宝単光章、褒章又は記章を着用する場合には平服に着用することができる。

（同十五年五月一日内閣告示第十一号「勲章等着用規程」）

注56　http://www.taro.org/old/mailmagagine/index.php?mode=day&log=200501&date=1#no187

注57 ただし右記のサイトは、二〇一五年十月六日段階ではリンク切れで見つからない。氏のブログの過去記事を検索してみると、二〇〇〇年十月から二〇〇五年十二月までが、完全に抜けているので、たぶんこの間の記事は削除されたのであろう。

そして十月八日になって、新たな事実が判明した。前日、第三次安倍内閣に、国家公安委員長として入閣した氏のブログ「ごまめのはぎしり」は、全面メンテナンス中と称して閲覧不能になってしまったのだ。これについて朝日新聞デジタルには以下の記事がある。

河野氏はこれまで安倍政権の原発推進の方針に異議を唱えてきたが、七日の初閣議後の記者会見では持論を封印。また、原発再稼働を批判してきたブログは同日夜現在で「メンテナンス中」として、閲覧できない状態になっている。

河野氏は自身のブログで、安倍政権の川内原発（鹿児島県薩摩川内市）再稼働について「核のゴミには目をつぶり、やみくもに再稼働しようというのは無責任です」と批判してきた。

七日の記者会見で持論と政権方針との整合性を問われると「二〇一二年の総裁選の時に、当時の安倍晋三候補は長期的には原子力への依存度を下げるとはっきりおっしゃっていた。ベクトルとしては同じ方向を向いている」と説明した。またブログを閲覧できなくしたことに関しては「今までは外から言っているだけだった。今度は政府内の議論でしっかりと言うべきところは言っていく」と述べ、言葉を濁した。（関根慎一・朝日新聞デジタル 二〇一五年十月七日(水)二十三時五十五分配信）

ただ、さらに十月二十日に確認したところでは、氏のブログは、すべて刷新されて、過去のものは消えていたが、平成二十五年（二〇一三）一月十七日付け Facebook には、どういうわけか新年祝賀の儀に招かれ、参内した様子を細かく記している。（https://www.facebook.com/permalink.php?id=168727046651485

&story_fbid=454934807893706）

「新年祝賀の儀について（宮内庁より）

一、午前十時十五分から同十時四十五分までに、皇居正門からご参入下さい。

一、服装　下記の通り

宮中における最も格式ある儀式であり、背広等通常着用の服装はなじみませんので、ご留意いただけるようお願いいします。

男子　燕尾服、紋付羽織袴、これに相当するもの制服等。（モーニングコートも可）

女子　ロングドレス、帽子、手袋は随意、白襟（白羽二重の襟を重ねる）紋付（色留袖、訪問着）、黒留袖も可、紋の数は随意これらに相当する制服等

一、勲章着用

一、終了は午前十一時三十分頃の予定です。

参考　勲章等着用規定（昭和三十九年総理府告示第十六号）勲章等は、燕尾服若しくはローブデコルテ若しくはローブモンタント又はこれらに相当する制服に着用するものとする。ただし、大勲位菊花章、宝冠大綬章、桐花大綬章、旭日大綬章若しくは瑞宝大綬章の副章、宝冠牡丹章、宝冠白蝶章、宝冠籐花章、宝冠杏葉章、宝冠波光章、旭日重光章、旭日中綬章、旭日小綬章、旭日双光章、旭日単光章、瑞宝重光章、瑞宝中綬章、瑞宝小綬章、瑞宝双光章若しくは瑞宝単光章若しくは文化勲章、褒章又は記章を着用する場合には男子にあっては紋付羽織袴若しくはフロックコート若しくはモーニングコート又はこれらに相当する制服に、女子にあっては白襟紋付又はこれに相当する制服に着用し、宝冠籐花章、宝冠杏葉章、宝冠波光章、旭日小綬章、旭日双光章、旭日単光章、瑞宝小綬章、瑞宝双光章若しくは瑞宝単

光章、褒章又は記章を着用する場合には平服に着用することができる。
儀式は国会議員が両議長を中心に起立して整列して待つなか、天皇皇后両陛下を先頭に皇族が御入場され、両陛下が壇上に立たれると、衆議院議長が衆議院議員を代表してお祝いを申し上げ、参議院議長が参議院議員を代表してお祝いを申し上げ、天皇陛下から御言葉があり、皇族が御退出される。
その後、別室でお屠蘇をいただき、その盃と尾頭付きの鯛とお菓子をいただいて退出する。」

ここでも「参考」として昭和三十九年の総理府告示第十六号の勲章等着用規定を引用しているが、この総理府告示自体は、先にもみたように「白襟紋付又はこれに相当する制服……または平服」とあるのみで、黒留袖の可否については言及されていない。

また参議院議員大家敏志の平成二十六年（二〇一四）元旦のホームページにも、皇居での新年祝賀の儀への参加を報告し、

　皇居で開催された新年祝賀の儀へ出席致しました。ドレスコードがあり、男子は燕尾服、紋付羽織袴、これらに相当する制服等（モーニングコートの可）女子はロングドレス、帽子、手袋は随意、白襟（白羽二重の襟を重ねる）紋付（色留袖、訪問着）黒留袖も可、これらに相当する制服等

と、宮内庁指定のドレスコードを引用している（新年祝賀の儀 http://oie-satoshi.com/?p=11481）しかし平成二十七年（二〇一五）の新年祝賀の儀（http://oie-satoshi.com/?p=16960）の記述には、ドレスコードの記述は抜けている。

また、叙勲などの際に周囲に配る記念品を用立てる会社のＨＰには、皇居参内時の服装についてという項目があり、

【男性】モーニング・燕尾服（テイルコート）・紋付羽織袴又はこれらに相当する服装。

【女性】ローブデコルテ・ローブモンタント・白襟紋付又はこれらに相当する服装。

とあって、黒留袖の追記がないが、同伴者の服装として和装の場合、「以前は、留袖や色留袖の方が多いようでしたが、最近では、訪問着の方もいらっしゃるようです。」

とあり、先輩受章者からのアドバイスとして、

「同伴者の殆どの方は、色留袖でした。あれだけ多くの方が色留袖を着ているのを見るのは初めてでした。黒や紫を着てはいけないということではないようですが、やはり目立つことと思います」（http://meirinkan.co.jp/haietsu/fukusou.html）

とあった。訪問着の増加を注視して書いているようだが、以前は留袖や色留袖のほうが多いとしているのは解せない。おそらく和服のノウハウに長けた人の筆ではないであろう。

注58 宮内庁告示　第十四号　平成十七年十二月一日

注59 宮内庁に問い合わせたところでは、これらの国会議員のＨＰでは、儀式への「招待状」と、「式次第」、そして留意事項として招待状（案内状）に添えられた「別紙」が混交されているようだが、宮内庁から発給の文書のうち「式次第」では黒留袖に言及せずに「白襟紋付」とのみ表記し、案内状の封筒に添えられる「留意事項」のひとつ書きとして、当日の服装に「黒留袖でも可」という文言を添えているとのことである。

注60 宮内庁告示第十二号　平成二十四年十二月三日

注61 http://www.taro.org/2010/12/post-879.php

なお、この河野氏のホームページに対して、

『黒留袖も可。紋の数は随意』下々は黒留は結婚式しか着られない物と思っていましたが、このような

席には大丈夫なんですね。紋の数、確かに。格を現す大事な物でした。大変勉強になりました。
QT@konotarogomame 天皇誕生日宴会の儀
ぷろてぃん（@MsMGordon）-2010/12
という、リツイートがなされていて、これは今でも閲覧可能である。巷の言説との乖離を語ってくれる資料である。

注62 「東京ランドスケープ研究所」経営者のブログから。
「二〇〇八年春の園遊会にお招きをいただいた。「天皇皇后両陛下には来る四月十七日赤坂御苑において御催しの園遊会にお招きになりますので御案内申し上げます」という菊の御紋章入りの立派なご案内に、一瞬これは大変と戸惑いながら、早速考えた心配が服装であった。案内には①男子は、モーニングコート、紋付羽織袴、制服または背広②女子は、デイドレス、白襟紋付又は訪問着等と記されていた。」
（園遊会 http://scldciron.oxblog.jp/797673?）

注63 http://blogs.yahoo.co.jp/dandylady18to40ms/62482435.html

注64 たとえば戦後生まれの団塊の世代は、黒留袖を、結婚の時の嫁入り道具に加えてもらった女性たちも少なくなかった。

注65 『週刊現代』平成二十七年（二〇一五）九月二十六日／十月三日合併号掲載の、宮内庁式部職からの、平成二十四年秋の園遊会の参入についての注意書き。

注66 『平成大礼記録』宮内庁編集　一九九四年九月刊　一八二一～一八三三頁

注67 デイドレス（絹または絹風のワンピース。アンサンブル等）の記載はない。

注68 平成二十七年十二月一日「宮内式発甲第一〇四〇号」とあり、宮内庁長官風間典之から総理大臣

安倍晋三に、宛てた文書である。なお、宮内庁長官官房秘書課情報公開室によれば、宮内庁発給の文書でも、式次第に関する文書には、黒留袖については言及せず、「ご留意事項」としてひとつ書きで配布された細かい注意書きにのみ、服装について黒留袖の許可を明言しているとのことであった。

注69 平成二年五月二十四日に大韓民国大統領夫妻の歓迎宮中晩餐会が催されたが、この時の服装の留意事項は、「白襟紋付」とのみ記載されている。また平成三年四月に、ソビエト連邦大統領が国賓として来日し、宮中晩餐会が開かれたが、この時も黒留袖を可とする旨の注意書はなかったとのことである。（ただし注意書に記されるようになった時期イコール黒留袖が認められるようになった時期と言えるか否かについては不明とのこと）

注70 比翼仕立て（ひよくじたて）とは、着物の衿や裾・袖口・振りに、下着の布を縫い付け、着物を二枚襲（がさね）で着ているように見せる仕立て方のことをいう。

注71 皇太子妃時代の三十一歳、一九六四年七月の、昭和天皇の長女、東久邇成子の三周忌の法要の時が、これに先行する着用例とする説がある。モノクロ写真なので、黒か濃い色無地かどうかは不明。なお昭和三十八年十一月、ケネディ大統領の追悼ミサに出席された際のモノクロ写真も、紋付黒喪服姿にみえる。

注72 「婦女服制のことに付て皇后陛下思召書」井上馨関係文書・書類の部（国立国会図書館　憲政資料室所蔵）

注73 明治天皇大喪の日の朝、乃木希典の殉死にしたがった妻静子は、喪服の袿袴姿で、夫と共に記念写真を撮っている。

注74 風見明『明治新政府の喪服改革』雄山閣　二〇〇八年

注75 前掲書『明治新政府の喪服改革』六十五頁

注76 小園優子・中島三千男「近代の皇室儀式における英照皇太后大喪の位置と国民統合」神奈川大学人文学会誌『人文研究』一五七号　七十四頁

注77 東京朝日新聞明治三十年一月十九日

注78 風見明『明治新政府の喪服改革』雄山閣　二〇〇八年

注79 「東京朝日新聞」明治三十年一月二十二日付け第一回

注80 「メニューから見る料理史」『料理の達人―帝国ホテル一〇〇年の歩み―』によれば、明治三年四月二十七日の太政官布告によって国の祝日に決まった明治天皇誕生日の祝宴は、明治二十六年は、鹿鳴館で開かれた。前年と前々年の夜会は帝国ホテルの舞踏室を主会場として行われたが、開業して間もない帝国ホテル側に不備があり、この年は再度鹿鳴館が使われたが、祝宴の料理は帝国ホテルが担当した。(http://webcache. googleusercontent. com/search? q-cache: QR8L_8-NUWEJ: dc. jpn. org/cinemakitchen/chef/page3.html+&cd=10&hl=ja&ct=clnk)

注81 明治十年の太政官布達では、朝儀以外の公式行事には、判任官は燕尾服着用、とされたが、判任官以下に限っては羽織袴を用いても良いとされた。羽織袴は成人男子のほとんどが礼服として持っていた。燕尾服を持っていない文官が多くいた状況からこのような指示を出す必要があった（前掲書『明治維新期の喪服改革』第二章第三節）

注82 「朝野新聞」明治二十六年十一月五日

注83 「朝野新聞」明治二十一年十一月六日　　（注82注83ともに注84に依拠した引用である）

注84 刑部芳則『洋服・散髪・脱刀―服制の明治維新―』二〇一〇年　講談社メチエ

注85　西徳二郎「教育並ニ服制ノ草案」明治二十二年　刑部芳則　前掲書より。

注86　『風俗画報』三八六号〜三九一号　明治四十一年七月から十二月号。「紋付衣服廃止論」・「紋付衣服廃止論を読む」・「紋付衣服廃止論に就て山下君に答う」・「紋付衣服廃止論に就き再び寺井君に告ぐ」・「紋付衣服廃止論に就き再び山下君に答う」

注87　昭和四年四月一八日『岡部長景日記―昭和初期華族官僚の記録―』一九九三年十一月　社団法人尚友倶楽部編　柏書房　九十四頁　なお、本書に白襟紋付が宮中の礼装として採用される経緯について記述があることは、ベルリン日独センター副事務総長坂戸勝氏のご教示による。

注88　同　昭和四年十一月六日条に、「夕食後目黒（父岡部長職の後妻、義母坻子の棲まう邸カ）に悦子と共に出で、服装協議会の参考に資する為、女子礼装につき種々伺い九時辞去」とある。

注89　同　昭和四年十一月四日

注90　同　昭和五年四月十日

注91　同　昭和五年五月二一日

注92　同　昭和五年六月十九日

注93　同　昭和五年四月十一日

注94　昭和五年六月二十一日の官報（第一〇四二號）には、

通常服ノ代用差許　左記ノ場合男子ハ「モーニングコート、シルクハット」

女子ハ白襟紋附（縫紋ヲ除ク）ヲ以テ孰モ通常服（……）ニ代用ノ儀差許サル

一天機並ニご機嫌奉伺ノタメ記帳スル場合

一任官叙位叙勲賜物等御禮ノタメ記帳スル場合

とある。

注95 井上章一『霊柩車の誕生』一九八四年　朝日新聞社

注96 沼田次郎、荒瀬進共訳『ポンペ　日本滞在見聞記—日本における五年間—』（新異国叢書〈10〉）一九六八年　雄松堂書店

なお本書の画像は、グローニンゲン大学図書館の日本関係蔵書の中より著者が撮影したものである。

注97 井上章一「明治時代の葬送」『霊柩車の誕生』第二章　一九八四　朝日新聞社

注98 はくちょう＝白張、しらはりとも。白布で出来た法被のような上着（『日本国語大辞典』）

注99 瀬川清子は、葬送者の白装束がだんだん簡素化されて、綿帽子になり、最後には頭や肩につける一片の白布に象徴化されるようになったとする。（「式服」『日本民俗学』六七号　昭和四十五年一月刊　日本民俗学会）

注100 瀬川清子「晴着考」『きもの』一九七二年一月　未来社

注101 『写真で見る日本生活図引』五巻「つどう」一九九四年　弘文堂より

注102 中村ひろ子「喪服の近代」松平誠編『衣と風俗の100年』二〇〇三年　ドメス出版

注103 瀬川清子「農村の礼服」被服文化協会編『被服文化』五十七号　一九五九—〇六　文化服装学院出版局

注104 丸山伸彦「江戸時代の色」『江戸モードの誕生』一一四頁　二〇〇八年　角川選書
なお、劇作家真山青果は、井原西鶴の「日本永代蔵」の一節に、「高家貴人の御衣さえ、京織羽二重の外はなかりき。殊さら黒き物に定まっての五所紋、大名よりすえずえの万人に此似合ざると云事なし」とあるのを解説して、当時武家の式日登城の礼服が、上は将軍家より下は臣にいたるまで、何れもみな一様に黒

羽二重五つ紋の小袖に麻裃を着用することに定まっていた事を明らかにして、はじめて解釈の付く文章であるとしている。さらに、荻生徂徠が大名も旗本も老中も若年寄も、有官も無官にも、武士の式服には一切階級差別のないことを痛嘆して、あまりのことに涙がこぼれて呆然としたと『政談』に述べている事実を紹介しているように、十七世紀の西鶴の時代から、武士の式服は一律に黒色の五つ紋付であったことも、女性の衣服に影響したと考えられよう。（『真山青果随筆選集』第十六巻　昭和五十一年八月　講談社）

注105　喜田川守貞『守貞謾稿』巻之十六（女服）（岩波文庫『近世風俗志』三）四十五頁

注106　『奈良県立美術館蔵品目録』八巻所収　49　赤井ろく像　奈良県立美術館学芸員飯島礼子氏のご教示による

注107　同上『守貞謾稿』四十八頁

注108　同上『守貞謾稿』六十四頁

注109　永島信子『日本衣服史』六五三頁　昭和八年　芸艸堂

注110　愛媛県大洲市・矢ヶ崎善太郎監修『水郷の数寄屋　臥龍山荘』二〇〇二年　株式会社エス・ピー・シー

注111　「女学生に袴を着用せしむるや、跡見を以て蓋し其嚆矢となす。その神田にありし頃より跡見の生徒は一様に紫地の袴にて通学せり。」と特記している（『風俗画報』三百四十八号　小石川区之部其一　明治三十九年九月十日発行）

注112　「大正・昭和初期の跡見女学校」『跡見学園―一三〇年の伝統と創造』四十九頁平成十七年（二〇〇五）

注113　生徒が式日の正服は

一上着　黒地五つ紋（模様なし）地質木綿
一下着　白地　　　　　　同　　地質キャラコ
一袴　　紫地　　　　　　同　　地質メリンス又はカシミヤの類
　但し袴は平素これを着用せしむ
（『風俗画報』三百四十八号　小石川区之部其一　明治三十九年九月十日発行）

注114 『お茶の水大学百年史』四十六頁

注115 小澤實「芭蕉の風景」新幹線車内誌『ひととき』二〇一三年三月号

注116 山川菊栄「小倉ばかまの女学生」『女二代の記』一九五六年　日本評論社刊

注117 当時は衣食住の一切か官費て、着物は細かい木綿縞に木綿の帯、小倉袴まて「おしきせ」と称して支給されたか、これは自弁てもよく、自弁組は黄八丈なとを着たという。（『お茶の水大学百年史』四十三頁）

注118 同上『お茶の水大学百年史』四十七頁

注119 http://archives.cf.ocha.ac.jp/exhibition/a_ph_102/a_ph_102-0001.html

注120 『お茶の水大学百年史』四十七頁

注121 山川菊栄『おんな二代の記』五十八頁　一九七二年　平凡社

注122 http://archives.cf.ocha.ac.jp/exhibition/a_ph_102/a_ph_102-0007.html

注123 同じくデジタルアーカイブスの「開校五拾周年紀年写真帳」に挙げられた明治二十七年の卒業写真には、（紋付の初）の但し書きが見られる。
http://archives.cf.ocha.ac.jp/exhibition/images/L/a_ph/a_ph_021-0093.jpg

そして明治三十三年の卒業生写真に（袴の初め）と注している。
http://archives.cf.ocha.ac.jp/exhibition/images/L/a_ph/a_ph_021-0094.jpg

注124 村上信彦『服装の歴史』第二巻　一三〇頁　理論社　一九七四年

注125 http://archives.cf.ocha.ac.jp/exhibition/a_ph_102/a_ph_102-0009.html

注126 http://archives.cf.ocha.ac.jp/exhibition/images/L/3276/m_ph_3276-0001.jpg

注127 宇野眞紀・馬場菜生編　旧新橋停車場　鉄道歴史展示室　第二十九回企画展図録『百年前の修学旅行―ハイカラさんと東京駅の時代―』

高木博志「水木要太郎時代の奈良女子高等師範学校の修学旅行と学知」『文人世界の光芒と古都奈良―大和の生き字引・水木要太郎―』同朋舎二〇〇九年十月刊

注128 奈良女子大学（附属図書館）ホームページ http://www.nara-wu.ac.jp/nensi/kousitop.htm 「校史関係史料」↓　十・47「第一期生東京方面修学旅行記録」横書き（ＨＴＭＬ版）

奈良女子高等師範学校の国語漢文部第一期学生による修学旅行記録

十月十日

高橋教授より旅行につき準備すべき、金子、衣類等につき注意せられたり。

十月廿三日

校長より訓話あり。本校及び各附属校を旅行迄によく観置くべきこと。帰校後の仕事予定のこと、及び引率教官に関すること等なり。旅行の予定及び旅行中の心得は謄写版にすりたるを戴く其の大様左の如し。

第四学年生東京修学旅行心得

第一条　出発の準備
一．紋付、着換、寝衣、羽織（随意）、帯（随意）
二．雨合羽
三．下駄、靴
四．喪章

注129　奈良女子大学（附属図書館）ホームページ（http://www.nara-wu.ac.jp/nensi/kousitop.htm）「校史関係史料」↓　十・47「第一期生東京方面修学旅行記録」横書き（ＨＴＭＬ版）
奈良女子高等師範学校の国語漢文部第一期学生による修学旅行記録
十一月五日　火曜日　雨後曇
本日は、予定を変更し、桜田本郷に　行幸啓奉送　……午前三時半起床、五時半出発、電車にて桜田本郷に向ふ。数百の兵士と相対して列ぶ。今ヨの御出でましは伏見桃山御陵に参拝せさせ給はんとてなり。雨そぼ降りて此の地にも似ずあたりしめやかなり。傘うちしぼめてまち奉ればやがて御旗三四十旒に前と後とを守らせて赤茶色に塗りたる御馬車一輛、音も静かに進ませ給ふ

注130　乃木大将の殉死のあと、九月十八日に青山で行われたその葬儀に参列し、あるいは葬列を見送ろうとする二十万もの人々で東京はあふれかえった。青山一丁目で下車しようとした人々はまず、「十二・三人の喪章屋」につきまとわれたほどだった。（「東京日日新聞」九月二十日　佐々木英昭『乃木希典』二六五頁　二〇〇五年　ミネルバ書房）

注131　奈良女子高等師範学校の博物家事部第一期生の修学旅行記録。
奈良女子大学（附属図書館）ホームページ http://www.nara-wu.ac.jp/nensi/kousitop.htm「校史関係史

料」→十・46「第一期生修学旅行記録」横書き（HTML版）

注132　『佐保會報　復刻版　第一巻』に所収「佐保會報　第十七号」（昭和三年六月二十五日発行）に掲載の上野東照宮前での写真

注133　「服装の変遷」『奈良女子大学八十年史』

注134　野口保興『家事の研究』大正五年　成美堂書店

注135　いずれも『奈良女子大学八十年史』より

注136　和歌山高等女学校桜映会誌『いしずゑ—創立五〇周年記念号—』「本校沿革概要記事」一九四二年

注137　土田陽子『公立高等女学校にみるジェンダー秩序と階層構造』二〇一四年　ミネルバ書房

成稿後に、次の研究を披見した。本書と深くかかわるため、併せて御参照願いたい。

井原今朝男ほか『室町期禁裏・室町殿統合システムの基礎的研究』（科学研究費補助金（基盤研究C）研究成果報告書、平成20年度―平成23年度）・二〇一二年

所　功「後櫻町女帝の即位式用『宝冠』考」京都産業大学日本文化研究所紀要〔二〇〕・二〇一五年

菅原正子「中世の即位式における天皇・公家・女官の礼服」国際服飾学会誌〔四六〕・二〇一四年

皇室系図

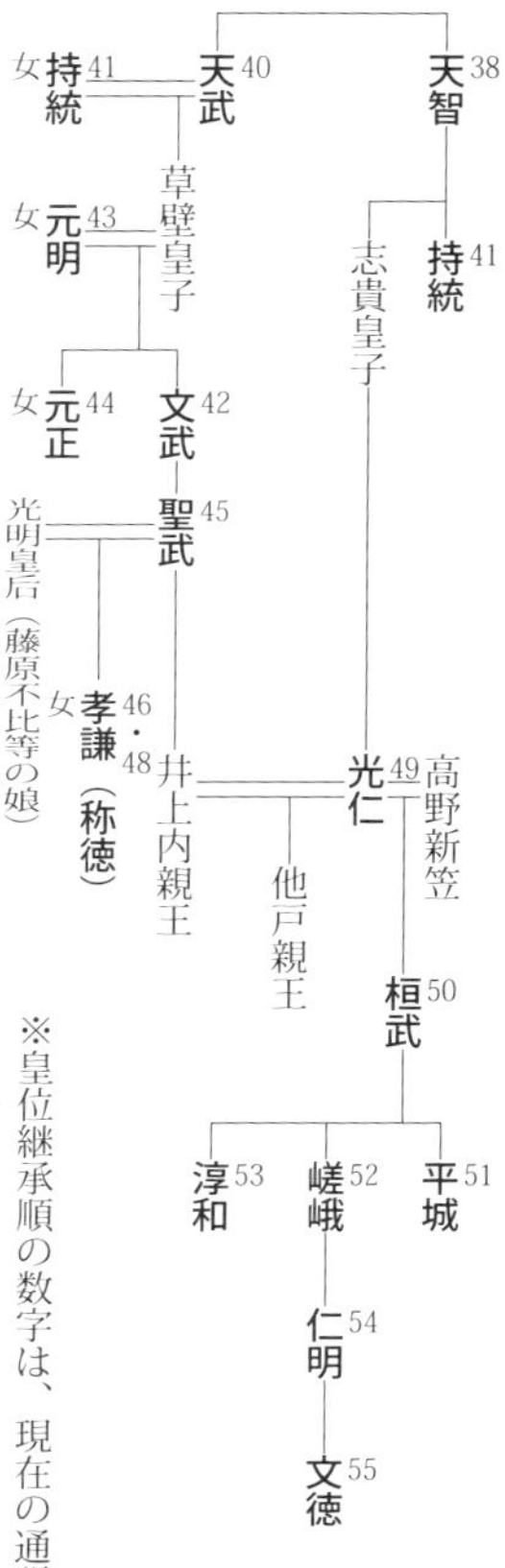

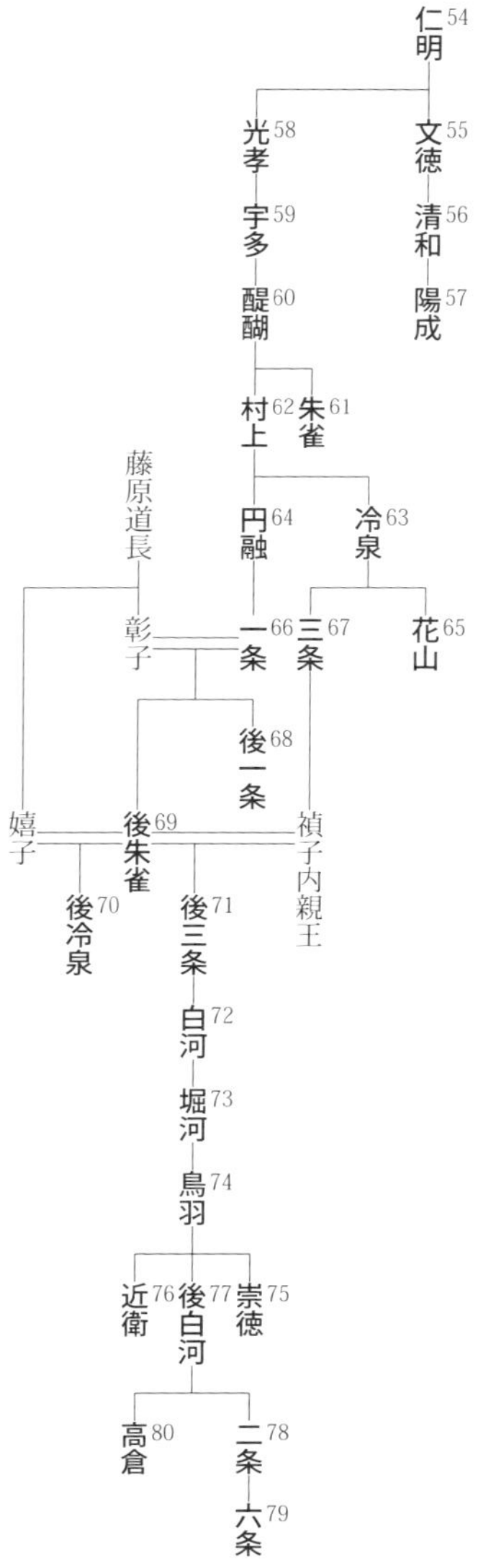

※皇位継承順の数字は、現在の通説による。

※孝謙天皇は一旦遠縁の皇族に譲位したが、のちにこれを廃して再び即位した。二度目の在位への諡号を称徳天皇という。

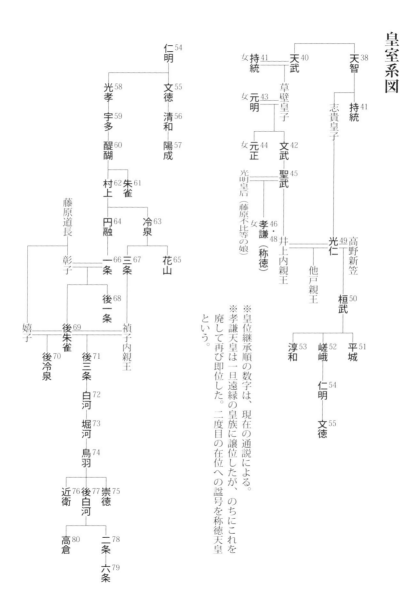

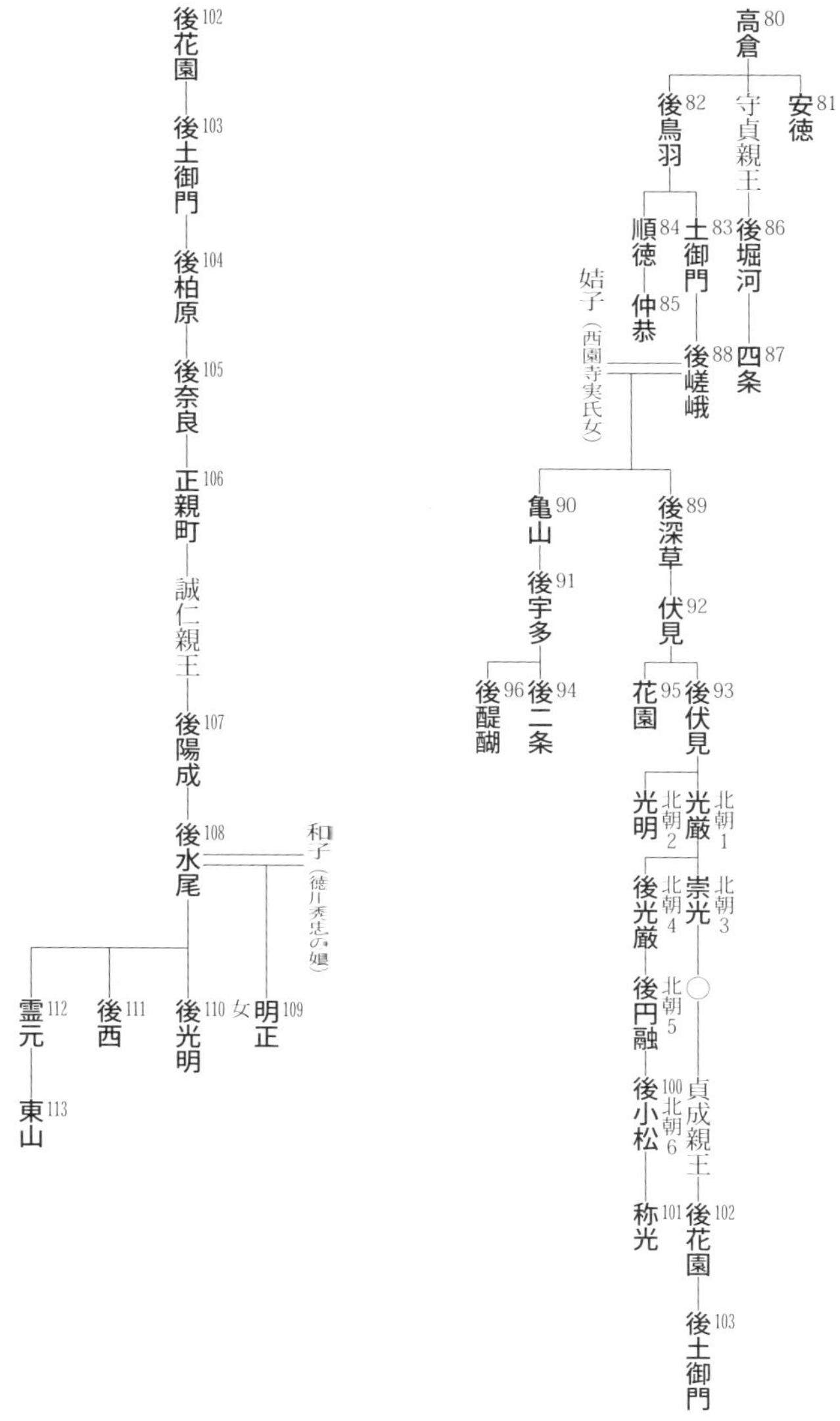

高倉 80
安徳 81
守貞親王
後鳥羽 82
後堀河 86
四条 87
土御門 83
順徳 84
仲恭 85
後嵯峨 88
姞子（西園寺実氏女）
後深草 89
亀山 90
後宇多 91
伏見 92
後伏見 93
花園 95
後二条 94
後醍醐 96
光厳 北朝1
光明 北朝2
崇光 北朝3
後光厳 北朝4
後円融 北朝5
後小松 100 北朝6
称光 101
貞成親王
後花園 102
後土御門 103
後花園 102
後土御門 103
後柏原 104
後奈良 105
正親町 106
誠仁親王
後陽成 107
後水尾 108
和子（徳川秀忠の娘）
明正 109
女
後光明 110
後西 111
霊元 112
東山 113

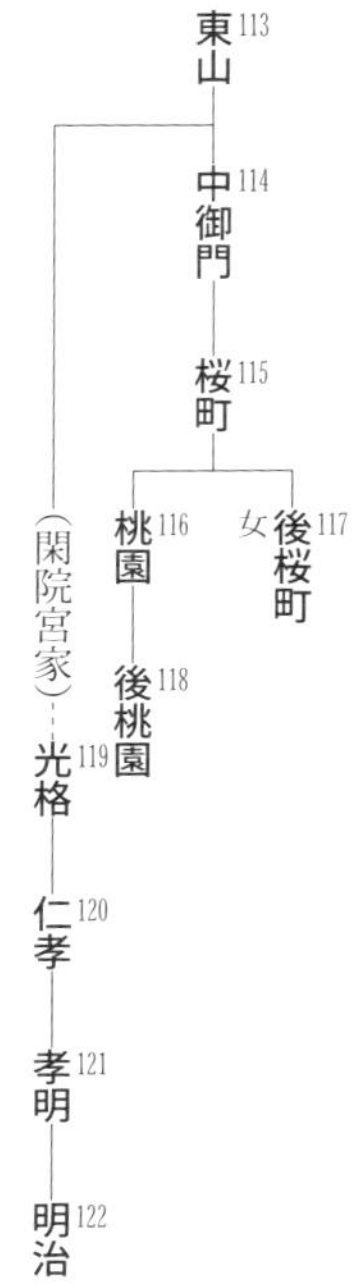

東山 113
中御門 114
桜町 115
桃園 116
女 後桜町 117
後桃園 118
（閑院宮家）
光格 119
仁孝 120
孝明 121
明治 122

「前後押鬘上」の玉	徽	衣裳及び付属品
紺玉廿顆《立》	青龍、尾上頭下。右出左顧	衣は深紫、深緑の紗褶、牙笏・條帯・錦襪・烏皮舄・綬・玉佩
同	朱雀、右出左顧	同
同	白虎、尾末巻、頭下、右顧	同
同	玄武、為虵所纏、右出左顧	同
紺玉廿顆《立》 ※『儀式』は「緑玉」	鳳。正一位は正立仰頭。 従一位は正立低頭	同
同	麟。正一位は正立仰頭。 従一位は正立低頭	衣は深紫、深縹の紗褶、牙笏・條帯・錦襪・烏皮舄・綬・玉佩
記事なし	諸王一位に同じ	衣は浅紫、深緑の紗褶、牙笏・條帯・錦襪・烏皮舄・綬・玉佩 ※「衣者浅紫。牙笏以下同上」
同	諸臣一位に同じ	衣は浅紫、深縹の紗褶、牙笏・條帯・錦襪・烏皮舄・綬・玉佩 ※「衣者浅紫。牙笏以下同上」
二位に同じ	二位に同じ	二位に同じ
二位に同じ	二位に同じ	二位に同じ ※二位三位の区別ができないのに、正従の差のみが徽で表示され不審
前に白玉十顆、後に青玉十顆	鳳。正四位上は左出右向、正四位下は右出左向。従四位上は左出右顧、従四位下は右出左顧	衣は浅紫、深緑の紗褶、牙笏・條帯・錦襪・烏皮舄・綬・玉佩 ※「衣以下同三位」 ※「衣服令」によると四位以下に玉佩はないはず。不審
同	麟。正四位上は左出右向、正四位下は右出左向。従四位上は左出右顧、従四位下は右出左顧	衣は深緋、深縹の紗褶、牙笏・條帯・錦襪・烏皮舄・綬・玉佩 ※「衣以下同三位（臣四位深緋）」
記事なし	記事なし	記事なし
記事なし	記事なし	記事なし

※天理図書館蔵『礼服制』により、破損箇所を「儀式」から補った。

礼服一覧表（延喜儀式）

着用者	全体	冠頂の玉	「櫛形上」の玉
親王一品	漆地金装	水精三顆・琥碧三顆・青玉五顆《交居》	白玉八顆《立》
親王二品	同	同	同
親王三品	同	同	同
親王四品	同	同	同
諸王一位	漆地金装	琥碧五顆・緑玉六顆《交居》	黒玉八顆《立》
諸臣一位	同	同	紺玉八顆《立》
諸王二位	漆地金装	琥碧五顆・緑玉五顆、白玉一顆《交居》	朱玉八顆《立》
諸臣二位	同	緑玉五顆・白玉三顆・赤黒玉三顆《交居》	同
諸王三位	二位に同じ	二位に同じ	二位に同じ
諸臣三位	二位に同じ	二位に同じ	二位に同じ
諸王四位	漆地、縚形・櫛形・押鬘・玉座皆金装。その他は銀装。	琥碧五顆・緑玉六顆《交居》	なし ※「不立櫛形上」
諸臣四位	同	同	同
諸王五位	記事なし	記事なし	記事なし
諸臣五位	記事なし	記事なし	記事なし

※「立」は茎の先につけること、「居」は直接つけること。

染織品組織図

（生地はすべて個人蔵）

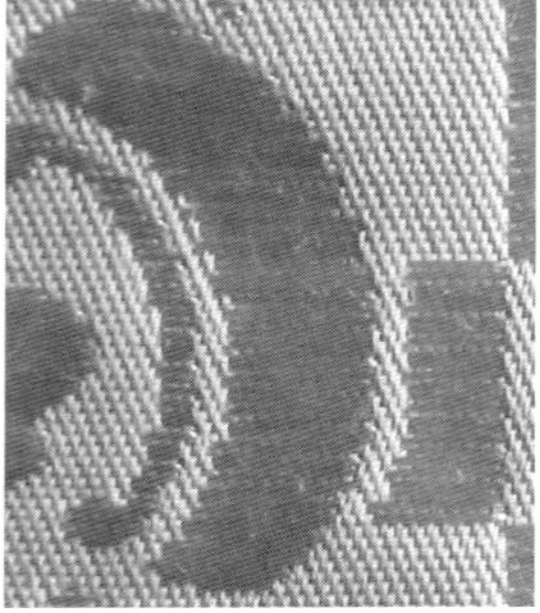

浮織物（うきおりもの）

縦三枚綾地に横糸で文様をあらわす。文様をあらわす横糸は、経糸と交差せずに刺繍のように浮いている。装束のなかでも特に女性や若年男子のものによく用いられる。

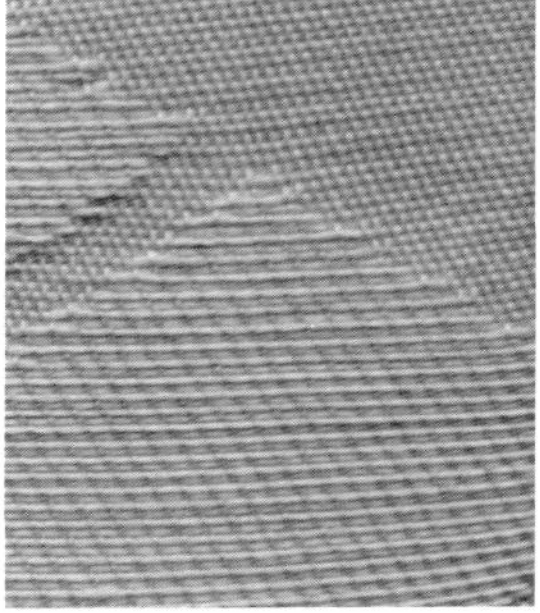

固地綾（かたじあや）

装束の生地としてよく用いられる。縦三枚綾（縦糸が横糸二本の上を通り、三本目で下にくぐる織りかた）の地に、六枚綾（横糸が縦糸五本の上を通り、六本目で下にくぐる織りかた）で文様をあらわす。「固織物」も同じ組織。

綾文（りゅうもん）

六枚綾だけで織る無地の織物。室町前期の『装束雑事抄』によると、天皇の礼服の生地である。江戸時代の天皇も同じであった。

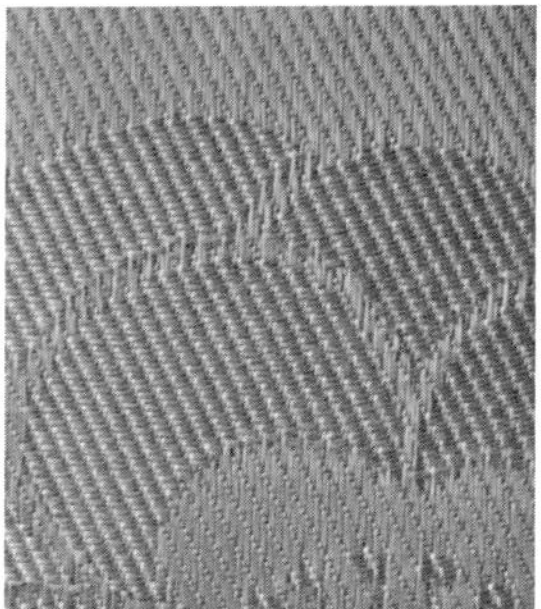

綾地綾（あやじあや）

縦六枚綾地に、六枚綾で文様をあらわすことが多い。固地綾よりも艶が出るのが特徴。女性の装束によく用いられ、礼服の大袖・小袖にも用いる。「綾」といえば固地綾もしくは綾地綾である。

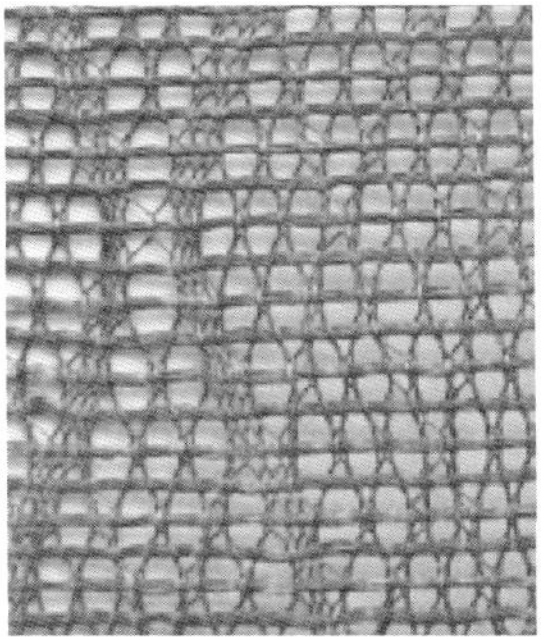

羅（ら）

レースのような組織の透き通る生地。縦糸が横糸に対しねじれながら交差する。また、となりあう縦糸同士もからむ。織るのが難しい生地である。装束の他、朝服の幞頭や、礼冠の櫛形、天皇の冕冠の冕板などに使われた。

浮文錦（うきもんにしき）

色々な横糸で文様をあらわす。文様をあらわす横糸は縦糸と交差せず、浮いている。これは孝明天皇の礼服の御襪の生地である。

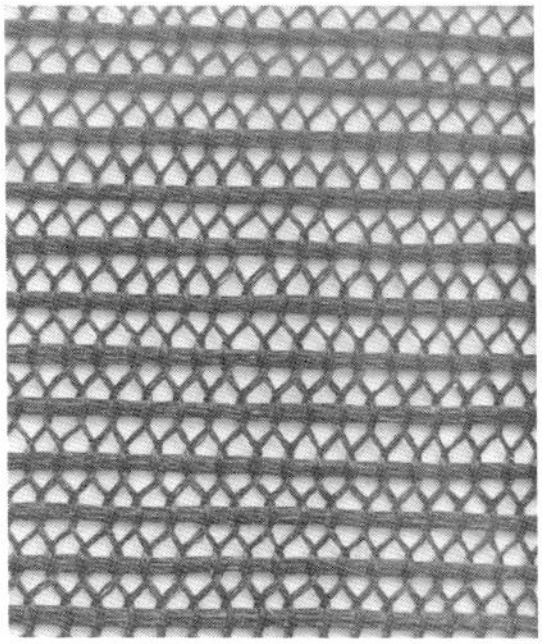

無文の羅（むもんのら）

江戸時代には文様のある羅を織る技術がなかったのでこうしたものが用いられた。江戸時代の天皇の冕冠の冕板や臣下の礼冠の櫛形に張られたのはこの生地である。

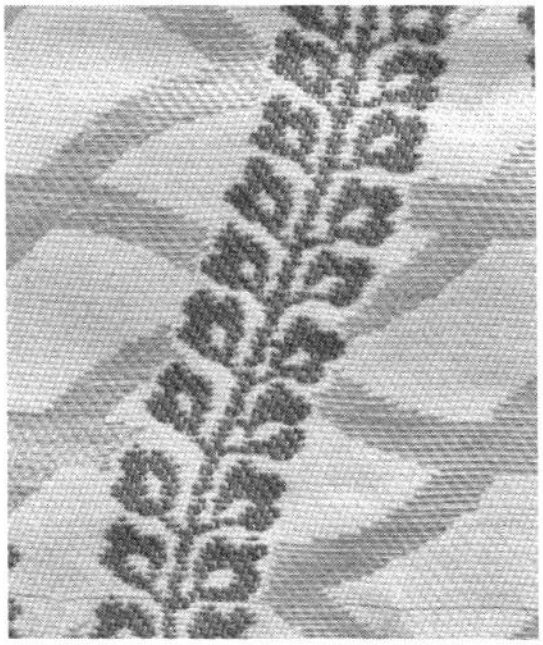

錦（にしき）

色々な色の横糸で文様をあらわすが、縦糸が数本ごとに規則正しく交差するので、固地綾同様文様は浮かない。

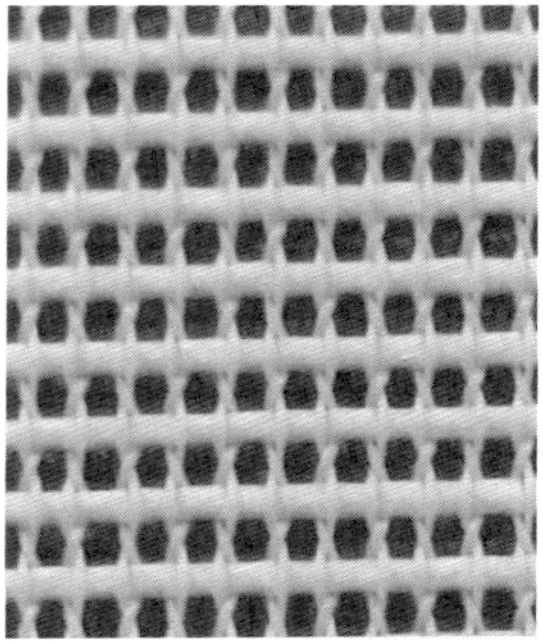

紗（しゃ）

複数の縦糸が一組でねじれながら横糸と交差するので、横糸同士が密着せず、透き通った生地になる。

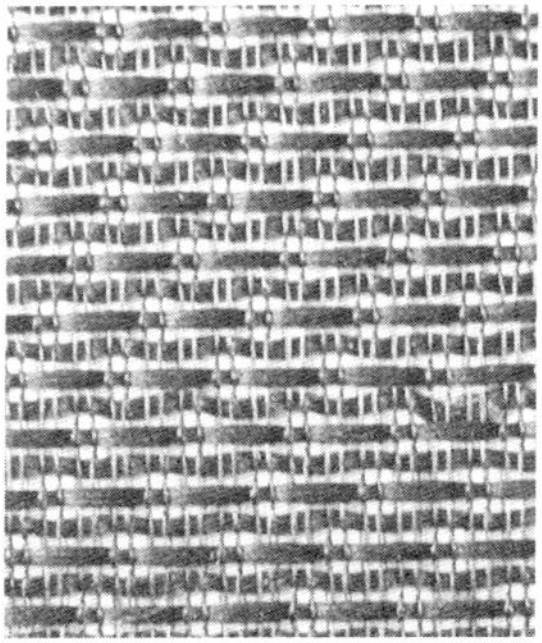

縠（こく）

縠織（こめおり）ともいう。紗の一種で、透き通った生地だが紗よりは厚手で、粒状の細かなでこぼこがでる。地を紗にし、文様を縠であらわした生地もよく用いられるが、江戸時代の臣下の礼服の裳には、こうした無文の縠が用いられた。

日本古代の衣服制度に関する主な法規

七色十三階冠から冠位四十八階までは『日本書紀』しか資料がなく、その実態は異説が多い。

時代区分	法令	制定年	備考
飛鳥時代（592-710）	冠位十二階	604（推古11年）	現在確認できる最古の冠位制度。
	七色十三階冠	647（大化３年）	いわゆる「大化の新政」の翌年に制定。
	冠位十九階	649（大化５年）	七色十三階冠を改訂したもの。
	冠位二十六階	664（天智天皇３年）	冠位十九階を改訂したもの。
	冠位四十八階	685（天武天皇14年）	冠位二十六階以前の制度を大きく変更する。
	大宝律令	701（大宝１年）	「律」6巻・「令」11巻の全17巻。現存せず。
奈良時代（710-794）	養老律令	718頃（養老２年）	衣服令は第七篇。『令義解』『令集解』に引用されて現存する。757年に施行された。
平安時代（794-1192）	令義解《リョウギノゲ》	833（天長10年）	養老令の公的な注釈諸。全10巻。
	貞観儀式	859頃（貞観元年）	宮廷儀礼の詳細を定めた法制書。現存する『儀式』がこれにあたるとされる。
	令集解《リョウノシュウゲ》	868頃（貞観10年）	養老令の注釈書。全50巻（うち36巻が現存）。概ね『義解』・『令釈』・『跡記』・『穴記』・『古記』の順に記す。古記は大宝令の注釈。
	延喜式	927（延長５年）	律令の施行細則を集めたもの。『弘仁式』（820年）・『貞観式』（871年）を統合加除して成立。967年に施行された。

中国史年表

各王朝が成立してから天下を得るまでに年数が経過している場合があるが、一般的な基準に基づいた。

<table>
<tr><td rowspan="7">BC.</td><td>夏</td><td colspan="2">？～1700頃</td></tr>
<tr><td>殷</td><td colspan="2">1700頃～1100頃</td></tr>
<tr><td>西周</td><td colspan="2">1100頃～771</td></tr>
<tr><td rowspan="2">東周</td><td colspan="2">春秋時代　770～403</td></tr>
<tr><td colspan="2">戦国時代　403～222
（東周は256に滅亡）</td></tr>
<tr><td>秦（統一期）</td><td colspan="2">221～207</td></tr>
<tr><td>前漢</td><td colspan="2">206～AD. 8</td></tr>
<tr><td rowspan="19">AD.</td><td>新</td><td colspan="2">8～23</td></tr>
<tr><td>後漢</td><td colspan="2">25～220</td></tr>
<tr><td rowspan="3">三国</td><td colspan="2">魏　220～265</td></tr>
<tr><td colspan="2">呉　222～280</td></tr>
<tr><td colspan="2">蜀　221～263</td></tr>
<tr><td>西晋</td><td colspan="2">265～316</td></tr>
<tr><td rowspan="3">南北朝</td><td>南朝</td><td>北朝</td></tr>
<tr><td rowspan="2">東晋　317～420
宋　420～479
南斉　479～502
梁　502～557
陳　557～589</td><td>五胡十六国（詳細略）
304～439</td></tr>
<tr><td>北魏　386～534
東魏　534～550
西魏　535～556
北斉　550～577
北周　556～581</td></tr>
<tr><td>隋</td><td colspan="2">581～671</td></tr>
<tr><td>唐</td><td colspan="2">618～907</td></tr>
<tr><td rowspan="2">五代</td><td rowspan="2">後梁　907～923
後唐　923～935
後晋　936～946
後漢　947～950
後周　951～960</td><td>北朝</td></tr>
<tr><td rowspan="2">遼　916～1125</td></tr>
<tr><td>北宋</td><td>960～1127</td></tr>
<tr><td rowspan="2">南宋</td><td rowspan="2">1127～1279</td><td>金　1115～1234</td></tr>
<tr><td></td></tr>
<tr><td>元</td><td colspan="2">1271～1368</td></tr>
<tr><td>明</td><td colspan="2">1368～1644</td></tr>
<tr><td>清</td><td colspan="2">1616～1912</td></tr>
</table>

あとがき

津田大輔さんと知遇を得たのは、岡田精司先生が主宰する祭祀史料研究会の席上だった。京都の市バスの中で果てない装束の話に夢中になったのを憶えている。山科流衣紋道の宮廷装束の着付けで、彼が衣紋道解説を務める実演を見に行ったこともあった。こと装束に関しては、なんでも知っていて立て板に水。育ちの良さを感じさせる言葉遣いの丁寧な、しかしえらくオタッキーな青年だと思った。装束を正しく復元したいという欲求が昂じて、参考にするために本物の蒐集にも手を拡げ、骨董店やオークションなどで競り落とした近世近代の装束関連の資料は、衣服だけでなく、装束裂・人形・有職書写本・版本類の多分野にわたっており、総数は三百点を超えるとのこと。自宅の大きな場所を占領するようになって、百数十点を斎宮歴史博物館に寄託している由で、その特別展が斎宮で開催された時には、観にも行った。

公家装束について、現物に詳しいだけでなく、古代からの歴史的経緯にもこれだけ精通している人は居ないのではないかと思った。こんな彼を放っておく手はない。

一般人にはもっとも手が届きにくく、意識の外の領域ともいえるが、これを学生達に伝えれば、やがて日本を出て外国を舞台に広く活躍するだろう大阪外国語大学の学生達に、日本を語る上でのどれだけの大きな果実を与えられるか……。氏の所蔵する近世公家装束のコレクションの現物や、画像での具体的事物に即しながらの授業は、たぶんどこの大学でも実現出来ないものだった。

そこでどうあっても彼に教鞭を執ってもらおうと考えた。ただ研究日も無い中学・高校の教論としての勤めを済ませて、神戸から箕面の山の麓にあるキャンパスまでたどり着いて授業をするとすれば、当時は夜間の授業が設定されていた十九時五十分から二十一時三十分の、最終の授業しかない。

そこで平成二十年（二〇〇八）四月から六年間、幸い当時はまだ移行措置で存続していた外国語学部の夜間主コースで、日本文化論の講義を担当して貰うことにした。

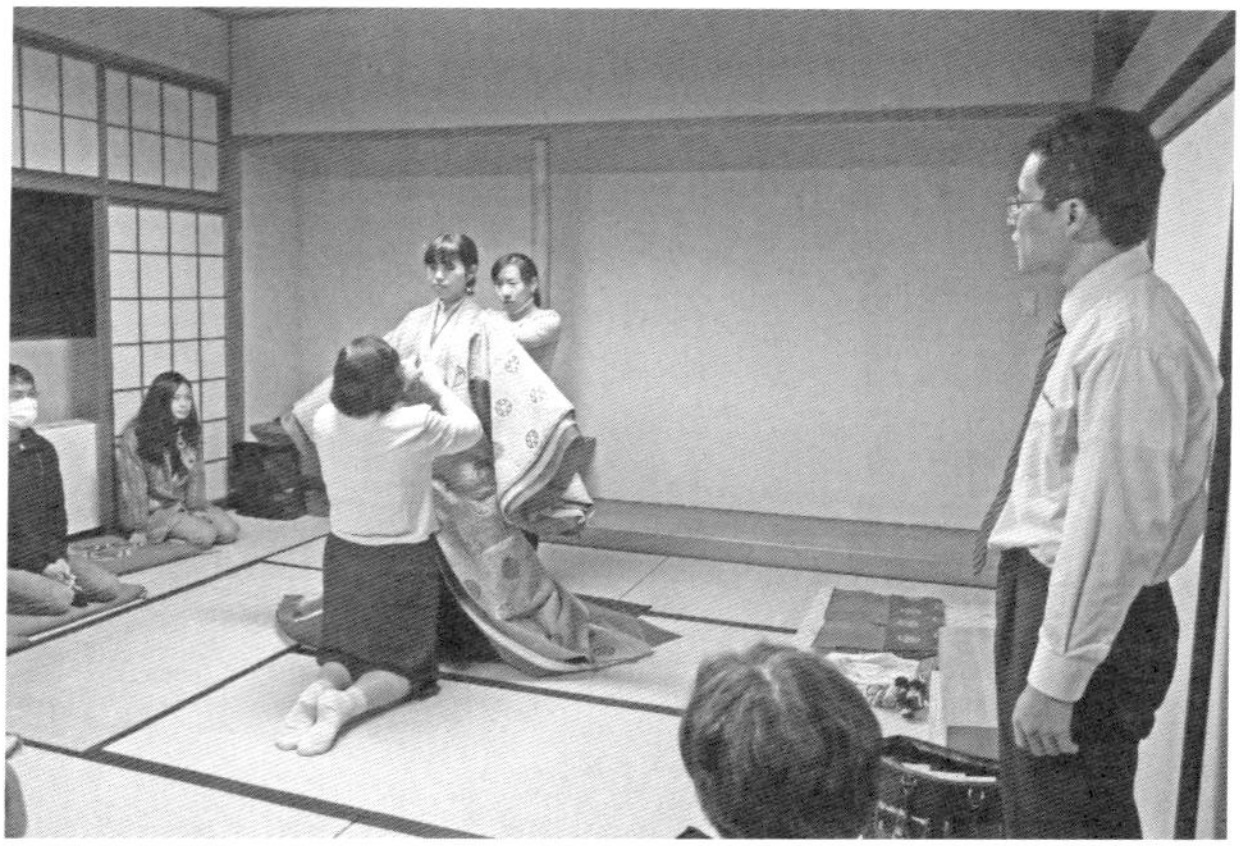

大阪大学外国語学部での衣紋道実演（2009年11月24日）

解説をする津田氏（右）と学生に着付けをする平安装束体験所の福呂一榮氏（中央）。

私の指導学生達には、昼間主・夜間主コースを問わず、滅多に聴けない授業だから、ぜひ聴講するようにと奨めた。大阪大学との統合後の、大学本部の任務を負った私は、学生達と接する機会が激減したが、夜のコマに振り当てられていた津田さんの授業に出ることを小さな楽しみにしていた。週に一度だったが、副学長の激務にともすればうち拉がれそうになる日々の、救いのひとときでもあり、文学研究科の同僚にも奨めて、一緒に聴講した。

前期・後期末の最後の授業には、学生を実際の着付けのモデルにして、彼の蒐集した公家衣装のコレクションをふんだんに使って、学生会館の和室で衣紋道の実演をしてもらうのが、恒例になった。装束を故実どおりに復元するため、細かく注文を付けて、おそらく給料の何倍ものお金を注ぎ込んで織らせた綺帯とか、石帯、そして装束の数々を、惜しげもなく用

束帯と十二単を身に着けた受講学生（2010年12月14日）

モデルは当日参加した学生から選ばれた。

いての実演である。

学生達は、身近な友達、そして目立たないごく普通の若者が、おそらく雛人形でしか見たことのない公家装束、しかも実物大のそれを身につけることで、見る間に貴公子に変貌していくさまを見つめて目を見張った。人は着るものによって如何様にも変身する。これこそ着る力、衣服の自ずから持つ力である。

授業では毎回、受講生たちに氏のコレクションを含めた服装関係資料のカラーコピーもふんだんに供し、日常生活から最も縁遠い公家装束の服飾が、視覚的に親しいものとなっていった。

やがて氏の有職の知識を、そのコレクションと合わせて世に知らしめ、共通の資産とできるよう本を出したらと思い始めた。

阪大工学研究科特任研究員の頃に『キャンパスに咲く花』の編著を担当して後、大阪大学出版会に入った栗原佐智子さんが、服装における花の歴史について本を書かないかと研究室を訪ねてきたのは、二〇〇九年十一月のことだったか。

古来から衣装の図案になって来た花をテーマに本をとのこと。衣服の文様についてはあまり考えたことはなかったが、古代から礼服の冠のデザインに花のモチーフが多用されていることには注目していたので、冠位十二階以来の、日本の礼服の制度についての本はどうかと対案を出した。そして阪大の非常勤講師でもある津田さんとの共著というかたちで本を上梓しようと提案した。

栗原さんをまじえて、夕方から私の豊中キャンパスの研究室で、何度も打ち合わせの勉強会を持った。何に焦点を絞るかを含めて話をするうちに、元旦の朝賀の儀や即位礼など、最重要の儀式の際に着用される礼服にスポットを当てることで、中国との関係や、洋服の導入期に際しては西洋との関係での日本の位置、ひいては日本文化を浮き彫りに出来るのではないかと思い至った。

当初の計画では私が古代から書き起こし、中・近世を氏が担当するという計画だった。栗原さんは小学生だった長男を連れて研究室で遊ばせ、遅い夕食を取りながら議論を重ねることかれこれ五年に及んだ。

しかし二〇一四年六月の末、私は追手門学院大学に移ってからわずか三か月で、思いもかけぬ大病にとらわれ、十か月もの入院生活を強いられることになった。幸いにも周囲の大勢の人々の温かい思いやり、そして現代医学の驚異的な進歩と、母から受け継いだ強靭な体力、さらに皆が異口同音に云いたてる、類まれな強運のおかげで、一時は死を覚悟しながら、なんとか一命はとりとめることが出来た。

その間、津田さんは着々と執筆を進めて稿を重ね、ますます紙数も増えていったが、ベッドに縛り付けられた私はなす術もなかった。一年後の九月からなんとか職務に戻ったが、驚くほどの体力と集中力の低下に泣き、共著者でありながら私は、古代の礼服について新たに書き下ろす体力も気力も喪っていた。しかし彼が忙しい勤務の傍ら、精力的に筆を進めて来たのに、これ以上時日を費やすわけにはいかない。窮余の策として古代の部分は、冒頭の花を纏うを主題に、古代の礼服の始まりをたどると題し、花と日本人の心象を論じた第一章を、既発表論文から立てて問題を提起し、以降の古代の部分は、おおむね私の論に依拠した内容（私見は『古代日本の衣服と交通―装う王権つなぐ道―』思文閣出版　等に詳しい）で津田氏に略述して貰い、かろうじて一貫性を保つことになった。私はかわりに、発病前にほぼ書き上げていた、サントリー文化財団の「社交と交流の現象学研究会」における研究成果報告書を、大幅に書き直し、本書最終章として（＝第十四章）収録することにした。近代における宮中参内の服や、吉事・凶事を含めた女性の礼服が、どのような状況下で成立し、変化してきたかの一端を瞥見した、「白襟紋付―近・現代におけるドレスコードの変相」がそれである。礼服は、身分制度との関係で、ほとんど男性のそれに焦点を当てているのに対し、本章では近代以降に採用された洋服との対比の中で、従来から着用されていた和服が、どのように庶民女性の礼服としての地位を確立していったか、衣服の位置づけの推移、価値観の転換の経緯を含めて、検証を試みようとしたものである。

したがって本書は、そのほとんどを津田大輔さんの労に拠っている。構成上の違和感があるとすれば、私の責である。

なお本書の誕生と完成に至る経緯に、常に阪大出版会の栗原佐智子さんの絶大なサポートがあったことを付記しておく。計画段階からの紆余曲折を気長に待って戴き、また病との闘いのさなかも温かく、そして遠慮がちに見守ってくれたからこそ、今日の出版の日を迎えられたのだと思う。病後で躰の自由がきかず、思い通りにならない身で、改めて集めなければならなかった資料や文献の蒐集にも、大いに力を貸してくれた。彼女の力添えがなければ、とても再び史料に当たり直して再考してみようという気力は生まれようがなかった。ともかくもこの本を、ささやかながらいのちの証として刊行できたのは、ひとえに栗原さんの労によるところであり、記して謝意を表したい。

平成二十八年　再び見ることの叶った花筏の美しい卯月の初めに、汐留にて

武田佐知子　記す

武田佐知子（たけだ・さちこ）

1948年東京都生まれ。大阪大学名誉教授。追手門学院大学教授。

専門は日本史学・服装史・女性史。大阪外国語大学教授（1997年）、大阪大学理事・副学長（2007年）を経て現在、追手門学院大学地域創造学部教授。

おもな著書に『古代国家の形成と衣服制』（吉川弘文館1984年）、『信仰の王権　聖徳太子』（中公新書1993年）、『衣服で読み直す日本史』（朝日選書2000年）、『娘が語る母の昭和』（朝日選書2000年）、『太子信仰と天神信仰』（思文閣出版2010年）、『交錯する知』（思文閣出版2014）、『いにしえから架かる虹』（いりす・同時代社2014年）『古代日本の衣服と交通―装う王権　つなぐ道』（思文閣出版2014年）などがある。サントリー学芸賞（1985年）、濱田青陵賞（1995年）、紫綬褒章（2003年）を受賞。

津田　大輔（つだ・だいすけ）

1972年生。甲南大学大学院日本文学研究科修士課程修了。

専門は公家貴族の装束。2008年より2013年まで大阪大学外国語学部非常勤講師。日本文化論を担当する。現在、滝川中学校高等学校教諭。

おもな著作に、「平安時代前期服飾復元の可能性―考証の方法と男子装束の復元」（古代文化研究、第16号、島根県古代文化センター、2008年）、「『西宮記』女装束条について―女装束条における摺衣と青色」（古代文化研究、第17号、島根県教育庁古代文化センター、2009年）、「組掛―天皇・家元・武家をつなぐ紐」武田佐知子（編）『着衣する身体と女性の周縁化』（思文閣出版2012年）、「帛御服と御齋服をめぐる諸問題」（武田佐知子編『交錯する知』思文閣出版2014年）がある。

礼服《らいふく》
天皇即位儀礼や元旦の儀の花の装い

発　行　日　2016年8月25日　初版第1刷
2017年1月27日　初版第2刷

著　　　者　武田佐知子、津田大輔

発　行　所　大阪大学出版会
代表者　三成賢次

〒565-0871
大阪府吹田市山田丘2-7　大阪大学ウエストフロント
TEL　06-6877-1614（直通）
FAX　06-6877-1617
URL：http://www.osaka-up.or.jp

装　　　丁　越智裕子
印刷・製本　尼崎印刷株式会社

ISBN 978-4-87259-551-2 C1021